Wilhelm Schäfer

Die dreizehn Bücher der deutschen Seele

Bei Georg Müller in München 1923

Sechstes bis zehntes Tausend

Vorrede

Das Vorwort war ursprünglich nur für die Subskriptions-Ausgabe der ersten Auflage bestimmt. Es ist so dringend auch für die allgemeine Ausgabe verlangt worden, daß ich diesem Wunsch in der zweiten Auflage entspreche.

Wilhelm Schäfer.

Ich habe diese dreizehn Bücher der deutschen Seele im Anfang des Weltkriegs geplant und im Winter 1915/16 begonnen, zu einer Zeit also, da erst wenige den Abgrund der Demütigung sahen, darin die Selbstherrlichkeit der Wilhelmschen Periode sobald versinken sollte. Nichts liegt mir ferner als die prahlerische Behauptung, ich habe schon damals alles so kommen sehen, wie es kam; was mich erschütterte, war nicht die Ahnung des Ausgangs, sondern die Erkenntnis der unseligen Veranlassung. Ich sah die ungeheure Schuld dieses Krieges über der Zeit und mir bangte vor ihrer Auslösung, obwohl ich im tiefsten danach verlangte. Diese Schuld hatte nichts zu tun mit dem Moralgeheul unserer Feinde; ich kannte das österreichische Ultimatum an Serbien im Wortlaut und wußte, wem zuliebe wir mit unserer mißbrauchten Nibelungentreue in den Krieg gestolpert waren. Ich hatte die Kriegshetzer in Frankreich, Rußland und England nicht weniger an der Arbeit gesehen als in Österreich und Deutschland; ich war aber auch gewiß, daß sie nicht zum Ziel gekommen wären ohne eine Gereiztheit ihrer Völker, wie sie in dieser Unheimlichkeit niemals über dem Abendland gelegen hatte: was auch von Schuld und Recht gesprochen wurde, es beirrte nicht mein Gefühl, daß dieser Krieg die Auslösung eines unerträglichen und unwürdigen Zustandes der abendländischen Menschheit, daß er der Zusammenbruch der vielgerühmten modernen Zivilisation war.

Seitdem der Weltkrieg die russische Revolution und damit die soziale Auseinandersetzung der Menschheit auslöste, ist der Lichtschein des großen Schicksals auf ihn zurückgefallen; wer in der sozialen Frage andere Dinge als die Diktatur des Proletariats erkennt, sieht die Blätter des Weltgerichts nicht nur über dem deutschen Volk, sondern einer Zeit aufgeschlagen, die kaum weniger als einmal das Imperium romanum am Ende ihrer Tage war. Erst vor diesem Weltgericht ist das deutsche Schicksal geheiligt worden, wie der Weltkrieg überhaupt erst darin einen über die wirtschaftliche Begründung erhobenen Sinn gewann. Als er begann, war es der Kampf um den Futtertrog, in den die abendländischen Völker blind und leichtfertig hineintappten. Die in der Ausbeutung der Erde und ihrer Völker stillschweigend einträchtigen Raubtiere von Europa kamen um den Raub ins Beißen: deshalb war Krieg, deshalb brannten die Dörfer, deshalb fuhr eine Raserei des Hasses in die angeblich christlichen Völker, deshalb wurden die Massen des Erdballs vor die Kanonen gerufen.

Es gibt eine böswillige Deutung des Weltkriegs als den Kampf um die serbische Schweinezucht: weil die ungarischen Grundherren die serbische Schweinezucht blockierten, seien die Serben — ehemals Österreichs Freunde — in die Arme der Russen getrieben worden, welcher Zwiespalt in einer unglückseligen Verkettung zum Ultimatum und dadurch zum Krieg geführt habe. Das ist natürlich eine äußerliche Betrachtung, die eine Nebensache zur Hauptsache machen will, weil Serbien zufällig die letzte Veranlassung zum Krieg hergab: aber so tief wir auch unter dieser Veranlassung die Ursachen des Krieges suchen mögen, tiefer als in den wirtschaftlichen Lebensgrund reichen sie nicht. Niemand hat Deutschland um seine Dichter, Musiker und Maler, um seine Wissenschaft oder gar um seinen Glauben beneidet, wohl aber um seine wirtschaftliche Wohlfahrt; die daraus fließende Feindschaft hat zum Weltkrieg geführt: alles andere, die französische Revanchelust wie die serbische Schweinenot, ist nur Zuträger dieser Feindschaft gewesen. Daß aber die wirtschaftliche Existenzfrage sich politisch so grauenhaft auswirken konnte, wie es im Haß dieses Krieges geschah, das setzte einen Zustand der abendländischen Menschheit voraus, der tatsächlich nur noch wirtschaftliche Entscheidungen kannte. In einer Schärfe wie niemals zuvor hatten sich die Staaten auf die Machtfragen der nationalen Wirtschaft verpflichtet, während gleichzeitig das kulturelle Eigenleben der Völker in einem überhandnehmenden Internationalismus untersank.

Seit der Entdeckung Amerikas war die Ausbeutung der Erde die bestimmende Angelegenheit des Abendlandes geworden; was

Cortez in Mexiko begann, wurde in Afrika, in Indien, China und der Südsee fortgesetzt, wenn es auch immer mehr in die Formen des legalen Handels überging. Spanien, Holland und England nahmen den Kaufleuten des Kaisers nacheinander die Seeherrschaft aus den Händen, um solchergestalt Träger der abendländischen Zivilisation zu sein. Wenn die Idee der wirtschaftlichen Vorherrschaft, wie zuletzt in England, Imperialismus genannt wurde, so sollte damit gesagt sein, daß das Imperium romanum in der alten und neuen Form auch nichts anderes gewesen wäre; dabei wurde geflissentlich übersehen, welche sittliche Höhe der Kaisergedanke in deutscher Prägung, etwa bei Otto dem Großen oder Heinrich dem Dritten gewonnen hatte, und was für eine Kultur ihn umgab. Imperium und Imperialismus sind zwei im Wert sehr unterschiedliche Dinge; der letzte Versuch eines Imperiums war der Napoleonische Kaisertraum, seitdem gab es nur noch Imperialismen, den englischen und den russischen; und die eigentliche politische Geschichte des neunzehnten Jahrhunderts ist das verbissene Ringen der beiden Anwärter um die Weltherrschaft.

Die Wiederherstellung des deutschen Kaisertitels bedeutete dagegen zunächst nur eine völkische Angelegenheit: Bismarck und sein König blieben vom Kaisertraum unberührt; sie wollten die Einheit des deutschen Volkes an sich und mußten sich selbst darin mit den Resten der Habsburgischen Erbschaft begnügen: so wenig wie etwa die deutschen Schweizer gingen die Deutschen aus Österreich in das neue Reich ein. Die deutsche Existenzfrage wurde vorläufig, nicht endgültig gelöst; die endgültige Lösung hätte verlangt, daß die staatlichen Grenzen des Reichs sich mit der durch die gemeinsame Herkunft zusammengehörigen Schicksalsgemeinschaft des Volkstums deckten. Alle anderen Völker haben dieses Naturrecht in Anspruch genommen; uns Deutschen ist es durch die Wirrnis unserer Geschichte verweigert worden. Selbst die teilweise Einigung von 1871 konnte nur durch eine politische Gewalttat erreicht werden; darum blieb sie doch eine sittliche Notwendigkeit, der sich die besten Geister des deutschen Volkes hingegeben hatten. Wären wir Deutsche nach 1871 wirklich ein Volk im Sinn dieser Geister geworden, hätten wir alles daran setzen müssen, die vorläufige Erledigung unserer Existenzfrage zu einer endgültigen zu machen, statt uns mit der Auseinandersetzung zwischen Preußen und Österreich, zwischen Hohenzollern und Habsburg zu begnügen. Wir haben ein halbes Jahrhundert lang dazu Zeit gehabt und nichts getan, weil wir uns nach Bismarck für saturiert erklärten.

Für Bismarck war mit der Kaiserproklamation von Versailles alles mögliche erreicht; eine bewußte Wiederherstellung des alten Imperiums, gar noch mit dem Ziel wirtschaftlicher Machtträume blieb seinem nur auf das mögliche gerichteten Sinn fremd; auch hätte die darin liegende Veräußerlichung dem idealistischen Grundgefühl dieses Realpolitikers nicht entsprochen. Erst mit dem beispiellosen Aufschwung der deutschen Wirtschaft trat das neue Reich als Weltmacht auf; das sichtbare Anzeichen waren seine Kolonien, und das rote Tuch für den englischen Seeherrn war die Schlachtflotte Wilhelm des Zweiten. Belastet mit der historischen Feindschaft Frankreichs und im Dreibund dem Habsburger Völkergemisch samt seinem lauernden Todfeind Italien verkuppelt, war Deutschland politisch zu schwach, zwischen England und Rußland ein selbständiger Anwärter zu sein; es hätte einer Bismarckschen Führung bedurft, eine so beispiellose Kühnheit zu wagen, und wiederum hätte alles, was geschah, zur Vollendung der eigenen Existenz dienen müssen. Denn der Dreibund konnte doch nur ein Ersatz für die nicht erfolgte Einigung des deutschen Volkes sein, wenn er vom Reich geführt wurde. Aber das Reich wurde von Wilhelm den Zweiten regiert, dem Prunk und Prahlerei vermeintlicher Macht bedenklich näher lagen als die schlichte Planmäßigkeit wirklicher Größe: er wollte mit gepanzerter Faust den Friedenskaiser spielen und erreichte, daß gerade er als Friedensstörer angeklagt wurde.

Das Dasein dieses schwachen und unbeherrschten Fürsten wäre für unser Volk kaum so verhängnisvoll geworden, wenn sich nicht während seiner Regierung die deutsche Wirtschaft zu einer Geltung und Macht aufgeschwungen hätte, die den Traum von Macht und Herrlichkeit, darin der Kaiser und mit ihm ein beträchtlicher Teil des Volkes lebte, zu rechtfertigen schienen. Deutschland war im Anfang des zwanzigsten Jahrhunderts tatsächlich stark genug, Gedanken des Imperiums zu hegen; und wenn es unter bewußter Führung dazu geschritten wäre, seinem Dasein unter den abendländischen Völkern wieder die Einheit und Stärke der alten Reichsherrlichkeit zu geben, hätte es weltgeschichtlich betrachtet, Anspruch auf Größe gehabt. Statt dessen tappte es in den Weltkrieg hinein um der wahrhaft kläglichen Torheit eines Habsburger Größenwahns willen: die zehnmal vergreiste Hofburg in Wien — der eigentliche Lebensfeind der neuen Reichsherrlichkeit — wollte als Großösterreich den Balkan beschatten und der Bruder von Norden, seinen Sieg von 1866 entgeltend, kam als täppischer Riese, solchen Dünkel zu decken. Der mit eigenem Kopf und Willen groß hätte sein können, stand in solcher Verkehrung als ein Narr vor der Welt, den sie verhöhnen, verleumden und zuletzt abstechen konnte wie einen Stier in der Arena.

So fehlte der Stellung Deutschlands nicht erst am Ende, sondern schon im Anfang des Krieges die Führung: es kämpfte tatsächlich einen Verteidigungskrieg — denn der Ring seiner Feinde war seit Eduard dem Siebenten geschlossen — aber es hatte ihn als Sekundant habsburgischen Größenwahns begonnen; und weil jedermann wußte, daß hinter diesem lächerlichen Anlaß andere Dinge zur Entscheidung standen, so war es unsern Feinden leicht gemacht zu behaupten, das Ultimatum an Serbien sei nur ein deutscher Vorwand gewesen. Die Wahrheit war zu dumm, glaubhaft zu sein. Vor der Welt blieb Deutschland im Krieg der wütende Stier, der — durch listige Waffen gekitzelt, durch rote Tücher und schmähende Zurufe gereizt — aus der Arena auszubrechen drohte. Wie seine erste Kriegshandlung war, als er in Belgien einbrach, England den sehnlich erwarteten Kriegsvorwand zu geben, so war seine letzte: das Abendland wurde erfüllt vom Lärm seiner zornigen Angriffe, Länder wurden von seinen Hufen zerstampft und oft genug stand die Welt in Schrecken, daß er durchbrechen würde. Dabei war in seinen Kriegshandlungen eine Stärke, wie sie die Welt bisher nicht kannte, und Taten der Heldenhaftigkeit wurden draußen und drinnen getan von wirklicher Größe. Wie der deutsche Soldat, heute im Osten und morgen im Westen, dem bittersten Mangel zum Trotz unmögliches leistete, wie er in Lumpen und Leiden jeder Art jahrelang unbesiegt war, wie die Heimat die Jahre der Not überstand, wie sie ihr letztes dem Vaterland brachte: in all dem war Stoff für einen Heldengesang ohnegleichen. Die Völkerwanderung am Anfang unserer Geschichte schien in unserem Ende wiedergekommen, als Deutschland, die stärkste Kriegsmacht der Welt, sich selber zu Tode siegte.

* * *

Als ich mein Werk plante und begann, standen die Entscheidungen des Weltkriegs erst in ihrem Beginn; und niemand, der den beispiellosen Aufbruch der deutschen Volksgemeinschaft im August 1914 erlebte, konnte den beispiellosen Zusammenbruch im November 1918 voraussehen. Es muß aber einen inneren Zusammenhang zwischen diesem Kriegsanfang und diesem Kriegsende geben: ein Volk, das wirklich für seine Existenz aufsteht, kann nicht so kläglich zusammenbrechen. Und dies eben, daß es kein Existenzkampf im völkischen Sinn, nur der blutige Austrag wirtschaftlicher Machtkämpfe war, in den wir so leichtfertig und töricht wie möglich hineingerissen wurden, daß also dem Aufbruch von 1914 — so erlösend er aus dem dumpfen Parteigezänk war — die innere Heiligung und äußere Rechtfertigung fehlte: diese unselige Verursachung und klägliche Veranlassung eines über unser Dasein trotzdem entscheidenden Krieges war meine und, wie ich heute weiß, die Erschütterung anderer Volksgenossen. Das, was wir unsere Kultur nannten und was in Wirklichkeit die moderne Zivilisation war, d. h. die Veräußerlichung unseres Daseins im Hochmut und der entgotteten Leichtfertigkeit des abendländischen Menschengeistes: der Kampf aller gegen alle, den ein nur noch wirtschaftlich erfülltes Dasein in seiner letzten Konsequenz bedeutet, kam zur Entscheidung; und wir mußten die Klopffechter einer Zeitwendung sein, der unser Schicksal nur eine Nebensächlichkeit war.

Immer wieder im Krieg ist versucht worden, unserm Verteidigungskampf — denn wir waren von Anfang bis zu Ende eine belagerte Festung; ob unsere Heere nach Rußland oder Frankreich marschierten, alles war Abwehr und Ausfall — eine Deutung zu geben, als ob tatsächlich deutsches Wesen in einer Auseinandersetzung mit der Welt begriffen sei. Es war vergebene Mühe: deutsches Wesen bewährte sich in der Tapferkeit einzelner Taten und Leiden, im Sinn des Ganzen konnte es nicht sein, weil dieser Krieg und unsere Stellung in ihm von der abendländischen Zivilisation aus — die ihn allein führte — eine einzige Sinnlosigkeit war. Der Sinn offenbarte sich nur dem, der Gottes Hand, d. h. das Weltgericht darin suchte; und vor diesem Weltgericht waren die abendländischen Völker, jedes für sich und jedes als Verantwortung, in eine gemeinsame Schuld und Verstrickung geraten, die nun gebüßt werden mußte.

Ein Volk kann nur leben im Bewußtsein seiner Sendung, d. h. in der Gläubigkeit seiner Ideale, die wiederum nur in den letzten Dingen, nicht in bloßen Interessen verankert sein können. Es geht ihm nicht anders als dem Einzelnen: wer in der Welt nur seine Geschäfte sieht, reich werden und genießen will, der lebt sinnlos und verächtlich. Nur, wer seine Existenz sittlich, d. h. nicht nur im Verhältnis zum Nebenmenschen, sondern im Grund aller Dinge verantwortlich fühlt — mag er ihn Gott oder die ewige Notwendigkeit nennen —

nur der lebt sich und der Welt wertvoll. Unser Volk aber war abseits von solchem wirklichen Leben in den Taumel einer Zeit geraten, die sich äußerlich erfüllen wollte; ja es war — leugnen wir es nicht länger — ein Träger solcher Veräußerlichung geworden. Die Weltgeschichte ist das Weltgericht! wie oft haben wir das dem Dichter nachgesprochen: vor diesem Weltgericht — nicht vor den Siegern von Versailles — verloren wir den Krieg und was zum Krieg führte. Sehen wir zu, uns dem Richterspruch zu fügen, sehen wir zu, wieder ein deutsches Volk im Sinn unserer Vergangenheit zu werden.

* * *

Unsere Vergangenheit ist aber durchaus nicht jener Blühegarten obrigkeitlicher Fürsorge, als den ihn ein beflissener Geschichtsunterricht zu lehren pflegte; unsere Vergangenheit ist eine schmerzensreiche Odyssee und von jeher ein Abenteuer auf eigene Faust gegen die andern Völker und — das ist unser tiefstes Schicksal — gegen Gott. Der deutsche Gott, wie er im Krieg bemüht wurde, ist nämlich von fremder Herkunft; wie ihn unsere Kinder anrufen lernen, ist er bei Abraham und seinem auserwählten Volk zu Hause: wir besitzen ihn nur als eine Entlehnung aus dem Christentum, die wir teuer genug bezahlen mußten. Das klingt leichtfertig und sagt tiefstes Schicksal: wir sind deutsch und wurden Christen, d. h. unser Dasein ist zwiespältig in seiner Herkunft, also in seiner tiefsten Wesenheit. Das Christentum hat mit unsern Göttern unsere eigene Herkunft verdammt und uns den fremden Bildermantel der Bibel umgelegt; und weil die Auseinandersetzung zwischen leiblichem und geistigem Dasein, die für jede Religion der Lebensgrund ist, von einem mißverstandenen Christentum als Verdammung des erbsündigen Leibes geführt wurde, so sind wir germanischen Völker in unserer Natur gebrochen.

Die ganze abendländische Entwicklung steht auf diesem Zwiespalt, und was in der Geschichte des deutschen Volkes bedeutend wurde im Guten und Bösen, ist darauf gewachsen. Jeder Soldat in diesem

Krieg, sofern er in Wahrheit ein deutscher Christ sein wollte, bekam noch sein Teil davon zu spüren: zwischen den Forderungen des Christentums und der Vaterlandspflicht gab es für das naive Gefühl nur ein bedenkliches Übereinkommen, und wenn die Kirchenglocken Sieg läuteten, geschah etwas schlechthin Unbegreifliches. Wären die abendländischen Völker wahrhaft christlich gewesen, hätte der Krieg nicht sein können; und daß sich unser Volk im Aufbruch 1914 restlos als deutsch bekannte, sollte allen eine Lehre sein, denen der deutsche Christ eine Selbstverständlichkeit ist. Es bleibt für alle Menschheit der Zwiespalt des körperlichen und geistigen Daseins bestehen, den Jesus in seinem Weisheitswort von dem, was des Kaisers und was Gottes ist, grundsätzlich anerkannte; für uns Deutsche hat er seine besondere Schärfe angenommen, weil die Form unserer Gottesverehrung nicht aus unserm eignen Volkstum kam, sondern uns als Erbschaft des Morgenlands in einer wesensfremden Gewandung aufgenötigt wurde.

Wer die Geschichte unserer Frühzeit kennt, weiß auch, daß dieser Zwiespalt im Untergang der germanischen Königsvölker seine besondere Zuspitzung erhielt. Goten, Vandalen, Langobarden rangen nicht mit Rom als Heiden mit Christen, sondern als arianische Christen mit dem athanasischen Fanatismus der römischen Bischöfe. Als sie untergegangen waren, hatte nicht Jesus von Nazareth, sondern der Pontifex maximus, die christlich gewordene Institution des römischen Oberpriesters gesiegt, und das Sinnbild dieses Sieges war die Stola. Das Kirchentum wurde Herr über die Deutschen im lateinischen Mantel; und wem dieser Gang der Kultur selbstverständlich erscheint, der vergißt ganz, daß die Goten schon jahrhundertelang vor Bonifazius die Bibel des Wulfila, also das Evangelium in ihrer Sprache und damit in ihrer eigenen Gefühlswelt hatten. Das römische Christentum war zugleich lateinische Kultur, als solche wurde es auf unsere Frühzeit gelegt.

Starke und weitblickende Priester in Rom hatten nämlich das

schier Unglaubliche fertig gebracht, Christentum und römisches Weltbürgertum, also die fremde Lehre und das eigene Volkstum in eine organische Bindung zu bringen; ja noch mehr, sie hatten dem römischen Weltbürgertum im christlichen Mantel eine Auferstehung bereitet; und nur, weil der Kaiser in Byzanz blieb, konnte der Papst sich nicht vollends zum Cäsaren machen. Er mußte sich nach einem Schwert umsehen, und dieses fand er bei den Franken, die im Gegensatz zu den gotischen Völkern das Christentum in der römischen Fassung angenommen hatten. Indem er dem Frankenkönig Karl die Cäsarenkrone des Augustus aufsetzte und damit dem ins byzantinische Morgenland zurück gewichenen Kaiser den Gehorsam aufkündigte, vollzog er bewußt die Hinwendung zum Abendland, das Morgenland als die Heimat des Christentums dem Islam überlassend. Gleichzeitig aber wurde dieses Christentum dadurch die römische Kirche; das Abendland im Namen des Kreuzes mit lateinischer Kultur zu durchdringen, blieb die besondere Form ihrer Mission. Römischer Papst und deutscher Kaiser hieß von da ab der Zwiespalt, und die Germanen im römischen Reich deutscher Nation wurden seine Schicksalsträger. Sie errangen damit als Kaiservolk eine Bedeutung über allen abendländischen Völkern, die ihnen durch das ganze Mittelalter blieb — auch über die Römer, und das war der Zwiespalt für die römischen Priester — aber diese Größe und Bedeutung wurde damit erkauft, daß die deutsche Wesenheit, ihre Natur und Herkunft, in den gläsernen Sarg der lateinischen Bildung gelegt war.

Der Zwiespalt zwischen römisch-christlicher Bildung und deutschem Volkstum sollte zugunsten der deutschen Wesenheit gelöst werden, als die deutsche Mystik, deren eigentümlicher Vorläufer die antirömische Bewegung von Cluny war, bis zur deutschen Sprache vordrang. Meister Eckhart sprach nicht nur deutsch, sondern er fühlte und glaubte auch deutsch: als die deutsche Herkunft mit ihm aufstand aus dem gläsernen Sarg der lateinischen Bildung, schien auch das morgenländische Bildergewand vermodert abzufallen. Die deutsche Gotik war der Sieg der germanischen Herkunft über die aufgepfropfte römische Kultur, und das sicherste Zeichen dieses Sieges war, daß danach in den Schilder- und Bildnereien die Legende in deutsche Gewänder gekleidet wurde. Auch gegen die Legende selbst richtete sich der Vorstoß der deutschen Mystik: Meister Eckhart drang zu Gott vor in seiner Lehre, wie Jesus zu Gott vorgedrungen war; mit ihm ging der Deutsche ohne Zwiespalt in das Christentum ein.

Als aber das, was Meister Eckhart lehrte und was mit den Gottesfreunden, auch mit den Brüdern vom gemeinsamen Leben, tausendfach in die deutsche Täglichkeit einging, zur Entscheidung kam, als Luther die Gewissensfrage der deutsch-christlichen Existenz öffentlich stellte, hatte er — um gegen das römische Priestergewand nicht nur seine nackte deutsche Blöße zu haben — das Bildergewand der morgenländischen Herkunft doch wieder angetan. Seine geistige Waffe gegen Rom war nicht nur das Evangelium deutsch, sondern auch der jüdische Psalter mitsamt allen Büchern Mosis und der Propheten. So ging der deutschen Wesenheit doch wieder ein gutes Teil dessen verloren, was Eckhart gewann. Als dann der tapfere Mönch aus Wittenberg in Worms den Kaiser anrief, dem deutschen Gewissen gegen römischen Hochmut der Schwertherr zu sein, war der Kaiser ein spanischer Jüngling, der nicht einmal deutsch zu verstehen vermochte. Luther mußte sich an seinen gnädigen Landesherrn halten, und so wurde das deutsche Christentum Erscheinung als fürstliche Landeskirche.

Der dreißigjährige Krieg vollendete den Zwiespalt; als seine Schrecken im Frieden zu Münster und Osnabrück beschlossen wurden, war der evangelische Kaisertraum deutscher Nation endgültig ausgeträumt. Nicht mehr: hie Kaiser, hie Papst! hieß der Zwiespalt, sondern hie päpstlicher Kaiser, hie evangelischer Landesherr! Der Fürst, einst Lehnsmann des Kaisers und Laie vor dem

Papst, war kirchliche Obrigkeit geworden. Der Zwiespalt, statt durch die Reformation gelöst zu sein, zerfiel kraftlos in seine Teile, und die deutsche Wesenheit blieb ausgeblutet als fürstlicher Untertan zurück. Der brauchte nicht mehr zu wählen, was er Gott oder dem Kaiser zu geben hatte, weil der Landesherr Gott und Kaiser in einem vorstellte.

Außerdem war aber der Landesherr ein hochgekommener Lehnsmann, und weil ihm als solchem die Abhängigkeit im Blut lag, suchte er sich einen neuen Lehnsmann für den verloren gegangenen Kaiser; und den fand er in Versailles. Dort hatte ein Jüngling im Jagdrock die neue Fürstenlehre verkündigt und den alten Zwiespalt mit einem neuen Gottesgnadentum zugedeckt: Der Staat bin ich! Was die Landesherren im kleinen sein wollten, war Ludwig der Vierzehnte im großen: Papst und Kaiser in einer Gestalt und also die Sonne, aus der sich die neue Fürstenmacht ihr Licht borgen konnte. Der lateinische Sarg war zerbrochen, das niedere Volk wandelte im Märchengewand der Bibel, aber der Fürst zog das Franzosenkleid an. In der selben Zeit, da die andern abendländischen Völker sich zur eigenen Form durchfanden, wurden die Deutschen zum andernmal in ein fremdes Gewand gesteckt. Friedrich der Große, als deutscher Fürst seiner Zeit gepriesen und die heimliche Hoffnung der vaterländischen Herzen, wohnte in Sanssouci, die deutsche Bildung war französisch geworden und blieb es bis zur Erhebung.

Die Erhebung aber war nicht dies allein, daß die Deutschen sich aus der französischen Fremdherrschaft befreiten, das war nur die äußere Wendung; die Erhebung war, daß sich der Untertanengeist protestantischer Herkunft aus dem Pietismus gegen die französisierenden Fürstenhöfe erhob, daß er in Bach und Kant, in Goethe und all den Propheten des deutschen Geistes wieder zur deutschen Bildung kam. Eine Wiedergeburt des deutschen Volkes im Geist dieser Propheten wollte in den Befreiungskriegen Ereignis werden, aber die heilige Allianz, der Bund der Gottesgnadentumfürsten sorgte, daß die Befreiungskriege nicht in Freiheitskriege ausarteten. Die Feuer von den Bergen 1813 brachten dem deutschen Volk die Herrschaft der Minister von Metternichs Gnaden; und als sich alles, was noch an Tapferkeit seiner Geister vorhanden war, in der Paulskirche zu Frankfurt am Main versammelte, wurde daraus das Trauerspiel des in Stuttgart mit einer Trommel auseinander gejagten deutschen Parlaments.

Der Zwiespalt blieb übrig als der Kampf zwischen der protestantischen und der katholischen Vormacht im Reich, zwischen Hohenzollern und Habsburg; und als er mit Königgrätz und der Wiederaufrichtung des deutschen Kaisertums in Versailles zugunsten der protestantischen Hohenzollern entschieden war, mußten der Gustav-Adolf-Verein und die Zentrumspartei seine Klopffechter vorstellen. Die Gründung Bismarcks stand mehr auf der Realität des preußischen Zollvereins als auf dem Idealismus der Paulskirche, und die Entfaltung der neuen Reichsherrlichkeit ging auf in der wirtschaftlichen Wohlfahrt: der neue deutsche Staatsbürger wußte selbst den Kulturkampf gütlich beizulegen; so war, was einmal die mächtige Triebkraft des deutschen Schicksals vorstellte, in der Alltäglichkeit des Einzelnen versickert. Die Parole der neuen Zwietracht, die danach mit einer vom Bürger vergessenen Elementargewalt über die Menschheit kam, betraf weder den Deutschen noch den Christen; sie kannte nur noch den Proletarier und sein Gegenteil, den Bürger, und war international.

* * *

Wen es reizt, der mag in Versailles den Kaiser und in Moskau den Papst suchen, um den alten Zwiespalt in seiner letzten Verwandlung zu erkennen; aber weder die Russen noch die Franzosen als solche haben in dieser Verwandlung eine andere Bedeutung, als daß sie zur Zeit die Machtträger sind: hier des internationalen Kapitals, dort des internationalen Proletariats. Denn dies war der verwegene Nihilismus der neuen Lehre, daß sie die Völker auflöste und den Zwiespalt von arm und reich, der besitzenden und besitzlosen Klasse quer hindurch legte. Dadurch wurde die Herkunft demoliert und die Menschheit geschichtslos gemacht. Vor dem Marxismus gibt es keine Deutschen, Franzosen, Engländer und Russen, nicht einmal Menschen; denn was in dieser Naturgeschichte des Kapitals außer seinem Nutznießer, dem Bürger, übrig bleibt, ist als Proletarier weniger eine menschliche Erscheinung denn das Opfer materieller Verhältnisse. Die Entwurzelten stehen auf gegen die Seßhaften; aber auch sie sind nur Klopffechter: eine zwangsläufige Entwicklung der Wirtschaft will sich vollenden und alles, was sich dagegen stemmt, fällt ihr zum Opfer.

Wenn die Lehre, all ihrer Naturgesetzlichkeit spottend, nicht doch eine menschliche Zielsetzung enthielte, wäre ihr Fatalismus nicht zu ertragen. Tatsächlich aber ist sie zu den Armen mit dem Anspruch eines Evangeliums gekommen, und ihre Propheten verkündigen, daß sie die Befreiung der Menschheit aus allen wirtschaftlichen Nöten und also in ihrer Auswirkung eine radikale Lösung des alten Zwiespaltes brächte. An den Radikalismus des christlichen Evangeliums freilich reicht der Marxismus nicht heran; sein Ziel ist die irdische Wohlfahrt, und was für lockende Bilder er malt, sie bleiben im Reich des Kaisers. Jesus von Nazareth lehrte die Unabhängigkeit und Unverletzlichkeit der unsterblichen Seele; was auch dem Leib geschah, sie blieb frei in ihrem Reich, darin Gott der einzige Machthaber war. Sie bedurfte also der irdischen Wohlfahrt nicht, um dennoch in ihrer Gottgläubigkeit selig zu sein; und nur, weil wir trotz zweitausendjähriger Christenheit keine Christen geworden waren, konnte die Verkündigung des Marxismus religiöse Inbrunst gewinnen. Aus dem Himmelreich inwendig in euch war das Jenseits der Priester und aus dem irdischen Dasein das Jammertal geworden: so konnte es geschehen, daß von der Heilandslehre nur die letzten Grundes materielle Himmelsverheißung der Kirche übrig blieb, von der die marxistische Menschheit sich ungläubig abwandte, statt der himmlischen Taube den Sperling der irdischen Wohlfahrt in der Hand zu haben.

Ist somit der Marxismus die Verkehrung einer ins materielle vergröberten Religion, so wird darin die eigentliche Frage unserer Zeit sichtbar: ob sich in der zweifellos religiösen Inbrunst, mit der die soziale Frage von der Menschheit aufgegriffen wird, nicht im tiefsten eine religiöse Entscheidung vorbereite? Wenn das Feldgeschrei lautet: Proletarier aller Länder, vereinigt euch! so heißt das auf deutsch, daß die Massen ihre Wohlfahrt erzwingen wollen; wenn aber der Einzelne aus seinem Gewissen sagt: was hilft mir alle Wohlfahrt, solange Unrecht um mich ist! so geschieht eine sittliche Zielsetzung. In dem einen Fall wird zu einem äußeren, in dem andern zu einem inneren Existenzkampf aufgerufen. Und dies scheint mir allerdings die kaum erst geahnte Größe unserer Zeit, daß sie die Lösung der alten Zwietracht deutsch und christlich als religiöse Entscheidung im Schoß trägt. Diese Entscheidung bedeutet durchaus etwas anderes als die moralische Auswirkung der religiösen Überzeugung; sie ist in Wahrheit eine religiöse Entscheidung und kündet an, daß Gott aus dem Himmel der Priester auf die Erde zurückkommt. „Ihre Seligkeit war, in Gott ruhn; unsere wird sein, Gott tun!" habe ich meinen Pestalozzi das Grundgefühl abendländischer Frömmigkeit gegen das Morgenland sagen lassen; und um dieses Gott tun, d. h. um die tapfere Hinwendung der Seele zum irdischen Dasein aus allen Schlupfwinkeln der Weltflucht handelt es sich allerdings in jener religiösen Inbrunst unserer Tage, die mit wahrhaft evangelischer Kraft etwas anderes will als die reumütige Rückkehr in den Schoß der allein selig machenden Kirche. Sie ist nicht nur eine Krisis unserer gesellschaftlichen Zustände, sondern auch der Religion; sie will eine neue Frömmigkeit und eine Rückkehr zu Gott. Damit ist nicht nur die materielle Gebundenheit der marxistischen Fragesteller überwunden, sondern unserm Leben wieder ein Ideal gegeben, ein Lebensgrund, aus dem Kultur, d. h. sittliche, d. h. mehr als dies: religiöse Gemeinschaft wachsen kann.

Solcherart ist der Bogen zwischen Moskau und Versailles über die abendländische Menschheit gespannt; und wir sind nicht mehr das Kaiservolk. Aber blieben wir nicht dennoch das Land der Mitte? oder, wie es vor dem Krieg hieß, das Schlachtfeld der Völker? Wie einmal Kaiser und Papst als die äußeren Mächte doch nur Sinnbilder des Zwiespalts deutsch und christlich waren, also der besonderen Form, in der uns Deutschen die Lebensfrage zwischen der körperlichen und geistigen Existenz auferlegt wurde: so bedeutet der Zwiespalt auch in seiner letzten Verwandlung Moskau oder Versailles doch nur die Lichtbrechung in jeder einzelnen Seele. Wie auch der Kampf sein wird, daß wir Deutsche sein Schlachtfeld sind, dieser Beschluß ist unerbittlich; oder kann einer von uns glauben und gutheißen, daß wir uns in einer Entscheidung, die nur eine Konsequenz des deutschen Protestantismus ist, d. h. der wahrhaften Herrschaft des Gewissens, abseits halten könnten? Die soziale Frage auf diesem religiösen Lebensgrund ist die Existenzfrage des deutschen Daseins.

So mag es allen, die ein gesichertes Leben und einen friedlichen Tod erwarten, vor der Zukunft grauen; denn das Schlachtfeld zwischen Moskau und Versailles wird nicht nur eine Krisis der Seele sein. Dies aber ist die erste Lehre der Vergangenheit, daß es im Dasein der Völker wie des Einzelnen nicht auf das Wohlsein und die Wohlfahrt ankommt, sondern auf die Höhe der Lebensführung und -leistung. Niemals vielleicht ist es dem deutschen Volk äußerlich wohler ergangen als unter der Regierung Wilhelm des Zweiten; wer aber von uns hat den Mut, dieser Zeit Größe zuzuerkennen? War sie überhaupt nur eine Zeit inneren Wohlseins? War nicht vielmehr der Aufbruch 1914 ein Schrei der Erlösung, ein elementarer Ausbruch aus einem unerträglichen Zustand? Und ist nicht die sittliche Verwilderung unserer Tage ein Anzeichen dessen, was vorher war? Nur durch die Spannung einer großen Entscheidung, wie sie das Schicksal auf uns gelegt hatte, sind wir ein Jahrtausend lang das Kaiservolk des Abendlands gewesen; nun wir aus dem eingebildeten Paradies unserer Wohlfahrt getrieben wurden, steht die neue Entscheidung davor mit bloßem hauendem Schwert, und eine Spannung zuckt von Blitzen, deren jeder uns den Untergang bringen kann: Es ist vorbei, für lange vorbei mit der Wohlfahrt! Die Weltgeschichte war das Weltgericht! Wir müssen seinen Spruch hören!

Denken wir aber so, dann ist eine Gnade des Schicksals gerade da, wo unsere Augen zunächst nur Schrecken sahen: wie ungewiß und erbärmlich wäre unsere Lage und unser Leben, wenn wir jetzt keine andere Hoffnung im Herzen hätten als die der Vergeltung, als den Nationalismus eines in seiner staatlichen Existenz vergewaltigten Volkes! „Nichtswürdig ist die Nation, die nicht ihr Alles setzt an ihre Ehre!" hat uns der Dichter gesagt, den wir mehr als andere lieben: nun, wir haben Millionen Jungmännerleben, unsägliches Leid der Mütter und Frauen, Hunger und Not unserer Kinder daran gesetzt, um sie zuletzt doch zu verlieren. In Lumpen und Leiden hielten unsere Heere vier Jahre lang stand; als sie es nicht mehr vermochten, als das Gewehr dem Soldat aus der Hand fiel, nützte die rote Zwietracht die Stunde: was wir unsere Revolution nennen, ist Meuterei und Zusammenbruch eines Volkes, dem die letzte Spannkraft versagte. Als wir anfingen, Sündenböcke zu suchen, waren wir bei der Nichtswürdigkeit verlorener Ehre angelangt. Sie wieder zu gewinnen, bedarf es einer Erneuerung, die jedem Einzelnen von uns auferlegt ist. Wir alle sind schuldig an dem, was geschah; denn wir alle sind ja das Volk; nur, indem wir uns derart wieder zur Schicksalsgemeinschaft unserer Herkunft zusammenfinden, kann das Wunder der Wiedergeburt geschehen, auf das wir alle hoffen. Weder die rote Internationale des Proletariats, noch die goldene der Weltwirtschaft, noch die schwarze der allein selig machenden Kirche können uns darin helfen.

Wohl ist es nicht so, daß ein auserwähltes Volk sich gegen die Welt aufspielen kann, und der so leichtfertig nachgesprochene Reim vom deutschen Wesen ist stumm geworden; nur was der Menschheit dient, kann einem Volk zur Ehre gereichen, aber weder aus Versailles noch aus Moskau können wir die Parole zu diesem Dienst an der Menschheit erhalten: nur aus uns selber kann die Entscheidung kommen; denn nichts als uns selber, d. h. die besondere Gestaltung, die die Menschheitsdinge in uns gewinnen, können wir beibringen. Wir sind die Menschheit, wenn wir als Deutsche dem Schicksal gewachsen sind.

* * *

Man kann es heute zwar auf allen Gassen hören, daß der Nationalismus das Unglück des Weltkrieges über die Menschheit gebracht habe; seine Verdammung zu vollenden, wird auf das Weltbürgertum der Goethezeit hingewiesen, den Internationalismus als die Morgenröte, wenn nicht gleich als das Reich Gottes zu preisen. Ist mit dem Nationalismus seine Entartung gemeint d. h. die blinde Selbstherrlichkeit und der blöde Machtwille einer Nation, so ist seine Verurteilung begründet; als Selbstgefühl, Verantwortung und Ehre eines Volkstums, d. h. der durch gemeinsame Herkunft zusammen gehörigen Schicksalsgemeinschaft, ist er eins der unantastbaren elementaren Dinge, eine Naturgegebenheit und Notwendigkeit des Menschentums. Aus meiner Herkunft bin ich deutscher Christ, das ist mein Menschentum, wie meine Hände meine Hände sind; nur damit kann ich der Menschheit dienen. Und eine andere Menschheit als die der Völker gibt es nicht.

Messen wir unsere abendländischen Zustände etwa an den Vereinigten Staaten von Nordamerika, die auf dem Flächenraum von Europa eine einzige Gemeinschaft sind, während wir Abendländer ein Volks- und Staatengemengsel vorstellen: dann könnten sie uns als das Vorbild einer neuen Menschheit scheinen. Ihre neunzig

Millionen Einwohner sind als eine internationale Sammlung von Auswanderern herkünftig ein einziges Völkergemisch, und die achtundvierzig angeblichen Staaten bilden tatsächlich nur Territorien eines Staatswesens, das von Washington aus regiert wird. Wer sie der alten Welt als Muster anpreist, übersieht, daß gerade diese ehemaligen Auswanderer aufs hartnäckigste dabei sind, sich als Volk heraus zu bilden. Sie haben als solches sogar schon eine Art Adel, der auch nach den Generationen gezählt wird; je länger die Einwanderung nachweisbar zurück liegt, umso größer der Stolz. So ist es kaum noch nötig, daß Wilson gelehrte Bücher schreibt, dem Amerikaner gewissermaßen sein Dasein zu beweisen: die übrige Welt kennt ihn schon als eine neue Nationalität, und wir Deutsche haben sie zu spüren bekommen. Obwohl sie kulturell kaum etwas anderes ist als ein Ableger des Angelsachsentums — ehe die Vereinigten Staaten wurden, waren sie eine englische Kolonie — heute schon wird sichtbar, daß der Amerikaner auch darin ein Volk werden will, der doch in seiner Herkunft das Gegenteil, die Heimatlosigkeit vorstellte.

Was der Amerikaner sucht, ja was er durch seine kurze Schicksalsgemeinschaft werden muß, ob er will oder nicht, das werden wir Abendländer nicht ablegen können, die wir durch mehrtausendjährige Herkunft Völker sind. Jeder halbwegs erfahrene Beobachter kann die Vorzüge und Nachteile des deutschen, englischen, französischen, russischen, italienischen, spanischen und skandinavischen Menschen aufzählen; aber jeder halbwegs Lebenserfahrene wird nur herzhaft lachen können über die Homunkulus-Absicht, durch Ausscheidung der Nachteile und Pflege der Vorzüge einen übervölkischen Abendländer zu züchten. Als die besondere Spezies des guten Europäers mag er ein wertvolles Element sein, aber doch nur unter der Voraussetzung des in seinen Massen beharrlichen Volkstums; ihn selber als Masse zu denken, ist eine unmögliche Vorstellung. Wer ihn in Reinkultur sehen will, möge einen Blick auf den internationalen

Adel werfen, der vor dem Krieg in der Diplomatie durch uniformierte Umgangsformen den liebenswürdigen Verkehr feindlicher Volksvertreter als Spezialität pflegte. Zwischen ihm und dem sogenannten Weltbürger Goethe sind einige Abgründe befestigt.

Wer sich von seinem Volkstum entfernt und auf eigene Faust Mensch sein will, wird lediglich heimatlos. Auch hierfür bietet unsere Zeit das Beispiel, und zwar in den Juden. An ihnen hat sich das Geschick, das uns Deutschen nur teilweise widerfuhr, vollendet: die Schicksalsgemeinschaft ihres Volkstums hat die staatliche Bindung verloren, so sind sie versprengte Flüchtlinge unter den Völkern geworden. Durch Mißhandlungen und Verfolgung zweier Jahrtausende haben sie ihr Volkstum bewahrt, bis die modernen Gesetze ziemlich der ganzen Welt sie zu Staatsbürgern machten. Seitdem haben ihrer viele den selbstmörderischen Versuch gewagt, auch Volksgenossen zu werden, so daß es deutsche, englische, französische usw. Juden gibt. Da ihnen der Versuch, einerseits durch die ihnen entgegen gebrachte Abneigung und Feindschaft der Völker, andererseits durch die Unmöglichkeit eines Naturwechsels nur teilweise gelingen konnte, so sahen sich gerade die, die ihr Volkstum verleugnen wollten, in einen Zwiespalt gebracht, der über den Zwiespalt deutsch und christlich weit hinausklafft und von den Edlen als wahrhaft tragisch empfunden wird. Ihn zu lösen, blieb dem entwurzelten Juden nur die Internationalität: so ist er der geborene Weltbürger unter den abendländischen Völkern geworden, und kluge Köpfe haben es als seine messianische Sendung gepriesen, in einer völkisch getrennten Menschheit der internationale Sauerteig zu sein. Über Nacht aber und mit der elementaren Gewalt, die allen volkstümlichen Dingen eignet, ist der Zionismus über sie gekommen, der aus den Tiefen der Herkunft die Idealisten einigte; und heute stehen sie nach zweitausendjährigem Exil wie einmal die Makkabäer da, ihre Stammburg Zion wieder zu erobern, um das zu haben, was auch für sie der einzige Lebensgrund sein kann: eine Heimat für das jüdische Volk.

Diese Heimat, d. h. die Sicherheit der Herkunft, bedeutet für den Einzelnen wie für das Volk wie für die Menschheit den Lebensboden, aus dem die wirklichen Dinge wachsen. Alle große Kunst, d. h. die zur internationalen Geltung gekommene — von den Ägyptern bis zu den Japanern — ist im tiefsten national bedingt; und alle religiöse Erhöhung der Menschheit ist im Volkstum geschehen. Wer das Volkstum anrührt, vergreift sich am Leben der Menschheit.

* *
*

Als ich die dreizehn Bücher der deutschen Seele zu schreiben begann, flatterten die Siegesfahnen, und Deutschland über alles! sangen die Kinder auf der Straße; nun ich mein Werk nach mehr als fünfjähriger oftmals verzweifelter Arbeit zum Druck bringe, sind die Siegesfahnen verflattert. Millionen Deutsche haben auf die Fahne von Moskau geschworen, andere hoffen auf die Verbrüderung der Menschheit und auf die Heilwirkung der Weltwirtschaft, und andere flüchten aus einer so mißratenen Welt in den Schoß der Kirche. Der deutsche Gott, im Krieg tausendfach benutzt, scheint gestorben; mit einer falschen Reichsherrlichkeit sank auch das Reich selber hin, das in der Liebe und Todesbereitschaft des Einzelnen zuviel Kraft der deutschen Schicksalsgemeinschaft verblutet hat, um seiner selber noch gläubig zu sein; die dem deutschen Gott treu blieben, rufen ihn um Wiedervergeltung an, und die zu einsichtig sind für einen ohnmächtigen Vergeltungswahn, finden keinen Nagel, noch eine deutsche Hoffnung daran aufzuhängen. Der ich auch in dieser dunkelsten Stunde keine größere Ehre, keine höhere Verantwortung, kein Glück und keine Gläubigkeit finde, als Deutscher zu sein, weil ich auch in dieser letzten Wendung unser Schicksal nicht nur erkenne sondern anerkenne: ich kann heute so wenig mutlos und ungläubig an meinem Volk sein, wie ich vor sieben Jahren den Machtrausch mitmachen konnte.

Deutsch sein heißt, eine Sache um ihrer selbst willen tun! hat uns ein Großer gesprochen: ich bin gewiß, daß unsere Sache in dieser Stunde etwas anderes sein muß als Ohnmacht der Vergeltung; aber ich bin auch gewiß, daß unsere Sache die der Menschheit, daß sie Gottes Sache nur sein kann, wenn sie aus der Brunnentiefe unserer Herkunft die eigene ist. Der deutsche Gott ist uns kein Donner- und Zaubergott über den Wolken, sein auserwähltes Volk zu strafen und zu belohnen. Das Himmelreich ist nahe herbei gekommen! hat uns sein reinster Verkünder gelehrt; und wir wissen, daß diese Nähe das irdische Dasein ist, darin sich jede Tapferkeit bewähren muß. Nichts anders, denn daß wir dieses irdische Dasein als den Tempel Gottes erkennen, können wir vom Nicht der Hölle erlöst sein, davon Meister Eckhart spricht. Entweder ist auch diese irdische Welt in Gott, oder sie wäre des Teufels! wäre sie aber des Teufels, so wäre nicht Gott!

Eine Sache um ihrer selbst willen tun, heißt ohne Vorbehalt sein; eine Sache um Gottes willen tun, heißt seine Existenz in ihn verlieren, um aus ihm nicht sich selber, sondern der Sache wiedergeboren zu werden. Wer andere Dinge will und tut, als die seines eigenen Daseins, wer sich so selber zu entlaufen wähnt, wähnt Gott zu entlaufen. Das gilt für mich, den Einzelnen; das gilt für dich, mein Volk. Niemals wurde ein Kreuz aufgerichtet, das Leben zu verbilligen; nur wer sein Kreuz aufnimmt, folgt ihm nach, und wer es liebt, nicht als brünstige Buße, sondern als den sichtbaren Teil seines ewigen Lebens, wer seiner tapfer und froh wird, der ist erlöst. Das ist deutsche Gläubigkeit, aus der allein der Zwiespalt deutsch und christlich bezwungen werden kann; das ist der deutsche Gott, der allein unserm Volk helfen kann! In seinem Dienst stand ich, als ich versuchte, mir selber und meinem Volke die Schicksalsgeschichte der deutschen Herkunft zu schreiben.

Eingang

Deutscher, der du die Geschichte deiner Herkunft hören willst, bemerke zuvor, wie alles Geschichtete entseelt und Stein und Staub ist für die suchenden Sinne.

Ob du den Berg der Geschehnisse ausschneiden könntest bis auf die Sohle, daß du die Zeitalter im Ausschnitt ihrer qualvollen Schiebungen geschichtet sähest: du würdest deiner Seele keine Heimat finden, weil die Schlacke des Gewesenen nur oben die dünne Ackerkrume deiner Gegenwart trägt.

Dies aber danach bedenke an deiner eigenen Seele, wie alles Bewußtsein ihrer Herkunft, der Gegenwart wie der Vergangenheit fremd, in der eigenen Brunnentiefe beschlossen bleibt.

Wohl können dir von deiner Jugend berichten, die damals um dich waren; sie sahen den Säugling, wie er sich satt trank an der Mutter und mählich stark wurde zu den ersten Schritten: abgesondert und unerreichbar ihren Blicken saß deine Seele im Brunnen ihrer Herkunft, darin dein Dasein zu allen Stunden dem ewigen Leben verbunden blieb.

Ob der Lichtschein deiner Erinnerungen immer blasser ins Dunkel seiner Tiefe tastet, wo selbst die Ahnungen sich endlich verwirren: Du hast keine andere Beglaubigung als den Brunnquell deiner Seele, darin die kreißenden Ströme des Lebens an dein Tageslicht treten.

Was dir widerfahren mag, dies fühlst du sicher, wird hier allein und nicht im Tageslicht der andern gewogen.

Nicht anders dir als deinem Volk, dessen Schicksal deinen Brunnen hütet, dessen Herkunft und Hingang deiner Seele die irdische Wohnung bereiten; denn alles, was du auf Erden bist, bist du aus ihm geworden.

Nur im Bewußtsein seiner eigenen Seele kann es die ewigen Wasser steigen und versinken sehen; alle andere Gegenwart bleibt ihm fremd, alle andere Vergangenheit muß ihm tote Geschichte der Wissenschaft bleiben.

Aber nur deine Liebe kann seine Seele erwecken: sei du das Volk, oder es ist dir nicht da! Nur im Brunnquell der Herkunft kannst du in ihm, kann dein Volk in dir auf Erden beheimatet sein.

Das Schuldbuch der Götter

Er

Im Anfang war Er, der himmlische Gott; die Erde grünte in Seiner Sonne.

Im ewigen Gleichmaß kam Er zu schauen die Schönheit Seiner Geliebten, die im blinkenden Glanz der Gewässer, im stummen Stand der reifenden Halme, in den Untiefen schwellender Kelche die Seligkeit Seiner lustwandelnden Liebe genoß.

Wenn Sein Himmel die Erde umspannte mit Bläue, wenn Sein Auge den Raum durchsonnte mit Licht, das Meer und die Berge beschüttend mit wärmendem Feuer, wenn der Mittag stand über der Welt, daß sie den Atem anhielt, erschauernd in Fülle: dann war Seine Stunde.

Stark und selig im Gang Seiner steigenden Bahn ließ Er den Morgen erröten, Er trank den Tau aus dem Gras, daß Blätter und Halme kristallisch funkelten, ihrem Glück Seinen Bogen zu bauen.

Wonnig und warm ließ Er den Abend abschwellen zum Segen der Nacht; Sein Geleucht blieb zurück in der Lohe und wartete still im Glanz Seiner Gestirne!

Und wie den Tag hielt Er das Jahr in unverrückbarer Schwebe: Er ließ die Sehnsucht der Erde blühen im Schaum des Frühlings, Er begoß ihre Träume mit zärtlichem Segen, Er ließ ihre Brüste schwellen in himmlischer Nahrung und ihren Leib schwer werden im Segen der Frucht.

Er war Gott, und die Welt war im Gang Seiner Tage geordnet, Mond und Sterne standen in Seinem Gedächtnis, über allem Tun thronte Sein ewiger Wille, über allem Sein lag der Blick Seiner Sonne.

Die Götter

Aber Himmel und Erde kamen ins Wanken; Wolken stiegen vom Abgrund, das zärtliche Auge verhüllend; die Wasser begannen zu strömen, und alle Sonne versank.

Stärker als Er schien die entfesselte Kraft und höher als Liebe der Aufruhr: Ymir, das rauschende Naß, erfüllte die Welt; seine Söhne, die Reifriesen, herrschten über dem Abgrund.

Aber aus Urgebrausdunkel kamen die Mächte: Urluft, Urwasser, Urfeuer; sie hoben das Erdenrund wieder und schieden Midgard vom Meer.

Noch irrten die Sonne, der Mond und die Sterne planlos umher, sie setzten sie ein in die ewigen Bahnen: dann schien die Sonne auf Midgard und ließ wachsen das erste Grün.

Als sie gingen am Strand, fanden sie Bäume dastehen und weckten Menschen daraus: Urluft gab die suchende Seele, Urwasser die wachsamen Sinne, Urfeuer den flackernden Geist.

Sie hießen nun Götter: Wodan, Hoenir und Loki genannt von den Menschen; sie legten der Welt den Richterspruch auf ihres neuen Gesetzes und fingen das goldene Zeitalter an ihrer heiteren Spiele.

Sie kannten nicht Schuld und Schicksal; aber die Urgebraustöchter kamen aus Ymirs Geschlecht, die weitaus gewaltigsten Weiber: Urd war die älteste Schwester genannt, der Herkunft heilige Norne; Verdandi die zweite, des Werdenden Mahnung; die dritte der Zukunft drohende Schuld.

Sie schnitten die Runen, warfen die Lose und sagten im Werden, Sein und Vergehen das Schicksal voraus; sie saßen am Brunnen des Lebens, die Wurzeln zu gießen am Welteschenbaum, daran das Dasein der Götter nur ein Ast war im ewigen Leben der Welt.

Der Kampf mit den Vanen

Aber Er war nicht tot; aus unendlichen Fernen blinkte Sein Gold und entzückte die Gier der Götter nach Seinem gleißenden Glanz; sie schufen den lichtscheuen Schwarm der albischen Geister und Zwerge, das Gold zu erlisten für ihre Burg, die sie bauten in Asgard.

Die aus dem Urdunkel kamen und aus dem Kampf mit den Riesengewalten, die hoch gestiegenen Götter sagten der himmlischen Herkunft Urfehde an.

Da wurde die Walstatt laut vom Kampf der alt- und neuen Gewalten; Vanen hießen die Kämpfer des Himmlischen da, und Asen die Urdunkelsöhne: die Erde barst und der Abgrund erbebte, als Vanen und Asen um die Herrschaft rangen der neugewordenen Welt.

Aber der brausende Sturmwind entwand der leuchtenden Fülle das Schwert, und müde schwand in die himmlische Ferne der Gott, Wodan, der wehenden Unrast die Welt überlassend.

Nun kam Er nicht mehr, zu schauen die Schönheit Seiner Geliebten; abgelöst von der ewigen Fülle ging sie ein in die Schuld und das Schicksal der asischen Götter, denen Wodan Allvater war.

Freya und Fro, die lieblichen Kinder der Vanen, wurden den Asen vergeiselt; die im ewigen Licht spielten, spürten den Wind und die Wolken um Asgard, und die Schicksalsansagung der Nornen.

Wodan

Die Asen sandten Hoenir als Geisel und gaben ihm Mimir zur Seite, den Weisen aus Urwassertiefe, daß er ihn heimlich beriete; Hoenir aber war blöde, darum erschlugen die Vanen den Mimir und sandten sein Haupt den Asen zurück.

Wodan sprach seinen Zauber über dem Haupt, daß es nicht wese, und hütete seiner im Brunnen an Ygdrasils Wurzeln, des Welteschenbaums.

Täglich ging er hinunter zum Wasser, die Weisheit Mimirs zu wecken, und setzte dem klagenden Haupt sein Auge zum Pfand: so saß er einäugig da im Rat der asischen Götter, der ihr Notsorger und Wahrsager war.

Scharf spähte sein Auge trotzdem wie keins in Walhal, und höhere Weisheit ward ihm als einem der Götter; auf seinen Schultern saßen die Raben Gedank und Gedenk, ihm täglich Kunde zu bringen von allem Ereignis der Welt.

Auch hieß er der Wanderer, weil er im Wind unterwegs war; wo die Räder der Wolkenlast rollten, wo die Bäume sich bogen im Sturm und die Wellen schäumten wie Rosse, war Wodan im flatternden Mantel.

Denn nicht mehr im ewigen Gleichmaß die Tage zu füllen, war der Götter und Wodans Geschick; im elementarischen Aufruhr zur Herrschaft gekommen, in Schuld und Schicksal den Vanen verschworen, von der Rache der Riesen bedroht, im Bangen um Ygdrasil, dem von drei Ästen schon einer verdorrt war: hielt Unrast ihr Dasein, und Wodans Allvaterteil war die Sorge.

Heller war es um ihn, wenn er austritt zum Kampf auf Schleifner, dem achtfüßigen Schimmel; dann war der Allvater wieder der Riesenbezwinger, dann sauste der Speer durch die Wolken, dann wankten die Berge und sprangen die Fluten, dann war die göttliche Lust in ihm wach, sich selber noch einmal zu wagen, statt grübelnd um kommende Tage sein Schicksal zu schauen.

Darum liebte Wodan die kampfkühnen Krieger mehr als die langlebigen Greise; die walkürischen Jungfrauen holten sie heim aus der blutigen Schlacht, Walküren auf windschnellen Rossen.

Fünfhundertundvierzig Türen hatte Walhal, und der Weg ging hinein durch den Hain der goldenen Blätter; da hielt allabends Wodan das Mahl, die walkürischen Jungfrauen kredenzten den Wein nach fröhlichem Speerwurf.

Denn nicht Ruhe war dort, wie auf Erden die Ruhe nicht wohnte;

der Hahnenruf rief die Helden zur Schlacht, und die Sonne lief ihre leuchtende Spur über den krachenden Speeren: ewiges Leben war ewiger Kampf, und ewiger Kampf war das Heil für den Mann, den Wodan heimholte.

Ewiges Heil und ewige Pflicht; denn einmal stieg der Tag über Walhal, da der Nornenspruch sich erfüllte, da Unheil zum andernmal Midgard bedrohte, Midgard und Asgard mit all seinem Glanz und all dem selbstherrlichen Glanz der starken Urdunkelsöhne.

Frigga

Die aber Seine Geliebte war, die ewige Mutter des Lebens, sie war die Gattin Wodans geworden und die spinnende Hausfrau in Asgard.

Sie saß am Wocken und spann dem Dasein das wärmende Kleid; sie trug die Schlüssel am Gürtel und teilte mit Wodan den goldenen Hochsitz, wenn er als sorgender Hausvater Umschau hielt über den Kreis seiner Gewalt.

Darum war ihr die Spindel geweiht, und am Himmel stand ihr Wocken den Menschen als köstliches Sternbild, daß Ordnung und Fleiß im Reich der Götter die segnende Hausmutter hätten.

Auch kam sie gern auf die Erde zurück, hielt in Bergen, Brunnen und Waldgewässern heimliche Wohnung, die Keime des irdischen Lebens zu pflegen, und hatte den Kinderbrunnen in Hut als ihr liebstes Geheimnis.

In den zwölf Nächten aber des innersten Winters, wenn Wodan seine Sturmfahrten tat, über Berge und Bäume, über Dächer und Dumpfheit der Menschenwelt hin, fuhr Frigga mit ihm als brünstige Windsbraut.

Und hatte die Holden mit sich, die Seelen der Toten, die aus dem Dunkel der Tiefe aufstiegen und hinter ihr her als wütende Jagd die zwölf Nächte durchstürmten.

Denn Urmutter war sie der Tiefe, daraus alles Leben kam im Geheimnis seiner Geburt und dahinein alles wieder versank im Geheimnis des Todes: aus dem Dunkel zu flattern für eine flüchtige Stunde und wieder zu warten im Schoß der ewigen Zeugung.

Freya und Fro

Freya und Fro hießen die friedlichen Kinder der Vanen, Heilzeugen himmlischer Herkunft, vergeiselt den schuldvollen Asen: ihr Teil war die fruchtbare Fülle der Felder im hellichten Segen der Sonne.

Auf einem Eber ritt er durchs Korn, Fro, der freudige Jüngling; es dunkelte nicht um sein goldborstiges Tier, so hell lag um die glückhaften Läufe das Licht seiner frohen Erscheinung.

Nicht Waffengeklirr war um ihn und nicht der Kampfruf der Krieger: der Karst war geweiht und die Kelter gesegnet, wo seine Sonnenglanzfährte die Erde bestrich.

Glück war die Gabe, und fröhliche Feier die Gunst seiner göttlichen Einkehr, wenn er aus Alfheim niederkam zu den Menschen, wenn ihn Gesang der harrenden Herzen empfing, auf blumenbestreuten Wegen, mit Kränzen und dankreichem Opfer.

Huldreicher aber als Fro war Freya die Schwester, holder als alle Erscheinung; ihre Gunst hob Göttern und Menschen das Herz in die Sonne.

Keinem der Asen hielt sie als Gattin die Kammern in Zucht, keine dienende Pflicht zwang die rosigen Finger an Kunkel und Kumme: strahlengekrönt von der Sonne ging ihre Schönheit auf in den Tag, ruhte am Mittag im Glück ihrer selbst und sank mit der Pracht ihrer Glieder hin in den glühenden Abend.

Dann hielten sich Himmel und Meer verzückt in den Armen, und die Wolken glühten vom Schaum ihrer rosigen Brust, daran der Schmuck Brisingamen hing, das köstlichste Kleinod der Welt.

Das gläubige Glück der Morgenröte galt ihr und die rauschgoldene Glut des Abends: Mond und Sterne tranken das Licht ihrer Liebe und trugen es glückselig hin durch das schwarze Geheimnis der Nacht.

So hielten die Vanengeschwister den Glanz uralten Glücks in den Gärten der Götter; sie waren den Asen vergeiselt im schuldvollen Kampf um das Gold und blieben dem Himmelsgott eigen im Licht ihrer schuldlosen Tage.

Donar

Donar hießen sie Wodans rothaarigen Sohn, den stärksten der Götter im Kampf mit den Riesen, Zermalmer den furchtbaren Hammer, damit er die Berge zerbarst und im Wetterstrahl seines Zorns die Elemente durchzuckte.

Zwei Böcke zogen den rollenden Wagen, darin er hochgereckt stand mit feurig lohendem Bart und mit blitzfunkelnden Augen, zwei Böcke mit zackigen Sprüngen.

Und wenn er sprach in den feurigen Bart, im Ungestüm seines Zorns, wenn er den Hammer warf, daß er krachend einschlug mit weißglühenden Funken: dann hielt ihm keiner der Götter stand, und furchtsam verkroch sich die Kreatur, bis sein Bocksgespann donnerrollend verscholl.

Auch die Reifriesen spürten den Hammer, wenn er die Winterfahrt machte in ihr eisiges Reich; dann hielt er den zuckenden Kraftgürtel um die Lenden geschürzt, aber so fern seine tollkühne Fahrt in die kalte Dunkelheit führte, der Frühling brachte ihn wieder nach Asgard, den Göttern zur Lust, die längst in Ungeduld harrten.

Fünfhundert Zimmer und viermal zehn waren in Blitzeblinks Bau, wo er die Sommerrast hielt seiner sausenden Fahrt; da saß er zuhöchst in der Halle, und der Blitz seiner zornigen Augen zuckte hin über Asgard, daß die Reifriesen ihm seinen Einbruch nicht trotzig vergalten.

Und hielt mit eisernem Handschuh den Hammer, daß kein Verrat das Vorrecht der Asen gefährde: wie Er, der Himmelsgott, tat im Gleichmaß ewiger Schönheit, hielt Donar das Recht über dem Abgrund in der Kraft seiner Faust und in der Furcht seiner Strafe.

Loki

Lieb und willkommen war Loki, als Wodan dem Wandergesellen der Frühe die Blutspur beschwor; fremd ging der lüsterne Spötter in Asgard, und die Asen trauten ihm wenig, der ihrer Zwietracht listig die Zankäpfel brachte.

Sie mochten sein meidiges Dasein nicht missen, holten sich Rede und Rat in vieler Gefährnis; aber sein züngelndes Wort spielte frech mit dem Feuer, keinen der Stolzen in Asgard verschonend; er hielt mit dem Riesengeschlecht, wenn es ihm paßte, und höhnte der Asengewalt.

Als ob er der Nornen Nothelfer wäre, klüglich verkleidet als Schalksnarr, und heimlicher Schildhalter verdrängter Vanengewalt: so hielt er das Glück der Götter in Atem und hing ihrem sorgenden Zweifel das göttliche Schellenspiel an.

Der Dämon aber der Ränke und ruchlosen Rede schwoll auf und wurde dreifach Gestalt im Mißwachs der feindlichen Brut:

Hel hieß die finstere Fürstin der Toten, die bei den kalten Strömen der Unterwelt hausend das Ende der Taten empfing; da hielten sie alle den schweigsamen Einzug, die abgeschieden vom leiblichen Dasein ins Schattenreich kamen, Menschen wie Götter, im Schicksal der letzten Erfüllung.

In den Tiefen des Meeres, rund um den Teller der Erde geringelt, schwoll ihrer Schwester der schelfernde Riesenleib auf, der gewaltigen Midgardschlange: Urfeindin dem asischen Göttergeschlecht, und allen Glanz Asgards unentrinnbar umschließend.

Stärker als Geri und Flecki, die wachsamen Wölfe Wodans,

war Fenris, der dritte der fahlen Geschwister; noch lag er gefesselt, ein Schwert stak ihm quer in dem feurigen Rachen.

Aber einmal riß er sich los, dann half Wodan die Weisheit Mimirs nicht mehr, noch Donars zorniger Hammer; dann sank Asgard hin mit dem Übermut seiner Götter.

Baldur

Näher als alle asischen Götter stand Baldur den Kindern der Vanen: der blühende Frühling war sein und das steigende Licht, wie Fro die schwellende Reife und ruhende Schwebe des Sommers gehörte.

So licht war sein Wesen, so lieblich die Wohlgestalt, daß alle Götter ihn liebten und gern seiner Sonnenlust Zuschauer waren, wenn er im Blütenkleid spielte.

Aber dunkle Träume betrübten den Hellen, und traurig ritt Wodan hinunter zum Brunnen, Kunde zu holen, daß Baldur, dem trautesten Sohn, früh zu sterben im Schicksal der Nornen bestimmt sei.

Frigga, die bangende Mutter, nahm allen den Schwur ab, toten und lebendigen Dingen, den Tieren und Bäumen, Feuer, Wasser und Stein: daß keines Baldur ein Leid antäte; und alle schwuren den Eid aus Liebe mit Eifer.

Als danach die Götter kurzweilten in Asgard, stand Baldur mitten im Kreis; alle warfen, stachen und schossen nach ihm: aber nichts konnte ihm Leides antun, der lächelnd abwehrte, als Sieger im Scherzspiel der Götter.

Den leidigen Loki verdroß der lockige Lächler; listig verkleidet als Weib entlockte er Frigga das bange Geheimnis, daß der Mistelstrauch allein nicht in Baldurs Liebesbann sei.

Da gab er dem blinden Hödur den Zweig der Mistel zur Hand, den Bruder zu werfen im Scherzspiel; der Zweig traf hart, er durchbohrte den lockigen Lächler und warf die lichte Gestalt hinunter in Nebelheims Nacht.

Als Baldur lag im Kreis der erschrockenen Götter, durch Lokis Arglist gefällt, da wußte nicht einer zu klagen; stumm standen sie da und erstarrt, die starken Asen in Asgard, daß nun das Sterben begänne, daß ihrem Dasein für immer das Frühlingsglück fehle, für immer das heitere Spiel.

Auf seinem Schiff legten sie Baldur die Scheite; alle Götter wohnten dem Leichenbrand bei, den Donar mit seinem Hammer entzückte: seine lohende Glut sank in die flutende Ferne, als er nordwärts fuhr und langsam den Blicken entschwand.

Seitdem brennen die Feuer am Sonnenwendtag, von den Bergen lodernd bis Mitternacht; Baldur, das steigende Licht und der schwellende Frühling, fährt hinunter zur Hel; die Scheite werden entzündet, dem Toten den Abschied zu leuchten.

Baldurs Beweinung

Indessen das Schiff mit dem Leichenbrand Baldurs nordwärts nach Nebelheim fuhr, ritt Hermut hinunter zur Hel, der schnelle Sohn Wodans, den Bruder zu lösen und wiederzubringen nach Asgard.

Neun Nächte lang ritt er durch traurige Täler bis an den Strom und die Brücke aus glitzerndem Gold, wo die rauhe Riesenmaid wachte, daß keiner aus Nebelheim wieder nach Midgard entkäme.

Und als er eindrang in das Reich der kalten Urströme, sah er Baldur den Bruder sitzen, zuhöchst in der Halle, vom Golde der Tiefe umglitzert, im Reich der Hel noch immer der herrliche Mann.

Gruß und Gedächtnis gab er dem Bruder und harrte am Morgen der finsteren Fürstin, daß sie ihn ließe, den Fürsten des Frühlings, in seinen Saal Weitglanz zurück.

Und so bat der göttliche Bote im Weh der klagenden Welt, daß er die Finstere rührte: wenn alles Wesen weine um Baldur, was tot und lebendig wäre, und keines die Träne versage, solle der Fürst wiederkehren nach Weitglanz, den Frühling zu bringen.

Fröhlich der freundlichen Kunde sandte Wodan Botschaft in alle Weiten der Welt, um Baldur zu weinen, daß ihm aus Tränen die Wiederkehr würde, aus Tränen der Trauer die Gunst der Gewährung.

Da weinten die Götter und weinten die Riesen, die Menschen und alles Getier, da weinten die Bäume mit tropfenden Blättern und die Blumen mit silbernem Tau, da weinte die Erde tief in den Brunnen, das blinkende Erz und die zackigen Felsen im Schnee: Baldur zu lösen, den Fürsten des Frühlings.

Schon ritten die Boten mit fröhlicher Kunde hinunter zur Hel, als sie das Riesenweib fanden, hockend in greulicher Höhle: Wo hatte ich Nutzen von ihm, dem weißnackigen Neuling der Asen? Behalte drum Hel, was sie hat!

Da weinten zum andernmal Götter und Menschen, die Bäume und Blumen, die Brunnen und Steine der Erde, daß die Wiederkehr Baldurs verwirkt war; das Glück der Gewährung starb in den Tränen der Trauer.

Wodan aber, der Allwisser, wußte, daß Loki das Riesenweib war, Loki der Allesbeschließer, und daß nun dem asischen Dasein die Dämmerung kam: aus dem Groll der Götter scholl der Schuldruf der Rache.

Die Rache

Loki der Leugner entging den grollenden Göttern mit List: in einem Wasserfall saß er in Lachsgestalt und spottete ihrer Verfolgung.

Aber Wodan von seinem Hochsitz erspähte den Falschen; eilig kamen die Götter und flochten das Netz, den Fisch in den Maschen zu fangen.

Als er sich aufschnellte über dem Wasser, den Schnüren noch zu entgehen, ergriff ihn Donar mit grimmiger Hand und hielt den Entgleitenden fest am schuppigen Schwanz.

Da mußte der Leugner sein Dasein bekennen; in eine Höhle brachten sie ihn, fesselten ihm Schultern, Lenden und Knie hart ans Gestein, wie sie den Fenriswolf banden, den Bruder der Hel und der Midgardschlange, sein böses Gezücht.

Sie hängten den Giftwurm auf ihm zu Häupten, daß der ätzende Saft, ins Angesicht träufelnd, ewige Qual dem Spötter bereite: aber Sigune hielt ihrem Gatten die Treue; mit einer Schale stand sie dem Steinlager bei, die Tropfen zu fangen; nur, wenn sie eilte, die volle Schale zu leeren, traf Loki das sengende Gift.

Dann bebte die Erde, so qualvoll zuckten die Glieder und bäumten sich auf in der Fessel; rüttelnd durch alles Gestein ging der Grimm des gemarterten Leibes, und alle Kreatur fiel in Furcht, daß einmal die Fessel zerspränge.

So war die Herrschaft der Götter im elementarischen Haß ihrer Herkunft zerfallen; noch hielten Wodans wachsame Waltung und Donars drohender Hammer die asische Walstatt: der Femspruch der Nornen stand nahe vor seiner Erfüllung.

Götterdämmerung

Drei Winter werden der Welt nicht zum Frühling, die Sonne verliert ihre Kraft; kalt wehen die Winde von Nebelheim her, in die Blüte fällt Schnee und Hagel über den Mißwachs: auf den kahlen Feldern der Erde ist Krieg; Krankheit, Hunger und Furcht fressen die Menschenwelt leer.

Da kommt die Wolfsbrut der Riesen ans Ziel; den Mond und die Sonne fallen sie an mit gierigen Zähnen, daß der selige Saal bespritzt wird mit Blut.

Die Sterne sinken vom Himmel, die Erde erbebt in der schwarzen Nacht, daß die Berge umfallen und das Meer einbricht ins stöhnende

Land: da wird von den Fesseln Loki befreit; hohnlachend ruft er die Brut, den Göttern zur Rache.

Hel, die finstere Fürstin der Tiefe, rüstet das Schiff Nagelfahr, aus den Nägeln der Toten gefügt und mit dem Neid der glücklos Entseelten befrachtet.

Der Fenriswolf reißt sich los, rotglühend den weltweiten Rachen und die Augen düster im Brand; über die Lefzen fließt ihm das triefende Feuer, aus den Nüstern fahren ihm Flammen.

Wutentfacht wälzt die Midgardschlange sich her in unbändiger Wildheit; aufschäumt das Meer und begräbt die Erde in seinen rauschenden Abgrund: als sie das Gift ihrer Gründe ausspeit, entzünden sich Wasser und Luft, nach Asgard hinauf spritzt die kochende Glut.

Der Himmel birst, und Muspilheims Söhne aus Süden kommen im Feuer gefahren, Surtur vorauf, das Schwert in der Hand, weißglühend wie nie eine Sonne.

Da bricht unter den Füßen der feurigen Riesen die Fährte des Himmels, die Brücke der seligen Farben schmilzt hin in der Lohe; nur noch die Burgen auf Asgard halten ihr stand.

Durch Heimdalls warnenden Hornruf geweckt sind die Götter sorgend versammelt; Wodan reitet hinunter zum Brunnen, Mimirs Weisheit zu wecken, aber das Haupt bleibt ihm stumm; die Weltesche Ygdrasil wankt in den Wurzeln.

Grimmig ziehen sie aus in den Kampf, den letzten der gramvollen Götter, Wodan und Donar voraus mit dem tödlichen Speer und dem alles zermalmenden Hammer, hinter den Zürnenden her der Einherier unübersehbare Scharen.

Wohl schwingt der greise Allvater den Speer, aber das glühende Wolfsmaul verschlingt ihn samt seiner Waffe; rächend stößt Widar, der Sohn, seinen Stahl durch den gähnenden Rachen dem Untier ins schwarzblutige Herz.

Der Midgardschlange zerschmettert Donars Zermalmer das

Haupt, aber hoch spritzt der glühende Geifer des sterbenden Tiers, sengt und verbrennt den stärksten der Asen.

Heimdall, den warnenden Wächter, trifft Lokis listige Waffe; der Treue fällt noch im Sterben den leidigen Leugner der Götter; indessen Surturs weißglühendes Schwert Fro, den freudigen Jüngling, heimholt ins Feuer.

Dann steht er allein auf der Walstatt der Götter, Surtur der Sieger aus Süden, und zückt mit der zischenden Glut seines Schwertes den Brand aus der Wohnung der Vanenbezwinger.

Bis an die höchsten Ränder der Welt züngeln Muspils gierige Flammen; die aus Urgebraus kam, aus dem rauschenden Naß durch die Scheidung der elementaren Mächte: die Welt der schuldvollen Götter brennt hin in der letzten Entscheidung.

Wiederkunft

Einmal wird die Lohe verlöschen; aus dem gestillten Meer hebt die Erde von neuem ihr Antlitz gegen den Himmel.

Die Flut wird kühl und verrinnt; im grünen Kleid wie zuvor prangen die Täler und Berge; auch blühen die Blumen im Gras.

Denn die Sonne steht wieder im Blau; ungesät wachsen Halme und Ähren; im Holz des Welteschenbaums haben sich Leben und Leblust gerettet, die Ahnen künftiger Menschheit.

Baldur ist heimgekehrt aus dem Verhängnis der Hel, und Hoenir kam wieder, die Geisel der asischen Götter: Vanen- und Asenkinder vereint spielen im Gras mit den goldenen Tafeln, wie vormals die Väter.

Schuld und Schicksal beschatten nicht mehr die ruhelos drängenden Tage; nach ewigem Gleichmaß schreiten die Stunden im Glanz der neuen Gestirne.

Der im Anfang war und ewig sein wird, der Starke, kam wieder von oben: in unverrückbarer Schwebe hält Er dem Dasein das Recht über dem ewigen Abgrund.

Das Buch der Könige

Die blonden Räuber der Frühe

Rund um das Mittelmeer lagen die uralten Gärten; den Reifriesen fern und nicht zu nah den glühenden Mächten, brachten sie Blüte und Frucht in lässiger Fülle.

Korn und Früchte, Honig und Wein wuchsen den Händen mühelos zu, das Vieh ging wohl auf der Weide, die Fischer holten singend den reichen Fang.

Wie der Wind ging, trieb er die Schiffer an günstigen Strand; vom Morgen- zum Abendland säumte die Brandung blühende Küsten; heiter und hoch am zärtlichen Himmel hielten Rosenwolken die trübe Nebellast fern; die stahlblaue Flut sah selten gefährliche Stürme.

Bräunliche Kinder der Sonne fühlten sich üppigen Göttern in günstiger Nähe, ernteten singend den Segen und hielten sie gnädig gestimmt durch reiche Gaben.

Da kamen von Norden schwertfahrende Völker, Weiber, Kinder und Vieh im Troß ihrer reisigen Habe, wandernde Städte, allabends gerüstet mit Wällen und Ketten um ihre Wagenburg.

Wegkundige Späher fanden die Tore im Rand der Gebirge, berittene Scharen flossen ins Land wie Frühlingsgewässer und bahnten dem Fußvolk den Weg, das mit Schwertern, Schilden und drohenden Helmen bewehrt die furchtsamen Völker bezwang.

Denn größer und stärker waren die Männer als alle Mittelmeerkrieger, blauäugig, blond, nackten Leibes im Schnee und im kalten Gewässer: Riesen der nordischen Nebel, die den Reichtum der Gärten mit Schwertschlag erwarben und die Gunst ihrer Sonne lachend genossen.

Bis an die südlichen Küsten wurden die Völker gedrängt, flüchtend auf eiligen Schiffen, auf felsigen Inseln von ihren Göttern verlassen das Dasein zu retten, indessen die Räuber fröhlich die Ernte einbrachten.

Noch gab es nicht Hellas und Rom, und die Ilias lag noch im Schoß zukünftigen Schicksals, als die Väter der Griechen und Römer die Schwertherren wurden der uralten Mittelmeergärten, als die Sonne Homers zu scheinen begann in den Kranz der olympischen Götter.

Die olympischen Götter

Von Norden kamen die blonden Räuber der Frühe, aus Nebelnächten unendlicher Wälder und von den kalten Meerküsten. Es ging eine Sage der Heimat mit ihnen von der versunkenen Insel Atlantis, wo der Sonnengott wohnte in blühenden Gärten und wo das Leben im Licht lag, bevor die Reifriesen kamen und die alles verschlingende Sintflut.

Denn einmal gingen sie nicht auf den Straßen der Fremde, einmal wohnten sie froh in der eigenen Freiheit und Er stand im Segen der Fülle: Sein Kleid war die Bläue des Himmels, Sein Auge die strahlende Sonne.

Nun saßen sie wieder an sonnigen Küsten; aber der Gott ihrer Herkunft hielt sich verhüllt in himmlischen Fernen, indessen der elementarische Aufruhr das streitbare Geschlecht der Götter erhöhte.

Die aus Nebel und Not ihrer Flucht in die lässige Fülle der Mittermeergärten gelangten, malten das Bild des göttlichen Daseins mit lockenden Farben, malten es aus mit dem Glanz ihres irdischen Glücks, mit dem schuldvollen Tun ihrer menschlichen Schwächen.

Auf dem olympischen Freudensitz saßen bei Mahl und Trank die glückreichen Götter; die gleich den Menschen Schwertherren waren, rühmten sich ihrer Taten und Listen und bestritten einander den Rang ihrer himmlischen Geltung.

Wohl hießen sie Zeus den Vater und Fürsten der Göttergewalt, aber die Fülle selbstherrlicher Macht hing verstrickt in menschlichen Trieben; Hera, die Herrin des Hauses, war seiner Treue nicht froh.

Im Schalkspiel sinnenfroher Verkleidung trieben die ungebändigten Wünsche der Götter die Abenteuer der Erde, sie hoben die Lust ihrer Laster ins himmlische Licht und die Tracht ihrer Tugend.

Gnade und Groll ihrer Laune verkehrten den Menschen die Tage aus flüchtiger Freude in trostlose Trauer; aber sie standen im Schicksal wie sie als kurze Tyrannen.

Die Griechen

Jahrhunderte gingen den Schwertherren hin; ihr Glück prahlte laut in den Gärten; die Könige bauten Burgen auf klippigen Küsten, der Ruhm ihrer Taten blähte die Segel kielfester Schiffe.

Troja hieß die Burg und die Stadt über dem Meer, die sie gemeinsam berannten: zehn Jahre lang lagen sie da im Schutz ihrer Schiffe, hoben die Schwerter und Schilde der Helden im Ruhm ihrer Sänger und bestritten den Göttern die Ehre.

Da wurde Ajax die starre Kraft, Achilles die rasende Stärke, Odysseus die biegsame List, Nestor die weise Erfahrung: da trat der olympische Himmel der Götter ins Schaubild menschlicher Taten.

Da hieß die Stärke und Schönheit des menschlichen Leibes die Tugend, da wurde das sterbliche Leben im Kampf unsterblich erhöht.

Aber die Freiheit des Mannes konnte den Göttern nicht trotzen; denn Götter und Menschen standen im Schicksal, Schuld und Vergeltung hielten der Tat die Gewichte der ewigen Geltung.

So wurde das Unrecht der Macht erhöht in das Recht ihrer Geltung, so traten die blonden Räuber der Frühe ein in den Lohn ihrer Tugend.

Sparta hieß ihre Schwertherrenstadt, ohne Burg und Wälle gebaut im lakonischen Bergland, nur von den Schilden und Schwertern geschützt, und in der Zucht harter Gesetze.

Da hatten die blonden Räuber der Frühe das Land geteilt nach dem Recht der freien Gemeinde, da gab es nicht Reichtum noch prahlenden Glanz; und König sein hieß, der freien Gemeinde das Schwert und den Richterstab hüten.

Da war der Männerstolz: Körper und Geist stark und gesund im Dienst des Staates zu halten; da war die Ehre der Frau: dem Mann beizustehen als freie Gefährtin, dem Staat ihre Kinder stark und gesund zu gebären.

So stand die spartanische Sitte freiwillig im Stachelkleid harter Gesetze, so wurde die Stadt ohne Burg und Wall im lakonischen Bergland die Trutzburg griechischer Freiheit.

Bis ihre Sitte den Stachel der Ehre, ihr Gesetz den Stolz der freien Erfüllung traurig verlor, bis der spartanische Staat der freien Gemeinde lasterhaft lässig und feig Tyrannen gehorchte.

Athen hieß die uralte Königsburg der Pelasger, die nach der Trutzburg die helle Hauptstadt der Griechen, die prunkreiche Wiege des Abendlands wurde.

Nahe dem Meer hing die Stadt der stolzen Akropolis an; die marmornen Tempel und Treppen der Burg traten weithin ins Licht, wie ein Turm über den Dächern hob das Erzbild der Göttin die goldene Lanze.

Auch in Athen war die Freiheit im Schatten der Götter, aber sie liebte die Gärten der heiteren Gunst, sie liebte den mondlichen Schein marmorner Hallen, sie liebte den Markt und das Massengedränge, sie liebte die Schönheit mehr als die Stärke, und die Lust mehr als die Zucht.

Darum schwankte das Schicksal Athens in der Schärfe des Schwertes, und einmal verbrannte das persische Heer die Dächer der schimmernden Pracht: aber die Brunnen der Lebenslust brachten den Brand zum Verlöschen, und herrlicher hob sich die Hoheit der Hallen über dem heiteren Schaubild der Stadt.

Sie schlug sich frei aus der persischen Plage, und Perikles kam, der Meister der Herrschermacht; er baute den Marmorschrein der alten Königsstadt neu und gab den Giebeln die Bildnerei marmorner Leiber.

Er gab den Bildnern, Dichtern und Weisen Griechenlands Weite und Raum, der Menschheit den Traum der Wahrheit, Schönheit und Güte zu bilden.

Der Morgen ging ein in den Abend, als die morgenländische Weisheit nach Griechenland kam, als der düstere Stein der Weisen hell und heiter zu funkeln begann.

Da wurden die blonden Räuber der Frühe Schatzhalter der ewigen Dinge, aus Tiefen der Ahnung wuchs ihnen Vergangenheit zu, über den Abgrund zukünftiger Zerstörung, im Schutt langer Vergessenheit der menschlichen Seele aus göttlicher Herkunft das Kleinod zu retten.

Die Römer

Rauschgolden verging die Sonne der Griechen im Abendrotglück Alexanders, der lateinische Mond stieg auf mit glänzender Scheibe; auf dem Markt von Athen standen römische Wachen, im Spottbild der Gaukler starb ruhmlos Sparta.

Rom hielt das Szepter des Abendlands über den Mittelmeergärten, über dem persischen Glück und dem messianischen Traum der Hebräer, über dem pharaonischen Alter und über der greisen Jugend der Griechen.

Eine Wölfin, heißt es, habe die blonden Räuber der Frühe gesäugt, die den Völkern am Tiber die neue Schwertherrschaft brachten: eine hungrige Wölfin fraß Länder und Städte und wurde die Herrin der Mittelmeergärten.

Stärker als alle Mächte im Morgen- und Abendland war der stolze Römergedanke, über den Königsglanz, über despotische Willkür für immer Vernunft und Willen der freien Gemeinde als Ordnung des Staates zu stellen.

Sinnbild und Wächter der freien Gemeinde und Hüter des Staates war der Senat der würdigsten Männer; er gab dem Krieger das Schwert und dem Priester den Stab, dem Richter das Beil und dem Konsul die Toga.

Da galt die Stärke und Schönheit des Leibes nicht mehr allein, nicht mehr das heitere Spiel genießender Sinne und kühner Gedanken: über dem bunten Dienst seiner selbst stand das Gebot der Gesamtheit.

Gefährliche Tierheit war aller persönlicher Schein, Sinn war allein im Charakter: karg blieb er in Worten, schlicht im Gewand, streng und gemessen in seiner Haltung, groß allein war die Tat.

Zucht war die Tugend des römischen Bürgers, aber die Zucht war das Glück; denn die freie Erfüllung der Pflicht war mehr als Gehorsam, und das Glück der Römergesinnung war mehr als die Pflicht.

So war der Bürger von Rom und so war die Geltung, daß ihm die bunte Vielheit der Mittelmeervölker gehorchte: als Römer geboren, hieß Gebieter im Abend- und Morgenland sein.

Bis im römischen Weltbürgersaal Macht nur noch Macht war, bis der persische Adler das Feldzeichen der römischen Schwertherrschaft wurde, bis Cäsar der freien Gemeinde das Rückgrat zerbrach, bis Augustus den Prunkmantel der römischen Kaisermacht trug.

Das Land der neblichten Wälder

Die aber die Kundschaft der kühnen Räuber nicht fanden, die an den kalten Meerküsten blieben und in der Nebelnacht unendlicher Wälder: ihnen malte kein lässiges Glück das Schaubild üppiger Götter.

Streitbar und stark blieb Wodans Geschlecht im Kampf mit den Riesen und Alben der kalten Meerküste, rauh war der Tag, mager die Feldfrucht und mühsam der Wildfang.

Stürme und Sterne der Winternacht hielten das Jahr in der Strenge, kurz war die Wende des Sommers und karg das wärmende Licht seiner Sonne; Kälte und Nässe hingen dem Frühling das Nebelkleid um, früh kam der Herbst mit den Frösten.

Aber in Wetter und Wind standen die schweigenden Wälder, das Quellengeheimnis zu hüten; Wiesen und Felder, getränkt von rieselnden Bächen, gaben dem Fleiß ihre Frucht; das wilde Getier hielt Mut und Freiheit in Atem.

Nicht Städte und steinerne Höfe gab es im Land der neblichten Wälder und keine Tempel den Göttern, nachbarlich fern standen die Häuser im Schatten schützender Bäume, aus Balken gefügt und bedacht mit Stroh, gleich moosigen Zelten.

Wie die Vögel in der Luft und die Fische im Wasser, so waren die Menschen im Wald; sein Regen umrauschte ihr Dasein, sein Dunkel verschlang ihren Schritt, sein Frühling trieb ihre Knospen, sein Winter verschneite den Schlaf der wartenden Tage.

Aber Er war noch wach in der Herkunft aus lichtreicher Weite, heilige Bräuche und stolze Gemeinschaft hielten dem Mann das Dach seines Hauses vor Frevel geschützt; das Kriegsschwert starb in der Erde, bis Sein Gebot es den Männern gab, die Schärfe zu zeigen.

Ob sie Ihn Ear oder Ziu, Tyr oder Zwaz, Thys oder Thingsu nannten: Er hielt das Recht ihres Daseins über dem ewigen Abgrund.

Wo der uralte Wald die grüne Lichtung umgrenzte, tief in den Gründen wurden die weißen Rosse gehütet im heiligen Dienst Seiner Macht; Seine Priester lasen die Zeichen auf heiligen Stäben und hielten den weißen Rossen die Zügel, wenn sie den Bannkreis seiner heiligen Wohnung umschritten.

Dann eilten sie, Blumen zu streuen, und singend kamen die Kinder; dem Wagen entgegen schwoll Freude und Festklang; die Waffen waren verschlossen, kein Krieg durfte sein; für einen Tag ging die Zeit der neblichten Wälder die unvergessenen Wege.

Für einen Tag blühte die Heimat aus uralten Freuden, der Frieden spannte den Himmel blau und hell übers Land, das Feld lag in

Sonne, wie einer Braut strich zärtlicher Wind der blühenden Wiese die Wangen.

Uralt und heilig stand über dem neblichten Tag die helle Herkunft der Dinge und hielt die Menschen umfangen im Netz ihrer starken Gesetze.

Der Schritt des Lebens war tapfere Tat, und mit den Waffen zu sterben, sein fröhlichster Ruhm; aber das Wort war ein Schwur über dem Schwert, und stärker war keiner geschützt mit Waffen, denn der als Gast in ein Haus kam.

Der kimbrische Schrecken

An der kalten Meerküste begann der Mahlstrom zu mahlen, der die Springflut germanischer Völker über das Abendland brachte, über das Schwertreich der Römer und über die Ernte der Mittelmeergärten: die Kimbrer waren sein frühester Schrecken.

Mit Wagen, Herden, Greisen und Kindern, im Wuchs der riesigen Leiber halb nackt, mit Speeren, Schilden und Hornzier der Helme gleich Tieren der neblichten Wälder gerüstet: so kamen die kimbrischen Völker ins römische Land der Taurisker.

Als ob die Götter den Furchtbaren hülfen auf dem Feld von Noreja, fiel ein Gewitter über die Schlacht, donnernd zum dröhnenden Schildruf der Kimbrer; die Feldkunst der stolzen Kohorten erlag der Speerkraft von Norden: mit den Läufern nach Rom lief der kimbrische Schrecken.

Aber die Kimbrer wichen zurück in die Wildnis und wandten sich westwärts ins gallische Land, weil sie Weide und Land, nicht Streit suchten.

Da hielten die Heere der Konsuln die Tore bewacht im Gebirge; zum andernmal schlug der kimbrische Schrecken den Römern das Schwert aus der Hand, aber noch immer mieden die Sieger das Land der Kohorten.

Elf Jahre lang irrten sie landsuchend hin im Lebensumstand der Wagen und Herden, mühsam hinüber ins spanische Land und mißlich zurück in die östlichen Berge, bis sie das Alpentor fanden.

Ihre Knaben waren Krieger geworden und Mütter die Mädchen, als ihnen die Täler Tirols den Eingang erschlossen, als sie im sonnigen Südland der Alpen endlich die Weide der langen Wanderschaft fanden.

Einen Herbst, einen Winter und Frühling saßen die Kimbrer da im Kanaan ihrer Kundschafter, das Landsucherglück zu genießen; dann traf sie das Schwert der Vergeltung in der Schlacht auf den raudischen Feldern.

Am Gürtel mit Ketten verschränkt, sanken die kimbrischen Männer der römischen Übermacht hin; die Weiber der Wagenburg warfen die Speere und hetzten die Hunde, aber der dröhnende Schildruf verhallte, der kimbrische Schrecken starb im Schlag der römischen Schwerter.

Die raudischen Felder tranken das Blut der nordischen Leiber; Weide und Wohnsitz zu suchen, kamen sie her aus dem kalten Jütland, nun gingen sie ein durch das Joch in die Mittelmeergärten und dienten als Sklaven, wo sie als Freie zu hausen gedachten.

Kein schöneres Schicksal war ihnen vergönnt als dieses: Bienenschwärme zu sein, die keine Imkerhand einbrachte, und die nach kärglichem Sommer im kahlen Winter verdarben.

Die Stachelschnur der Kastelle

Wo der steile Bogen der Berge die römischen Gärten beschützte, wo der Zackenrand eisiger Gipfel den Mittelmeerhimmel bekränzte, wo das schäumende Wasser schrecklicher Schluchten sich staute in grünblauen Seen: kam die Stärke des Stromes, abzuscheiden das Land der neblichten Wälder.

Bis in die Sümpfe der kalten Meerküste zog das grüne Gewässer des Rheines der römischen Herrschaft die gallische Grenze gegen die freien Germanen.

Wohl scholl der Hornruf hinüber, und dreimal baute Cäsar die Brücken, sein Schwert in die Wälder zu tragen: aber das unermeßliche Schweigen bot seinem Beutezug Halt, in der grünen Finsternis lagen die Gründe germanischer Freiheit behütet.

Erst Drusus dem Jüngling gelang, was der Strom und die Wälder dem Cäsar verwehrten: fünfmal zog er als Kundschafter aus und trug den gierigen Adler der römischen Weltmacht tief in das weglose Waldland.

Am sandigen Ufer der Elbe tat er sein Wahrzeichen auf, dreihundert römische Meilen weit im herbstroten Land der Cherusker, der tiefer als jemals ein Römer in Wodans Wolkenreich kam.

Aus der schweigsamen Tiefe der unabsehbaren Wälder, so heißt es, und aus dem Grauen des nahenden Winters trat eine Riesin vor ihn, uralt und Unheil weissagend dem prahlenden Jüngling.

Sein Übermut lachte des raunenden Weibes, aber sein Roß stürzte hin auf der Rückfahrt, sie hoben ihn auf mit gebrochenen Beinen.

Dreißig Tage lang trugen die Krieger dem Jüngling die Bahre, durch Sturm und Regen der Wildnis die mühsame Weite zurück, wo sie im Sommer mit Hörnerschall ritten: nur seine Leiche brachten sie heim, im Standlager zu Mainz dem Stolzen das steinerne Grabmal zu bauen.

Dann taten die Römer dem Strom die Stachelschnur an ihrer trotzig bewehrten Kastelle; von den grünblauen Seen hinunter zur kalten Meerküste stand ihre Wacht am Strom und am Rand der düsteren Wälder.

Schwer hing die Frucht und süß schwoll die Rebe zur Linken im Hügelland gallischer Sonne; dunkel und drohend dehnte sich rechts die dürftige Wildnis, der Nebel hing grau über unermeßlichen Weiten.

Die Morgengabe cäsarischer Macht wurde reich im Gewinn emsiger Gärtner; über den Strom scholl der krachende Speer und der Schildruf trotzig anschweifender Scharen.

Arminius

Als das Gebot des Kaisers Augustus ausging, die Welt der römischen Herrschaft zu schätzen, kam als Geisel ein Jüngling nach Rom, aus dem Stamm der Cherusker und Segimers Sohn, der ein Fürst seiner Sippe im Weserland war.

Sein Oheim Segestes hatte dem Kaiser ein Hilfsvolk gestellt, darin der Sohn Segimers Söldnerdienst tat; ihm boten die Römer das Bürgerrecht an, in den römischen Ritterstand hob der Kaiser den Jüngling.

Als er heimkehren durfte in das Land seiner Väter, wo sein Oheim Segestes dem Statthalter Varus in Unterwürfigkeit diente, sah er Dinge geschehen am Volk der Cherusker, die ihm verräterisch schienen und seinen Zorn reizten.

Denn als Bundesgenosse, nicht als Besiegter hatte das Volk an der Weser den Römern Einlaß gewährt; Varus aber ließ Strafen verhängen von römischen Richtern, Rutenbündel und Beil bedrohten das Recht und die Herkunft der freien Gemeinde.

Dem Kaiser bauten die Römer im Land der Cherusker Altäre; und was den Freien zu hüten heilige Pflicht war, der Wahrspruch der wehrhaften Männer, wurde von Varus verspottet.

Dem Unrecht solcher Gewalt mit List zu begegnen, ließ Segimers Sohn die Jünglinge der Cherusker heimlich die Blutspur beschwören.

So sehr war der Hochmut des Römers verblendet, daß er des warnenden Segestes lachte, als er im Schwall und Hörnerklang seiner Kohorten das Sommerlager verließ.

Regenstürme stöhnten im Wald und die Bäche brachen ins Land, als die Bäume anfingen, Wurfspeere zu regnen, als die Cherusker, von kundigen Führern nächtlich geleitet, den gepanzerten Heerwurm anfielen, als der prahlende Schall und der Notruf der Hörner hinstarb im Schildruf der Völker.

Am dritten Abend erlag der gepanzerte Leib den zornigen Bissen, der Statthalter Varus sank in sein eigenes Schwert; nur die Reiter der Nachhut entrannen, den Schrecken des Teutoburger Waldes ans gallische Ufer zu tragen.

Als die Weiden grün wurden im Weserland und der Holderbusch blühte, schreckte kein Hörnerschall mehr das befreite Volk der Cherusker; die Lieder gingen von Segimers Sohn, wie sie von Wodan, Donar und Saxnot und den Helden der Götterzeit sangen.

In Rom aber schritt, von Segestes dem Vater an ihre Feinde verraten, Thusnelda, die Gattin des Kühnen, als Sklavin die Gasse der Gaffer; und auch den Herrlichen fällte der Neid mit dem Mordstahl der Tücke.

Im siebenunddreißigsten Jahr seines siegreichen Lebens fiel Segimers Sohn, der sein Volk aus der römischen Knechtschaft befreite und dem Land der Wälder und Wiesen der herrlichste Held war.

Wohl sangen die Lieder noch lange ihm nach, den die Römer Arminius nannten, aber sein Name verscholl im Sang der rühmenden Sage.

Da klingt er hell, wie ein Frühlingstag steht mit Blüten und blankem Gewässer, da wird Segimers Sohn und Segimunds Schwäher, der treulos verratene Held in der Arglist der Sippe, Segifried, Siegfried geheißen.

Der Pfahlgraben

Wo der Strom seinen Lauf in den Altwässern suchte, sein flaches Gewässer den gallischen Gärten kein Schutz war, wo der Wald sich vorschob im schwarzen Gebirge, hoch über dem Rhein die sumpfigen Quellen der Donau zu tragen: da bauten die Römer das Bollwerk des Zehntlandes ein.

Sie warfen die Stachelschnur vor mit klug gestellten Kastellen und säumten sie ein in den Wall, der mit Türmen, Gräben und Pfählen geschützt über die waldigen Kämme des Taunus zum braunen Gewässer des Mains und über das steinichte Hochland nach Norikum lief.

Eine Stadtmauer mit Toren und Türmen, länger als fünfhundert Meilen, durchquerte den Wald und die Wildnis vom Rhein bis zur Donau; acht Kaiser bauten daran in mehr als zweihundert Jahren, und der sie am stärksten bewehrte, dem fiel sie in Trümmer.

Eher als eine Mauer war es ein Deich, gegen die Springflut gebaut und harmlos an windstillen Tagen, wenn durch die Schleusen das dünne Gewässer des täglichen Grenzverkehrs floß.

Dann wagten römische Händler die Fahrt ins germanische Waldmeer, wo nur selten der Krieg das Tagwerk der friedlichen Bauernwelt störte, wo die Gastlichkeit fröhlicher Brauch und die Treue gegen den Gast eine heilige Pflicht war.

Sie sahen das seltsame Fachwerk der Häuser, die sauber gefärbten Fächer im schmuckvoll gefügten Gebälk, sie sahen die Säle der Fürsten mit hölzernen Hallen rundum, die Balken geschnitzt und die Bretter bemalt mit vielverschlungenen Bändern.

Sie sahen die Jugend spielen im Hof unter Bäumen, nackten Leibes im Wind und im Regen und ihrer Gliederkraft froh; sie sahen die Mütter Feldarbeit tun im Kreis der lachenden, singenden Mägde.

Sie sahen die Männer heimkehren, müde der mühsamen Jagd in den Wäldern, sahen sie sitzen im Schmuck ihrer Waffen zum Rat der Gemeinde, sahen sie richten und dem Gesetz die Wage mit Freimut und Unbeugsamkeit halten.

Sie sahen ein Bauerngeschlecht sein einfaches Tagewerk tun, sahen es sorgsam gefügt in Sippen und Gauen und fest in der Pflicht der Gemeinschaft, sahen es fröhlich und stark und stets gerüstet zum Kampf, wenn das Kriegsschwert die Mannschaft der Dörfer aufrief zum Volksheer der Stämme.

Sie sahen die Fürsten geehrt im Glanz der Edlen und Freien, sie sahen die Jünglingsschar trotzig und waffengeübt und lüstern des Tages, da der Krieg Heldenruhm brachte.

Sie sahen die Frau als freie Genossin des Mannes, und sahen, wie Treue um Treue, Reinheit und Stolz ihr Ehrenkleid waren.

Sie sahen die Brandung unbändiger Kraft gemeistert in Zucht und Gehorsam und ahnten den Tag, da die Springflut anstürmte und der Deich mit der Stachelschnur seiner Kastelle zu dünn war für die Gewalt.

Tacitus

Als Tacitus seine Germania schrieb, mit warnenden Worten zu sagen, was für ein Land hinter der Stachelschnur seiner Kastelle Rom unbekannt sei und was für ein Volk darin wohne: war Domitian, der feige Prahler und Wüstling, römischer Kaiser.

Der Weltherrschertraum des Augustus, weit und glücklich begonnen, hatte zur Wirklichkeit Neros geführt; über dem Recht der freien Gemeinde hing das Schwert der Tyrannen, der Senat trug den Purpur der Kaisergewalt.

Die Kaisergewalt war der Kriegsknecht: mit gallischen Söldnern kam Cäsar nach Rom, den Senat zu bekriegen, in allen Provinzen der römischen Weltmacht waren die Legionen des Kaisers geworben, die aus dem Volksheer der Römer die Herrschaft der Kriegsknechte machten.

Ein Krake war das Weltreich der römischen Kaiser, soweit die Greifarme der Legionen reichten, fraß er die Länder leer von Persien bis nach Brittannien, aber der Bauch saß am Tiber.

Der Bauch saß am Tiber und wurde kraftlos an seinen eigenen Gliedern: Zucht war die Tugend des römischen Bürgers gewesen, aber die Kaisergewalt hatte die Tugend beschattet und hatte dem Laster Paläste gebaut.

Tacitus war kein Kriegsmann, wie Cäsar in Gallien war und hatte nicht eigenen Ruhm zu verkünden; er war nur ein Römer der alten Zeit, der dem Sittenverfall seiner Tage den Spiegel germanischer Einfachheit vorhielt.

Er sah die Tugend und sah die Laster der Deutschen, aber er sah auch die Einfalt der Sitten, die Nähe der starken Natur und die Waltung der Herkunft.

Freiheit und Ehrfurcht, die Schlüssel der Menschheit, sah er in einfachen Händen; wie Kinder die Dinge tapfer und gläubig tun, sah er die Deutschen, indessen die Römer in greiser Lüsternheit gingen.

Er wollte dem Sittenverfall seiner Tage den Spiegel vorhalten und war ein Römer der alten Zeit; aber das Spiegelbild zeigte die kommende Stunde: fröhliche Stärke der Jugend gegen das grausame Alter.

Die Springflut

Das kurze Schwert, den runden Schild und Gehorsam ihrem König brachten die Goten mit über das Wasser, als sie den alten Völkerweg fanden, von Schweden hinunter ans Schwarze Meer und hinüber zum Pontus.

Da wurde das alte Scythenland wach im Lärm der Wagen und Pferde, weit in die Stille der östlichen Steppen floh der Hufschlag der Bogenreiter, Völker bedrängten die Völker, Länder wurden lebendig und der Wald kam ins Wandern.

Markomannen, Vandalen und Alemannen, Burgunder und Langobarden wichen dem gotischen Königsvolk aus und strömten landsuchend hinein ins Tiefland der Donau, bis der Völkerkessel voll war zum Rand und überfloß in die römischen Gärten.

Vierzehn Jahre lang lag er zu Feld, Mark Aurel, der die Feder liebte und das Schwert nicht hinlegen konnte, in Mühsal und Mißmut den Markomannen zu wehren; als er den Sieg endlich sah, nahm ihm der Tod den kargen Gewinn aus der Hand.

Unaufhörlich danach warf die Brandung flüchtender Völker Spritzwellen hinein in die Gärten, bis die Stachelschnur riß; über den römischen Deich rauschte das deutsche Gewässer.

Schon waren die Alpentore gesprengt, als die Hauptstadt der Welt sich selber zum Schutz die neue Ringmauer baute; wie zur Königszeit war das herrische Rom wieder die Burg am Tiber.

Achthundert Jahre lang hielt sie die Völker im Zwang ihres siegreichen Schwertes, nun krachte von Norden der Speer und warf ihr den Staub vor die Füße.

Noch kreisten die römischen Adler über den Mittelmeergärten, noch lagen die Legionen schwer auf dem Morgenland, noch hielten die Standlager Wacht am Strom und schützten die gallische Ernte; aber die stolze Blöße des römischen Hauptes zog wieder den Eisenhelm an.

Ermanerich

Von der Weichsel zur Wolga reichten die Waffen des gotischen Königs, und die Völker des Pontus brachten Ermanerich Lösegeld dar.

So hieß er der Reiche, als er nicht mehr ausreiten konnte zur wehenden Schlacht; zehnhundert Goten, rühmt die Sage, saßen im Saal, wenn er trank aus dem goldenen Becher und den Liedern lauschte der Amelungen, seines den Göttern entstammenden Geschlechts.

Trotz seinem Alter dachte er noch, Schwanhild die schöne zu freien, und sandte Randwer den Sohn ins roxolanische Reich, ihm Schwanhild die weiße zu holen; aber Randwer der feine hob seine Augen auf zu der Jungfrau, die seine Mutter zu heißen bestimmt war.

Nicht lange, so war die Liebe dem König verraten; da zerriß er den Bart, der wie der Schweif seines Schimmels war, und schwer vergalt er den beiden die Schande: am Galgen hing ihm der Sohn, die Pferde schleiften die schöne Schwanhild.

Die ihre Brüder hießen, ritten zur Rache in seine Burg; obwohl der Goten zehnhundert dasaßen, über die Leichen der Scharwächter schritten sie ein mit zornigem Schwertschlag und trafen ihn, mitten im Saal, der sie spöttisch begrüßte.

Sie wurden mit Steinen geworfen und starben im Zorn seiner Mannen; aber dem Amelungen schmeckte kein Wein mehr, er siechte hin an den Wunden.

Das aber, heißt es, geschah zu der Zeit, da die hunnischen Reiter einbrachen ins gotische Land mit unermeßlichen Scharen; der unter Kühnen König war, mußte brach liegen und die Boten abwarten der dritten verlorenen Schlacht.

Als er die Brandfackeln flammen sah in der Nacht, hielt er das Schwert, zu schwer seinen Händen, und warf sein Herz in die Schärfe, daß kein sterblicher Mann sich zum andernmal rühme, sein Schwert mit dem Blut des Amelungen gerötet zu haben.

Alarich

Als die Westgoten dem römischen Kaiser Söldnerdienst taten, wurde Alarich König, aus dem Baltengeschlecht, das ist der Kühnen.

Er sah sein verschlagenes Volk untergehen in den östlichen Mittelmeergärten, darin es klüglich verteilt war, von Mösien über den Hellespont hin bis weit ins syrische Land.

Er aber wollte Volkskönig sein gleich seinen Vätern und dem verschlagenen Volk ein Vaterland finden; denn nur, was das Schwert hielt, war noch Besitz, als mit der Eifersucht törichter Knaben in Rom und Byzanz das wankende Weltreich zerbrach.

Kühner als vormals die Kimbrer ging Alarichs Fahrt, durch keine Habe behindert als durch das Schwert und die Zelte des Lagers: bald stand er mitten in Griechenland, Hellas und Sparta hörten wieder den Schwertschlag und die blonden Räuber der Frühe.

Der dem Kaiserknaben in Rom die Steigbügel hielt, Stilicho der Vandale, kam mit Schiffen und großer Kriegsmacht, den Kühnen zu fangen: aber der Neid von Byzanz öffnete listig die Falle und wies der verwegenen Heerschar das dalmatische Küstenland an.

Seitdem züngelte Alarichs Schwert scharf zwischen Rom und Byzanz; an der steinichten Schwelle der römischen Gärten sah er die Lockung reicher Landschaften vor seiner Tür.

Das Wasser war dünn im Isonzo, bald stand er am Po und einmal am gallischen Tor im ligurischen Bergland.

Da mußte Stilicho Lösegeld leisten, Norikum bot er als Bündnispfand an: so wurde das gotische Heervolk wieder landeigen und Alarich König im neuen Westgotenland; doch gab er den Schlüssel der römischen Gärten nicht aus den Händen.

Als der Knabenkaiser dem Kanzler die Treue mit Arglist vergalt, als Stilicho den Henkertod fand, trug er sein Schwert verwegen vor Rom, und schimpflich mußte der stolze Senat den Abzug der Goten erkaufen.

Mehr als ein Jahr lang lag er im Feld, dem das römische Heer von Ravenna den Rückzug verlegte: ein Straßenkönig im fremden Land, mit dem Schwert sein Zeltlager schützend.

Weder Land noch Frieden war zu gewinnen vor der Burg von Ravenna; zum andernmal zog er nach Rom, und diesmal erfuhr die Stolze das Schicksal, so mancher feindlichen Stadt von der römischen Schwertmacht bereitet.

Die seit achthundert Jahren keinen Feind kannte, sah durch Konstantins prahlenden Bogen den König der Goten einreiten: aber kein Rausch der Stunde verwirrte Alarichs Blick, daß dies für sein kühneres Trachten ein kurzer Triumph war.

Drei Tage lang ließ er die Seinen das Siegerglück kosten, dann nahm er die Hitzigen hart in die Hand: Karthago, die Kornkammer Roms, sollte der Preis seiner Fahrt und die Burg für sein Königtum sein.

Schon hatten kalabrische Schiffer ihm eine Flotte gerafft, als die kochenden Strudel herbstlicher Stürme die Schiffe zerschellten; vom Fieber verzehrt wichen die Seinen verzagt nach Cosenza zurück: da stillte der Tod dem Balten den unsteten Herzschlag.

Im Sumpffiebertal von Cosenza starb im vierzigsten Jahr seines Lebens der König der Goten, der seinem Volk kein Vaterland fand, der die gotischen Männer im dürren Gestein der kalabrischen Küste zurückließ.

Landfahrend in der Fremde todfeindlicher Länder, konnten sie keinen Grabhügel wölben, kein Gedächtnis der Trauer dem grausamen Tal, daraus sie morgen schon schritten, das Schwert in der Hand.

Sie gruben ihm nächtlich ein Grab im Busento und senkten den König mit Schmuck und Schwert in den schweigsamen Grund.

Als die Sonne aufging im steinichten Tal, darin sie heimatlos standen und ihres Daseins versichert nur durch das Schwert in der trotzigen Hand, flossen die Wellen schon wieder den emsigen Lauf, mit schäumendem Schleier den Schlaf zu hüten, der den schwertfahrenden Männern Losung und Ziel ihres kurzen Straßenglücks war.

Die Hochzeit von Narbonne

Als Alarich der Kühne schlafen ging im kühlen Steingrund des Busento, ließ er die Seinen schiffbrüchig auf einer Fahrt zurück, die für die Ebbe ihres Rückzugs gefährlicher als für die hingeschäumte Flut war.

Doch führte die verwegene Kriegerschar als Geisel die junge Kaiserschwester mit, die schon im dritten Jahr die Irrfahrt ihres Lagers teilte: Placidia, von Athäulf, dem Schwager Alarichs, als Gemahlin begehrt und ihm zugetan.

Sie war den schlimm Verschlagenen ein Amulett: mit hundert Listen der Gefahr ausweichend, schob sich ihr Lagerdasein in Winkelzügen verwegen nordwärts, Rom und Ravenna rasch vermeidend, bis sie im zweiten Sommer die Alpen überschritten, die Tür ins Freie zu gewinnen.

Da schlugen sie den Sarus, dann den Jovinus, die in Gallien abtrünnige Gewaltherrn waren, und boten sich der schwankenden Gewalt des Kaisers als Schildhalter an.

Denn Athäulf der Gote, der des Kaisers Schwester zur Gemahlin begehrte, erfüllte klug und klar, was Alarich im Trotz nicht zwingen konnte: das Schwert der Goten sollte halten, was den schwachen Händen der Römer entglitten war.

Als Athäulf mit der Placidia Hochzeit hielt, schien in die dunkle Zwietracht der Zeit ein zager Sonnenstrahl, von den Goten in Narbonne prunkvoll gefeiert: die Blonden huldigten der braunen Königin.

Ob es für Athäulf ein kurzer Traum war, ein halbes Jahr nach seiner Hochzeit mit dem Tod bezahlt: der weise Wallia kam und baute den Traum treu in die Wirklichkeit.

Das Ränkespiel der Höfe von Ravenna und Byzanz ging ruchlos weiter mit Mord und Mörderlisten: das Reich der Goten hielt den Sonnenstrahl in Pflege, bis er aus Gallien nach Spanien hinüber in einen breiten Sommer gewachsen war.

Das tolosanische Reich war es genannt, der Ruhm seiner Macht und Schönheit rief die Gesandten von Morgenland her, und stärker stellte kein Fürst dem Frieden das Schwert vor die Tore, als Eurich der Große, König der Goten, tat.

Von der Loire bis zum Tajo hielt seine mächtige Hand die Unrast der Völker gebändigt; auch ließ er die Tafeln der gotischen Herkunft schreiben als Recht und Gesetz des tolosanischen Westgotenreiches.

Dreihundert Jahre hielt es reich und räumig den Völkerstürmen stand, und war dem Islam noch ein Garten, darin die Märchen seiner Künste blühten wie nie im Morgenland.

Und wurde das Wunderland der ritterlichen Tugend, die früheste Freistatt der Bildung, und hielt das Gotenrecht lebendig durch tausend Jahre.

Geiserich

Wild und weit hat die Vandalen die Völkerflut verschlagen und ihre Mühsal vom wasserreichen Waldland der Oder ins Morgenland gebracht; die unter Godegisel in Gallien einbrachen, ritten die Grenzen Geiserichs ab am Rand der Libyschen Wüste.

In Andalusien saßen sie wartend und sahen am blauen Meertor die Kornkammer Roms, das wiedererbaute Karthago: Seefahrer wurden sie da, die gleich den Goten Schwertkämpfer waren, und kamen mit flinken Schiffen hinüber, als die Karthager sie riefen.

Da löste das Schwert der Vandalen den Fluch von Karthago und stach dem römischen Stolz in die hilflosen Glieder, da wurde Hannibals Heimat zum andernmal Herrin der Meere.

Denn Geiserich, das ist Speerfürst, nahm das karthagische Land, verwildert durch Aufruhr und Kirchengezänk, in harte Verwaltung, und war auf der Burg von Karthago der Seefahrerkönig, den keiner bezwang.

Und als ihn Eudoxia rief, den gemordeten Kaiser und Gatten zu rächen, vergalt er den Römern den Brand von Karthago; mit seinen Schiffen fuhr er hinein in den Tiber und ließ sich durch Leo, den drohenden Bischof, nicht schrecken.

Und ließ die gedemütigte Herrin der Welt sein Siegerrecht fühlen; wie vorzeiten die römischen Schiffe den Raub heimbrachten aus dem zerstörten Karthago, vergalt er Gleiches mit Gleichem und trotzte lachend dem Fluch der römischen Priester.

Und hielt seinen Horst an der klippigen Küste, und blieb in den Mittelmeergärten der Seefahrerkönig, den keiner bezwang, bis er heimging im Alter, versammelt zu den Vätern im Waldland der Oder.

Der als Knabe mit über den Rhein geritten war und als würdiger Greis auf der Burg von Karthago, geliebt von den Seinen, das Abenteuer seines reisigen Lebens reich und rund gespiegelt sah in der Mittelmeerbläue.

Die Hunnenschlacht

Als Etzel, Heerfürst der Hunnen, ausritt von Ungarn ins gallische Land, kam die große Sturzwelle der Völker, alles ersäufend in ihrer Bahn, was die Flucht ins Gebirge versäumte.

Wie Rabenflug war der Ritt seiner Scharen, und rascher kaum rannte der Schrecken vor ihnen her, als der Hufschlag der struppigen Pferde.

Da half nicht Schwert und nicht Schwur, der berittenen Unzahl zu wehren: so unaufhaltsam schwoll das Gewässer der hunnischen Reiter ins Land, daß schon im Sommer die ersten Sturzwellen um Orleans schäumten.

Dann rückte der Heerbann der Westgoten an, mit dem römischen Kriegsvolk vereint der hunnischen Flut zu begegnen: vor ihrem Wall wich das schwarze Gewässer zurück, gleich einem See das weite Becken der katalaunischen Felder mit dem Gewimmel der Pferde und den Wagenburgen der Hilfsvölker füllend.

Anders als sonst eine Schlacht war diese, da Goten und Goten, Franken und Franken einander bekämpften, durch Etzels Willen geschieden in Land und in Flut.

Aetius aber, der römische Feldherr, war Geisel bei Etzel gewesen und kannte die hunnischen Listen: er hielt den Damm seiner Völker mit unbeweglichen Flanken und ließ vom Morgen zum Abend die Flut der Reiter anschäumen, bis die Brandung erlahmte und der Schaum blutig gerann.

Als schon die Dämmerung sank, kamen die gotischen Mauern ins Schreiten, gewaltige Torflügel drehten sich ein, bis das Blutmeer der hunnischen Reiter in beiden Flanken gedämmt war.

Da half den Hunnen die Unzahl der Hufe nichts mehr, die Nacht hob den gotischen Kriegern die Sterne: das schwarze Gewühl mußte zurück in die Hürde der Wagenburg weichen.

Drei Nächte noch kämpften, so heißt es, die Toten, die grausige

Schlacht in den Lüften, bis das Blut abfloß in den Bächen der katalaunischen Felder.

Die Lebendigen warfen das Los der Waffen nicht mehr: der gotische Damm stand im Westen, die hunnische Flut fiel zurück in den Osten, daraus sie, die abendländische Welt zu ersäufen, im Frühjahr geflossen war.

Im zweiten Jahr nach der Hunnenschlacht holte Etzel die blonde Hildico heim und starb in der Brautnacht: das Gewässer der hunnischen Scharen gerann, sein Schrecken blieb im Gedächtnis der Völker das Grundwasser unheimlicher Sagen.

Burgund

Von der Weichsel her wehten die gotischen Stürme das Volk der Burgunder gegen den Rhein, wo sie in Worms die Königsburg hatten und den kurzen Traum ihrer Geltung.

Im Kreis starker Helden hielt Gundikar Hof, der die burgundische Insel im Strudel feindlicher Völker stark und besonnen geschützt hielt; Alemannen und Franken mußten ihn dulden, die Römer fragten nach seiner Freundschaft.

Aber die hunnischen Horden kamen von Osten; den burgundischen Hochmut zu heilen, lenkten die Römer sie listig nach Worms: hart hielten die Helden das Schwert und hell den fröhlichen Mut, aber die Hunnen ersäuften den Mut und das Schwert im Blut der unbemessenen Scharen.

Als Gundikar fiel und die todwunden Leiber all seiner Helden dem König den Grabhügel wölbten im Brand seiner Burg, ging das burgundische Sommerglück aus.

Vom Rhein zur Rhone führten die Römer den klagenden Rest der Greise, Mütter und Kinder: die ein Königsvolk waren, dienten dem römischen Schwert mit dem Mut ihrer mannbaren Knaben.

Aber das Schwert war nicht verrostet, und mählich wuchsen die

Knaben; als die Blutbäche rannen der katalaunischen Felder, standen burgundische Männer im Heerbann der Sieger und riefen Gundovich Heil, dem König der neuen Geschlechter.

Zum andernmal wurde Burgund die Insel im Strudel feindlicher Völker, Lyon blühte hoch im Stolz der heldischen Herkunft, Franken und Goten zum Trutz mitten im gallischen Land, bis es sein Winterglück, kurz wie der Sommer, verlor.

Kein Schicksal aber löschte Burgund den deutschen Namen aus im bunten Schwertlauf der Tage: die Sage behielt Gundikars Gold, die Trübsal und Treue starker Trabanten, Schwert und Fiedel in Blut und Brand, hart und hell im Gedächtnis.

Dietrich, Theodemirs Sohn

Das schwarze Gewässer der hunnischen Sintflut war verronnen, und die Sonne fing wieder an zu scheinen auf das Geschlecht der Amelungen, als Ereliva den Dietrich, das ist Volksfürst, gebar.

Aber der Ostgotenkönig war hörig geworden, ohne Land und Burg in Pannonien Söldling der römischen Grenzwacht; siebenjährig gab er den Knaben als Geisel gegen Byzanz: Theodemir, der selber Geisel bei Etzel gewesen war, dem König der Hunnen.

Edelinge gab er ihm bei, dem Knaben die Lieder der Heimat zu singen, und Hildebrand, daß er ihn lehre, den Jagdspeer zu werfen und das Schwert der Helden zu halten.

Und mußte seiner entbehren, bis der Jüngling einritt im achtzehnten Jahr, mit hellerem Blick und härterer Hand, als einer im Heervolk der Goten.

Da sah er das ärmliche Dasein der Seinen und wie sie ein Söldnervolk waren, indessen der Westgotenkönig Toulouse und Toledo ruhmreich regierte.

Einundzwanzig Jahre war Dietrich alt, da ihn die Goten als König ausriefen; das aber geschah zu der Zeit, da Zeno, der Kriegsmann, den Helm in Byzanz mit dem Stirnband des Kaisers vertauschte und flüchtig vor seinen Feinden die Feldmacht der Goten anrief.

Da kam den Amelungen wieder das Kriegsschwert Zius zur Hand; wie zu Ermanerichs Tagen klangen die Schilde gewaltig, bis Dietrich im Kranz seiner Recken und Mannen als Sieger einritt in das gedämpfte Byzanz.

Zeno der Schlaue wollte ihn fangen mit Ehren und Gold und einem ehernen Standbild, er aber wollte König heißen, nicht Feldherr, Schwertmacht der eigenen Burg und Schildhaber der eigenen Herrlichkeit sein, wartend, wer seiner bedürfe.

Das Knäblein hießen die Spötter den letzten Kaiser von Rom; Odoaker der rugische Söldling, König in Rom und Ravenna hielt ihn gefangen im goldenen Käfig: Odoaker zu beugen, bot Zeno die Gotenmacht auf.

Da wurde der Pfeil in den Köcher gelegt, da sangen die Mannen und saßen die Recken im Sattel, weil Dietrich, der Fürst der Stärke, den Feldzug befahl.

Denn keine Heimkehr stand ihnen im Sinn, als sie im Herbst die julischen Alpen durchritten, als sie das felsige Tor am Isonzo erzwangen, als sie den Boden Cäsars betraten, mit Odoaker, dem rugischen Feind um die römische Erbschaft zu streiten.

Drei Schlachten schlugen die Starken im Norden: der Alpenrand scholl im Schlag ihrer Waffen bis in die ligurischen Berge, bevor sie den Po überschritten, Odoaker in seiner Burg zu Ravenna, den Fuchs in der Höhle zu fangen.

Aber die Sümpfe ersäuften die Mannen und der Damm lief schmal, darauf die Mauern und Türme der starken Kaiserburg standen; kein Hornruf reichte hinüber; die Segel der Schiffe blähten sich auf, den Belagerten Nahrung zu bringen.

Da half dem Goten das Fußvolk nicht mehr, nicht halfen die Rosse der Recken; drei Jahre lang mußten sie liegen und lauern im

Sumpfland der Küste: längst war Rom in Dietrichs Gewalt und immer noch trotzte Ravenna.

So mußte Arglist erreichen, was Kühnheit und Kraft nicht erzwangen, der Fuchs und der Löwe schlossen den Bund, aber der Mord fraß die Treue: als Dietrich einritt in die Burg von Ravenna, lag Odoaker im Blut, von den Goten treulos erschlagen.

Durch Meintat ging aus, was mit ehrlichem Schwertschlag begann am Isonzo; so hell die Sonne danach den Amelungen umsäumte, sie löschte die Blutspur nicht aus auf dem Schild und den Vogelschrei der Vergeltung.

Dietrich, der Gotenkönig

Manche Hand war hart wie seine, die Macht zu greifen und zu halten; er aber hob den Sieg der Stärke hinauf ins Gesetz und den Ackerpflug aus der Schwertspur.

Wo wüster Acker war und aus den Spalten des zerschlagenen Rechts das Unkraut wucherte, fing ein Garten wieder an zu grünen, weil er, der Gotenkönig, behutsam sein Gärtner war.

Er spielte den Römern nicht noch einmal den Cäsar vor, blieb in Ravenna und war kein prahlender Augustus; auch dehnte er die Grenzen seiner Macht nicht weiter aus, als er mit Recht erfüllen konnte, und zweimal nur in dreiunddreißig Jahren zog er ins Feld.

Wie er dem Frankenkönig schrieb: denn der siegt nachhaltig, der alles zu mäßigen weiß! so hielt er Maß mit seiner Stärke.

Als Sohn der Gewalt gekommen, war er ihr strenger Richter, und seiner Ordnung Sinnbild war, daß er im Gotenreich zur Nacht kein Stadttor schließen ließ.

Was noch an Bauwerken der alten Welt erhalten war, ließ er nicht weniger schützen als, was in seiner Gunst entstand, im Geist der alten Schönheit planen: Standbilder schmückten wieder die Straßen Roms, den Großen zum Gedächtnis, und nirgend prahlte vor der alten Pracht die seine.

Kein Schwert war stark genug im Abendland, an seine Macht zu rühren; wohl kamen aber die Gesandten der Könige und Völker, Rat und Richtspruch anzuhören; auch lockte seine Friedenssonne die Künstler und Gelehrten an, dem Königshof in Ravenna den Glanz und die Pracht zu geben, die seinem Ruhm gebührte.

Die er als Bauleute berief, ihm einen Königshof zu bauen für seinen Thing und Reichstag, meisterten die Kunst, Marmor zu schneiden; auch gab es griechische Steinmetze und solche, die noch den Bildguß kannten.

So kam der Bau zustande, den er des Reiches redendes Zeugnis und seiner Herrschaft schmuckvolles Antlitz nannte.

Acht Pfeiler trugen das Kuppeldach, mit tönernen Röhren rund überwölbt, acht Nischen nahmen dem Raum die Nähe der Mauern, acht Säulengestände rundum führten ihn zierlich ins Breite.

Eine Waldlichtung innen aus wächsernem Marmor, glühend im Glanz farbiger Gläser, mit Steinmetzwerk nach außen reich überstreckt, den Tempelhallen der Römer zum Trotz in sich selber verschränkt mit ragender Kuppel: so stand der Wunderbau da, desgleichen nicht in der Welt war.

Da hielt der König der Goten den Thing, wenn die wohlregierte Gewalt des Reiches die Großen zur Rechenschaft sandte; im schmuckvollen Torbau grüßten die Steinbilder amelungischer Ahnen sein stolzes Geschlecht.

Da fanden die vielverschlagenen Schwerter sich in die gotische Heimat zurück, im Glanz der Stunde und Stätte ein glückhaftes Märchen, wenn der starkweise Dietrich den staunenden Römern die Herrscherhand zeigte, der den Goten Volkskönig war, vielen ein Vater, den Gerechten und Weisen ein gütiger Freund.

Dietrich von Bern

Unsere Milde und Huld verwirft die Gewalttätigen! So hatte Dietrich die Macht verriegelt ins Recht, und Rom sah die Tage Hadrians wieder.

Er hatte das römische Volk bewahrt vor jeder Bedrückung, im Ehrenkleid saß der Senat, in den römischen Sitten fing wieder die Tugend an, die Tat zu bestimmen.

Weisheit und Stärke hatten den Zwiespalt der Völker beschwichtigt, als ihn das Priestergezänk wachschrie zum blutigen Haß.

Denn Dietrich beugte sich nicht vor dem Bischof der Römer, er ließ die Bibel Wulfilas schreiben mit Silber auf Pergament, purpurn gefärbt, er baute der Gotengemeinde den eigenen Dom in Ravenna: so galt der gotische König den römischen Priestern als Ketzer.

Die Kaiserin von Byzanz, die eine Buhldirne war und eine Betschwester wurde, Theodora steckte zuerst die Fackel der Rechtgläubigkeit an; ihr Warnung zu sagen, sandte der König den Bischof Johannes von Rom nach Byzanz.

Aber die sonst den Kreis ihrer Ämter mit Eifersucht maßen, die Patriarchen in Rom und Byzanz fanden sich einig der gotischen Feindschaft.

So mußte Dietrich, der starkweise König erfahren, daß ein Tropfen Haß zäher leimt als ein Faß voll Liebe: der Argwohn des Alters zückte den Zorn seiner Enttäuschung, daß ihm ein tückisches Volk die Duldsamkeit danklos vergalt.

Da wurde Dietrich von Bern der Held der deutschen Sage, der im schneeweißen Alter auszog, unholdes Gezücht zu erschlagen: sein Zorn zerbrach den Senat, und der tückische Bischof von Rom büßte im Kerker; Haß gegen Haß war zwischen Goten und Römer gestellt.

In Byzanz die Buhldirne lachte ihm Hohn, daß er sein glückhaftes Reich der Gerechtigkeit selber zerschlug mit zorniger Faust:

der dem Frieden das Schwert und dem Recht die Wage zu halten Volksfürst der Goten und König über Rom war, bis ihm die Falschheit zuletzt an den Hals fuhr.

Im zweiundsiebzigsten Jahr seines Lebens legten die Goten Dietrich von Bern in sein steinernes Grab zu Ravenna; mit seiner herrlichen Seele für ein Jahrtausend und mehr floh die Duldsamkeit aus der abendländischen Welt.

Seine Asche zerstreute die römische Rache im Wind, und seinen Namen löschten sie aus im Gedächtnis der Schrift — wie danach der schielende Abt von Reichenau schrieb — als einer Pest von endlosem Schaden; aber kein Haß konnte die riesige Steinplatte heben, die ihm sein stolzes Grabmal bewölbte.

Der Teufel selber, so ging die eifrige Rede der römischen Priester, habe den Ketzer von seinem letzten Weidgang geholt, auf dem Rappen der Hölle als wilder Jäger zu reiten.

Die gläubige Sage schmückte sein Bild wie keines im deutschen Gedächtnis, sie tat ihm die Brünne Wodans an, sein Schimmel holte den herrlichen Helden hinauf nach Walhal.

Der Kampf um Rom

Dietrich war tot, und Amalasuntha, die Tochter regierte das Reich für den Enkel, den sie Athalarich nannte: aber der Stammhalter des Starken war schwach, und der Wurm fraß dem Steckling die zärtlichen Wurzeln.

Amalasuntha ging römisch geziert und der gotischen Sitte abwendig; als der Knabe ihr starb, gab sie die Hand und den Thron Theodat, dem Amaler, der hündischen Sinnes und den gotischen Großen verhaßt war.

Theodat brachte die Tochter des Starkweisen um und gedachte, in Rom den Kaiser zu spielen: das aber geschah zu der Zeit, da Byzanz den Belisar sandte, das Blatt der blonden Herrschaft zu wenden.

Dem drohenden Unheil zu wehren, riefen die wehrhaften Männer den Vitiges aus, aber das Blatt war zu Ende; wie Odoaker vordem, hielt Vitiges nun die Burg von Ravenna, und Belisar stand in den Sümpfen, bis zum anderenmal Meineid die Stärke besiegte, und Odoaker gerächt war.

Da grüßten die steinernen Ahnen vergeblich Dietrichs Geschlecht; Byzanz hielt den Thing in der Halle, und römische Priester streuten die Asche des Königs ins Meer, den Samen der gotischen Pest.

Aber die Geister der Rabenschlacht ritten herbei im Unheil der Tage, der Ruf ihrer Rache riß aus den Rippen der Not das blutige Gotenherz: ein Nordlicht wie keines hing seinen blutigen Schaum über die Mittelmeergärten.

Mit den betrogenen Recken brachte Belisar Vitiges heim nach Byzanz, seine Flotte ging schwer mit den gotischen Schätzen; aber die Not stand in den Bergen, Totila, Ildebalds Sohn auf den Schild ihrer trotzigen Stärke zu heben.

Neun Jahre lang war Totila König, und Dietrichs Waffen hatten nicht härter geklungen, da er die Rabenschlacht schlug: ohne Burg und Bestallung spannte der Jüngling den Bogen, die Städte sperrten ihm trotzig die Tore.

Rom und Ravenna holte er heim in mühsamen Kriegen, Neapel und Mailand fielen noch einmal der Gotenmacht zu; er ließ den falschen Senat sein Königsrecht fühlen und gab dem römischen Bischof den Trank der Demut zu kosten.

Aber der Kampf ging um Rom, und Byzanz warf sein Schwert in die Wage der römischen Priester: der Lindwurm hob seinen schuppigen Leib, und der Frieden fuhr in die Hölle.

Der Wohlstand der Städte starb hin in den Bränden, und die Standbilder Roms versanken im Schutt, die Felder fanden nicht Frucht noch Saat, die Straßen starrten im Staub der Rosse und Wagen, das Gebirge lag im Geschrei der flüchtigen Scharen, Hunger und Seuchen fraßen das Land leer.

Neun Jahre lang war Totila König, dann nahm der Tag von Taginäa ihm Krone und Schwert aus der sterbenden Hand.

Gleich Türmen, heißt es, standen die gotischen Recken im Wall ihrer tapferen Mannen, die Bogenschützen aus Morgenland warfen Sturmwolken schwirrender Pfeile über sie hin.

Totila fiel und sechstausend Goten tranken ihr Blut mit dem König; das Morgenland fraß mit sengender Glut das Gebälk der nordischen Türme; das gotische Glück glühte sein Abendrot aus in der Lohe.

Ein Lavastrom glomm spät in der Nacht am Vesuv; Teja, der letzte König der Goten, schürte den schaurigen Brand, bis alles versank in Asche.

Tausend, heißt es, fanden den Weg aus der letzten Vernichtung; das Schwert in der Hand und den blutigen Schaum ihres Untergangs brachten sie heim aus den Mittelmeergärten.

Das Abenteuer der gotischen Frühe war aus; die das Königsvolk waren der germanischen Welt, die den frühesten Kaisertraum träumten, die blonden Schwertherren der römischen Gärten sahen das blaue Land von den Bergen, darin sie flüchtig und fremd der fränkischen Königsmacht dienten.

Die Alemannen

Wo der Zackenwall der Kastelle das leere Zehntland umzäunte, wo das rote Gestein im braunen Gewässer des Mains sein Spiegelbild sah, vom hercynischen Wald hinüber zur Donau warfen die suebischen Völker der römischen Wacht den Speer in die Flanke.

Alemannen hießen den Römern die streitbaren Männer, die aus den weglosen Wäldern ritten, mit eckigem Schild und langem Schwert die Flüsse durchschwammen, trutzlachend dem römischen Helm das geringelte Blondhaar zu zeigen.

Die Stachelschnur riß: in die zerstörten Kastelle wehte der Schnee kalter Stürme, in den Weiden und Wäldern wuchsen die Dörfer der Sueben, der deutsche Pflug ging wieder im römischen Zehntland.

Über dem Rhein auf der Mauer des Schwarzwaldes hielten sie Wacht und sahen den Wasgenwald jenseits im Abend das fruchtbare Stromland beschatten.

Sie sahen im Süden den schimmernden Schneekranz der Berge über dem blauen Waldrücken des Jura, und ihre Kundschafter priesen das Land der blaugrünen Seen.

Sie ließen nicht ab von der lockenden Schau und sprengten die steinernen Riegel am Rhein; sie fuhren hinüber auf Schiffen und Flößen, sie fanden vom Hegau hinunter den See im Hügelgebreite.

Alisazas, die in der Fremde Sitzenden, hießen sie die, denen die Fahrt an den Wasgenwald glückte; aber sie füllten mählich das Stromland und bauten die Heimat der alemannischen Volksschaft hinüber ins Elsaß.

Tief in die Schluchten der schäumenden Bäche drangen sie ein im Land der blaugrünen Seen: da fiel die stolze Burg des Augustus, Vindonissa sank hin im Sumpfland der Aare, Aventicum wurde berannt, und durch die helvetische Prunkstadt der Römer ritten die suebischen Krieger.

Wohl hob die Heermacht der Römer noch einmal die eiserne Hand, den lachenden Räubern zu wehren; bei Straßburg und Colmar traf sie den blonden Übermut schwer: aber die eiserne Hand wurde lahm von den eigenen Schlägen.

Von der Rhone zum Rhein, von Alisaz bis in den Wald der Boheimer wohnten die streitbaren Männer und hielten das reiche Land in der Hut.

Heervölker kamen und schwanden, Schlachten wurden geschlagen, und die Strohdächer ihrer Dörfer verbrannten; einmal beugten die fränkischen Herren die trotzigen Nacken: die alemannische Volkschaft hielt ihren Boden und wuchs mit dem Korn der sorgsamen Felder, mit dem Vieh der saftigen Weiden, mit dem Wein der sonnigen Hügel sacht in die Fülle.

Die Gepiden

Alboin, Audoins Sohn, hatte Thorismund, Thorisins Sohn erschlagen im Kampf ihrer Völker und hatte die Langobarden befreit von der Übermacht der Gepiden.

Darum lagen die Großen Audoin an, daß er den Retter des Volkes und Sieger als Tischgenoß nähme; aber die Sitte gebot, ein anderer König müsse dem Königssohn die Waffen darreichen, ihn würdig zu machen zum Mahl.

Vierzig der Jünglinge rief Alboin da und zog in Thorisins Land; der nahm ihn auf im Gram seines Alters und hieß ihn sitzen mit Ehren, wo Thorismund saß im Saal der Gepiden.

Aber sein Herz hielt den harten Anblick nicht aus und sein Mund sprach mit Seufzen: Wehe, der Platz ist mir teuer, aber den Mann, der da sitzt; sehe ich schwer!

Da schalt ihn Kunimund, Thorisins anderer Sohn, für seinen erschlagenen Bruder, und schmähte die Jünglinge Alboins Stuten um ihrer weißen Schuhriemen willen.

Aber Alboin, Audoins Sohn, hob seine zornige Hand von der Tafel und wies gegen Westen und sprach in der Burg seiner Feinde: Draußen im Asfeld spürte dein Bruder, wie Stuten ausschlagen können.

Da wurde der Wein verschüttet, die Waffen räumten den Tisch und traten zum Tanz und rissen die Kluft in den Saal, da Alboin stand im Schwertkranz der Seinen, und waren Tausend um Vierzig.

Aber der König sprang auf im Zorn, und die Treue hielt wie ein Turm der Sitte das schirmende Dach: Wehe dem Mann, der seinem Gast treulos den Wein verschüttet, und wehe dem Schwert, das seinem Schwur den Frieden nicht hält!

Und holte die Waffen Thorismunds her von der Wand und gab sie Audoins Sohn, und hielt mit wehrenden Händen den Saal still und gab dem Gast seinen Spruch als Hausherr und König.

Und hieß ihn gehen in Frieden und hielt ihm den Königsbann bis an die Grenze, der seinem Volk der bitterste Feind und seinem Blut böse zuleid war, weil er ihm Thorismund, seinen Sohn, draußen im Asfeld erschlug.

Die Langobarden

Noch einmal schien über die Mittelmeergärten das Glück der alten Gestirne, aber das Morgenland glühte düster hinein, und der Kaiser war in Byzanz: sein Exarch regierte das römische Reich in Ravenna, der Senat war zerbrochen, der römische Papst saß allein in den Trümmern der ewigen Stadt.

Zum anderumal zeigte das Schwert der nordischen Völkerentfaltung das lockende Ziel: der langobardische Trotz ging lachend den Weg der Kimbrer und Goten, Machthaber der römischen Erbschaft zu bleiben.

Sie hatten das Volk der Gepiden dienstbar gemacht im verlassenen Ostgotenland und waren die Starken geworden im Stegreif der östlichen Völker, als die Kundschafter Alboin lockten, die kühne Heerfahrt noch einmal zu wagen.

Über den Birnbaumerwald brachen sie ein in den Mai der römischen Gärten und schafften im Sommer so fleißige Ernte, daß sie schon warm im Nest von Verona die Winterrast hielten.

Da stand noch die räumige Burg Dietrichs von Bern und die steinerne Brücke; die blonden Langbärte füllten die Stadt mit dem Lärm ihrer Wagen und Weiber.

In der Burg aber saß der lachende König der Stärke und tat seinen Spruch, daß dies nur die Rast vor Ravenna und der Steigbügel wäre, ins Reich der römischen Pfaffen zu reiten.

Rot rann der Wein in der Burg zu Verona und rief den Übermut wach der tapfer bestandenen Taten; Alboin tat seinen Trunk aus dem silbergerandeten Schädel und bot ihn der Königin dar: sie kannte den Becher, die Tochter des toten Gepiden, sie gab dem König Bescheid und schwur seinem Frevel heimliche Rache.

Der ihr den Vater erschlug und sie zwang zu dem greulichen Trunk, sah den Abend nicht mehr in der Kammer Dietrichs von Bern; sein Waffenträger Helmichis gab ihm den letzten Bescheid, der zur Nacht mit der Königin ritt auf der Flucht nach Ravenna.

Sie klagten um Alboins Tod und schwuren ihm blutige Rache; aber sie taten den Ritt nicht nach Ravenna und Rom; sie säumten ihr Reich im Schneekranz der Alpen und füllten das fruchtbare Tiefland, das nun die Lombardei hieß.

Sie ließen Ravenna und Rom, ließen Kaiser und Papst den Zank um die Geltung; sie saßen am Freitisch Dietrichs von Bern, aßen und tranken und hatten die Fülle, wo die Goten den Becher der Bitternis tranken.

Hengist und Horsa

Seefahrer waren die Sachsen, die an der kalten Meerküste saßen; aber ihr Meer war nicht blau, und keine lässige Fülle dehnte ihm wohlig den Strand; donnernd sprangen die Wogen und fraßen sich gierig hinein in das Flachland der Küste.

Sand und Sümpfe trugen die Spuren der Stürme; die Reifriesen raubten dem Frühling die Blüte und rissen dem Herbst die Frucht von den Bäumen; der Wind wehte wüst aus der Wolkenwand; die neblichten Lüfte lasteten kalt auf den Weiden.

Wenn die Flut kam, standen die Häuser im schmutzigen Schaum, und wenn sie verebbte, schwamm das kärgliche Grün ihrer Hügel gleich Inseln im weglosen Sand.

Faul lagen die bauchigen Leiber der Schiffe im Schlamm, schief an den schwärzlichen Pflöcken; aber die Flut riß sie auf im schaufelnden Tanz und warf um die zackigen Hörner der Schiffe das schäumende Zügelband ihrer Wellen.

Dann lachte das Herz, das Ruder fiel ein und riß in die jagende Flut die Wundmale krallender Tatzen, dann jauchzten die Schiffe hinaus an die stählerne Wand, sturmvogelfrei im Wechselgesang der wallenden Wolkengehänge.

Häuptlinge waren die Herren der Hügel, die mit Sassen und Knechten die kühnen Meerfahrten wagten; der Raub war ihr Recht, der Kampf an den Küsten der nördlichen Länder die Lust ihres Lebens.

Gleich einer Schüssel gefüllt mit den Gaben der lustreichen Landschaft lagen die britischen Küsten den Sachsen dicht vor der Tür; und lange schon fuhren die Kühnen hinüber, bevor der britische König sie dingte, den Pikten und Skoten zu wehren.

Hengist und Horsa hießen die sächsischen Helfer; die hörnigen Schiffe trugen den Hall ihrer Waffen, die Feinde zu schrecken; aber der britische König hatte den Bock zum Gärtner gemacht.

Herren wurden aus Helfern, und Widersacher dem Wohlsein britischer Tage; die hörnigen Schiffe schliefen am Strand, indessen die sächsischen Männer die Macht auf den Straßen des Britenlands fanden.

Sie hielten das Schwert und prüften die Schärfe und lachten der schwächlichen Christengesänge, sie setzten sich breit in den Stuhl der britischen Herkunft.

Anglia hießen sie prahlend das Land, weil sie sächsischen Stammes, doch Angeln genannt in der Heimat und stolz ihrer Vetterschaft waren.

Chlodevech

Ein Eber lief aus von den Franken und brach in die gallischen Felder: Chlodevech, Childerichs Sohn, den die salischen Großen im fünfzehnten Jahr seines hitzigen Lebens kürten als ihren König.

Die merowingische Stirn stand ihm steil zu Gesicht und die Borsten des Ebers — so sprach die Sage — wuchsen ihm stachlig den Rücken entlang: dem Knaben brannte das Herz nach Ruhm und Gewinn raubreicher Fahrten.

Noch aber hielten Burgunder, Alemannen und Goten das gallische Gatter zu eng für den fränkischen Eber, zornmutig schnob er hinein, die rostigen Ketten zu sprengen.

Bei Zülpich hielt das alemannische Schwert der fränkischen Streitaxt stand; schon mähte es fröhlich die Ernte: da rief der Eber den römischen Christengott an und beugte den borstigen Nacken, daß er ihm hülfe.

So wurde der König der Franken Christ; die Kirche hielt ihm die Taufe zu Reims mit dem Prunk ihrer besten Gewänder.

Dreitausend Franken beugten das Knie und sangen dem König zur Messe, und hoben das bärtige Antlitz gen Morgen, wo im Weihrauch und Wechselgesang lateinischer Priester das Kreuz auf dem düsteren Hochaltar stand.

Chlotilde, die Gattin des Königs, hielt lächelnd das Taufbecken hin: die Chlodevechs Trotz und den grausamen Sinn seiner Großen mit sanfter List lenkte, hing das fränkische Schwert ans römische Kreuz und schenkte dem Papst den allerchristlichsten König.

Da war dem fränkischen Eber bald das Tor im Süden geöffnet, eifrige Bischöfe brachten heimlich den Schlüssel und wirkten ihm Wunder entgegen: die Hündin zeigte dem landfremden Eber nächtlich die Furt, und feurige Zeichen gaben ihm Fährte.

Als die blutige Streitaxt des Ebers den König der Goten erschlug in der Schlacht, hatte die göttliche Waltung den Wahrspruch der Kirche gehalten.

Wohl schloß der Heerbann Dietrichs von Bern dem fränkischen Eber zuletzt noch das Gatter, aber das gallische Land war den Goten verloren; über Toulouse und Bordeaux hing die Streitaxt der Franken, Chlodevech streute das Silber und Gold seines Raubes dem fränkischen Volk auf die Gasse und tat das römische Prunkgewand an.

Steil stand ihm die merowingische Stirn zu Gesicht, und die Borsten des Ebers wuchsen ihm stachlig den Rücken entlang: noch gab es Fürsten der Franken, die ihm nicht untertan waren; er brachte sie lachend um und schonte den Letzten nicht seines eigenen Geschlechts.

Und als er sie alle versammelt hatte in der Gruft seiner Väter, stand er klagend davor und jammerte laut, unter Fremden ein Fremdling zu sein, und senkte tückisch den borstigen Nacken, ob sich nicht einer verriete, den sein blutiger Blick noch nicht fand.

Er trug als freidiger Unhold das Kreuz in den grausamen Händen, und war der Kirche ein treuer Knecht und ihrem starken Mirakel; er wurde begraben in heiliger Gruft, und die lateinischen Lieder sangen um ihn, der dem römischen Papst die Steigbügel hielt im germanischen Norden.

Brunhilde

Die Blutspur Chlodevechs rann in den Bach merowingischer Mördergeschichte; unholde Frauen hielten den Haß in blutigen Schalen, riesengroß wuchs ihr grausames Bild im Gedächtnis der fränkischen Völker.

Zwei Schwestern kamen aus Westgotenland, Königsfrauen in Franken zu sein und Gattinnen feindlicher Brüder, Chilperich und Sigibert geheißen.

Galswintha die Gute wurde erwürgt in Paris; König Chilperichs Buhlin, Fredegunde, rühmte sich frech ihrer Tat; Brunhilde, die Schwester in Metz und Sigiberts Königin, erhob ihren Zorn und rief den König zur Rache.

Da mußte sich Chilperich beugen und Buße geloben dem stärkeren Schwert seines Bruders; Fredegunde aber, die freche Magd auf dem Thron, fällte Sigiberts Stärke.

Heimtückisch hoben die Großen Chilperichs den siegreichen Sigibert auf den Schild und das Volk in Paris lief ihm zu, aber das Gift ihrer Schwerter gab ihm heimlich den Segen.

Da trank Brunhilde den Becher der Bitterkeit leer, da wurde Sigiberts Königin krank im Blutrausch der Rache:

Die eigenen Großen entführten ihr grausam den einzigen Knaben und ließen sie treulos in Chilperichs Hand; der hielt die Stolze höhnisch gefangen, und die in Metz Königin war, mußte in Meldis Klosterdienst tun.

Aber Meroveh, Chilperichs Sohn, entbrannte in Liebe zu ihr und half der Feindin des Vaters zur Flucht aus dem Kloster: als Merovechs Frau kehrte sie heim in Sigiberts Land nach gramvollen Jahren.

Die eigenen Großen aber erschlugen ihr grausam den Gatten; da blieb sie, Gattin nicht mehr und nicht mehr liebende Frau, nur Königsmutter in Metz, das zärtliche Reis ihrer Liebe, König Sigiberts Sohn zu hüten im Haß der Geschlechter.

Die fränkischen Herren mußten die Hand des gotischen Weibes erfahren: sie traf den Trotz und dämpfte den Frevel, sie hielt ihrem Knaben den Horst und trug die Furcht ihrer Stärke ins Land wie ein kreisender Adler.

Dreißig Jahre lang kam ihr das Königsschwert nicht aus den herrischen Händen; als Sigiberts Sohn starb, hielt sie den Enkeln das Reich und blieb als Greisin die unbeugsame Mutter des Landes.

Aber die Enkel kamen in Streit und die Krone ertrank im Blut ihrer Kriege; wohl hob Brunhilde den blutigen Reif Sigiberts ihrem Urenkel auf, doch waren der Raben zuviel um den einsamen Horst ihres Alters.

Sie riefen Chlotachar her, Fredegundens streitbaren Sohn: die lahmen Flügel der Gotin taten den letzten Flug ihrer Flucht, aber die Späher fanden die Spur und fingen den Vogel im steinichten Jura.

Sie banden der gotischen Greisin die Glieder mit Stricken und hetzten das Roß, Brunhilde zu schleifen: da löschte der Sohn Fredegundens den Haß seiner Mutter im Blut und zerfetzten Gebein ihrer Feindin.

Die Blutspur Chlodevechs rann im Gerinnsel des sterbenden Weibes; riesengroß wuchs ihr Bild im Gedächtnis der Völker, aus uralten Tiefen brachte die Sage Brünne und Helm, die unholde Frau in Wodans Reich zu geleiten.

Gudrun

Der gotische Königssohn Hermingild freite Ingunthis, Brunhildens liebliche Tochter; aber Godswintha, Brunhildens Mutter, war seinem Vater Leovigild im Alter noch einmal Gattin geworden.

Godswintha holte dem Stiefsohn die Enkelin selber ins Haus; aber Ingunthis war fränkisch und fromm, ihr galten die Goten als Ketzer.

So neigte dem Hermingild bleich und schlank eine Lilie zu; Godswintha, die Großmutter, sah die Wurzeln in Dornen und Unkraut.

Das Alter war häßlich und grausam, die Jugend war schön und gerecht: sie ließ sich schmähen und schlagen und trug die Lilienstirn stolz mit dem Dornenkranz ihrer Leiden.

Leovigild aber, der Vater, wollte nicht Zwietracht und Zank im Hause des Königs, er bannte das böse Zerwürfnis und sandte den Sohn als Statthalter nach Sevilla.

Da saß Ingunthis die schöne im andalusischen Land und heilte die Lilienstirn im zärtlichen Wind ihrer Wochen; die Kirche bot Balsam und Weihrauch und weihte das Dornenkränzlein zur himmlischen Krone.

Die geistlichen Boten kamen und gingen im Eifer bischöflicher Sendung, der Heilquell kirchlicher Gnaden brach auf: da wurde das Knäblein römisch getauft, und Hermingild konnte nicht länger als Ketzer die Lilienfrau kränken.

Er trank aus den Händen der frommen Ingunthis das Gift der Empörung, er wurde der Kirche gehorsamer Sohn und brach dem Vater und König die Treue.

Drei Jahre lang schlugen die gotischen Waffen im Zeichen des Kreuzes; aber Leovigilds Hand griff hart in die römischen Dornen: auf der Burg Osser gefangen, lag ihm der weinende Sohn zu Füßen, der um den Glauben der schönen Ingunthis in Bitterkeit kam.

Der König war stark und sein Herz stand nicht still, das Blut seiner Väter zu bitten; aber der Sohn trug die Krone der Lilienstirn stolz und beharrlich, bis ihm das Beil des Gerichts den Sühnetag seiner himmlischen Leidenschaft brachte.

Da sangen die Messen, und um sein blutiges Haupt webte die Kirche den leuchtenden Kranz der heiligen Märtyrerkrone; Ingunthis aber die schöne floh fern über See.

Karl Martell

Der Wüstensturm kam und wehte die Glut gegen den Westen; der Halbmond stand über dem Morgenland, und mächtig wurde das Schwert des Kalifen an den südlichen Mittelmeerküsten.

Als Tarik ans Tor des Herkules kam, rief König Roderich den Heerbann der Westgoten auf; aber lässig lag das lustreiche Land, und längst war das Schwert Eurichs des Starken verrostet.

König Roderich fuhr in den Kampf mit acht weißen Zeltern; sieben Tage lang standen die Sänger bereit, den Sieg zu empfangen; aber am achten Tag war der König im Schilf des Flusses verschwunden.

Am Palmsonntag zog Tarik ein in Toledo; die Glocken klangen nicht mehr von den Türmen, arabische Rosse gingen die Straßen der gotischen Stadt, und auf der Königsburg wehte das grüne Tuch des Propheten.

Die Rosse stäubten die Straßen und fanden die Krippen der Ställe gefüllt; die Schiffe kamen und gingen am Herkulestor; unaufhörlich drangen die maurischen Scharen ins Westgotenland.

Abd ar-Rahmân kam, und die Furcht seines Wüstenvolks fiel über die Franken; aber Karl, der Hammer genannt und Hausmeier des

Königs, hielt den Zermalmer Donars zur Hand, und als er ihn warf, zuckte der Blitz in die Wolke der Wüste.

Wie eine Mauer von Eis — so heißt es — standen die nordischen Männer in Muspilheims Feuer, der Halbmond brannte zu Asche, und hoch in den Himmel ragte das Kreuz, als Karl Martell, das ist der Hammer, die Wüstengefahr bannte.

Pipin der Kleine

Hausmeier hießen die Franken den Kanzler des Königs; seinen Hammer hob Karl in Theuderichs Namen; aber der König war nur der Siegelring seiner Hand, und als ihm Theuderich starb, ließ er den Thron und die Krone leer im Palast und ritt allein auf das Maifeld.

Auch ließ er das Reich seinen Söhnen, als ob es sein eigenes wäre; er ließ es stark und gerundet und hatte den neidischen Groll der Großen zerschlagen mit seinem Hammer.

Karlmann und Pipin hießen die Söhne; sie holten den Childerich her aus dem Dunkel unnützer Tage und hoben ihn auf den Thron; sie führten Kriege und mehrten das Reich und hielten den König im goldenen Käfig.

Aber Karlmann verdrossen die Dinge der Welt, er tauschte das Kleid mit der Kutte und ließ dem jüngeren Bruder den Teil seiner Macht: so wurde Pipin allein Hausmeier im Frankenreich und hielt den Hammer des Vaters.

Sie hießen ihn Pipin den Kleinen, doch groß war die Gewalt seiner kurzen Gestalt. Alemannen, Burgunder, Bayern, Friesen und Sachsen mußten dem Zornigen büßen, und klein blieb der Trotz seiner Großen.

Da hob er den Blick auf den Thron und sah den Childerich sitzen, gebeugt von der Last seiner Krone; er nahm ihm das Gold von der grämlichen Stirn, er ließ ihm das Haupthaar scheren und tat den Geschorenen still in ein Kloster.

Ihm aber mußten die Großen ein neues Königskleid reichen, und die Kirche brachte das Öl, ihn prunkvoll zu salben, der ihrer Geltung im Abendland ein Schwert und ein treuer Türhüter war.

Sie hießen ihn Pipin den Kleinen und freuten sich seiner Stärke; sie sahen das Schwert bei der Krone, aber sie hörten den Schwur auf das Kreuz; sie sangen das Lied auf den König der Franken und lauschten der römischen Orgelgewalt.

Karl der Große

Die fränkische Zeit war erfüllt, das Buch der Könige lag mit blutroten Siegeln beschlossen, das Reich trat ein in den Gang der Geschichte, und Karl, Pipins gewaltiger Sohn, war sein Kaiser.

Der Rhein war die Heimat der Franken gewesen, bevor sie groß wurden im gallischen Glück; am Rhein saß wieder der fränkische König, der die Krone über alle Völker Germaniens trug.

Sie hatten Weide und Wohlstand gesucht, sie waren mit Schiffen gefahren und auf Kamelen geritten, sie hatten die römischen Gärten besessen und Königreiche gegründet im Morgen- und Abendland.

Sie hatten das Bienenschicksal der Kimbrer verkehrt in den gotischen Hochmut, sie waren Schwertherren gewesen an der Theiß, am Tiber und Tajo: aber die lässige Fülle machte die Schwerthand faul; das Blut der Mittelmeervölker trank die Kraft ihrer Glieder.

Nun war die nordische Springflut verrauscht in den römischen Gärten, und der Rest ihrer Gewässer füllte den fränkischen See: Alemannen, Burgunder, die gallischen Goten, Langobarden und Bayern, Friesen und Sachsen zwang das gewaltige Schwert des fränkischen Königs in seinen Heerbann.

Gewaltig wie Etzel und Dietrich war Karl und hielt das Abendland hart in der Zucht seiner stolzen Gedanken; aber nun herrschte kein Hunne über germanische Schwerter, kein Gote war fremd in der römischen Feindschaft: deutsch waren die Völker karolischer Macht und deutsch war der König.

Am Rhein hinauf und hinunter hielten die Pfalzen das Schwert und die Wage seines Gerichts; sein Stuhl stand zu Aachen im Rheinfrankenland: da saß er im Glanz seiner eigenen Macht, da war er Hausherr der Heimat und König im Kreis seiner Recken.

Wie vormals nach Rom und Byzanz, so ritten nun die Gesandten vom Morgenland her in den Nebel der nordischen Nächte; sie fanden den Herrscher des Abendlands gehen in leinener Kleidung, sie sahen ihn reiten und jagen wie jeden seiner Getreuen, und wie er den kleinen Dingen des Tages sein Antlitz treulich zukehrte.

Sie sahen ihn schwimmen im lustigen Schwall seiner Freunde und Diener und hörten ihn lachen beim Mahl, fröhlich besorgt um das Wohl seiner Gäste.

Sie suchten staunend Prunk und Gepränge und brachten das Bild seiner Menschlichkeit heim, die frank und frei in germanischer Sitte unter den Männern der Mann, unter den Helden des Krieges im Frieden der friedlichste war.

Hoch aber ragte hinaus über die Dächer der Hallen, frei unter dem fränkischen Himmel, das Reiterbild Dietrichs von Bern, der seines Herrschertums höchster Ahnherr und seiner Tafelrunde der rühmlichste Held war.

Sie hatten das eherne Bild zu Schiff von Ravenna gebracht, durch das blaue Herkulestor, von der sonnigen Mittelmeerküste hinein in das graue Gewässer der Nordsee, bis es dem fränkischen Königsstuhl als Wahrzeichen vorstand.

Sie hatten auch Säulen und kupferne Gitter genommen von Dietrichs ruhmreicher Halle und hatten die Kuppel gewölbt nach ihrem sinnreichen Vorbild.

Aber das Kreuz stand darauf, und was den Goten Thingstätte war, das wurde den Franken zur Kirche; denn Karl hieß König und Herr seiner Völker von Gottes Gnaden; er führte das Schwert seiner gewaltigen Macht, der Kirche und ihrer göttlichen Sendung in Demut zu dienen.

Wodan und Donar ritten die wilde Jagd nächtlicher Träume; aber der Tag stand im Kreuz, und die Wirklichkeit war in den Dienst Gottes und in die Lobpreisung seiner ewigen Allmacht gelegt.

Deutsch war der König, deutsch war das Wort und das Linnen der fränkischen Kleidung, deutsch war das Haus, aber der Stuhl von Sankt Peter stand geborgen darin und geehrt als Burg Zion.

Eine Kugel galt ihm die irdische Welt; die untere Wölbung war sein im Zorn und Zank irdischer Taten; hoch aber darüber gewölbt stand der Himmel der Kirche, dem er in Demut mit deutschem Schwert Schutzherr und Schirmvogt war.

Die Nibelungen

Als Leo, der Papst, dem König der Franken in Rom den Purpur umhängte, als wieder ein römisches Reich war im Schoß der katholischen Kirche, sangen die päpstlichen Knaben in Rom den Göttern Walhals die Messe.

Wodan, die wehende Unrast lag in Sankt Peter begraben, aber der Spuk seines Daseins sank in die nordischen Seelen wie Heimweh.

Die Glocken bellten den Sieg des Gekreuzigten aus von den Kirchen und Klöstern, und manche wurden von römischen Mönchen mit in die deutsche Wildnis gebracht.

Aber der Wind Wodans nahm den ehernen Schall in die herrische Hand; er stieß ihn hoch an den Felsen, daß er heulend zerbrach; er warf die jammernden Stücke hinein in die trotzig schweigenden Wälder.

Wo die Füße der Ewigkeit gingen in der Waltung natürlicher Mächte, wo der Donner wohnte im Horst der Wolken und Wetter, wo die Sterne der Nacht heimlich ihr Strahlengebind wuschen im Abgrund der toten Gewässer: hielt Wodan zornig Gericht und sandte die Sturmgeister aus in die Ahnungen einsamer Nächte, die Ungetreuen zu schrecken.

Der König der Juden hing kalt am Kreuz seiner Leiden: aber die Räder rollten im Wetter, Donar stand hoch mit dem Hammer und warf die zackigen Blitze, Freya sank mit der Abendröte hinunter zur Nacht, Baldurs Scheite lohten im Sonnenwendfeuer, und in den heimlichen Gründen saß Frigga, die Brunnen des Lebens zu hüten.

Die aber der Götter Lieblinge waren, hielten das Mahl im Ruhm ihrer herrlichen Taten; die Sänger stiegen die goldenen Stufen hinunter zum Brunnen der heiligen Herkunft, sie holten das Mahnwort der Sage herauf und die Wundersucht ihrer Lieder.

Sie sangen dem männlichen Mut das Lob seiner Macht, und der Stärke den Stolz ihrer Stunde; sie gaben dem Leben das Schwert in die Hand und lachten der knieenden Demut; sie hießen die Stärke gesund, die Schwäche verächtlich; sie taten der trotzigen Tat das Königskleid an und dem Zweifel das Narrengewand.

Sie sangen von Siegfried, dem kühnen Bezwinger der Drachen und Alben; die holdeste Frau war sein Preis, aber die treulose List seiner Sippe warf den Herrlichen hin; aus Liebeslust wurde die blutige Not im Haß der Geschlechter.

Sie sangen von Etzel, dem König der Hunnen, und wie er die blonde Hildico freite, Siegfrieds verratene Frau; aber der schwarze Zwingherr der Welt starb in der blutigen Brautnacht.

Sie sangen von Schwanhild und Randwer, wie sie den Wein verbotener Liebe genossen, dem greisen König zur Schande; die Rosse Ermanerichs schleiften die schöne Schwanhild, und Randwer, der Sohn, büßte die Gunst seiner Mutter am Galgen.

Sie sangen von Dietrich, dem starkweisen König der Goten, wie er die Rabenschlacht schlug und wie ihn der Schimmel Wodans heimholte, als wilder Jäger zu reiten in höllischen Nächten.

Sie sangen von Brunhild, der heldischen Frau und ihrer furchtbaren Feindin, wie sie den Männern zum Trutz ihre Burg hielt, und wie sie den Stolz büßte.

Sie sangen das schmähliche Leid der schönen Ingunthis, wie die schneeweißen Hände Magdarbeit taten in bitterer Kälte; klagend stand sie am Meer und sah nach den Schiffen.

Sie sangen von Gundikars Burg und dem Übermut seiner Recken, von seiner schmählichen Schuld und dem unendlichen Blutstrom der Sühne; sie sangen von Hagen, dem finsteren Helden blinder Gefolgschaft; sie gaben dem Spielmann Volker den Preis der fröhlichen Kunst, lachend zu leben und lachend zu sterben.

Die Lieder liefen ins Land wie schäumende Bäche, sie suchten und fanden ihr Bett im Strom, der die Taten und Leiden, den lachenden Trotz und die standhafte Stärke germanischer Frühe hinein ins Urgebraus trug, in das rauschende Naß Ymirs des Riesen, in die donnernde Brandung der kalten Meerküste.

Da fuhr das Totenschiff Baldurs hinein in den Norden asischer Herkunft, da hellte die Lohe den nächtlichen Himmel, da wurde Siegfried der Erbe des göttlichen Jünglings, da kam dem Cherusker der Glanz in die Locken, da hob er die Kraft und das gleißende Gold aus den Höhlen der Albengeschlechter.

Da band die Sage den Heldenbericht ein in den Kampf der Asen und Vanen; da fanden der Trotz und die Kraft, der Mut und die Treue der nordischen Männer ihr strahlendes Gleichnis:

Das Schuldbuch der Götter tat seine Blätter zum andernmal auf im Schicksal der Menschen.

Das Buch der Kirche

Jesus von Nazareth

Als der Kaiser Augustus zu Nola in Campanien den Tod sterben mußte, der das Vorrecht der Gewaltigen auslöscht wie das Unrecht der Geringen, ging Jesus von Nazareth erst in die Jünglingsjahre: aber noch war Tiberius nicht in den Polstern seines grausamen Alters erstickt, da hatte das Kreuz von Golgatha schon den Zimmermannssohn zum Messias erhöht.

Das prahlende Glück Cäsars und der Glanz des Augustus hatten dem wölfischen Weltreich die blutige Tollheit des julischen Tyrannen gebracht: die Lehre des Nazareners ging auf wie Blumen, heimlich in die Gärten der Greuel gesät.

Das erste Lot aber seiner Lehre war dies: dem Kaiser gehört euer Leib und alles, was seine Notdurft verlangt, er kann ihn behängen mit goldenen Ketten und kann ihn braten auf glühendem Rost; Gott aber gehört eure Seele und alles, was ihre Sehnsucht vermag, er kann die goldenen Ketten zur Last und den glühenden Rost zum Lustlager machen!

Denn der, den sie Messias, das heißt den Gesalbten, nannten, kam nicht gegürtet mit einem Schwert, sein Reich zu raffen: er ging als Pilger über die Straßen und Märkte des jüdischen Landes, lächelnd von Liebe und Weisheit, und säte den Samen der Freiheit in furchtsame Herzen.

Und weckte Gott aus den Seelen der Menschen, daß er stark würde in jedem, des irdischen Daseins zu lächeln.

Denn das zweite Lot seiner Lehre war dies: Gott ist kein böser Tyrann, über euch thronend in Wolken, durch Opfer und gute Werke versöhnbar, Gott ist der ewige Geist aller Dinge, und jedem, der ihn in Wahrheit erkennt, wird er ein liebender Vater.

Darum brauchte Jesus von Nazareth nicht das Bußgeschrei der Propheten noch die Gottesfurcht ihrer Priester: sein himmlischer Vater ließ seine Sonne aufgehen über die Bösen und über die Guten, er ließ regnen über Gerechte und Ungerechte, weil allen sein Himmel der Liebe geöffnet war.

Allen, die gläubig der Gotteskindschaft zur ewigen Allmacht eingingen, die solches Wunder dem sterblichen Menschen erwies und ihn aus der Notdurft und sündigen Furcht seines Leibes zur Freiheit der unsterblichen Seele erlöste.

Denn das war das dritte Lot seiner Lehre: das Reich Gottes ist nahe herbeigekommen; es ist der Himmel des Herzens in euch, Reinheit und Demut sind seine Pforten, gläubige Liebe zum Vater hält seine Burg, und tätige Liebe den Brüdern gibt ihm die ewigen Waffen.

Als aber Jesus, der Zimmermannssohn, der dieses lehrend über die Straßen und Märkte des jüdischen Landes ging, sich selber als Liebespfand der Allmacht geopfert hatte, als mit dem Hosiannageschrei und dem Kreuzestod der Umkreis seines irdischen Daseins umrissen war: da blieb der Kreuzestod in den Herzen seiner geflohenen Jünger und hatte das Lächeln der Liebe und Weisheit in den Schmerz des Opfers verkehrt.

Als ob, der Leid in Liebe lösen wollte, Leid zu bringen gekommen wäre, wurde das Kreuz Sinnbild seiner Lehre; und grausam ging durch die frohe Botschaft der Riß von Golgatha.

Paulus

Die seine Lehre hörten und ihm als Jünger folgten, waren Fischer und Findlinge der Einfalt; sie glaubten treulich, daß ihr Meister der Messias aus dem Geschlechte Davids wäre und warteten in Demut der verheißenen Wiederkunft.

Sie hielten sich abseits vom Tempel in der Gemeinde und lebten gemeinsam aus einem Eigentum; sie waren Juden und gedachten, das Gesetz und die Propheten zu erfüllen.

Es kam ihnen aber ein Teppichweber zu mit Namen Saul aus

Tarsus in Kleinasien und römischer Bürger, der in Jerusalem die Schrift studierte, Rabbi zu werden.

Glühender im Geist als sie und im Gewissen wühlend, hob er das Sinnbild der Versöhnung aus dem uralten Passahbrauch der Juden: er hieß Jesus das Opferlamm Gottes und den Glauben an den gekreuzigten Gott die Erlösung aus Sündenschuld.

Was eine Lehre der Liebe und der Weisheit in Galiläa war, das wurde Glut des Glaubens, die das Gebälk des jüdischen Gesetzes und das Tempeldach feurig durchbrach.

Denn er kannte die Wehen der Griechenweisheit und wie die aufgerührte Welt nach einem Wahrspruch brannte: ihm waren die Mauern Jerusalems zu finster und die Grenzen Judäas zu eng für seine Sendung.

Er nannte sich nun Paulus und trug die Fackel seiner Botschaft von Antiochien nach Zypern, von Troas nach Mazedonien hinüber und fragte nicht, ob Juden oder Heiden daran entbrannten.

Es war nicht sein stolzester Tag auf dem Markt von Athen, da die Griechen den Juden von Tarsus einen Lotterbuben nannten; aber da sprach er sein Wort von Gott, in dem wir leben, weben und sind.

Zwischen den Standbildern ihrer gestorbenen Götter, wo das Stichwort der Stoiker galt von der menschlichen Seele als Absenker Gottes: da blies er dem blutleeren Balg ihrer Lehre den Atem ein seines glühenden Glaubens und hob ihn auf den leeren Altar, der dem unbekannten Gott wartend dastand.

Als er dann wiederkam zu den zürnenden Jüngern, die seinen heidnischen Gläubigen den Eingang in ihre Gemeinschaft verwehrten, schnitt er die Nabelschnur ab von der mosaischen Mutter: der Kreuzestod Christi sei die Erlösung auch vom Gesetz der jüdischen Thora.

Es war die Geburt der christlichen Kirche, als Paulus sich so vor den Jüngern Jesu bekannte; nicht mehr die Lehre der lächelnden Liebe und Weisheit gab seinem glühenden Glauben den Grund: der gekreuzigte Gott, auferstanden vom leiblichen Tod und herrlich gen

Himmel gefahren, war das Wunder seiner Verkündung und die Gotteskindschaft der Seele sein Gnadenbeweis.

Aber nun galt der Apostel, der dreizehnte neben den Zwölfen, nicht mehr als Jude; als er dennoch einging zum Tempel, machten die Jünger einen Aufruhr um ihn und wollten ihn steinigen, bis ihn der Hauptmann der römischen Wache den zornigen Händen entriß.

Seitdem berief sich der Jude aus Tarsus als römischer Bürger, der Christenapostel ging ein in die Stadt, die das alternde Haupt der alten Welt war und durch seinen Glauben die neue Herrschaft gewann.

Das Reich der Seele wollte mächtig werden in der Wirklichkeit der Leiber, das Buch der Richter des neuen Bundes begann das stolze Kapitel der römischen Kirche.

Das Kreuz über den Gräbern

Als Paulus einging in Rom, war Nero, die Natter des Lasters, Kaiser der wankenden Welt, das Blut seiner Verbrechen stank in den Straßen der steinernen Stadt.

Ihm war der Jude aus Tarsus nicht wert, seiner brünstigen Lehre zu achten; als aber Rom brannte sieben Tage und Nächte, indessen der lustvolle Kaiser dem Schauspiel Verse zusprach, mußten die Nazaräer dem römischen Volk als Brandopfer dienen, und Paulus sank mit in die glühende Asche.

Die dem fressenden Feuer entgingen in den Schlupfwinkeln der schwälenden Stadt, hielten heimlich zu seiner Lehre; der Kaiser konnte den irdischen Leib mit goldenen Ketten behängen und konnte ihn braten auf glühendem Rost, Gott aber gehörte die himmlische Seele, er konnte die goldenen Ketten zur Last und den glühenden Rost zum Lustlager machen.

Sie hatten nicht Schulen noch Tempel, ihr Heiligtum wurde in Höhlen gehütet: wo die Gräber der Gemarterten waren in engen

Grüften, stimmten sie frühmorgens die Lobgesänge an und gingen hinaus in den Tag und den Tod, verzückte Pilger der ewigen Seligkeit.

Sie gaben den Armen ihr Geld und den Reichen das frohe Geheimnis der Botschaft, sie säten die Hoffnung in Herzen, die alles verloren und nichts zu gewinnen hatten, sie machten die Tore des irdischen Todes weit auf in die himmlischen Gärten und waren standhaft im Leid, die ewige Lust zu gewinnen.

Ob der Kaiser Trajan, von den Römern der Weise genannt, sie als Rebellen verfolgte, weil ihre Lehre den Kaiser und Knecht, den Bürger und Sklaven gleichmachte vor Gott: die irdischen Blutstrafen wirkten der Nachfolge Christi das himmlische Ehrenkleid.

Viele Kreuze wuchsen dem einen auf Golgatha nach, die Gräberwelt ihrer Höhlen zu füllen, indessen ihr Himmel sich mit den Bildern der heiligen Blutzeugen schmückte.

Das Reich Gottes baute die Räume im Jenseits mit ihren seligen Freuden und gab dem irdischen Jammertal seine brünstigen Träume: vom Lohn der Leiden im jüngsten Gericht, vom Paradies als dem ewigen Vaterhaus der gläubigen Seele.

Das Schaumgold der Kirche

Die aber im Heer des Kaisers dienten als seine Knechte, Mietlinge des blutigen Handwerks aus allen Ländern der römischen Welt, hörten die Botschaft der Christen einfältig wie vormals die Fischer und hörten sie gern als Nachbarn des Todes und als Enterbte der Götter.

Lange bevor Konstantins List das Kreuz zum Feldzeichen machte, ging bei den Legionen der Christengott um: darum gewann Helenas Sohn die Schlacht vor den römischen Toren und zog ein in die Stadt des Augustus als Schutzherr der Christen.

Das Kreuz besiegte den römischen Adler; wo die Tempel der Götter verfielen, wurden den Heiligen Kirchen gebaut, Kirchen über den

Gräbern: die Lehre des Galiläers stieg hoch in der Gunst der Gewalt, das Gottesreich aber wechselte seine Gestalt.

Der Kaiser, der klüglich das Kreuz an seine Staatsherrlichkeit klebte, blieb Oberpriester der römischen Götter aus furchtsamer Vorsicht, und taufen ließ er sich erst, als er starb, sündenrein vor den Christengott, als christlicher Kaiser bevorzugt in seinen Himmel zu kommen.

Auch war er ein Sohn des Morgenlands — durch Helena, seine jüdische Mutter — und dem römischen Bürgertum fremd; er legte das asiatische Stirnband seines Despotentums an und machte Byzanz zur Hauptstadt der römischen Welt.

Wie die Sonne der Griechen mit Alexander rauschgolden im Morgenland unterging, so schwand der Vollmond römischer Weltbürgerschaft mit Konstantin hin in die hängenden Gärten.

Darum war es Byzanz, wo der Kaiser im Weihrauch prunkender Messen die Lust seiner Allmacht genoß, wo die höfische Geltung der Kirche die christlichen Hirten zu Weltherren machte.

Höfischer Pomp und der Weihrauch zeremonieller Gebräuche, die Rauschgläubigkeit wundersüchtiger Scharen, das Mirakel und der tönende Schwall himmlischer Freudenverheißung: mit Ornat und Krummstab fiel es über die christliche Lehre, die Liebe und Weisheit des lächelnden Mundes erstickend im Schaumgold kirchlicher Feste.

Simeon aus Sesam

Rund um die Küsten der greisen Griechenwelt lagen die Länder der paulinischen Lehre; Zweifler an den Marmorgöttern hörten die Botschaft seines gekreuzigten Gottes und die Grübler der uralten Logoslehre.

Das Morgenland fing wieder an zu glühen, das vor dem Götterhimmel der Griechenwelt ins Dunkel der Mysterien versunken war; und wo das Wort der neuen Lehre hinfiel auf den verdorrten Boden, da knisterte der nie gelöschte Brand.

Sie ließen die geheimnisvollen Flämmchen des Zoroaster spielen, die neue Wahrheit und die alten Widersacher aus Licht und Finsternis zu deuten, sie schürten mit den Zangen der Spitzfindigkeit und fingen das Gezänk der Deutung an.

Und waren eifrig, von der Gemeinde die Wissenden zu scheiden, und legten um die Einfalt der Botschaft den Priestermantel der Erwählung: im Namen dessen, der die Fischer lehrte und den die Priester kreuzigten, den Klerus vom Laienvolk zu lösen.

Auch sonderten sich manche ab nach alter Weise des Morgenlands, sie gingen abseits in die Wüste und suchten das Geheimnis der Erwählung in den Schlupfwinkeln ihres unreinen Geistes.

Sie leerten ihre Lüste aus und füllten das Gefäß mit Fasten und Verzückung und wähnten, dem Reich Gottes näher zu sein, als die mit Treue den Tag bestanden.

Den sie bei Antiochien bestaunten, ein Hirt mit Namen Simeon aus Sesam, stand dreißig Jahre lang auf einer Säule, den Wallfahrern ein Wunder, und lehrte: Jesus habe teil an seiner Torheit, daß er daſtände gleich einem Kranich, der seiner Flügel überdrüssig geworden wäre.

Eudoxia die Kaiserin, so heißt es, hieß einen Turm daneben bauen mit offenem Dach, das hallende Gespräch des Heiligen zu hören: so wähnten in der Wüste ein Hirt und eine Kaiserin der Stimme aus Nazareth zu dienen, die traurig mit den Traurigen und fröhlich mit den Fröhlichen im Volk gegangen war.

Augustinus

Ein reicher Jüngling aus Tagaste lebte seinen Sinnen in Karthago, bis ihn der Geist schalt, daß er gleich einem Tier der Täglichkeit den Trog leer fräße.

Der mit bunten Kleidern auf der Gasse ging, fing an zu suchen in den Schriften, daß ihm der Geist ein besseres Futter fände: so wurde Augustinus ein Schüler der Griechenweisheit und suchte sein Glück so gierig in den Schriften, wie seine Sinne die Brunst genossen hatten.

Als er ein Mann geworden war und selber für einen Meister der Weisheit galt, kam er ins Abendland, in Rom und Mailand zu lehren: der Zweifel aber, gieriger als seine Sinne, wollte ihm alle Wahrheit fressen.

Bis er die Schriften des Paulus fand und daraus die Einfalt zu glauben lernte; der als ein Meister der Weisheit im Abendland Ruhm zu ernten gedachte, kam als ein Schüler der Demut zurück nach Karthago, sein Herz in der Stille der Wüste zu kühlen.

Da trat der sündige Mensch vor Gott und rang wie Jakob mit ihm um Erlösung, da stand vor dem glühenden Dornbusch des Glaubens der Zweifel, sein letztes Reis zu verbrennen, da riß eine Seele den Brunnen der Wüste auf, ihr Menschengesicht im Spiegel der Tiefe zu schauen.

Sie holten ihn auf den Stuhl des Bischofs von Hippo, Hirt und Herold der Kirche zu werden wie keiner; so wurde der Kirche der Mund der Inbrunst geschenkt und der paulinischen Lehre der hitzigste Streiter.

Als ewige Erbschaft war an die Schwelle der Menschheit die Sünde Adams gestellt, die Gnade Gottes allein vermochte den erbsündigen Menschen aus der Verdammnis zu lösen.

Die Gnade Gottes war der Kirche gegeben; sie war das Reich Gottes auf Erden über der Macht der weltlichen Staaten: bis das Weltgericht kam und das bunte Scheingewand der Welt in Flammen verzehrte, hielt sie der erbsündigen Seele die Gnadentür offen.

So sprach Augustinus, der Bischof von Hippo, der Kirche den Gnadenschatz zu, so sank der Stachel der Erbsünde ein in die Christengemeinde, mit ewiger Verdammnis die furchtsamen Herzen zu schrecken und mit der Verheißung des Himmels zu locken.

Nicäa

Was zu den Hirten von Bethlehem kam als himmlisches Licht, Gott in der Höhe zu Ehren, der Erde zum Frieden und den Menschen ein Wohlgefallen, war eine schwebende Brandfackel geworden der christlichen Rechtgläubigkeit.

An die dreihundert Bischöfe samt ihrem geistlichen Heerbann hielten Konzil zu Nicäa, den Punkt zu erzirkeln, wo zwischen der göttlichen Natur des Erlösers und dem menschlichen Dasein des Zimmermannssohnes sein Wesen als kirchlicher Lehrbegriff stände.

Noch war das düstere Wunder paulinischen Glaubens nicht unter Dach, noch stand das Opferlamm Gottes nicht auf dem Altar der beschworenen Glaubensartikel, noch war die Dreifaltigkeit nicht im Lehrgebäude der Kirche gesichert.

Gottgleich oder gottähnlich, so stritten die Priester mit Zirkeln und Zangen um den Zimmermannssohn; und hitziger hatten die Juden nicht vor Pilatus gestanden, als nun die Christen vor Konstantin, der ihrem Konzil den Prunk des Kaisers umhängte.

Die gestern noch selber Verfolgten verdammten den Arius da, weil er das göttliche Wunder allein in der Lehre und nicht im Mirakel des gekreuzigten Gottes erkannte; sie hießen ihn einen Ketzer, und Christus siegte als Gottes einiger Sohn im Zankbeschluß seiner Priester.

Als die Bischöfe danach auseinanderfuhren mit dem Heerbann ihrer Meinung und Lehre, den Hellespont hinüber ins Abendland und auf mancherlei Schiffen und Wegen ins Morgenland, fuhr der Zank mit nach Haus, die Christenheit zu zerspalten.

Bis Theodosius, von der Kirche dankbar der Große genannt, für die arianischen Ketzer den Rost glühend machte: im Namen des Dulders der Liebe, der im Haß der jüdischen Priester den Kreuzestod fand.

Wulfila

Ein Psalm, der vor dem Tag verscholl, gesungen aus Traum und Wachen, bevor das wilde Kriegswerk der Völkerwanderung begann, ein Klagelied aus dem Brunnquell der deutschen Sprache: das war die Gotenbibel des Wulfila.

Sie sollte der Psalter des deutschen Evangeliums werden und ist der Sargdeckel geworden der germanischen Frühzeit, weil aus der fröhlichen Botschaft der Haß des geistlichen Lehrstreites Giftblumen blühte.

Der sie den Westgoten schrieb, zwölfhundert Jahre vor Luther den Deutschen die Schrift zu schenken: Wulfila war arianischer Bischof; und Arianer, das hieß der römischen Kirche ein Ketzer und schlimmer als Heide zu sein.

Sie saßen im Tiefland der Donau, vom schwarzen Schrecken der Hunnen verdrängt, als Grenzwacht des Kaisers geduldet, und hörten die Botschaft der himmlischen Ferne:

Gott war gekommen, der über den Göttern von Ewigkeit war, den Menschen das glückhafte Reich des Friedens zu bringen, da wieder Gerechtigkeit war, sonniges Land und selige Freiheit den grausam Enterbten.

Denn Wulfila hatte die Worte der Botschaft in ihre Sprache gebracht: da klangen die uralten Laute den uralten Sinn, da war die ewige Herkunft der Dinge, da war ihr himmlischer Vater und sandte Surtur, den herrlichsten Sohn seiner Stärke, die Seinen zu sammeln aus Not und Bedrängnis.

So lauschten die Goten dem Wulfila und konnten nicht ahnen, daß sie der Glaube betrog, daß sie die fröhliche Botschaft ins Fegfeuer des Ketzertums brachte.

Arianer und römische Kirche, so war der Kampf angesagt bis aufs Messer: die Goten und alle germanischen Völker der großen Wanderschaft hatte ihr gläubiges Herz vor die römische Schneide gestellt.

Der Pontifex maximus

Pontifex maximus hießen die Römer den obersten Priester, und Konstantin selber behielt das heidnische Amt trotz dem Kreuz seiner Fahnen.

Nicht lange aber, so hob der römische Bischof das glänzende Stirnband aus dem Brandschutt der Götter, als Papst und Statthalter Christi wieder der Pontifex maximus, im römischen Weltreich der Hohepriester zu sein.

So wurde Rom noch einmal das Herz der mittelmeerländischen Welt; denn der Kaiser war fern in Byzanz und sein Glanz blickte düster ins Morgenland, indessen der Norden hell wurde im Junglicht germanischer Kraft.

Der erste Gregor, der Große genannt, Präfekt und Römer von Reichtum und Rasse, bevor er sein Haupt schor, gab dem römischen Titel die römische Geltung zurück, das zerfallene Reich Cäsars erneuernd als Macht seiner Priester.

Er sandte das Pallium aus, wie vormals der Kaiser die purpurgesäumte Toga, er ließ seine Legionäre schulen im Orden der Benediktiner.

Fegfeuer und Seelenmesse, Bilderdienst und der bunte Heiligenhimmel: das Rüstzeug der Kirche hob seine cäsarische Hand auf, der von Herkunft ein Römer, aus frommer Neigung ein Priester und der berufene Pontifex maximus war.

Der Kaiser war fern in Byzanz, das langobardische Schwert hing dicht über Rom; in Gallien aber beugten die ersten Germanen das Knie vor der Kirche: die Franken waren die Feinde der Goten, sie sollten gegen die Langobarden die römische Leibwache sein.

Von römischem Scharfblick geführt, staatskundig und stetig im Schachspiel steigender Macht, weitblickend aus Nöten der Nähe, brachte die Kirche den Handel ans Ziel, Pipin den Kleinen als König der Franken zu salben.

Stephan der Papst kam selber ins gallische Land, reitend auf einem Maultier, wie Samuel der Priester vor Saul kam, drei Meilen weit ins Lager der streitbaren Franken von Pipin dem König am Zaum eingeführt.

Er gab ihm die heilige Salbung und brachte sie heim, die Pipinsche Schenkung, die ihn, den Hirten der Christengemeinde, zum Fürsten des römischen Kirchenstaats machte: eine Schrift nur, ein Pergament in den Falten des Priestergewandes.

Aber der Pontifex maximus hatte den Heerbann der Franken gesehen und harrte getrost ihres Schwertes.

Winfried

Sie haben Winfried, den englischen Mönch, Apostel der Deutschen genannt; als aber Winfried herüber kam zu den heidnischen Friesen — vierhundert Jahre nach Wulfilas Predigt — waren die Franken, Thüringer, Alemannen und Bayern schon Christen; nur die sächsischen Völker verehrten noch Saxnot, den Gott ihrer Väter.

Die arianischen Goten, Vandalen, Burgunder hatte die römische Mühle zermahlen, ihre Könige waren verschollen in den Schlupfwinkeln der Sage; noch boten die Langobarden ihr Trutz, aber schon blühte das Frankenreich, der Kirche gehorsamste Tochter.

Dreimal zog Winfried nach Rom, der ein frommer Held seines Glaubens, ein feuriger Herold der päpstlichen Macht war: Gehorsam gegen Rom zu verkünden, war der heimliche Sinn seiner Sendung.

Darum sanken ihm Ehren auf das silbrige Haar; Legat und Erzbischof war er und Primas der deutschen Bischöfe, treu- und milder Verwalter des Hauses, dem er die Balken fügte mit Klugheit und Eifer.

Denn Pipin der Kleine war nicht nur der Kirche gehorsamer Sohn; der Hausmeier brauchte den römischen Segen, seinem König die

Krone zu nehmen; wie der Papst seines Schwertes bedurfte, den Langobarden zu wehren.

Mittelsmann ihrer Machthändel war Winfried der Weise; er schlichtete klug und ohne kleinliche Ränke, war Kanzler der Kirche und der früheste Kurfürst am Rhein; er liebte das Land seiner Wahl, der englische Mönch, und suchte der Ordnung zu dienen, deren mildester Meister er war.

Weil ihm die anderen Bischöfe seine Ehren mißgönnten, zog er im Alter tapfer hinaus, noch einmal hinaus zu den heidnischen Friesen; der friedliche Meister des Lebens fand seinen Tod als ein Held, da ihn die trotzigen Friesen bei Dokkum erschlugen.

Als sein Leichnam stromauf kam durch das rheinische Land, klagten viele um einen Vater, und manche Glocke, die seine Hand weihte, gab ihm bis Fulda das Sterbegeläut; nur wenige sahen, was seine milde Geschäftigkeit hinterließ.

Ein Netz hing geflochten für den Nachfolger Petri, den größten Fischzug zu tun; das Morgenland war an den Islam verloren, in Eifersucht wachte Byzanz, im nordischen Land der Germanen war der Kirche ein Acker gepflügt, andere Dome zu tragen, als die im römischen Land.

Das Mittelalter begann, das der neuen Welt Wunder sein sollte; die Sterbeglocken zu Fulda läuteten seinen Beginn.

Widukind

Während die gotischen Völker das Glück und den Fluch der römischen Erbschaft fanden, während die Franken im gallischen Land dem römischen Papst die Steigbügel der neuen Weltherrschaft hielten, hatten die Länder der Weser die Volksschaft der Väter bewahrt.

Frei wie zu Tacitus Zeiten hielten die sächsischen Gaue den Thing und das Weistum, und sprachen Recht im Schwertzeichen Saxnots, bis Karl der fränkische König das Kreuz über sie brachte.

Gleich Drusus, dem Römer, drang er von Süden ein durch das hessische Waldland, raubend und brennend; und wo das Schwert satt war des trotzigen Blutes, schwangen die Mönche den Weihrauch und sangen die römische Messe.

Die Eresburg fiel, die Irminsul wurde zerstört, den heiligen Hain fraß das Feuer, so wurde im Namen des Kreuzes fränkische Mark, was ein Jahrtausend lang sächsisches Freiland war.

Die Mönche sangen zur Messe, die Grafen hielten Gericht im Namen des fränkischen Königs und beugten das uralte Recht der Sachsengemeinde.

So war dem Franken der Sprung in den sächsischen Sattel geglückt: aber dann bäumte das Roß, und der Ritt begann, rauchend von Brand und Blut dreier Jahrzehnte.

Wie vormals Armin, Segimers Sohn und Fürst der Cherusker, war Widukind Herzog in Sachsen; dreizehn Jahre lang bot er der sächsischen Zwingherrschaft Trotz, freidig und flüchtig im Wechsel des Waffenglücks, ein Meister der List und ein Nacken unbeugsam, das Unglück zu tragen.

Denn ob er Fritzlar verbrannte und Fulda bedrohte, daß die Mönche flohen mit Winfrieds Leiche, ob er vorstieß bis an den Rhein: die fränkische Feldkunst warf das Ungestüm seiner Kriegshaufen nieder, und immer grausamer dämpfte Karl den sächsischen Trotz.

Bis der Tag an der Aller kam, wo ihrer viertausendfünfhundert geschlachtet wurden — Edlinge des sächsischen Volkes, die sich freiwillig stellten — daß der Bach sich färbte im Blut und das Feld faul wurde im Gestank der edelsten Leiber.

Noch einmal rief da der Grimm die Waffen Saxnots zuhauf; bei Detmold kam es zur Schlacht, die dem gewaltigen Karl das Schwert stumpf machte, aber den Sachsen das ihre zerbrach.

Widukind beugte den Nacken vor dem fränkischen Christ! Drei Tage lang sangen die Priester Danklieder in Rom, weil der Herzog der Sachsen zur Taufe nach Gallien ging.

Den Franken gelang, was dem römischen Adler mißglückte, sie blieben Zwingherrn im Weserland, besiegelt im Kapitular der sächsischen Knechtschaft, mit Blut geschrieben zu Paderborn und aller Gesetze furchtbarstes:

Des Todes soll sterben, wer die Fasten nicht hält, wer sein Kind der Taufe verbirgt; des Todes soll sterben, wer sich selber der Kirche verweigert; des Todes soll sterben, wer einen Leichnam verbrennt nach germanischem Brauch!

Aber der Hund fraß wieder, was er ausspie: noch manchmal stand Saxnot auf in den Herzen der Seinen, bis er für immer zur Hölle fuhr, der uralte Lichtgott der Deutschen, verdammt von den römischen Mönchen.

Zu Tode gehetzt von der slawischen Meute der Wenden, denen der fränkische Räuber das sächsische Elbland hinwarf als Beute, zu Tausenden aus ihrer Heimat geschleppt, für immer getrennt von Weib und Kindern, verraten von treulosen Grafen: so wurden die Sachsen zu Christen gemacht, im Namen der lächelnden Liebe.

Bis endlich drei Bistümer blühten im Weserland, zu Bremen, zu Münster und Paderborn: drei Hochkreuze des allerchristlichsten Königs, drei Leichensteine auf dem Kirchhof des sächsischen Volkes, drei Krummstäbe über dem Nacken germanischer Freiheit.

Carolus Augustus

Als Karl, der Frankenkönig, sein Sommerlager hielt zu Paderborn im Land der Sachsen, kam Leo, der Papst, als ein Flüchtling zu ihm.

Den hatten die Römer am hellen Tag aus einer Prozession gerissen, halbtot geschlagen und gefangen aus Rom fortgeführt: mit List entwichen und die Mühsal der Alpenfahrt nicht scheuend, rief der Pontifex maximus den Frankenkönig als seinen Schirmherrn an.

Es fand sich danach, daß der Statthalter Christi der Unzucht und des Meineids beschuldigt war; so hielt der Frankenkönig feierlich

Gericht in Rom und strafte die Ankläger hart, als sich der Papst mit seinem Eid zu reinigen vermochte.

Das aber geschah vor Weihnachten, als es achthundert Jahre her war, daß Maria im Stall von Bethlehem ihr Knäblein gebar: nun stand das Kreuz auf tausend Kirchen, und statt der Hirten kamen die Großen der Welt an seine Krippe.

Als in der Christmesse das Heergefolge des Frankenkönigs sich durch die Römer drängte und Karl, der Schwertgewaltige, in Andacht kniete vor dem Altar der Peterskirche, da krönte ihn der Papst, und die Lateiner stimmten ein in den bestellten Ruf:

Carolus Augustus, dem von Gott gekrönten friedenbringenden Cäsar der Römer, Leben und Sieg!

Es war ein Franke, den sie zum Kaiser riefen, ein Franke, der morgen Rom schon wieder den Rücken kehrte; aber so verkehrte sich das Angesicht der Welt:

Roma die vielerfahrene ließ ab vom Morgenland und huldigte dem Starken, der von Norden in ihre Netze kam, ließ Syrien und Ägypten, Kleinasien und Byzanz, weil sie die Herrin bleiben wollte in der neuen Zeit, wie in der alten.

Der Frankenkönig aber, der sonst in einem Wams von Otterfell ging und als Patricius der Römer den Seinen fremd dastand in römischen Gewändern: er fühlte die Krone auf seinem Haupt von Gottes Gnaden und staunte, das Reich Gottes sei doch von dieser Welt, weil er sein Herrscher und der treue Diener der Priesterlehre war.

Der gläserne Grund

Als Karl der Große begraben lag in seinem Münster zu Aachen und Ludwig der Fromme, sein Sohn, Herrscher des Frankenreichs war, von Karl zum Kaiser gekrönt mit eigener Hand, stand vor dem Königsgebäude noch immer das eherne Reiterbild Dietrichs von Bern aus Ravenna.

Denn der die Stämme der Sachsen, Alemannen, Bayern und Langobarden in harten Kriegen bezwang, war Uferfranke und deutschen Geblüts: seine Sprache war deutsch, auch trug er sich fränkisch und legte nur zweimal in Rom das Prachtgewand römischer Kaisermacht an.

Wie sein Münster in Aachen gebaut war nach gotischem Vorbild, und wie er die deutsche Predigt verlangte, so ließ der Kaiser die Lieder aufschreiben von Siegfried, Dietrich und Hildebrand und die uralten Göttergesänge.

Aber sein Sohn von der schwäbischen Hildegard zeigte niemals lachend die Zähne und wäre lieber ein Mönch, denn ein Kaiser gewesen; er warf die Lieder der Deutschen, vom Vater mit Eifer und Ehrfurcht gesammelt, ins Feuer, schaudernd vor dem Abgrund der heidnischen Herkunft.

Da brannte sie hin, die heilige Sprache, uralt und glanzvoll gefügt.

Die Riesenleiber der Götter und Helden flackerten auf in den Schattenbildern der Sage, spottend der kindischen Torheit: aber das Wort sank hin in die Asche, das ihrer Taten volkstümliches Kleid war und Seelenhort der germanischen Frühe.

Wohl sprachen die Männer des Volkes deutsch wie zuvor, aber nun hatte ihr Wort keine Schrift mehr; die Bildung in Klöstern und Schulen schrieb fremdes Latein: einer gemähten Wiese gleich lag die Volksseele da mit abgeschnittenen Halmen und wucherndem Unkraut.

Unermüdlich aber aus den Schleusen der Klöster und Kirchen lief das lateinische Gewässer hinein und gefror zum gläsernen Grund, darunter der Spuk der germanischen Seele, auf die Märzstürme wartend, den Winterschlaf hielt.

Die schwarzen Mönche

Schwärmer und Schelme der Müßigkeit kamen vom Morgenland, Schaffner Gottes zu werden nach abendländischer Losung.

Denn Benedikt, der auf dem Monte Cassino das Mutterhaus baute der abendländischen Klöster, gab dem Gebet die Arbeit, der Verzückung den Fleiß an die Hand.

Die Weltflucht entsagte dem Nutzen, doch nicht der nützlichen Leistung; der Überdruß vornehmer Römer sprang in die Flut der lautlosen Tat, die aus dem Nichtstun in Ehren erlöste.

Als danach die schwarzen Mönche ins Nebelland der deutschen Urwälder kamen, wurden Sankt Gallen, die Reichenau, Hersfeld, Fulda und Wessobrunn die Standlager entsagungsvoller Mühsal, bevor in den Klostergärten der Wohlstand spazieren ging.

Dann freilich wuchs ihr Reichtum sich aus zu grünen Inseln, die aus der Tannenwildnis die Sonne saugten und die Wärme stahlen: der Frühling blühte über sie mit anderem Licht, der Sommer reifte Garben wie nie zuvor, und wenn der Herbst kam, hingen die Spaliere von Trauben und Birnen schwer.

Der Sonnensegen flog durchs Land, im Klosterhof zu rasten, ein Wundervogel, der nach der Glocke flog und ahnungsvoll inmitten schwarzer Wälder die grünen Inseln fand.

So wurden Pfründen, wo der Atem der harten Rodung keuchte; Laienbrüder buken das weiße Brot und dienten dem Behagen, das in dem Täfelwerk wohnlicher Kammern auf breiten Stühlen saß.

Die Metten nahmen dem Gebet die Arbeit sacht aus der Hand, und Gott war zärtlich geschützt, wenn er im Kreuzgang trockenen Fußes spazieren ging.

Und fing auch wieder an, die Kunst zu lieben, den Klang der Orgel und den bunten Psalter; lustreiche Farben malten ihm das Haus, und Gläser glühten Feuerglanz im Tageslicht der Fenster.

Auch las er gern in alten Schriften und dachte sich neue Taten aus; er ließ das Wunder blühn mit Rosenranken, daran die Heiligen sich ritzten, ihr Blut zu tropfen: doch war kein Schmerz in ihnen und keine Not um sie, weil die Legende die Himmelsleiter hielt.

Die Legende

Aus Blutbächen rann das Geheimnis der christlichen Lehre ins römische Reich; glühende Roste, gemarterte Leiber, heiße Bekenner und heimliche Gräber webten den Teppich der kirchlichen Herkunft mit brünstigen Farben.

Der Heiligen Leben und Leiden malte im Glauben verachteter Christengemeinden die Bilder der Ahnenverehrung; der Heiligen himmlischer Fürspruch half den zagenden Herzen in einen tapferen Tod.

Um ihre Särge wuchsen die Kirchen der Wallfahrt, und um ihr Gedächtnis wand die dankbare Liebe den Kranz der Legende: ihre Leiden blühten darin mit blutroten Rosen, dornige Ranken ins messianische Wunder zu flechten.

Als aber die Blumen der Lehre, heimlich gesät in die Gärten der Greuel, friedlich aufgingen im Abendland, als die Kirche selber den Garten bestellte, war die Legende nicht still: und ging aus dem blutigen Düster morgenländischer Herkunft ein in die Landschaft der Wälder und Wiesen.

Nicht mehr zur Schlachtbank führte der Heiligen Leiden, aber das rankende Wunder blieb um ihr Leben, nur wurde es grün und statt der blutroten Rosen blühten die Himmelsschlüssel einfältiger Tugend.

Den heiligen Martin drängte sein Herz, der frierenden Blöße des Bettlers den Mantel zu teilen, den Hasen zu schützen vor den scharfen Zähnen der Hunde.

Da war noch einmal das Paradies der Heiligen hold geöffnet: das Wild des Waldes diente ihm treulich, die Vögel der Luft und die Fische des Wassers brachten ihm Nahrung gleich dem Elias, Gewitter und Hagel gingen demütig zur Seite, wenn der Heilige kam.

Und als den verschwundenen Bischof, den heiligen Wolfgang, die Schar seiner Freunde fand in der Wildnis, ihn heimzuführen nach Regensburg: da hob sein Kirchlein sich hinter ihm her, dem täglichen Freund der Einöde zu folgen treu wie ein Hund; bis ihm der heilige Wolfgang weinenden Herzens den Abschied gebot.

Die brünstigen Farben verblaßten, Marter und Buße vergingen im goldgrünen Geheimnis der Wälder, der Wüstensand wurde gütiger Schnee, und Moos wuchs auf den steinigen Wegen, die Seele begann ihr trauliches Spiel um die fremden Gestalten: als die Legende vom Morgenland mit staubigen Schuhen in den tauigen Grund der Wiesen und in den Schatten der deutschen Wälder gelangte.

Der Heliand

Zu Schanden geschlagen war das sächsische Volk durch die Faust des fränkischen Königs, seine Götter waren gewichen ins nordische Land, wo die Wahrzeichen Wodans und Donars noch standen und Saxnot die Seinen beschützte.

Der Gott der lateinischen Mönche war nicht der Gott der sächsischen Seele, und der gekreuzigte Sohn der Maria blieb ihrem Blut fremd, bis ein Sänger der Sachsen daraus den Heliand machte, aller Könige kräftigster und der schönsten Frau herrlichstes Kind.

Da wurde er Wort der Waltenden, ging ein in die Höfe der Freien und hielt den Thing aus dem Recht seiner edlen Geburt.

Der Waltende selber kam aus dem Weistum, der Königssohn aus dem Himmel trat in den Mittelraum ein, im Kranz seiner Degen ewige Weisheit zu künden.

Denn der den Heliand sang im Stabreim uralter Gesänge, war anderen Blutes als Paulus, der römische Jude: Nachfahre der Jünger in gläubiger Einfalt, kein grübelnder Geist weltfeindlicher Lehre.

Ihm tönte die Stimme der Liebe und Weisheit wieder, die Menschen zu lösen vom Leid, doch sprach sie deutsch und klang zu den Mannen und Degen.

In den Schlag ihrer Schwerter sprach der Walter der Welt, der Söhne stärkster aus Bethlehemsburg stand auf als Schutzherr der Menschen gegen die grimmige Hel:

Und als der Fürst in die Hände des römischen Herzogs kam durch den Haß der jüdischen Großen, da zitterte Satan vor seinem Tod, daß er die Menschheit erlöse.

Er mochte die Herzogin listig verleiten, daß sie ihn losbäte von ihrem Gemahl, die Waltung der ewigen Weisheit zu stören; der Landeswart aber wollte sterben am Kreuz und leiden als der Geringste, daß seine Wiederkunft offenbar würde den Zweiflern und Zagen als Zeugnis seiner göttlichen Sendung!

So brachte ein Sänger der Sachsen den Heliand deutsch in die Welt, aus Walhal geboren als göttlicher Held gegen Hel, die des Satans Mutter und Urfeindin der göttlichen Herrlichkeit war.

Kein Opferlamm mehr, im Tempel zur Schlachtbank geführt, als Versöhnungsopfer die Sünde zu sühnen nach jüdischem Priestergesetz: ein König der Weisheit und Stärke, urkräftig aus ewigem Recht, kündete seine Wiederkunft an.

Die Heliandsburgen

In Worms, in Speyer, in Mainz und in Köln stand ihre Steingewalt auf aus dem mannhaften Glauben der Zeit, den Lindwürmern gleich der salischen Sagen mit schuppigem Rücken und kräftig umgürtet im steinernen Knochengerüst.

Keine Tempel der Griechen mit marmornen Säulen und keine römischen Hallen, Bethlehemsburgen des Heliand und Waltungsstätten der Wiederkunft, Trutzburgen tapferer Hoffnung aus kläglicher Knechtschaft und Sicherheit starker Vergeltung.

Urtief glühten die Augen der kreisrunden Fenster, und wehrhaft hielten die Pfeiler der kommenden Macht das Gewölbe, steinern umgürtet und mit Knäufen von Weltschwertern geschmückt.

Wohl hüteten steinerne Schranken den Chor und das Schauspiel der Messe: aber einmal kamen eiserne Schritte, in den Himmel wuchsen die Hallen mit den fünfhundertvierzig Türen Walhals; vorbei war die Knechtschaft der Kühnen, vorbei das Genäsel lateinischer Priester.

Wie draußen der Rhein floß durch Tage und Nächte, als ob es Pulsschläge der Ewigkeit wären, wie die Wolken wanderten über die höchste Erhebung, wie die Stürme brausten in den schwärzesten Nächten, wie die Träume der alten Zeit gingen von Wodan und Thor, den hallenden Nachfahren Zius, wie Segifried, Dietrich von Bern, Hildebrand und der grimmige Hagen: so hielt die wehrhafte Haltung romanischer Dome Wacht über das Land für Heliands Wiederkunft.

Frau Jutte

Als Leo, der Papst, Carolus den fränkischen König zum Kaiser im Abendland krönte, gedachten Priester und Paladine das Reich Gottes zu gründen mit Menschengewalt: Krone und Krummstab sollten der Statthalterschaft Christi auf Erden Schirmherr und Inhaber sein.

Noch aber war kein Jahrhundert vergangen, und schon hatten Machtgier und Haß und zänkischer Neid von Rom bis Aachen dem Satan Schlösser gebaut.

Aus Brunst und Blut wurde die Zeit der päpstlichen Greuel geboren, da die Markgräfinnen von Rom sich den Papst als Beischläfer hielten: in Unzucht standen die Füße des heiligen Stuhls, und auf den Polstern saß, den Fischerring an den schlüpfrigen Fingern, Venus Marozia.

Drei Männern gab sie die Hand, doch vielen ihren Leib: Sergius, der Papst, war Vater von ihrem Knaben Johann, der den Stuhl Petri wie eine Lustgondel bestieg; und Alberich, der sie umbrachte im Kerker, war die lästerliche Frucht ihres Leibes.

Aber ihr Enkel erst trank den Lasterbrunnen leer bis auf den stinkenden Grund: Johann der Zwölfte, der mit achtzehn Jahren alt genug war, Papst der Kirche zu werden.

Der im Gastmahl den Göttern opfernd das Priesterkleid höhnte und seinen Geist im Trunk dem Teufel befahl, ein Buhler und Bluthund gleich Nero als Statthalter Christi, ein kindischer Lüstling als Vater der Christenheit.

Dann endlich war wieder seit Karl das Kaiserschwert in der Welt: Otto von Sachsen, der Große genannt, wurde der Lasterbrut Herr, die sächsische Faust zerbrach der tollwütigen Wölfin in Rom das Genick.

Seine Kriegsknechte aber brachten die Sage heim vom Teufel in Weibsgestalt: Frau Jutte als Päpstin, das freche Spottbild der Markgräfinnenzeit, als Statthalter Christi das schlimmste Vermächtnis der Kirche.

So ging die Sage von der Frau Jutte: gebürtig aus Ingelheim und flüchtig mit einem Mönch aus Mainz, kam sie verkleidet nach Rom, wo der Mönch sein Liebchen verlor.

Schlau und gewandt im geistlichen Dienst, schrieb sie am päpstlichen Hof und schrieb so klug mit ihrer schlanken Hand, daß sie in Kürze Notar, dann Kardinal, am Ende heiliger Vater der Christenheit wurde.

Da saß ihr glatter Leib auf dem heiligen Stuhl und trug der Kronen schwerste auf ihrem schlanken Hals; sie brachte mit lüsternen Händen der Mutter Gottes den Kelch der Leiden dar und hielt die Knaben köstlich, die ihr die Messe sangen.

Bis sie entbunden wurde von einem Sohn: der Papst im Pomp der Prozession, auf einer Straße Roms hellichten Tags den Antichrist gebärend, indessen der Satan aus dem Gestank der Päpstin hohnlachend zur Hölle fuhr, mit Schwefeldampf und Lustgeschrei der Brut die teuflische Taufe zu richten.

Cluny

Das Reich Gottes war nicht von der Welt dieser Kirche, darin die Priester nach Pfründen jagten und die Klöster Schatzkammern klüglich gepflegter Wundersucht waren.

Zum andernmal ging seine Lehre auf wie Blumen, heimlich gesät in die Gärten der Greuel; aber nun geisterte sie nicht mehr in Grüften und tönte nicht mehr von den Säulen selbstseliger Mönche.

Der Norden trat in die Erbschaft der römischen Christenheit ein und brachte den Mut germanischer Sittlichkeit mit; der Heliand kam, der Walter aus Bethlehemsburg in den Mittelraum, den Tag in ewige Tiefen zu tauchen.

Das Wort sank wieder in Gott und gebar die demütige Tat und die Inbrunst des ewigen Lebens, die aller irdischen Freuden glückhafter Untergrund war.

Das Kyrieleis der lateinischen Messe stahl sich fort in den deutschen Gesang der ländlichen Weisen; die Seele fing an, der himmlischen Tröstung zu trauen, das Lächeln der Weisheit und Liebe kam in den Segen der Pflicht.

Ein burgundischer Grafensohn, Berno, der Abt von Cluny, zwang die üppigen Klöster zurück in die strengen Gelübde, daß sie wieder des frommen Fleißes bewahrte Werkstätten, Zuchthäuser der Kirchenzucht wurden; und Heinrich der Dritte, der salische Franke, brachte die Kirchenreform der schwarzen Mönche von Cluny in den unholden Streit der römischen Stola.

Er gab der geschändeten Kirche den Bischof von Bamberg als heiligen Vater und noch vier andere Päpste danach von germanischer Herkunft.

Leo der Neunte, den die Kirche den Heiligen nennt, ein Grafensohn aus dem Elsaß, dem Kaiser verwandt und seiner Strenge in Milde verbunden, wurde zu Worms auf dem Reichstag der Deutschen gewählt und zog im Pilgerkleid ein in das spöttisch wartende Rom.

Türhüter nur und Verwalter war er im Weinberg des Herrn, kein prahlender Fürst in Sankt Peter, kein Pontifex maximus mehr, gleich Winfried die Mühsal schwieriger Fahrten nicht scheuend.

Dreimal kam er nach Deutschland hinüber, das nun das reichste Kirchengut war, dreimal in seinen sechs Jahren, nach den Knechten der Kirche zu sehen.

Sie wurden nicht alt in der römischen Sonne, die deutschen Päpste des Kaisers, zwölf Jahre nur hielten die fünf den heiligen Stuhl: aber sie hoben den Fischerring aus dem römischen Unrat und gaben ihn blank an den Starken, der seinen rothaarigen Kopf über alle Päpste erhob und die Kirche zurück führte in die Absichten cäsarischer Weltmacht.

Canossa

Hildebrand hieß er wie der grimmige Waffenmeister Dietrichs von Bern, rothaarig war er und eines Zimmermanns Sohn im toskanischen Land: Gregor der Siebente, der streitbar gewaltige Papst, der das Gottesreich wahrmachen wollte als irdische Herrschaft der Priester über den Kaiser und alle Fürsten der christlichen Welt.

Wie der Mond sein Licht von der Sonne, so nähme der Kaiser vom Papst die Gewalt; allein der Papst als Statthalter Christi wäre von Gott.

So trüge die Kirche zwei Schwerter; das geistliche führe sie selber, das weltliche liehe sie aus an den Kaiser und seine Fürsten: Verflucht aber sei, wer das Schwert aufhalte, daß es nicht Blut vergösse!

Das war die Lehre der Liebe nicht mehr und nicht mehr die weise

Scheidung, Gott und dem Kaiser zu geben, was Gott und dem Kaiser gehörte: der Pontifex maximus selber wollte Augustus der Christenheit werden, das Mönchtum von Cluny sollte ein Schildhalter sein.

Er nahm dem Priester die Ehe und der Fürstengewalt die Belehnung der geistlichen Ämter: er baute die Kirchenmonarchie, darin der Messias ewiger Herrscher und der Papst als Statthalter Christi der Völker- und Fürstenregent war.

Der Kaiser war noch ein Knabe, der Papst eine geprägte Gestalt, als Gregor der Siebente Heinrichs des Vierten Zuchtmeister wurde, als der Pontifex maximus dem Kaiser das Herkommen kündigte, als der Kampf der römischen Kirche mit dem deutschen Schirmherrn begann.

Ein Knabe als Kaiser, das Reich ein Streitfeld rebellischer Fürsten, an den Wurzeln versehrt im Aufruhr der Sachsen; ein Knabe als König, hochfahrend, leichtfertig, übel beraten: da wagte der Papst den Riß durch den Vorhang der Welt.

Sein Bannstrahl verbrannte dem Kaiser das Kleid, weil er die Fürsten — unlustig und treulos — des Eides entband; im Büßerhemd, barfüßig im Schnee, kam Heinrich der König vor ihn zu Canossa, den Bannstrahl zu löschen.

Da lag dem toskanischen Mönch der salische Trotz zu Füßen, der Schirmherr der Kirche im Staub vor dem Statthalter Christi, der Mond weltlicher Macht des Lichtes der Sonne bedürftig.

Es war im vierten Jahr seines Amtes, als dem streitbar gewaltigen Papst so Stolzes gelang; aber im elften Jahr kam Heinrich als Sieger nach Rom: er hatte die treulosen Fürsten gezüchtigt und ließ sich krönen von Clemens dem Papst, den er sich selber als Schirmherr der Kirche ernannte.

Ob ihn normannische Hilfe befreite aus schmählicher Haft: Hildebrand starb im Exil; das zuckende Herz des römischen Weltrichtertraums liegt in Salerno begraben.

Die Sonne sank unter in brandiger Glut, und der Mond stieg grell in den Raum; die Lehre der Liebe und Weisheit ging auf den Straßen bei Tag und bei Nacht, sie sah den Mond und die Sonne im Wechselspiel steigen, sie wußte beide in Gottes Hand und traute den ewigen Sternen.

Die Kreuzzüge

Der Wüstensand hatte die Lehre Christi verweht, und die Palmen Mohameds wuchsen im Morgenland: Kalif und Kaiser hatten die Nähte der Welt mit scharfem Schwert aufgetrennt.

Als der Gottesstaat in der Christenheit Macht werden wollte, war er landfremd und seinem Heiligtum fern: Jerusalem war in die Hände der Türken gefallen, am Tor der Zionsburg hielten Ungläubige Wacht.

Aber dann kam der Cid, und der Ruhm seiner Taten sang von dem Ritter, der die kastilischen Christen aus maurischer Herrschaft befreite: das römische Traumglück schwoll auf, die verlorene Hälfte der Welt neu zu gewinnen, im Abend- und Morgenland wieder die alte Roma zu heißen.

Ein Jahrtausend war die Christenheit alt, da sie aufstand im Zeichen des Kreuzes, da die Kirche des Friedens als Schwertmacht zu gelten verlangte; der Einsiedler Peter von Amiens ritt vor ihr her auf dem Esel, einen verdorrten Ölzweig des heiligen Landes in der fanatischen Hand.

Noch einmal schienen die Völker Europas zu wandern: raubfahrende Haufen zuerst, durch die Länder hinbrausend wie Heuschreckenschwärme, die Juden erschlagend; danach die Heere der Ritter mit unendlichem Troß und der bunten Vielheit der Trachten.

Ein Tropfen Tollheit fiel in den Trank und schäumte auf in den Lüsten der drangvollen Zeit; den Rittern winkte der Ruhm himmlischer Minne, den Fürsten Ländergewinn, Abenteuer den Knechten und Raub dem Gelüst zuchtloser Scharen: allen der Ablaß jeglicher Schuld.

Zweihundert Jahre lang schäumte der brünstige Wahn, der Friedrich, den schwäbischen Rotbart, im Saleph ertränkte, den Deutschen das Reichsschwert entwand und Rom von dem lästigen Schirmherrn der Kirche befreite.

Denn nun war der Statthalter Christi selber Herr der Heerscharen geworden, er hielt dem Gottesstaat die Schärfe des Schwertes, er schüttelte den Baum, daran die Könige des Abendlandes als seine reifen Früchte hingen.

Als Innocenz Machtfürst der Christenheit und Reichsverweser Gottes war, ging Gregors Traum in Erfüllung: da hießen Bischöfe Landvögte seiner Botschaft und Könige Büttel der römischen Befehle.

Da zuckten die Blitze seines Bannstrahls und trafen in die Kronen, da rauschte das päpstliche Gewitter Hagel und Sonnenschein ins Abendland.

Da stand die Sonne im Mittag, und der Mond war verblichen; die neue Roma reckte sich im Glanz der dreifachen Krone.

Die Hunde des Herrn

Der Gottesstaat der Priester tat seinen Willen kund, daß Sakrament und Seligkeit Machtmittel seiner Herrschaft wären, Glaube und Glaubensgehorsam das einzige Bürgerrecht.

Aber nicht im Gesetz machthabender Priester, nicht im Mirakel der Messe, nicht im Schaumgold kirchlicher Feste war die Verheißung der Lehre; sie suchte noch immer auf Märkten und Wegen, und weil sie im gleißenden Mittag der Kirche die ewigen Sterne nicht fand, ging sie den nächtlichen Gang der Beschwörung.

Wie die ersten Christen in Rom das Geheimnis der Grabkammern hatten, verzückt und der Wahrheit gewiß, so fing in den Nächten der neuen Priestergewalt das unterirdische Geleucht heimlicher Schatzgräber an.

Einfältig im Tun des heiligen Franz, des selig Verzückten, der im Leid die Nachfolge Christi, im Spott den Honig der Duldung und in der Armut den Reichtum Gottes genoß.

Zwiespältig im Trachten grübelnder Geister, mit den zuckenden Flämmchen des Zoroaster das Dasein zu deuten: feindlich beide der Kirche, die den Prachtmantel der Weltmacht umhing.

Die guten Leute von Albi hieß sie das Volk, die der Kirche standhaft den Dienst aufsagten, obwohl sie dem Herrn von Toulouse, ihrem Grafen, willig untertan blieben: sie traf der Bannstrahl zuerst und die Kreuzpredigt des spanischen Mönches, der sich Dominikus nannte.

Was gegen die Türken mißlang, das mußten die Albigenser erfahren: die Kreuzfahrer rissen das Kreuz von der Schulter und nähten es vorn auf die Brust, brennend und plündernd, die Ketzer totschlagend gleich Wölfen, fielen sie ein in das blühende Land der alten Westgoten und hielten im Namen der Kirche das Ketzergericht ab.

Die Scheiterhaufen brannten im Priesterstaat; Menschenwahnwitz dachte, auf Gottes Stuhl zu sitzen, und wußte nicht, daß wer um seinen Glauben leidet, der ist ein Heiliger vor Gott, und wer ihn schlägt, schlägt Gott.

Und wo die Städte brannten, begannen die weißen Mönche das peinliche Gericht: sie hatten einen Hund im Wappen, der in den Zähnen das Licht der Lehre als eine Fackel trug.

Die Völker sahen die Fackel und sahen die Scheiterhaufen brennen und hießen die Dominikaner im Weckruf der Wahrheit: die Hunde des Herrn.

Die Stedinger

Die Stedinger wohnten im Gestade der Weser als freie Bauernschaft und waren freie Friesen seit mehr als tausend Jahren; sie hielten am uralten Weistum der Gaugemeinden fest und wehrten sich der Lehnsmannschaft der Junker und der Priester.

Und als der Bischof von Bremen sie mit dem Kirchenbann belegte, da lachten sie, weil sie der fremden Mönche nicht bedurften, um fromm zu sein: sie stellten eigene Prediger an und ließen die Glocken läuten trotz seinem Bann.

Der Bischof brauste an mit seinem Harst und Troß der junkerlichen Herren; die wehrhaften Bauern aber hielten Stich, sie warfen seinen Hochmut in die Hecken und schlugen ihm samt vielen Rittern den eigenen Bruder tot.

Da dem geschlagenen Bischof sein Helm nicht half, nahm er den grünen Hut und sprach die Bauern des ketzerischen Aufruhrs schuldig.

Konrad, der Ketzermeister, ließ seine Hunde los, der Papst hieß einen Kreuzzug predigen, und wie zuvor in Frankreich zog ein Kreuzheer ins Friesenland, dem Gottesstaat zu dienen mit Brand und Mord.

Tammo von Hunthorpe, Bolke von Bardensleet und Detmar von Damme taten den Schwur der Dreimänner; sie riefen den Gaubann der Stedinger auf, erschlugen den Grafen von Oldenburg samt zweihundert Rittern und jagten das Kreuzheer mit Spott durch die Sümpfe.

Da wurden die Stedinger vogelfrei; der sich König der Deutschen nannte, der Sizilianer Friedrich der Zweite, gab die Acht zu dem Bann: mit Bullen und Kreuzpredigten rafften die weltgeistlichen Herren ein unmäßiges Heer, die Stedinger Freiheit zu fangen.

Auf allen Straßen der norddeutschen Länder ritten die Reisigen an auf gepanzerten Rossen, vierzigtausend gezählt mit den Knechten, im Namen Christi zur Ketzerjagd.

Viertausend Ritter lagen erschlagen bei Altenesch; aber wo einer fiel, standen neun wieder da, und ihre gepanzerten Rosse zerstampften das Fußvolk der Bauern.

So gingen die Stedinger ein in den Gottesstaat kreuzfahrender Henker, als Ketzer verbrannt, gleich tollen Hunden erschlagen; sie büßten den Bann der kirchlichen Mächte und schmeckten die irdische Acht; sie webten mit blutigen Fäden ihr Bild in den Teppich der Freiheit.

Der Kinderkreuzzug

Immer noch raste das Fieber des heiligen Grabes und schäumte die Flut seiner Heere und Horden hinüber ins Morgenland.

Aber längst hielt Saladins mächtige Hand Jerusalems Tore geschlossen, nur an den steinigen Küsten des heiligen Landes ging der Kampf um die ärmlichen Burgen.

Die eiternde Wunde der Kirche zu heilen, ließen die Päpste das Blut der Ritterschaft strömen und schlugen den brünstigen Wahn mit Ruten, bis er im kläglichen Kreuzzug der Kinder sein irres Spottbild aufsteckte.

Knaben und Mädchen von Mönchen geführt, irrten in weinenden Scharen nach Süden, das heilige Grab zu befreien; Torheit und Tollheit hielten einander die Hände, Wundersucht blies ihrem traurigen Bund die gellende Pfeife.

Ein Hirtenknabe brachte sie mit von den Bergen, wild lockte ihr gellender Ruf in den Tälern, und Tausende liefen ihm zu, im Wahn der verwilderten Welt zu verderben.

Als Akka fiel, die letzte Kreuzfahrerfeste im heiligen Land, war das Fieber der Christenheit aus: der Türkensäbel zerschnitt, was das Schwert der Christenheit flickte, das Mittelmeer schied wieder die Hälften der Welt, Halbmond und Kreuz, den Morgen vom Abendland.

Immer noch standen und wuchsen die Dome in Speyer und Worms, in Mainz und in Köln; aber es waren die Heliandsburgen nicht mehr: der Starke fuhr aus dem irdischen Glauben der Zeit zum andernmal auf in den Himmel.

Die seiner Wiederkunft harrten, waren betrogen: die tiefe Enttäuschung der Seelen fing an, ihn schmerzvoll zu suchen; die weltflüchtige Inbrunst der Gotik begann.

Die Scholastik

Das Märchen des irdischen Daseins saß im Schoß der kirchlichen Gnade geborgen, mit Wundern verankert, im Glauben ewiger Verheißung gesichert.

Gott war im Himmel und sah die Menschen auf Erden, die Sterne standen im ewigen Licht, und die Sonne wanderte stolz ihre Bahn: alles war weislich geordnet, dem Menschen Morgen und Abend zu bringen und das Geschick seiner irdischen Prüfung.

Den Jüngern die göttliche Herkunft zu zeigen, fuhr Jesus auf in den Himmel; die Toten ruhten im Grabe, aufzustehen wie er, wenn die Posaunen zum Weltgericht riefen.

Die Erde war groß und der Himmel darüber gewölbt im unendlichen Raum, die Seele war klein und saß im Gefängnis der Sinne; sie harrte in Demut des leiblichen Todes, da sie eingehen würde zum ewigen Licht: aber der Zweifel suchte die sichtbare Welt nach Gewißheiten ab und fragte den Geist nach Beweisen.

Denn die Welt war alt, als Jesus von Nazareth kam: Götter waren gestürzt und irrten ihr unholdes Dasein zwischen Himmel und Erde; uralte Lehren des Morgenlands hatten den Samen des Satans gestreut und dem Glauben die Netze gespannt, darin sich der Zweifel verfing.

Eines war not und eines die Wahrheit, Tausendes aber war falsch und führte hinaus aus dem Lichtkreis der kirchlichen Lehre.

Darum hielt die Scholastik der Kirche den Schatz der Gnade gerüstet mit Schwertern und Schilden; was die Kirchenväter dachten und schrieben, war in ihre wehrhafte Obhut getan.

Da standen sie alle die tausend Fragen, in das Licht der einen Antwort gestellt, da waren die listigen Schlingen des Satans spitzfindig gelöst, da hing die Grübelsucht unseliger Geister im eigenen Fürwitz verstrickt.

Alles war klüglich geordnet im kirchlichen Wohnhaus der Wahrheit, Glauben und Wissen hielten dem Geist und der Seele die Schaukel in sicherer Schwebe:

Gott war im Licht, der Satan im ewigen Abgrund; zwischen Himmel und Hölle glaubten und dachten Scholasten sich eins, gesichert im Gleichgewicht ewiger Hoffnung.

Die gotischen Dome

Waren es Priester oder war es die Sendung der christlichen Lehre, daß sie dem menschlichen Dasein das Antlitz verkehrte? daß sie die Erde zum Jammertal machte und den Himmel schmückte mit seligen Farben?

Daß sie der Tugend den Lohn und dem Laster die Strafe jenseits verhieß, daß sie dem ewigen Leben ein Schaubild irdischer Wünsche vormalte, Gott mit dem Prunk der sinnlichen Scheinwelt behängte?

Daß sie den Himmel mit Heiligen füllte als Fürsprecher selbstischer Bitten, daß sie die Jungfrau Maria zur Königin krönte und Petrus zum Torwart bestellte, daß sie vergriffene Münzen heidnischer Götter mit neuen Legenden beschrieb?

War es die Wundersucht morgenländischer Mönche oder war es die deutsche Seele, die den Sinn der christlichen Sendung allein im Sinnbild begriff, das göttliche Wunder mit der Mär des greifbaren Daseins verhüllend?

Im Morgenland starb der Erlöser am Spruch des Propheten, im Abendland wurde er König der christkatholischen Welt; diesseits der Alpen allein wuchsen die Heliandsburgen und die gotischen Wundergebilde.

Nicht Kaiser und Könige bauten die Dome der gotischen Zeit und nicht mehr der mannhafte Glaube: Prunkhäuser im Gottesstaat, Schatzkammern der kirchlichen Vögte, Torhallen der himmlischen Sehnsucht und Opferstätten schmerzvoller Inbrunst.

Darum standen die Pfeiler nicht mehr gegürtet als wehrhafte Recken, die Steingewölbe zu tragen: gleich Bäumen der himmlischen Gärten wuchs ihre Schlankheit hinauf in das schwebende Dach ihrer Zweige.

Auch glühten die Augen nicht mehr aus dunklen Höhlen der massigen Mauern: gleich himmlischen Tüchern aus Regenbogen gewebt standen die gläsernen Wände im Licht; die Heiligen schritten herein auf den farbigen Strahlen, vom Goldglanz des Himmels umsäumt.

Wenn der Orgel Hosiannahgewalt einbrach in die flehenden Stimmen der Knaben und der Klang schwoll im Raum, wenn sich Farben und Töne umfingen, im Wohllaut unirdischer Inbrunst die schlanken Pfeiler umschwebend: dann war nicht mehr Stein und war nicht mehr Dach, dann hob das Wunder den Raum, daß er singend hinein fuhr in das Meer der Verzückung.

Und schmerzvoll fand sich die Seele zurück in den Tag und sein knöchernes Licht, wenn die drängende Menge ausströmte über die steinernen Treppen, wenn die Gasse sie aufsog in die Wirklichkeit irdischer Häuser.

Da stand der Dom mit dem Maßwerk staubig verglaster Fenster, mit den geschwungenen Rücken der Streben und dem unübersehbaren Steinwerk der Pfeiler und Krabben bis in die dämonischen Fratzen der Wasserspeier hinauf, und die Kreuzblume blühte hinein in den Himmel der Wolken und Sterne: die Gralsburg inmitten der sündigen Stadt und ihrer sorgenden Plage.

Wohl blieben die Tore für die entzauberte Seele geöffnet; aber nur einmal fand sie den Eingang, wenn die schwarzen Männer den Sarg eintrugen zum letzten Gebet: dann war die Wirklichkeit tot mit dem unnützen Schwall ihrer Tage.

Alles war unnütz und eitel und das irdische Dasein nur das Gefängnis erbsündig geborener Leiber: die Seele schrie auf nach Gott als der ewigen Lust und schmachtete hin im Durst der Verzückung.

Der schwarze Tod

Alles war unnütz und eitel; dann kam der schwarze Tod und brannte die Länder leer mit dem Saft seiner Seuche: das große Sterben begann seine Mahd in den Äckern der Mönche und Messen, es schnitt die Trauben der Erde und warf ihre Tracht in die Kelter des göttlichen Zorns.

Da schwollen die Grundwässer an und gerannen im Schaum der brünstigen Gier; der gelästerte Leib trat ein in das Lustreich der Liebesverwandlung und trank der ewigen Freude den irdischen Lustbecher leer.

Der Sternenhimmel brach nieder, und Gott war erloschen; die Lust schrie zum Laster, die Lehre des Zimmermannssohns ritt aus der Stadt auf dem Esel der Schande: die Fastnacht der Gotik taumelte hin über Leichen zum Aschermittwoch des jüngsten Gerichts.

Priester mit Kreuzen und Fahnen vorauf, Männer, Weiber, Kinder bis auf den Gürtel entblößt, Gesänge der Seligkeit singend mit sündigen Mündern, trunken und toll im brünstigen Wahn der Entsühnung: so zogen sie ein in den Leichengestank und die Lustgier entvölkerter Städte.

Sie schwangen die Geißeln mit Stacheln und bleiernen Kugeln und schlugen den mageren Leib im Takt der Bußgesänge; sie warfen sich hin in den blutigen Staub und schrieen das dreifache Weh der sündigen Menschheit.

Bis eine gellende Stimme der schluchzenden Stille den heiligen Brief vorlas, durch einen Engel zur Erde gebracht, vom Weltrichter Christus zur rechten Hand Gottes den Geißelbrüdern geschrieben.

Wahnwitz und wütende Gier, die Wollust verirrter Geschlechter und die Geilheit entwurzelter Leiber blühten das Tollkraut der Wundersucht auf im Gifthauch der Pest: Walpurgisnächte der Hexen und höllischen Geister kündeten den kommenden Mai der evangelischen Lehre.

Das Buch der Kaiser

Kaiser und Kirche

Mancherlei Völker wohnten im Abendland, und Könige herrschten nach ihrer Stärke; aber die Kirche kannte nicht Grenzen der Sprache noch Grenzen des Schwertes, sie ging auf den Wegen der eigenen Macht und hatte sich selber den Schirmherrn gesetzt.

Sie war die römische Weltmacht in neuer Gestalt, aber sie war es von Gott: Statthalter Christi hießen die Priester den Papst, der das Reich Gottes auf Erden regierte.

Durch ihre Gunst war der Kaiser über die Völker und ihre Könige eingesetzt; er war die Hand, ihr das irdische Schwert als Schirmherr zu halten, sie war das Haupt der göttlichen Weisung.

Sie war das Haupt, und er war die Hand — aber die Rechnung war falsch: als die Kirche den König der Franken als Kaiser ausrief, rief sie sich selber den Herrn.

Sie war das Weib, und er war der Mann; sie konnten einander in Freiheit gehören und in der christlichen Liebe einander untertan sein: aber die erste Stunde des Streites schrie nach der Stärke.

Der Streit der Stärke begann, als Karl seinen Sohn im Dom zu Aachen sich selber die Krone nehmen und aufsetzen hieß; der Streit der Stärke hob sich gewaltig in Hildebrands Zorn; er schien für die Kirche gewonnen, als Innocenz die Kronen Europas verschenkte.

Aber der Streit ging um die Stärke, nicht um den Bettel der Tage; er ging im Namen des Reiches, das nicht von dieser Welt war.

Der Streit hob das Banner der Kirche über den römischen Zank und über die Eifersucht von Byzanz; er hielt der Statthalterschaft Christi das Siegel der ewigen Gleichung bewahrt unter den sterblichen Händen seiner Verweser.

Der Streit gab dem Starken von Norden das Panzerhemd einer höheren Sendung, als Mehrer der Hausmacht zu werden; er hielt dem Reichsschwert die uralte Herkunft lebendig, unter den irdischen Waffen das Kriegsschwert Zins zu sein.

Ein Bogen war über den abendländischen Himmel gespannt vom Kaisersaal nach Sankt Peter, ein Bogen des Schicksals, glühend in anderen Farben, als die Erde sie blühte.

Der Bogen stand grell im geballten Gewölk, von Blitzen zuckten die Berge, Brandsäulen stiegen steilauf, die Ernte lag vom Hagel zerschlagen: der Bogen stand als ein himmlisches Tor, der bangen Erde den ewigen Eingang zu leuchten.

Mancherlei Völker wohnten im Abendland, und Könige herrschten nach ihrer Stärke: der König der Deutschen war Kaiser, der Turm des Reiches stand über den Dächern der Staaten, und über den Fahnen der Völker wehte die Kaiserstandarte.

Das Lügenfeld

König der Franken war Karl, Kaiser der Kirche, Schwertherr im Abendland; der Mantel seiner gewaltigen Macht sank auf den Sohn; aber die Schultern Ludwigs des Frommen waren zu schwach, ihn zu tragen.

Eine Kugel galt Karl dem Großen die Welt, die untere Wölbung war sein im Zorn und Zank irdischer Taten; hoch aber darüber gewölbt stand der Himmel der römischen Kirche, dem er in Demut mit deutschem Schwert Schutzherr und Schirmvogt war.

Aber der Himmel sank auf die Erde, als Ludwig der Fromme das Schwert aus der Hand gab; von Priesterhänden geführt, im Zank seiner Söhne verflucht und verleitet, trug er die goldenen Säume der Kirche mühsam ins Alter.

Im dritten Jahr der Regierung schreckte ihn Unheil, das Reich zu vererben; unmündigen Knaben gab er das Zepter: Lothar die Macht und die Krone, Ludwig die bayrischen Länder, Pipin die spanische Mark.

Aber sein Leben löschte nicht aus, wie er meinte, und Judith, die Frau seines Alters, hielt ihrem Knaben den Docht seiner Liebe lebendig: Alemanien schenkte er ihm, das Herz seiner Länder; aber er nahm es den andern.

Die Söhne kamen zuhauf, und Bruderstreit stand um den Thron im Aufruhr der Grafen; die Kirche mischte die Machtgier der geistlichen Großen hinein, statt zu schlichten.

Da hing dem karolischen Reich der Mantel in Fetzen, die goldenen Säume der Kirche schleiften im Blut, ein gehetzter Hirsch war der Kaiser.

Das Lügenfeld hießen die Leute im Elsaß den Plan, wo sie ihn alle verließen, die Schwerter der Grafen samt den Schwüren der geistlichen Großen, wo die Söhne dem Vater das Königskleid nahmen, wo die Kirche dem Kaiser das Büßerhemd brachte.

Da wurde der Schirmherr der Kirche ein Schächer der Schuld; Ludwig der Fromme kniete als weinender Greis im Staub seiner Sünden:

So tief verstrickte den Sohn karolischer Macht die menschliche Schwäche, so gierig brach aus dem Streit der Enkel die lahme Gewalt, so ungetreu waren die Großen und Grafen, so kläglich mißlang der erste Streit um die Stärke.

Aber die Söhne Ludwigs des Frommen wurden des Lügenfriedens nicht froh, über der Schmach und über dem Sarg ihres Vaters brannte der Bruderhaß weiter.

Bis der Tag von Fontenoy den Mantel karolischer Reichsmacht für immer zerriß: der Tag der blutigen Rechnung für Lothar, den Kaiser, der Tag der Trennung für deutsche und gallische Franken.

In Verdun beschworen die Söhne den Frieden der lahmen Gewalt: Lothar der Kaiser behielt die Länder der Mitte, Lotharingen genannt, indessen drüben Frankreich und hüben Deutschland entstanden.

Die goldenen Säume der Kirche hingen verloren am dürftig geschnittenen Band; der Schirmherr der Christenheit wurde der eigenen

Nöte nicht Herr; Lothar, der fränkische Kaiser vermochte der Kirche das Schwert nicht zu halten.

Ludwig, der Deutsche genannt, sein stärkerer Bruder, wurde mächtig als Herr über Sachsen.

Stellinga

Wo das ebene Land den Bergen die neblichten Wälder abnahm, wo das braune Gewässer in Sand und Meer den mühsamen Altersweg suchte, wo der Wind der kalten Meerküste unendliche Weiten mit grauer Wolkenlast füllte: wohnte die uralte Bauernschaft sächsischer Völker.

Die da landeigen saßen auf einsamen Höfen, hatten keinen Herrn gekannt als sich selber; sie hatten der freien Gemeinde, dem Weistum und Recht der eigenen Herkunft die Treue gehalten, bis sie die Freiheit der Väter verloren.

Sie sahen die fränkischen Grafen im Land den fremden Königdienst tun, sie brachten der Kirche den Zehnten mit Murren und stellten dem König den Heerbann mit Seufzen.

Sie fühlten die Herkunft verraten von ihren eigenen Großen, die um Gold und fränkische Ehren ins feindliche Heerlager gingen; sie sahen sie schalten als Grafen des fränkischen Königs und warfen den Haß, wie Steine den Hunden.

Aus Grafen des Königs waren Grundherren geworden, aus Äbten der Klöster Pachthalter, denen die Freien von gestern als Hörige dienten; aber die Gaugemeinschaft der Freien hob trotzig das Recht aus böser Vergangenheit auf.

Als Ludwig der Deutsche das sächsische Schwert im fränkischen Bruderkampf brauchte, als die Edelinge ausritten mit Knechten und Knaben, dem fränkischen Zank ihr Blut in die Fremde zu bringen: fing in den einsamen Höfen der Haß an zu knistern, bis rundum im sächsischen Land die Kriegsfeuer brannten.

Durch Sand und Moor brachten die nächtlichen Boten das Bannwort der freien Gemeinde, von den Hartbergen hinunter zur roten Erde zuckte der Blinkfeuerschein die Stunde der Rache: die Stellinga kam, die sächsische Herkunft aus fränkischer Lehnsschaft zu retten.

Aber es war nur ein Brand in den Ställen: Ludwig, der Deutsche genannt, dämpfte ihn schwer; mit seinen Reitern und Knechten vereint ritten die sächsischen Grafen das Fußvolk der Stellinga nieder.

Da lernten die sächsischen Bauern, den trotzigen Nacken zu beugen; das Herdfeuer erlosch in den einsamen Höfen; nur in den innersten Nächten, wenn Saxnot die Seinen als Flüchtling heimsuchte, glühte sein heimlicher Brand.

Die fränkische Ohnmacht

Der fränkische König trug die Krone der Deutschen, aber die Großen und Grafen hielten das Schwert in der Hand: Sachsen, Schwaben und Bayern hoben den eigenen Herzog gegen die rheinischen Franken; das deutsche Königtum wurde das Schwertspiel ihrer Machthändel.

Und wurde ein Mißbrauch der Kirchengewalt, als Ludwig das Kind König der Deutschen genannt war, indessen Hatto, der Bischof von Mainz, mit Härte und List gegen die Grafen und Großen das Schwert der Königsgewalt führte.

Ein Bogen war über den abendländischen Himmel gespannt vom Aachener Kaisersaal nach Sankt Peter; aber der Kaisersaal war verfallen, und auf dem Stuhl von Sankt Peter saß Frau Jutta.

Laien- und Kirchengewalt rissen einander die Macht aus den Händen; wie einmal im Lande Pipins die Hausmeier herrschten, so wollten die fränkischen Bischöfe tun: der König sollte die Krone tragen, die Kirche wollte regieren.

Aber die stolzen Herzöge ließen den Krummstab nicht gelten; die trotzigen Grafen hoben das Schwert gegen ihn, weil kein Schirmherr der Kirche sie dämpfte.

Als Ludwig das Kind starb, riefen die Bischöfe Konrad, den fränkischen Grafen, als König der Deutschen; er sollte der fränkischen Kirche sein starkes Schwert leihen; aber sein Königtum blieb eine Fahne ohne Gefolgschaft.

Normannen und Ungarn raubten und brannten im Land, und Konrad konnte den Räubern nicht wehren, wie er den Stolz der Herzöge, den Trotz der Grafen nicht zu beugen vermochte!

Von seinem Sterbebett hieß er die Krone dem Mächtigsten bringen: Heinrich, dem Herzog von Sachsen, der ihm und den Bischöfen der zäheste Feind und unter den Großen der unbotmäßigste Trotz war.

So fiel die Krone der Deutschen aus fränkischer Ohnmacht der sächsischen Übermacht zu; aber sie kam an die Kraft und an den ständigsten Stamm der Germanen.

Heinrich der Finkler

Die Sage hat Heinrich den Finkler genannt, weil er beim Vogelfang war, als ihm die fränkischen Reiter die Reichskleinodien brachten: ein Finkler blieb Heinrich von Sachsen Zeit seines Lebens, klug und bedächtig die Schlinge zu legen, rüstig im Wald seiner Heimat und wenig geneigt, nach fremden Händeln zu reiten.

Als der Bischof von Mainz ihn zu salben kam wie Konrad den Franken, wehrte er ab und verbarg den Spott in der Demut, solcher Ehre nicht würdig zu sein; denn Heinrich war Herzog von Sachsen aus eigener Herkunft und wollte nicht König der Deutschen als Diener der fränkischen Kirchenmacht werden.

Er ließ die Herzöge schalten, weil sie die Träger der Stammesgewalt waren; wie sie in Bayern, Schwaben und Franken über dem Trotz der Grafen die starke Schwertherrschaft hielten, so war er Herzog der Sachsen, und König der Deutschen allein durch die Stärke des sächsischen Stammes.

Sein Schwert war scharf wie sein Spott, aber er hielt es klug in der Scheide, so listig die Kirche ihn lockte; als er es zog, galt es das sächsische Land zu befreien von der Tributpflicht an Ungarn.

Wie nach dem Winter der Tauwind, so kam ihre Raublust in jedem Sommer gefahren, die Ernte in Deutschland zu holen: noch immer die hunnischen Scharen auf kleinen behenden Pferden, mit Bogen und Pfeil der Schwerter und Streitärte spottend.

Neun Jahre lang gab er Tribut, lauernd des Tages, da er gerüstet sein würde, mit anderer Münze zu zahlen; neun Jahre lang ließ er burgfeste Plätze im Sachsenland bauen, mit kluger Berechnung verteilt, daß sie die Ernte der Landschaft zu bergen vermöchten.

Er hob den streitbaren Mann in den Sattel, die Liste und Künste der Ungarn zu lernen: wie sie mit einzelnen Scharen einschwenkten, das Fußvolk zu fassen, wie sie mit hurtiger Wendung dem Feind die Flanken einritten.

Als sie zum zehntenmal kamen, Tribut und Treugeld in Sachsen zu holen, war Heinrich gerüstet: einen toten Hund hieß er zum Hohn den Hunnen hinwerfen.

Und als die schwarzen Scharen den Rachezug ritten, ließ er sie listig ins Land hinein und hatte die Fallen gestellt, daß sie ihm blindlings einliefen.

So blutig traf er die Räuber aus Ungarland, daß die Gestäupten fortan und für immer das Sachsenland mieden.

Heinrich den Finkler heißt ihn die Sage, der ein anderer König der Deutschen war, als die Könige vor ihm: er suchte kein Glück auf der Straße, er hielt sein Land und sein Volk, wie ein Hausherr den Alltag und Sonntag der Seinen mit kluger Besonnenheit leitet.

König der Deutschen war er genannt, aber er blieb der gekrönte Herzog von Sachsen: seine Besonnenheit baute das sächsische Haus, darin das herrlichste Königsgeschlecht der deutschen Kaisermacht wohnte.

Mathilde

Heinrich der Finkler hatte der Kirche gespottet, weil er als Herzog von Sachsen, nicht als Lehnsmann der fränkischen Priester König der Deutschen sein wollte; aber Mathilde, die Königin, diente der Kirche mit Eifer.

Sie war eine Sächsin aus edlem Geschlecht, Widukind selber hieß ihrer Sippe der ruhmreiche Ahnherr; aber sie war eine Christin, wie der Sänger des Heliand Sachse und Christ war.

Nicht einem Himmel der Priester mit blasser Weltflucht zu dienen, war ihre Frommheit: Frau und Mutter blieb sie und sparsame Beschließerin ihres Hauses, bis Heinrich der Finkler, gesättigt seines reisigen Lebens, in Memleben starb.

Dann freilich ging sie ins Kloster, doch nicht um zu büßen und bang ihr Seelenheil zu besorgen: trauernd um ihren Gatten blieb sie die sorgende Mutter des sächsischen Landes.

Sie sah die harte Herrengewalt und wie das niedere Volk seufzte, sie sah die Roheit der Sitten und wie die ruchlosen Händel der Grafen die Höfe der Bauern verbrannten, sie sah die Bischöfe selber das wilde Waffenhandwerk tun: sie aber wollte dem Evangelium demütig dienen.

Sie baute Klöster rund um die sächsische Burg, sie legte den Teppich der Heiligen aus und trug das Kreuz in die Hütten: sie gab der kirchlichen Sendung in Sachsen die Einfalt und Stärke der ersten Christengemeinde.

Heinrich der Finkler baute das Haus, darin die deutsche Kaisermacht wohnte; sie gab ihm die Sitten.

Otto, Sohn der Mathilde

Ihm war eine reiche Wiege bereitet: Kraft und Ehre standen dem Sohn Heinrich des Finklers zu Häupten, Liebe und Zucht lagen dem Knaben Mathildens zu Füßen, der edlen Fürstin in Sachsen.

Als sie ihn krönten zu Aachen im Kaisersaal, war Otto ein Jüngling; aber die Sterne der Macht standen ihm zu, und er ließ die Sterne freudig gewähren.

Die Herzöge kamen, das Erzamt der Krönung zu üben; die Kirche brachte das Öl, ihn zu salben; die Schwerter der Grafen hielten die Ehrenwacht; das drängende Volk sah den Glücklichen sitzen im Prunkmantel karolischer Herrschaft.

Aber das böse Jahrhundert Karolingischer Händel hatte der großen Gewalt die kleine Gewalt geboren: die ihm die Erzämter dienten, mußten erst seinen Willen erfahren, nicht nur im prunkvollen Fest seiner Krönung König der Deutschen zu heißen.

Denn noch waren die Deutschen kein Volk; aus dem Streit der Stämme waren die Händel der Großen geworden, aus dem Neid der Sippen der Stegreif machtlüsterner Grafen: die Ohnmacht des Reiches stak in der Vielheit lahmer Gewalt.

Der Herzog in Sachsen mußte sich erst die Tore erzwingen, als König und Herr der deutschen Stämme im Recht seiner Krone zu schalten.

Das eigene Blut warf ihm den bösesten Trotz vor die Füße: Heinrich, der jüngere Bruder, bestritt ihm die Erbschaft, weil er ein rechter Königssohn war, und Otto war noch der Sohn des Herzogs von Sachsen.

Drei Jahre lang trotzten die Schwerter am Rhein und in Schwaben, in Sachsen und Bayern; alle Gewalt der Großen und Kleinen, die dem sächsischen Königtum feind war, verband sich dem Aufruhr des Bruders; Friedrich, der Bischof von Mainz, trug die Fackel.

Denn die fränkische Priesterschaft blieb der Todfeind der neuen Sachsengewalt; die Kirche ließ keine Königsmacht gelten, der sie nicht selber der mächtige Hausmeier war.

Wie ein Seefahrer seine Schiffe kühn an der fremden Küste verbrennt, ließ Otto dem tapferen Billung sein Herzogtum Sachsen, wider den Hochmut der Herzöge, wider den Trotz der Grafen und wider die Kirche das deutsche Königtum zu erringen.

Drei Jahre lang klangen die Schwerter im Bruderstreit, wie sie um Siegfried und Hagen, um Dietrich und Odoaker klangen; aber der Siegespreis sollte das trotzige Bruderherz sein.

Denn nicht mehr schürten Brunhild und Kriemhild den Brand mit dem Haß ihrer unholden Seelen: Mathilde, die sächsische Mutter, wollte das trotzige Blut ihres Leibes in Liebe erlösen.

Und weil ihre Liebe nicht abließ, gelang ihr zuletzt die Versöhnung: Heinrich, der hochfahrende Sohn der sächsischen Königsmacht, beugte sich seinem stärkeren Bruder, der ihm großmütig verzieh.

Aber der König hatte das Schwert, nicht das Herz seines Bruders bezwungen; und mehr als die Schärfe weckte der Großmut den Haß: der Meuchelmord sollte den Streit der sächsischen Brüder beenden.

Als dem König der Anschlag entdeckt war, wallte sein Zorn: in strenge Haft kam Heinrich, der Bruder; alle Verschworenen büßten den Mörderplan vor dem Henker.

Da endlich siegte Mathilde, die sächsische Mutter: als Otto der König im Kreis seines starken Gefolges zu Frankfurt am Main die Christmesse hörte, war Heinrich entflohen aus seiner Haft, aber nun fand er den Weg nicht mehr zu den Feinden.

Weinend warf sich der trotzige Jüngling dem König zu Füßen; der aber vergaß der harmvollen Jahre und küßte den Bruder; er brach seinen Groll mit zärtlicher Liebe und gewann sich den treuesten Freund.

Otto der König

Im vierzigsten Jahr seines reisigen Lebens ritt Otto hinaus aus dem Tor seiner Väter; der im Ruhm seiner Stärke der mächtigste Fürst im Abendland war, zog über die Alpen, Adelheid die lombardische Erbin zu freien und selber die Mitgift zu holen.

Er brachte Adelheid heim und grüßte den Papst aus der Ferne;

er ließ die Mitgift zurück und war schon zum Winter wieder in Sachsen, weil ihm der Nordwind bedenkliche Botschaft zuwehte.

Wohl stellte der Ruhm seiner Stärke eine Mauer um seine Macht, aber der Groll gedemütigter Großen lag in Trümmern davor; während Otto der König das Glück seiner Tage genoß, scharrten eifrige Hände sein Unheil.

Noch einmal hob der Aufruhr der lahmen Gewalt die treulosen Schwerter; Slaven und Ungarn, die Erbfeinde kamen, gerufen von seinen Feinden; die Grenzmarken brannten.

Aber den König hob keine Furcht in den Sattel; sicher und rascher als ihre bösen Bedenken ritt er den Aufruhr der Fürsten zuschanden: das böseste Jahr seiner Gefahr gab ihm den günstigsten Sieg.

Denn nun kam endlich der Tag, da die Reichsfahne wehte, da auf dem Lechfeld Sachsen und Franken, Schwaben und Bayern vereint den Erbfeind bestanden.

Da half den hunnischen Räubern nicht mehr die Masse der reitenden Scharen, nicht mehr die hurtige List und nicht mehr die Kunst ihrer Waffen: die Deutschen besiegten den Schrecken und wollten die Plage des Reichs einmal beenden.

Sie trieben das schwarze Rattengezücht in die Enge, sie schlugen es tot und brannten die Nester aus, wo sich die Reste versteckten; und waren so schnell und scharf, sie zu verfolgen, daß ihnen kaum einer entrann.

Als die Sieger vom Lechfelde heimritten, die Großen und Grafen im Jubel der Völker, trug ein langbärtiger König die Krone: in Aachen belehnt mit der Ehre, im Ruhm seiner Taten bewimpelt, im Glanz seines Glückes bewährt, war Otto König der Deutschen und Herrscher in all ihren Ländern.

Otto der Kaiser

Was in Aachen nur Festglanz gewesen war und prunkender Schein, war auf dem Lechfeld Wahrheit geworden: Otto war König der Deutschen und hielt seinen Hof auf den Pfalzen des Landes, er saß zu Gericht über die Großen und Grafen, und alle Schwerter des Reiches mußten ihm Heerfolge leisten.

Aber der König dachte zurück an die Zeit der Verschwörung, da ihn die Großen und Grafen verrieten, auch die seines Bluts waren; er sah, daß die Hausmacht der Fürsten dem Königtum feind war, und daß ihre Selbstherrlichkeit wider die Landesgewalt lockte.

Der ihm am treuesten half, und der ihm am sichersten beistand in den vergangenen Nöten, war Bruno, der dritte und jüngste der Brüder, Erzbischof in Köln; so wuchs seinen Sorgen und Plänen ein anderes Königtum zu als seinem Vater, gebaut mit den Balken der Kirche:

Der Bischof verdankte sein Amt der Kirche, aber sein Lehen der Königsgewalt; er war nicht in die Herrschaft geboren und brauchte den Schirmherrn gegen die Großen und Grafen.

Kirche und Krone vereint konnten die Fürstengewalt brechen; Kirche und Krone konnten einander den ewigen Bund schwören; Kirche und Krone konnten die Wurzeln geeinigter Macht in die Herzen der Völker versenken.

So dachte Otto der König, der selber durch seine Mutter Mathilde den Lehren von Cluny zugetan war; so grub das sächsische Schwert einen neuen Brunnen des Rechts für die deutsche Königsgewalt.

Denn Otto der Sachse war nicht mehr wie Karl der Franke Zwingherr der Deutschen, er hatte kein Herzogtum mehr und hielt keinen eigenen Hof wie jener in Aachen; er war gewählt durch die Fürsten und Völker der Deutschen und konnte als Wahlkönig nicht mit dem eigenen Schwert allein regieren.

Aber die Kirchengewalt, die er brauchte, stand in Sankt Peter verankert, so wurde von neuem der Gottesstaat wach und der alte Kaisergedanke.

So zog der König der Deutschen zum andernmal über die Alpen; er ließ seiner Mutter Mathilde den Sohn — als Knabe in Aachen gekrönt — er nahm in Pavia die lombardische Krone als eigenes Lehen; er ließ sich in Rom als Kaiser der Christenheit salben.

Er trat in das freche Gezücht der Markgräfinnenbrunst und hing die Brut an den Galgen; er setzte den Lasterpapst ab und zwang dem römischen Hochmut sein Kaiserrecht auf, der Kirche den Papst zu ernennen.

Da ging der Gottesstaat in eine neue Wirklichkeit ein; denn der Kaiser war Herr, nicht der Papst.

Er legte kein römisches Prunkgewand an in Sankt Peter; wie er im deutschen Kleid unter den römischen Priestern dastand, war er der Schirmherr der Kirche aus eigener Geltung: der Papst, durch seine Macht eingesetzt, brachte demütig das Öl, ihn zu salben.

Die Ottonen

Wie eine gewaltige Burg standen die Berge der Hart im sächsischen Land; Heinrich der Finkler hatte Mauern und Tore gebaut, nun wuchsen Dächer und Zinnen über den Sälen ottonischer Macht.

Frauen kamen, die Säle zu schmücken: Mathilde, die sächsische Mutter Otto des Großen, Adelheid, die lombardische Gattin, Theophano, die griechische Sohnesfrau.

Heilig und mild war Mathilde; sie hielt in das lärmende Leben der Söhne die Mahnung der sächsischen Herkunft: Mutter war sie den Armen und Schwester den Schwachen, bis sie, vom Schicksal gesegnet, schlohweiß und beweint von den Sachsen, die letzte Lagerstatt fand.

Höher hob Adelheid ihre stolze Stirn in die Welt; sie liebte den

Glanz und den glühenden Tag, sie trug die Krone ihr Leben lang und hielt die Zügel der Herrschaft gern in den Händen; Sohn und Enkel brannten im Licht ihrer stolzen Erscheinung.

Sie schmückte die sächsische Burg und hing die Fahnen der Kaisermacht aus; sie baute den Gärten die Lauben und ließ die Springbrunnen quellen der höfischen Feste; sie ritt auf dem Zelter dem König zur Seite und hielt den Sachsen das lockende Bild fürstlicher Herrlichkeit vor.

Theophano aber, die Griechin, trat in den sächsischen Tag, wie der Morgenstern still und beständig die Nacht überdauert; Klugheit und Schönheit standen ihr bei als zarte Vasallen der Bildung.

Sie las in den Schriften der Weisen und liebte das Frauengemach; sie sang dem König zur Laute und saß auf dem Söller, die Sterne zu deuten; sie hob den Schleier vergangener Dinge und wies den staunenden Sachsen die Schatten versunkener Schönheit.

So wurden die Säle der sächsischen Burg von Frauenhänden geschmückt, aber im inneren Hof stand die Kapelle und hielt dem Altar das schirmende Dach: im Herzen der Burg war dem Priester warme Wohnung bereitet.

Frauen und Priester warfen einander den Faden; aber nun webten nicht mehr lateinische Mönche den Teppich der Kirche.

Wie Bruno draußen in Köln, Otto des Großen hilfreicher Bruder, wie Williges, eines Wagners Sohn und gewaltiger Bischof von Mainz, so blieben Meinwerk von Paderborn und Bernward von Hildesheim mit ganzem Gemüt im sächsischen Herkommen.

Das Schwert stand ihnen nicht schlechter zur Hand als der Psalter: aber sie liebten den Frieden und wußten ihn zu gebrauchen; sie hörten den Spott der rheinischen Franken über die sächsische Roheit und rührten Hände und Herzen, dem Spott zu begegnen.

Sie hießen die Mönche, Schule zu halten; sie pflegten die Künste und waren Schatzhalter der Bildung; sie mehrten den Reichtum der Kirche, aber sie stellten ihn auf in schönen Gebilden; sie kannten die Schönheit der alten Welt und waren tüchtig und treu in ihrer sächsischen Einfalt, sie neu zu gestalten.

Ob der Sohn und der Enkel Otto des Großen als Jünglinge starben, verzärtelte Schwarmgeister der neuen Zeit: Frauen und Priester hielten das Reich behutsam in Händen; sie zehrten von seiner gewaltigen Macht, aber sie zehrten mit Anmut und Würde und bauten der sächsischen Burg einen Garten.

So webte die Zeit der Ottonen am neuen Wunder der Welt, so fing im sächsischen Land, von Frauen und Priestern geholt und gehütet, die nordische Bildung ein neues Zeitalter an.

Der Weltuntergangskaiser

Als Otto der Große starb, war Otto der Zweite, sein Sohn, noch ein Jüngling; aber als sie den Sohn in den römischen Marmorsarg legten, war Otto der Dritte, der Sohnessohn, noch ein unmündiges Kind.

Sie krönten das Kind, die Herzöge dienten ihm bei der Tafel und wehrten Heinrich dem Zänker, sich selber die Krone zu raffen; Frauen und Priester hielten das Knäblein in zärtlicher Hut, bis es in eigenen Schuhen zu gehen vermochte.

Aber die Schuhe waren von feinerem Leder, als es die sächsischen Gerber zu walken verstanden, sie waren mit goldenen Fäden gestickt und paßten nicht auf die Straße.

Als Otto der Dritte das Reichsschwert aufhob, sah er die bunten Steine am Griff mehr denn die Schärfe; er war dem Sachsentum fremd und sehnte sich nach der südlichen Sonne der Mutter.

Das Wunderkind hatten ihn früh die Frauen geheißen; und glühender war keine Seele ins Wunder gestellt, als da sich Theophanos Sohn als Kaiser der Christenheit krönen und huldigen ließ: die göttliche Vollmacht kam in die zärtlichsten Hände; die Würde des Abendlands war in die fiebrigen Wünsche des Knaben gelegt.

Alexander dem Herrlichen gleich sollte die Bahn seines Lebens anschwellen zum Ruhm, und höher als irdischer Ruhm sollte der Sinn seiner Sendung Himmel und Erde erfüllen.

Denn Otto, der Knabe, war Kaiser geworden, als das Jahrtausend der Wiederkunft Christi erfüllt war; mit heiserer Stimme und weinenden Augen rief sich das Abendland den kommenden Untergang zu.

Das Weltgericht stand vor der Tür, und Otto, der Knabe, hielt dem König des Himmels das Schwert seiner irdischen Herrschaft bereit.

Buße und brünstige Hoffnung brach aus den Brunnen der Tiefe; Wirklichkeit war nur noch ein wächserner Schein vor dem Licht der nahen Erlösung; das Leben warf seine Schatten der Ewigkeit hin; hinter den Tagen dröhnte das Weltgericht die Posaune.

Das Irrlicht der Tage riß den hitzigen Knaben hin zu hohen Gebärden und warf ihn zurück in den Taumel lüsterner Taten: im Münster zu Aachen stieg er mit Fackeln hinein in die Karlsgruft und stand mit flackernden Händen vor der Leiche des Kaisers.

Aber die Uhr schlug ihre Stunde wie sonst; die Sterne standen in spöttischer Ewigkeit über der Stadt und über den zitternden Herzen: das tausendste Jahr fing seinen Stundenweg an gleich seinen Brüdern; das Wunder blieb aus; der Mantel der Größe hing leer um den fröstelnden Knaben.

Heinrich der Heilige

Otto der Dritte, der sich als Herrscher der Christenheit fühlte wie keiner, starb auf der Flucht vor dem Aufruhr der Römer; mühsam wurde sein Leichnam geborgen, daß er im Münster zu Aachen die prunkvolle Lagerstatt fände.

Heinrich der Heilige kam auf den Thron, durch Williges wacker geleitet; der letzte sächsische Kaiser brachte sein Schwert bescheiden zurück in die irdische Geltung.

Denn Theophanos brünstiger Sohn war nur noch Kaiser von Rom und nicht mehr König der Deutschen gewesen; er hatte den Bogen gebeugt, der über dem Abendland stand: Rom allein sollte im Gottesstaat herrschen, als Knecht der Apostel wollte der Kaiser Schildhalter der Kirchenmacht sein.

Heinrich aber, der Urenkel Mathildens und Enkel von Heinrich, dem trotzigen Bruder Otto des Großen, blieb der sächsischen Herkunft als Landeswart treu.

König der Deutschen wie Otto, gab er sein bayrisches Herzogtum Heinrich von Luxemburg hin, das Haus seiner Macht mit den Balken der deutschen Kirche zu bauen.

Aber das Haus stand im Reich, nicht in Rom; Bamberg, sein Bistum, machte er blühend und reich wie eines in Deutschland; da wuchs auch der reisige Dom, der den Ruhm seiner Taten mit steinernem Gewölbe kühn überspannte.

Die Kirche hat ihn den Heiligen geheißen, aber der Heilige war kein büßender Mönch; gleich seinen sächsischen Ahnen wußte er wohl sein irdisches Schwert von der himmlischen Sehnsucht zu scheiden, und keiner der Sachsen saß soviel im Sattel wie er.

Wie Heinrich der Finkler dem Sachsengeschlecht das deutsche Kaiserhaus baute, war Heinrich der Heilige sein treuer Beschließer.

Hundert Jahre lang hatten die Sachsen regiert; sie hatten das Reich aus der Willkür der Fürsten gerettet; sie hatten ihm Stärke, Ordnung und Schönheit gebracht; sie hatten die Kaiserstandarte über die Fahnen der Völker erhoben.

Der siebente Heerschild

Als Heinrich der Heilige begraben war in seinem Bistum zu Bamberg, kamen die Deutschen zur Königswahl: bei Oppenheim lagen sie hüben und drüben am Rhein, und die Heerschilde teilten die Plätze nach ihrer Geltung:

Der Heerschild des Königs mit seinem Banner, der Heerschild der geistlichen Großen, der Heerschild der Herzöge, der Heerschild der Grafen, der Heerschild der Bannerherren, der Heerschild der Ritter.

Sechs Heerschilde hielten dem kommenden König die Macht und gaben dem Reich ihren Willen; das Fußvolk stand kläglich daneben.

Denn das Ritterschwert war die unterste Geltung im Stand der Vasallen; nur wer dem König Heerfolge tat, galt noch im Reich der Großen und Grafen.

Aber schon grüßten die Dächer von Mainz und Worms ins Wahlfeld herüber; um die Burgen der Großen und um den geschützten Gewinn ihrer Märkte wuchsen die Städte, wie Rom und Ravenna mit Mauern und Toren; Bürger wurden genannt, die darin wohnten.

Wo eine Stadt war, wurden die Wege rundum lebendig von Wagen, Schiffe kamen zu Tal, und fleißige Schaffner füllten die Keller und Speicher.

Was der Bauer mühsam dem Boden abrang, floß über im Wohlstand der Städte und wurde Macht in den Händen der Großen, die den Markt hielten.

Noch saß die Bischofsgewalt auf der Burg als Herr der Märkte und Münzen; ihr Zollbaum am Tor strich den gefüllten Wagen den Überfluß ab: aber schon bauten Gilden und Zünfte das Zeughaus der Bürgergemeinschaft.

Schon sahen die Vögte des Kaisers mit wachsamer Sorge den steigenden Glanz; sie sahen die Wagen und Schiffe und sahen die Einkünfte schwellen.

Konrad, der salische Franke, den sie bei Oppenheim wählten, weil er ein Urenkel Konrad des Roten, Eidam Otto des Großen war, ging nicht im ottonischen Purpur der Priester und Frauen; er kam als irdischer Kriegsmann und wollte dem Reich ein starker Haushalter werden.

Er sah im Reichtum der Großen die fleißige Arbeit der Kleinen und stellte das Königsschwert mitten hinein in den Tag der Pfalzen und Märkte, die fleißige Arbeit zu schützen.

Er gab den kleinen Vasallen das Erbrecht der Lehen, die Macht der Großen zu brechen; er gab den Bürgern der Städte den siebenten Heerschild, das Glück der geistlichen Höfe zu nützen.

Da war in den Glanz der Großen und Grafen ein schmaler Schatten gestellt: noch schien die Gunst der Sonne ihnen breit ins Gesicht; aber der Mittag kam, dem siebenten Heerschild den Schatten zu stärken.

Heinrich der Dritte

Mit Konrad dem Zweiten begann das salische Kaisergeschlecht seine stolze Entfaltung; vier Kaiser nur gab es dem Reich, und ging unter, vom Schicksal umwittert: aber es spannte den Bogen über das Abendland höher als alle Geschlechter; und keiner war stärker in Rom, obwohl er im Reich blieb, als Heinrich der Dritte, der mächtigste Kaiser.

Sie hießen ihn Heinrich den Schwarzen, weil er dunkel von Angesicht war, Konrads gewaltigen Sohn, der über die Päpste regierte und Ritter der Christenheit wurde wie keiner.

Als Knabe gekrönt, Herzog von Bayern und Schwaben, dazu burgundischer König, trat er als Jüngling die Erbschaft Konrad des harten Haushalters an und war keine schwächere Hand, den Großen und Grafen die Zügel zu halten.

Er war keine schwächere Hand: Böhmen und Ungarn spürten die Stärke, und Otto der Sachse hatte sein Schwert nicht strenger gezeigt als Heinrich der salische Franke, da er dem römischen Hochmut die deutschen Päpste einsetzte.

Aber ihn plagte das Kirchengewissen; der über die Könige herrschte und hinter dem päpstlichen Stuhl stand als Lehnsherr und Richter, strafte sich selbst mit der Geißel.

Denn immer noch brannte die Buße von Cluny im Abendland, immer noch sahen die Augen der Zeit mit Furcht und brünstiger Hoffnung das Weltgericht kommen, wie es die Kirche am Ende der Tage verhieß.

Immer noch hielt der Kaiser dem König des Himmels das irdische Schwert; aber nun irrte kein Schwärmer und Schwelger durchs Abendland hin wie Otto, Theophanos Sohn; nun ritt ein Mann in den Tag, mit Tod und Teufel zu streiten.

Heinrich den Schwarzen hießen sie ihn, der dunkel von Angesicht war, dunkel außen und innen; nur seine Tat sprang hell in den Tag, als er dem römischen Lindwurm das Lästerhaupt abschlug, als er den frommen Freund und Grafen von Egisheim auf den Stuhl von Sankt Peter setzte.

Und staunend standen die Völker, als auf der Kanzel zu Konstanz der Kaiser sich selber als sündig bekannte, als er mit ehrlichem Wort seinen Feinden den Königsbann löste, als er die Großen und Grafen im Namen Christi verwarnte, von ihren blutigen Händeln zu lassen.

Zum erstenmal trat auf die Streitmauer der Macht die Stimme des strengen Gewissens; Kaiser und Kirche sprachen aus einem Mund; das Kriegsschwert lag auf dem Priesteraltar in christlicher Demut.

Es war kein Rausch der Stunde, daß solches geschah; Heinrich der Dritte hielt seinen Schwur im Blutrauch flammender Kriege: er wollte das Reich und wollte es mit Gewalt und war den Großen und Grafen ein gewaltiger Richter; aber er nahm seinen Willen hart ins Gewissen, weil er das Gottesreich glaubte.

Und als ihm der Tod kam, zu früh für das Reich solcher Prägung, war ihm das Sterbebett noch einmal die Kanzel, das eigene Dasein zu bekennen und unerbittlich zu richten: die letzte Hand seines starken Lebens gab er vor Gott seinen Feinden.

Er starb in Bodfeld, der sächsischen Pfalz, die sich der salische Franke erbaute, und wurde begraben in Speyer; Victor, der Papst und Freund, stand ihm bei und gab der Leiche den Segen.

Da war der Bogen einmal zur Höhe gespannt; da stand die Ehe in Frieden; Wort und Tat hielten einander die Hände; das Weltreich der Kirche war Wahrheit geworden im Hause des Kaisers.

Aber die Rechnung war falsch; Victor der Papst war gesonnen, die Herrschaft zu erben, und Hildebrand war sein Berater: der Streit um die Stärke stand vor der Tür.

Kaiserswerth

Als Heinrich, der Kaiser und Richter der Christenheit starb, war Heinrich der Knabe schon König der Deutschen; Agnes die Mutter führte die Herrschaft für ihn, und Victor der Papst gab ihr selber das erste Geleite.

Zum andernmal hielten Frauen und Priester das Reich in den Händen; nur war es nicht mehr Mathilde, heilig und mild, nicht mehr Meinwerk der frohe und Bernward der feine: die Welt war düster geworden im Schatten von Cluny.

Die Kaiserin war eine fromme Frau, doch fremd im feindseligen Land der Sachsen, sie ließ sich unbedacht leiten von Launen und Leuten; der Knabe war klug und wild, und die der Mutter im Ohr lagen, schmeichelten seinen Gelüsten.

Anno, der zänkische Bischof von Köln, sah den Bischof von Augsburg allein am Königshof gelten; er sah die Ehren und Güter verschwinden und wollte den Knaben selber besitzen.

Sie saßen zu Kaiserswerth und hielten am Rheine ein heiteres Mahl, Mutter und Sohn mit den Fürsten; sein Schiff zu beschauen, ließ Anno den Knaben verlocken: der Knabe kam fröhlich; aber als sie ihn hatten, fuhren die Knechte davon.

So fing sich Anno den kostbaren Vogel und holte ihn heim in den finsteren Käfig der kölnischen Burg.

Nun stand es ihm zu, Güter und Ehren im Namen des Königs zu nehmen und spenden; aber der Knabe war klug und wild und trotzte dem scheltenden Zänker.

Auch weil ihm die anderen Großen den Knaben bestritten, wurde Anno des Raubes nicht froh; er mußte das Unrecht, ihn zu besitzen, mit ihnen teilen: jeder wollte ein Jahr lang den goldenen Käfig besitzen.

Adalbert aber, der Bischof von Bremen, der ihn von dem Kölner bekam, wußte das Pfand klüger als Anno zu nützen.

Er gab dem Königsknaben den Königssinn seiner Herkunft und Zukunft zu schmecken; er ließ ihn den Stolz hochgreifender Pläne erfahren und malte in seine hochmütige Seele die lockenden Bilder zukünftiger Größe.

Der Knabe war klug und wild und trank den Honigseim gern: aus zänkischer Enge in die Verführung lockender Weite gestellt, sah er den Himmel kommender Macht zu seinen Häupten gespannt.

So wurde Heinrich der Vierte König der Deutschen; mit fünfzehn Jahren nahm er den Reichsapfel anders zur Hand, als ihn sein Vater sterbend hinlegte.

Neun Jahre lang hatten die Großen und Grafen mit dem Reichsapfel Fangball gespielt; nun kam ein Knabe, hochmütig und frech, ihn auf den Gipfel des Ruhmes zu tragen.

Der Aufruhr der Sachsen

Heinrich der Jüngling hielt seinen Hof zu Goslar in Sachsen; da stand die steinerne Burg seines Vaters, der salischen Herrschaft die Tore zu hüten, da waren die Säle und Kammern ottonischer Pracht, und aus den Gruben in Rammelsberg kam der silberne Reichtum geflossen.

Aber wo Heinrich der Dritte die Bußgeißel schwang, hob Heinrich der Vierte das Trinkhorn der Freude: Jungmännerlärm schrie durch die Säle; in den Kammern hatte die Lust ihr Lager.

Bald ging ein Raunen und Murren im Reich, die Warnung kam an mit sorgender Miene und drohenden Worten; aber der

Jüngling maß die Mienen und wußte die Worte, und wies die Warner höhnisch nach Haus.

Auch war er als König geboren und spann seine Pläne früher und weiter, als seine Plager es merkten.

Noch lachten die sächsischen Herren der Torheit des Knaben, da hatte er schon den Ringwall der Hartburg gebaut; wie die Treibjagd das Wild umstellt, wuchs rund um die Hart der Kranz fester Burgen.

Er wollte ein anderes Reich als das der geistlichen Großen, Herzöge und Grafen: der König allein sollte Herr sein, wie Karl im Frankenreich König und Lehnsherr war; die sächsische Burg der Ottonen sollte der Sitz seiner Königsmacht werden.

Aber den Sachsen war es die Zwingburg der salischen Herrschaft; sie mußten den Bauvögten Frondienste tun und seine fremde Dienstmannenschaft nähren; sie sahen die Fesseln der sächsischen Freiheit geflochten und haßten den herrischen Jüngling, der sie zu flechten befahl.

Bauern und Ritter schwuren die Blutspur; als Heinrich den polnischen Feldzug ausrief, kam die Empörung der Sachsen gegen die Hartburg gezogen; da war der Übermut aus und der Jungmännerlärm: wie ein Dieb in der Nacht mußte der König sich retten.

Wohl rief er die Großen und Grafen zum Rachekrieg auf: sie hielten ihr Heervolk im Feld, aber sie halfen ihm nicht; die heimlichen Boten kamen und gingen, bis ihn die letzten verließen.

Krank und gemieden und seiner Königsmacht ledig kam Heinrich der Jüngling ins Land seiner salischen Väter zurück; da aber geschah ihm das Wunder.

Die Bürger von Worms hatten dem Bischof von Worms die eigenen Tore verschlossen: sie boten dem Flüchtling den Schutz ihrer Mauern und gaben dem Jüngling wieder ein Schwert in die Hand.

Der siebente Heerschild trat in den Tag, der Bürger hob seinen Trotz im Namen des Königs gegen den eigenen Bischof.

So wurde Heinrich der Vierte aus Not und Bedrängnis ein Volksfürst: König und Bürger fingen im Reich der Großen und Grafen ein anderes Brettspiel an.

Noch hielt der Winter die Wälder im Rauhreif, die Mühlen der Werra standen im Eis: da hatte Heinrich ein Heer, und die Fürsten mußten ihm folgen gegen die Sachsen.

Schneestürme machten die Rosse blind, das Schwert fror fest in der Scheide, der König mußte den Krieg und die Rache mit Handschlag beenden; aber nun war er kein Flüchtling mehr.

Noch hatte der Tauwind den Frost nicht gebrochen, als Heinrich schon wieder in Goslar den Königshof hielt.

Als danach der Grimm der Sachsen die Hartburg zerstörte, als sie die Kirche nicht schonten und die Gebeine der salischen Gräber verstreuten: mußte das Reichsheer der Fürsten ihm folgen, und Gregor der Papst durfte die Frevler nicht schützen.

An der Unstrut traf den sächsischen Aufstand das blutige Schwertgericht; die Ritter konnten sich retten in ihre östlichen Burgen, das Fußvolk der Bauern mußte es büßen.

So wurde der salische Heinrich der Sachsen Herr und ein anderer König der Deutschen: die Großen mußten ihm dienen, weil ihm der siebente Heerschild gehörte; die Grafen versteckten den Trotz, weil ihnen das Königsschwert gedingter Dienstmannenschaft drohte.

Der Streit um die Stärke

Ein Königtum war aus dem Reich der Großen und Grafen geworden; freier als jemals ein König der Deutschen schien Heinrich der Vierte über den Völkern zu stehen, als er den Streit um die Stärke begann.

Hildebrand hatte als Gregor der Siebente den Stuhl von Sankt Peter bestiegen; der seinem büßenden Vater ein finsterer Freund war, wurde dem Sohn ein furchtbarer Feind.

Er sagte dem König die Lehensgewalt auf über die geistlichen Großen und gab ihm drohende Botschaft nach Goslar, der Kirche zu geben, was ihr vor dem Kaiser gehöre.

Stolz seines Sieges und seiner Sache gewiß, gab Heinrich der Jüngling dem finsteren Mann in Sankt Peter selbstherrliche Antwort: Heinrich, König nicht durch Anmaßung, sondern durch göttliche Bestimmung, an Hildebrand, nicht Papst, sondern falschen Mönch.

Auch mußten die deutschen Bischöfe in Worms ein stolzes Gericht über Hildebrand halten; aber Hildebrands Zorn blies ihnen Feuer ins Haus; die Kirche verfluchte den Schirmherrn; der Papst sprach über den Kaiser den Kirchenbann aus.

Da war der Schirmherr der Kirche ein Schwert ohne Hände, da saß er nackt auf dem Thron in der Furcht seiner Völker, da fiel der Eid von ihm ab, der die Treue gelobte, da war der siebente Heerschild listig durchlöchert.

Zu Tribur taten die Großen und Grafen den Spruch: nur wenn er den Bannfluch zu lösen vermöchte, könne Heinrich König der Deutschen und Herr seiner Dienstmannen bleiben.

Aus dem Traum seiner Herrlichkeit kläglich erwacht, war Heinrich zum andernmal Flüchtling; aber nun hielt ihm der Bischof von Worms die Tore verriegelt, und die Bürger wehrten ihm nicht.

Unmögliches mußte der König tun, die Krone zu retten; er tat es mit harter Berechnung.

Nur Berta die Frau, sein Kind und ein Knecht kamen zur Romfahrt mit ihm; wo seine Väter den stolzen Siegeszug ritten, ging Heinrich der Vierte im Winter den bitteren Bußgang.

Schon war der Reichstag in Augsburg bestellt, wo der Richter des neuen Bundes Saul zu verwerfen gedachte, um David zu salben; schon harrte Gregor in Mantua des versprochenen Fürstengeleits, als ihn die Kunde von Susa erreichte: Heinrich sei über die Alpen gekommen, von den lombardischen Städten trotz seinem Bann als König empfangen.

Da mußte Gregor zurück in die Burg von Canossa; die Sonne entwich in die Wolken der Gräfin Mathilde und ihrer schützenden Kriegsmacht.

Aber Heinrich kam barhäuptig im Büßergewand vor das Tor der steinernen Zuflucht; und ob ihn Gregor zweimal im Grimm der durchkreuzten Pläne verschmähte: Heinrich kam wieder am dritten Tag, barfüßig im Schnee, der gestern noch König war, den Bannstrahl zu löschen.

Da lag dem toskanischen Mönch der salische Trotz zu Füßen, der Schirmherr der Kirche im Staub vor dem Statthalter Christi: aber es war nicht der Mond, des Lichtes der Sonne bedürftig, es war nur ein Jüngling im Büßerhemd, der seiner Sünden ledig zu sein von dem heiligen Vater begehrte.

So brannte das päpstliche Richtergewand im eigenen Bannstrahl zur Asche: die Fessel fiel ab, und dann war Heinrich zum andernmal König; die Macht der lombardischen Städte stand eine Mauer um ihn.

Der auf den Reichstag als Richter der Welt zu kommen gedachte, wich hinter die römischen Mauern zurück in den Schutz der Hadriansburg.

Aber die Großen und Grafen in Tribur hatten den eigenen Spruch treulos vergessen und Rudolf von Schwaben zum König der Deutschen gewählt.

Ihm zu begegnen, kam Heinrich im Frühjahr anders nach Deutschland zurück, als er im Winter gegangen war: er hatte sein Königsschwert wieder; hinter ihm stand die lombardische Macht und vor ihm die Treue der rheinischen Städte.

Drei Jahre lang lag er im Feld und war ein Meister im Unglück; in blutigen Schlachten besiegt, wieder im Bann und bei den Frommen verflucht, hielt er den Trotz in der Faust und das Herz in der Hoffnung:

Bis Rudolf von Schwaben, bei Merseburg siegend, die Hand und das Leben verlor — die Hand, die Heinrich Treue gelobte und treulos das Schwert hob — bis der König den tapferen Friedrich von Staufen als Eidam gewann.

Immer noch standen viel Schwerter im Feld gegen ihn, als Heinrich das römische Haupt seiner Widersacher zu treffen gedachte; unholder als vorher im Winter zog er nach Rom und hatte ein Panzerhemd an, den Streit mit Gregor zu schlichten.

Und ob ihn das Unglück zum andernmal hinhielt, drei Jahre mit Kämpfen und Nöten gefüllt, sein Herz war Stahl und sein Mut ein wehendes Feuer, bis er das Tor von Sankt Peter gewann.

Sieben Jahre waren vergangen, seitdem er im Büßerhemd stand; sein Leben war Lärm und die Welt ein Wirrsal gewesen: nun riefen die Römer ihm Heil, weil wieder ein Kaiser der Christenheit war.

Normannen holten Gregor aus Rom in den Schutz ihrer Schwerter; der sizilianische Erbfeind der Kirche bot ihrem geschlagenen Haupt das letzte Exil.

Nie hatte ein härterer Feind gerungen, als Hildebrand war; Heinrich, der unstete Jüngling, war mannhaft geworden, als Gregor, der Greis in Salerno, verbittert den Tod empfing.

Der Gottesfrieden

Als Gregor der Siebente starb, war der Haß nicht gestorben; er ritt auf den Straßen von Sachsen nach Rom, er lauerte auf den Burgen der Großen und Grafen und brannte der Kirche im Dachstuhl.

Es ging um das Reich, und es ging um die Stärke: hie Kaiser, hie Kirche! hie Priester, hie Laiengewalt! aber das Schwert trug der Ritter hüben und drüben!

Er schlug die Schlacht, er hetzte den Hirsch, er hielt die Meute im Jagdgrund; und wenn die Jagd der Großen und Grafen aus war, ritt er selber auf Beute.

Was auf den Feldern gesät war, was in den Ställen gedieh,

was auf den Wegen und Wässern mit Wagen und Schiffen hereinkam, was auf den Speichern und Märkten als Wohlstand des Landes begehrt war, fiel unter sein Schwert.

Und als es im neunten Jahr war, daß Bauern und Bürger im blutigen Krieg den Segen des Tagwerks entbehrten, daß Armut und Kummer den Wohlstand des Landes verschlangen, daß um ein Trugbild der Macht Dörfer und Städte verdarben: geschah es, daß sich die Kirche auf ihren Ursprung besann.

Aber nicht Rom und der Papst, ein Bischof sandte die Taube, den Ölzweig zu bringen, ein Bischof im lothringischen Land; den Gottesfrieden hießen sie ihn, und so war seine Botschaft:

Von Freitag zu Montag in jeglicher Woche, von Fastenbeginn bis über den Sonntag nach Pfingsten, vom ersten Advent bis über Dreikönigen dürfte nicht Fehde sein; und wer den Gottesfrieden nicht hielt, war verflucht an Leben und Eigen.

Sie kam von Frankreich geflogen, die Taube der Sintflut, wo sie im Streit der Großen den Boden zu ruhen nicht fand; in Lüttich wurde die Stätte bereitet, und bald war der Kaiser ihr Schutzherr.

Heinrich, der König der Bürger und Bauern, nahm ihren Ölzweig zur Hand; da mußten die Großen und Grafen ihm folgen: so war in der Sintflut der Zeit dem Frieden die erste Freistatt bereitet.

Noch war der Haß nicht gestorben, und Heinrich der Vierte ging seinen Leidensweg weiter bis in sein gramvolles Alter: aber der Taube von Lüttich hielt er die Treue, und gab in Zorn und Bedrängnis den Ölzweig nicht aus der Hand.

Der Kaiser des Volkes

Klug und wild war der Knabe, hochfahrend der Jüngling, unbeugsam und rastlos der Mann, den das Volk als Vater verehrte, da er ein Greis war; aber das Schicksal fuhr seinen Wagen mit lockeren Rädern, und als er im Gleichmut des Alters zu fahren gedachte, scheuten die Rosse.

Er hatte den mächtigen Papst nach Salerno gebracht und hatte die trotzigen Sachsen gedämpft, aber die Burg seines Königtums ging ihm verloren; so zäh seine Hand das Königsschwert hielt, den Traum von Goslar träumte sein Alter nicht mehr: sein Hoflager ging um in den Ländern der Großen und Grafen, wie es die Herkunft gebot.

Aber ihm fiel eine Burg zu, die nicht aus Steinen gebaut war; Dienstmannentreue hielt ihr das Tor, und die Liebe des dankbaren Volkes war ihre gewaltige Mauer.

Die Ritter hatten vom Schwert gelebt, wie der Bauer vom Pflug, sie waren im Scharlach mit goldenen Sporen geritten und hatten den Wohlstand geerntet: nun siechte der nützliche Krieg hin, und der Mangel kroch in die Burgen.

Die Großen und Grafen sahen den Aufruhr beginnen und die Vasallen den Glanz ihrer Tage verblassen, indessen die Bürger und Bauern sich in der Kaisergunst sonnten.

So fuhr das Alter des Kaisers durch Liebe und Haß den schmalen Königsweg hin, als ihm die Feindschaft der Ritter die Rosse wild machte, als ihm der römische Haß die Räder zerbrach.

Zum viertenmal kam der Bannfluch von Rom, als Paschalis Papst war, Gregors gelehriger Schüler; der Donner hatte den Blitz verloren und rollte nur hin, aber den Feinden des Kaisers kam er zur richtigen Stunde.

Sie kannten die Herrschsucht des Sohnes, und wie er die Geltung des Vaters mühsam ertrug; sie wußten den Bannfluch klüglich zu leiten, daß er im Treubruch des Sohnes den bösen Spalt fand.

Weihnachten stand vor der Tür, als Heinrich der Sohn das Hoflager heimlich verließ, von Fritzlar nach Bayern zu fliehen, wo ihn die Feinde des Königs fröhlich empfingen; und die Vasallen strömten der neuen Herrengewalt zu.

Am Regenfluß standen sich Vater und Sohn gegenüber im Schutz ihrer Scharen, aber hüben und drüben stiegen die Ritter vom Roß; wieder gingen und kamen die heimlichen Boten, bis Heinrich der Vater den Verrat der Vasallen erkannte und heimlich entwich.

Ein Hoftag der Großen und Grafen in Mainz sollte den Kaiser des Volkes absetzen; aber die Bürger standen auf für sein Recht, und ein stadtkölnisches Heer zog heran, den Mantel des Kaisers zu schützen: da mußten Falschheit und Frevel dem herrischen Sohn helfen.

In Koblenz lag er dem Vater zu Füßen, Abbitte leistend und Treue gelobend; der Kaiser zog arglos mit ihm und ließ sich von Bingen nach Bökelheim locken, aber es war eine Falle, und statt auf dem Hoftag in Mainz mit den Großen und Grafen zu rechten, saß er in einer Waldburg gefangen.

Sie wollten in Mainz ein stolzes Gericht über ihn halten, aber sie wagten es nicht vor den Bürgern: so war es draußen in Ingelheim, wo sie den Greis, höher an Wuchs und Würde als einer der Fürsten, in die Schmach ihrer Anklagen brachten.

Da konnte die Kirche sich rächen an ihrem stolzen Verächter; da fand der Grimm der Vasallen die Grafen und Großen bereit, den Kaiser der Bürger und Bauern zu dämpfen; da ließ der Sohn es geschehen, daß rechtlose Richter Heinrich dem Vierten das Königskleid nahmen.

Sie wiesen dem todwunden Geier die karolische Pfalz in Ingelheim an; aber noch einmal hob er die mächtigen Flügel: Heinrich der Vierte entfloh seiner Haft, und als der frevelnde Sohn mit seiner Vasallenmacht kam, ihn zu fangen, wiesen die Bürger von Köln und Lüttich ihm blutig die Tore.

Schon mußte der Sohn sich bequemen, andere Botschaft zu senden, da brachte ihm ein Gesandter den Ring und das Schwert seines Vaters und sein letztes Vermächtnis: wie er geboren war, starb Heinrich der Vierte als König, kein Haß trübte dem Greis die letzte Verpflichtung.

Otbert der Bischof von Lüttich ließ seinen Leib in der Kirche begraben; das Volk jammerte laut um seinen Vater und Freund; aber der Haß seiner Feinde strafte den Bischof und gönnte der Leiche nicht ihren Frieden.

Als sie den Sarg des Gebannten hinaus auf die Maasinsel brachten, kamen die Bauern herbei aus den Feldern, warfen das Korn über den Sarg und streuten die Erde des Grabes auf ihre Äcker, daß Korn und Acker geweiht sei.

Daß ihm der Vater nicht draußen läge gleich einem Hund, hieß Heinrich der Sohn die Leiche im steinernen Sarg hinauf nach Speyer geleiten, und er gab ihr den Platz im Dom nach der Reihe der salischen Kaiser.

Aber noch durfte Heinrich der Vierte nicht versammelt sein bei seinen Vätern; zum andernmal trugen die zornigen Hände der Kirche den Sarg des Gebannten hinaus, daß er die Gruft nicht entweihe.

Der mit dem Frevel in Kaiserswerth zänkisch begann, der in Canossa lichterloh brannte, mit üblen Gerüchen in Ingelheim schwelte: der Haß seiner Feinde ließ seine Asche nicht ruhen und schmähte sein stolzes Gedächtnis.

Das Volk behielt Heinrich, den Vater und Freund und sein grausames Schicksal treu und traurig im Herzen.

Der Sieg der Fürsten

Der Kampf, den Heinrich der Vierte sein Leben lang kämpfte, war traurig verloren; sein Sarg in Speyer stand draußen am Dom als gramvolles Bildnis gestorbenen Volkskönigtums.

Die Fürsten hatten den finsteren Sohn ihres Feindes vorzeitig zum König gemacht, und der Papst war ihrem Frevel Nothelfer gewesen; seiner Fesseln nicht froh tat Heinrich der Fünfte die Romfahrt anders als seine Ahnen.

Die Großen und Grafen traten ihm bei, und die Vasallen strömten ihm zu in unübersehbaren Scharen: der Gottesfrieden hatte sie müßig gemacht, nun gab es fröhliche Fahrt.

Nie hatte das lombardische Land mehr Ritter und Lanzen gesehen als in dem hochmütigen Herbst, da Heinrich der Fünfte die lombardische Städtemacht dämpfte; und als er im Winter nach Rom kam, stand Paschalis wartend, die mächtige Hand zu ergreifen.

Immer noch hielt der Streit der Belehnung die Kirche in Zorn; aber dem Papst wie dem Kaiser waren die deutschen Bischöfe zu mächtig, und heimlich wurden die Stricke geflochten, die mächtigen Hände zu binden.

Und so war die Lösung, die Kaiser und Papst in Heimlichkeit fanden: der Papst allein sollte Herr der Bischöfe sein, aber sie sollten der weltlichen Geltung im Reich des Kaisers entsagen, all ihr Lehensgut sollte wieder dem Reich und dem Kaiser gehören.

Das war die christliche Scheidung; sie teilte den Mächten das Reich, gab Gott und dem Kaiser, was Gott und dem Kaiser gehörte.

Als aber der Papst in Sankt Peter die heimliche Gleichung offenbar machte, da sprangen die Bischöfe auf im Tumult und zwangen den Papst und den Kaiser, den heimlichen Strick ihrer weltlichen Macht zu zerreißen.

Seitdem stand Heinrich der Fünfte nicht mehr in der Gunst der geistlichen Großen; sie wollten die Weltfürsten bleiben und zwischen dem Papst und dem Kaiser die eigenen Machthändel treiben: wie Heinrich der Fünfte den Vater verriet, so war er nun selber verraten.

Wilder denn je ging der Streit um die Macht, und die Vasallen saßen im Sattel das ganze Jahr; der Gottesfrieden ging unter im Lärm ihrer Schlachten, denn nun war kein Kaiser des Volks mehr da, ihn zu halten.

Wohl lenkte Heinrich der Fünfte klüglich zurück in die Bahn seines Vaters; er ließ mit goldenen Lettern am Dom zu Speyer die Bürgerfreiheit ansagen: aber dem Finsteren blieb das Herz des Volks verschlossen.

So kam in Würzburg der klägliche Tag für den Kaiser: hie Papst, hie Kaiser stand auf den Fahnen der Heere; aber die Fürsten stiegen vom Roß hüben und drüben, den Streit zu beenden und auf dem Streitfeld die Zelte der eigenen Herrschaft zu bauen.

Da wurde ein anderer Strick geflochten, Kaiser und Papst die Hände zu binden; da schrieben die Räte der Fürsten das Konkordat, das auf dem Reichstag zu Worms den Streit der Stärke zudeckte:

Der Papst belehnte den Bischof mit Ring und Stab als Zeichen der geistlichen Würde, der Kaiser gab ihm das Zepter als Zeichen der weltlichen Fürstengewalt.

Ein halbes Jahrhundert lang hatte der Streit dem Kaiser den Atem genommen, ein halbes Jahrhundert lang hatte das Feuer der Völker gebrannt, nun dämpften die Fürsten die glühende Asche.

Heinrich der Fünfte blieb er genannt, König der Deutschen und römischer Kaiser: wie seine Väter die Schutzherren waren, nahm er nun selber die Krone, Reichsapfel und Zepter als Lehen der Kurfürstengewalt.

Das Reich der Kaiser war tot; als die Bürger und Bauern Deutschland den Mantel des einigen Königtums brachten, riß ihn die Herrschsucht der Fürsten in Fetzen.

Die goldenen Tage der Kirche

Das Jahrhundert der salischen Herrschaft war aus, und wieder lagen die Heerschilde am Rhein, dem Reich einen König zu küren: hüben die Sachsen und Bayern, drüben die Franken und Schwaben.

Der mächtigste Fürst war Friedrich von Staufen, Herzog in Schwaben und Schwager Heinrichs des Fünften; er hatte die salischen Güter geerbt und war seiner Wahl sicher.

Aber die Kurfürsten hatten das Königtum nicht geschwächt, daß Friedrich von Staufen es wieder stärke; sie wußten den Wahlgang listig zu stören und hoben Lothar von Suplinburg auf den Schild, Herzog von Sachsen und Todfeind Heinrich des Fünften.

Sechzig Jahre war Lothar alt, als die geistlichen Großen dem Graukopf die Krone aufsetzten: als Söldner gekrönt, blieb er ihr williges Werkzeug; und als er ein schlohweißer Greis war, krönte der Papst ihn dem heiligen Norbert zuliebe als Kaiser.

Auch ließ er ein Bild malen, wie er dem König gnädig die Krone verlieh; und so war die stolze Legende: Vor die Tore Roms kommt der König, beschwört die Rechte der Stadt, wird Vasall des Papstes und empfängt von diesem die Krone.

Es waren die goldenen Tage der Kirche in Deutschland, da Lothar der Graukopf die Krone demütig und diensteifrig trug, da der König den heiligen Norbert von Xanten als Bischof nach Magdeburg rief.

Norbert der Bischof hatte als Mönch in Frankreich den Orden der Prämonstratenser gegründet und brannte in düsterer Inbrunst, der Kirche das kostbare Kleid und den Klöstern den weltlichen Wohlstand zu nehmen.

Gebet und Arbeit gab er den Mönchen wieder zur Hand, daß sie — wie Cluny es lehrte — Werkstätten des frommen Fleißes und Zunfthäuser der Kirchenzucht würden, statt üppige Pfründen der Weltlust zu sein.

Zum andernmal schlugen die Mönche die Standlager entsagungsvoller Mühsal auf in den neblichten Wäldern; wo eine Wiese war, wuchsen die weißen Gebäude; Gärten, von Mauern gegürtet, und Feldergebreite drängten hinein in das weglose Dickicht.

Die grauen Zisterzienser wetteiferten treulich und wußten zierliches Maßwerk zu bauen; vom Rhein hinüber weit in den Osten und hoch hinein in den Norden trugen sie Kreuz und Kelle und mehrten das Kirchenland.

Und was die Mönche begannen, brachten die Bauern zu Ende; uraltes Hofrecht wurde lebendig, neue Weide zu schaffen; fleißige Rodung raubte den neblichten Wäldern die Sonnenplätze der Dörfer.

Es waren die goldenen Tage der Kirche in Deutschland, als die grauen Mönche die schwarzen ablösten, als sie den himmlischen Gärten die irdischen Vorwerke bauten, als sie im Eifer nützlicher Arbeit und frommen Gebetes den Prunkmantel römischer Herkunft vergaßen, als der Bogen am Himmel des Abendlands mählich verblaßte.

Der heilige Bernhard

Als Lothar, der greise Dienstmann der Kirche verschied, stand Heinrich der Stolze, sein Eidam, Herzog von Bayern und Sachsen, der Krone am nächsten; um Pfingsten sollte die Wahl sein.

Albero aber, der hitzige Bischof von Trier, wollte nicht leiden, daß wieder ein mächtiger König die goldenen Tafeln der Kirche zerbräche; er gab die Krone Konrad von Staufen als Ostergeschenk, da brauchten die Heerschilde nicht auf das Pfingstfest zu reiten.

Konrad, der Dritte genannt, war Kriegsmann und nannte geringe Erbschaft in Franken sein Eigen, da seinem Bruder Friedrich von Staufen das Herzogtum Schwaben gehörte; er mußte der Kirche willfährig sein gegen die Macht Heinrichs des Stolzen.

Aber die Kirche war nicht mehr das römische Reich; der Papst saß bedrängt in Sankt Peter, indessen Bernhard, der Mönch von Clairvaux, die Christenheit lenkte.

Ein neuer Apostel hielt wieder das Kreuz, von Wundersagen umdichtet: in der Macht seiner Rede ein Paulus, und ein Prophet, wie Jesaias war.

Der Stern von Bethlehem stand neu über dem Abendland: wie er den Weisen aus Morgenland schien, so glühten die Mönche im Licht der neuen Verheißung.

Der Tag der Verheißung brach in der Wirklichkeit an und war kein Weltuntergang mehr, weil nun Maria die Königin hieß; ihr hielten die Mönche den Himmel gespannt mit den Schnüren brünstiger Liebesgewalt.

Und weil es das Abendland wollte, sollte das Morgenland wieder die irdische Heimat der christlichen Menschheit werden: Maria hatte den Heerbann befohlen, sie würde — so war es den Mönchen verheißen — die siegreiche Weltkönigin sein.

Weihnachten war im Dom zu Speyer, als Bernhard dem König die Kreuzpredigt hielt: wie Moses den Quell, zwang sein gewaltiges Wort den Schwur aus den Seelen; das Volk weinte in seliger Lust, als Konrad, der Kriegsmann der Kirche, knieend die Fahne der Himmelskönigin nahm.

Nie war die Lust auf den irdischen Straßen so selig gegangen, nie hatte die Sehnsucht der Seelen so brünstig gebrannt, nie hatte das Kreuz so glühend gelockt wie nun auf den Fahnen, da sich das Abendland aufhob, das Morgenland zu befreien.

Vom Abendland aber zum Morgenland ging der Weg weit über Byzanz und über Nicäa hinauf in die Steinwüsten der Türken: gewaltig waren die Ritter gerüstet zur Schlacht, aber der Troß war zu groß, sich in der Wüste zu nähren.

Als der Durst nicht aufhörte, Roß und Reiter zu plagen, als die Glut der Steine das Leder zu dörren begann, als in den Nächten der Fieberdurst kam, als Seuche und Not den gepanzerten Lindwurm des Abendlands fraßen, siegte grausam das Morgenland.

Die Wespen der türkischen Reiter fielen in Schwärmen über den schwerfälligen Leib und stachen ihn zornig zu Tode; ein Leichenfeld wurde die Straße von Doryläum zurück nach Nicäa: die Himmelskönigin hatte die Ihren verlassen, nur wenige sahen das Meer wieder.

Ein Klageschrei irrte ins Abendland heim, wie seinen Ohren noch keiner geklungen war: die Ritterblüte der Länder lag in der Wüste verdorrt, das Wunder hatte gelogen.

Das Wahnreich der Mönche sank hin; aus den Trümmern der himmlischen Herrlichkeit hob sich der grimmige Zweifel der Erde.

Heinrich der Löwe

Indessen der Kirche in Deutschland die goldenen Tafeln zerbrachen, weil sie den Berg der Verheißung nicht fand, war ihr der zäheste Gegner gewachsen.

Heinrich den Stolzen hießen sie seinen Vater, Herzog in Bayern und Sachsen, der Konrad dem Staufer die kärgliche Geltung bestritt; stolz war auch der Sohn, aber sein Stolz hielt der Stärke die Hand.

Er war noch ein Knabe, als Konrad, den staufischen König, der Tod Heinrichs des Stolzen aus schwerer Bedrängnis befreite; aber der Knabe war früh bei der Hand, die reiche Erbschaft zu halten.

Als Heinrich Jasomirgott mit seiner Mutter das Herzogtum Bayern bekam, ging er grollend nach Sachsen, weil er dem Stiefvater nicht die Hand seiner Mutter, wohl aber das Land seiner Väter bestritt.

Zum andernmal hielt ein Knabe und Jüngling den sächsischen Hof, aber nun war es der eigene Herzog, kein landfremder König; stark wie zur Zeit der Ottonen wuchs die sächsische Mauer um ihn.

So stark war die sächsische Mauer, daß Heinrich dem Kreuzzug des heiligen Bernhard ausweichen konnte, statt in das Morgenland gegen die näheren Feinde im Osten, die Wenden, zu ziehen.

Als Konrad wiederkam mit dem kläglichen Rest seiner Macht, war Heinrich im Haushalt des Reiches stark und selbstherrlich geworden; Kirchen- und Königsmacht fanden die sächsische Grenze gesperrt.

Noch war Heinrich ein Jüngling, aber schon hieß er der Löwe, und wo er die Tatze hinlegte, hob sich nicht leicht eine Hand, ihn zu stören: die Grafen und geistlichen Großen im Sachsenland mußten sich fügen, wie es der mächtige Landesherr wollte.

Aber er war kein Gewaltherr der Willkür; im sächsischen Weistum waren die Wurzeln des uralten Rechts sorgsam bewahrt, auf dem heiligen Boden der Herkunft standen Wahrspruch und Richtschwert; Heinrich der Herzog war Richter und Hüter, wie es die Herkunft gebot.

Er ließ der Kirche das Amt ihrer geistlichen Sendung, aber der Bischofsmacht hielt er die Zügel; und als er Lübeck neu baute, gab er der Stadt einen Bischof, ihre Geltung zu mehren, aber auch einen Rat, im Namen des Herzogs sich selbst zu verwalten.

Er machte die Herkunft lebendig und zerbrach den Deckel lateinischer Bildung: er war ein deutscher Fürst und ließ der Kirche das Morgenland, dem König die römischen Händel, weil er im eigenen Bienenstock die Waben des sächsischen Wohlstands baute.

Und als dem welfischen Löwen der staufische Vetter und Freund seiner Jugend, Friedrich der Rotbart, im Alter das Rückgrat zerbrach, blieb der Dank und die Liebe der deutschen Seele in Liedern und Sagen lebendig, sein trotziges Standbild mit Efeu und wilden Rosen umrankend.

Friedrich von Schwaben

Konrad, der klägliche Staufer, war tot, und Heinrich der Löwe saß im Sattel der sächsischen Stärke, da waren die geistlichen Großen in Not; sie mußten, dem Welfen zu wehren, den Einzigen wählen, der seiner Macht widerstand: Friedrich, den jungen Herzog von Schwaben.

Judith, die Schwester Heinrichs des Stolzen von Bayern, war seine Mutter gewesen; staufisch- und welfischen Blutes gleichviel, stand er mitten im Streit der Geschlechter.

Er hielt seinen ersten Hoftag in Sachsen, auch sprach er dem Vetter und Freund die bayrische Erbschaft zu; denn Gertrud die Mutter des Löwen war tot, und Heinrich stand mit dem Schwert in der Hand gegen Jasomirgott, sein Recht und sein Land von dem Stiefvater einzufordern.

So blieb der Staufer kläglich im Schatten des Starken, und niemand im Reich konnte wagen, dem Bund der beiden zu trotzen; Rom aber mußte erfahren, daß Friedrich von Schwaben ein fleißiger Schüler des Löwen war.

Konrad, der erste staufische König, war nicht zur Romfahrt gesonnen; der verhaßten Kaisermacht ledig, hatte der Papst den Hochmut der römischen Bürger erfahren: von seinem Stuhl in Sankt Peter vertrieben, von der normännischen Hilfe übel bedrängt, rief er von neuem den Schirmherrn der Kirche.

Friedrich von Schwaben eilte nicht sehr, dem Bedrängten zu helfen; als er mit Heinrich dem Löwen endlich die Alpenfahrt machte, lockte lombardischer Reichtum ihn mehr als das Salböl des Papstes. Er sah im fruchtbaren Herbst die reichen Felder gebreitet, er sah die blühenden Städte im Kranz ihrer Gärten, er sah die Schiffe und Wagen der Kaufleute fahren und sah sie wohnen im Reichtum. So wurde nach sechshundert Jahren in einem Staufer der Traum Alboins wach, das lombardische Land als Wiege der Macht zu besitzen: statt Wanderkaiser der Deutschen Italiens Schwertherr zu sein.

Aber die Wiege war wehrhaft geworden, seit Alboin in der Burg Dietrichs von Bern sein lachendes Siegesmahl hielt; trotzig standen die Städte der Lombardei, mauerumgürtet, und Mailand, die mächtige, war ihre starke Hand.

Friedrich der Staufer nahm die lombardische Krone; die stolzen Geschlechter von Mailand mußten sich seiner Schwertgewalt beugen; er dämpfte den Aufruhr der Römer und ließ sich vom Hadrian krönen: aber die Schar seiner Ritter reichte nicht aus, die Abenteuer zu halten.

Schon stand sein Rückweg gefährlich — Otto von Wittelsbach brach die gesperrte Etschklause auf — und kaum war der letzte Hufschlag verschollen, da schlossen die Städte um Mailand den Bund ihrer Freiheit, und Rom sandte heimliche Botschaft.

Barbarossa

Als Friedrich der Rotbart zum andernmal kam, hatte sein Kanzler Rainald von Dassel — der listig gewaltige Mann — das Reichsheer reisig gemacht; aus allen Pässen kam es herab in die roncalischen Felder: das Abenteuer des Staufers war eine Heerfahrt des Kaisers geworden.

Wie Karl die Sachsen mit Krieg überzog, brach der Staufer ein ins lombardische Land; und wie sich der Sachsentrotz wehrte bis zur Vernichtung, so ungebeugt hoben die Städte aus Blut und Brand das Banner der Freiheit.

Einmal war Mailand gestäupt und die Bürger der Stadt mußten im Hemd zum Büßergang kommen, ein bloßes Schwert auf dem Nacken; einmal war Mailand zerstört, wie Jerusalem war, da Titus die Juden wegführte.

Einmal stand Friedrich der Rotbart als Sieger vor Rom, Alexander den Papst zu verbannen; einmal fraß ihm das Fieber sein Heer — auch Rainald von Dassel, den listig gewaltigen Kanzler — daß er nur in böser Gefahr den Rückweg nach Deutschland gewann; einmal war er so grausam geschlagen, daß er den Schild und die Fahne verlor, und von den Seinen vermißt war.

Aber er stand wieder auf, und was sein Schwert nicht vermochte, mußte die List ihm gewinnen: den lombardischen Städtebund um den Sieg zu betrügen, beugte er sich vor der mächtigen Hand Alexanders.

Sein Rotbart war grau und das lombardische Land eine Wüste geworden, als ihm der Tag von Venedig endlich den Frieden einbrachte: er mußte den Städten vielerlei Freiheit beschwören, aber sie nahmen den Staufer an aus der Hand des Papstes als ihren Kaiser und Herrn.

So war er reich und mächtig geworden, der arm und im Schatten des Starken sein Abenteuer begann; als er im Schatten der Kirche endlich gewann, stand Heinrich der Löwe allein in der Sonne: da war die Freundschaft zerbrochen.

Wie die lombardischen Städte gegen den Staufer, so hatten die deutschen Bischöfe den Bund gegen den Herzog von Sachsen und Bayern beschworen; nun hatte der Staufer den Schatten gewechselt, so kam ihre Stunde.

In der staufischen Pfalz zu Gelnhausen wurde die Haut des welfischen Löwen verteilt, und die Bischöfe nahmen sich reichlich; der letzte Herzog der Deutschen wurde verbannt, das letzte Stammland zerstückelt.

So machte Friedrich von Staufen das Königtum Heinrichs des Vierten wahr; aber die Burg seiner Macht stand jenseits der Alpen, das Reich war verraten.

Barbarossa war nun der Rotbart genannt, der Herr des lombardischen Landes; fünf Kronen trug er auf seinem silbernen Haar und hieß wieder Kaiser der Christenheit wie Karl der fränkische König: aber ihm hielt keine Aachener Burg das Herz der Heimat gerüstet.

Das Maifeld in Mainz

Herrlicher war nie ein Maifeld gewesen, als da Barbarossa in Mainz seinen Söhnen die Schwertleite hielt; die Lombardei war gewonnen, und Heinrich der Löwe lag auf der Strecke: prahlend kamen die geistlichen Herren und alle Vasallen, das Glück ihrer Tage zu feiern.

Die Mauern von Mainz waren zu eng für die festlichen Massen; so war vor den Toren die Zeltstadt gebaut, geschmückt mit dem Maibaum des Kaisers, mit den Wimpeln der Großen und Grafen und der unermeßlichen Farbenpracht ihrer Völker.

Das Abendland staunte der staufischen Macht und sah den Himmel der Deutschen gespannt über dem siegreichen Kaiser und über dem Sohn, der seine Macht und Herrlichkeit erbte.

Fünf Kronen trug sein silbernes Haar und wollte die sechste im heiligen Lande gewinnen, als er, der Greis, im Jubel der Völker das Kreuz nahm.

Er hatte als Jüngling den Kreuzzug Konrads mitgelitten und kannte die Wüstengefahr; wie ein Hausvater seine Tage bestellt, ließ er das Reich seinem Sohn, sich selber der Kirche zu weihen.

Noch einmal schäumte das Abendland gegen das Morgenland auf; aus Frankreich, England und Deutschland kamen die Ritter mit ihren Knappen, dem Kaiser zu folgen, der als Greis die kühne Fahrt wagte.

Klüger als Konrad und besser gerüstet, gelang ihm der mühsam gefährliche Ritt durch die Wüste; schon war Ikonium sein und das cilicische Gebirge gewonnen, als der Kaiser im Saleph ertrank.

Wie der staufische Jüngling sein Abenteuer auf fremder Erde begann, so sank er dem Reich hin in der Fremde; mit seiner greisen Rittergestalt war die deutsche Herkunft der Staufer gestorben: Heinrich der Sechste, der Sohn seiner Macht, ging nach Palermo.

Der Sohn der Macht

Heinrich der staufische Jüngling hatte die ältliche Erbin des normännischen Goldes gefreit; die Völker kamen nach Mailand, die staufische Macht zu bestaunen, als der Kaisersohn mit Konstanze, der Königstochter von Sizilien, die prahlende Hochzeit hielt.

Die Kaisermacht spannte den Bogen über den Stuhl von Sankt Peter hinüber; von der kalten Meerküste bis in die südlichen Mittelmeergärten reichte die Schwerthand der Schwaben.

Nordsturm kam über die sonnigen Küsten, darin Blüte und Frucht erfroren, als das normännische Seeräuberglück an den Sohn der staufischen Macht kam.

Sein Herz war hart und sein Mund blieb verschlossen; wo Friedrich der Rotbart mit fröhlicher Grausamkeit ritt, stand Heinrich der Sechste mit finsterer Strenge.

Den Zermalmer hießen sie ihn, der alles zertrat, was seinen grausamen Weg hemmte; aber als er den Hammer ins Morgenland hob, sprang ihm sein gläsernes Herz.

Es war im siebenten Jahr, daß Barbarossa sein Vater im Saleph ertrank; auch der Sohn der staufischen Macht versäumte die Heimkehr: seinen Marmorsarg stellten sie auf im steinernen Dom von Palermo.

Schirmherr der Kirche und Schwertherr der abendländischen Völker zu sein, war die Sendung der Kaiser gewesen; der Streit um die Stärke hatte den Bogen gespannt; als er im Rauschglanz staufischer Machtherrlichkeit über Sankt Peter hinausging, zerbrach er.

Der Sizilianer

Als Heinrich der Sechste gestorben war, fern und fremd wie er lebte, war Friedrich, der Sohn der Konstanze, ein Kind.

Den Staufern die Macht in Deutschland zu halten, nahm Philipp von Schwaben, der Sohn Barbarossas, die Krone; aber der Bischof von Köln krönte den Sohn des welfischen Löwen.

So standen die Söhne im Haß ihrer Väter, und der Papst schürte den Brand: hie Waibling, hie Welf! wurde der Wahlspruch der Großen, hie Welf, hie Waibling der Schlachtruf der Ritter, die über das Reich den neuen Bürgerkrieg brachten.

Da wuchs die Saat der staufischen Weltherrscherträume üppig und geil ins Kraut, da war von der goldenen Ernte allein das Unkraut geblieben, indessen der Papst Innocenz den Weizen der Kirche in vollen Scheuern einbrachte.

Otto dem Welfen lachte das Glück, als Philipp von Schwaben durch Otto von Wittelsbachs Mörderhand fiel; aber der Sohn der Konstanze war mündig geworden, und päpstlicher Eifer sandte den Großen und Grafen im Reich den sizilianischen Knaben als König.

Den Pfaffenkaiser hießen sie ihn, der als Friedrich der Zweite in

Aachen die Krone der Deutschen aufsetzte; aber der eigene Sendling des Papstes wurde die Brut, die zu verderben die Kirche den Zorn des Himmels mit allen Zungen herabschrie.

Innocenz selber war Vormund des Knaben gewesen, der machtherrliche Papst, der die Kronen Europas verschenkte; aber der Schüler lernte das Schachspiel der Kirche, dem Schwert mit List zu begegnen; er war ihr eifrigster Lehrling und wurde ihr Meister.

Als es zum andermal hieß: hie Kaiser, hie Kirche! war der Kaiser die List, und der Papst stand im Zorn, dem spöttischen Spieler mit Fluch und Verdammnis das Brett zu verwirren.

Aber der Sizilianer gab lachend die Ewigkeit hin, die Gegenwart zu behalten; und höher als jemals ein Herrscher hob er sein spöttisches Haupt in die Räume, wo der Menschengeist Gott in den Grenzen des irdischen Daseins verleugnet.

Der sich als Fürst in Palermo die sarazenische Leibwache hielt, der mit arabischen Weisen das Rätsel des Lebens befragte und im Prunk des Morgenlands wohnte, trug die Krone der Christenheit nur um die Macht und den Glanz ihrer Herrscherfülle.

Das Reich der Deutschen gab er danach dem Sohn zu regieren, der in den Ränken der Großen ein törichter Knabe und seinem Vater ein kläglicher Nachahmer war.

Der Kaiser der Christenheit saß in Palermo; er kam nur ins Reich, wie ein Kaufherr nach seinen Schafherden sieht.

Sechs Kronen trug sein spöttisches Haupt; er war dem normännischen Staat ein König, mächtig und klug wie keiner, aber das Reich lag im Schatten: Fremdherrschaft war die staufische Macht dem Volk der Deutschen geworden.

Als er starb, der Sizilianer aus dem Geschlecht der Staufer, das der zornige Papst ein Otterngezücht nannte, da rollten die Kronen hin, da blieb von der Kaisermacht nur noch ein römischer Schatten, da rissen die Raben das Reich auseinander, da wurden die Ritter Herren der Straße und ihre Knechte die Plage des Bürgers.

Konradin

Die letzte Fackel der Staufer sank jäh in die Nacht, als Manfred, der Bastard des Sizilianers, gegen Karl von Anjou in Sizilien Land und Leben verlor; aber ein Irrlicht hob sich in Deutschland, noch einmal den Weg der Fackel zu flattern.

Konradin hießen sie ihn, den letzten Erben der Staufer, und er war noch ein Knabe, als ihn die Sendlinge nach Sizilien riefen, Karl von Anjou, dem Franzosen, das normännische Reich zu bestreiten.

Ein Knabe hob seine Augen auf zu den Taten der Väter: wo sie mit gewaltigem Kriegsvolk zogen, kam die ärmliche Schar seiner Ritter.

Tollkühn und töricht war der Plan, abenteuerlich seine Gestaltung; aber das gleißende Glück rollte dem Knaben die bunte Kugel vorauf, und mancherlei Volk lief ihm zu im toskanischen Land.

Als er nach Rom kam, fiel ihm ein flüchtiger Glanz auf die fiebrige Stirn: Frauen und Männer führten den Knaben aufs Kapitol, blumengeschmückt, und die Straßen prahlten mit Fahnen, als ob er den Sieg und der staufischen Macht die Wiederkunft brächte.

Als aber der Tag kam, da die Haufen sich maßen, hob das staufische Ungestüm wohl den Feind aus dem Sattel, schon stürmten die Ritter dem Fußvolk voraus zur Verfolgung: doch war die Flucht eine List: aus dem Hinterhalt brachen die feindlichen Reiter und gewannen leichtlich das Treffen.

Friedrich von Baden, der treue Freund, brachte den Knaben nach Rom und gedachte, ein Schiff für die Flucht zu gewinnen; aber ein Ring, den sie gaben, verriet die staufische Herkunft dem Frangipani, der die Flüchtlinge fing und seinen Fang Karl von Anjou kostbar verkaufte.

Auf dem Markt von Neapel mußten die beiden den schimpflichen Henkertod leiden, da beugte der Knabe den Nacken, und das Volk kam zu weinen, da floß das Blut leer, das der staufischen Träume noch einmal voll war.

So ging das Irrlicht von Schwaben aus im normännischen Land, wo die Fackel längst schon erlosch: das Abenteuer der staufischen Weltherrenträume fand in der flackernden Fahrt des Knaben sein klägliches Sinnbild.

Der Kyffhäuser

Als Konradin seine Knabenfahrt machte, stand im Reich das Unkraut der staufischen Saat in der Blüte: ein Fremder war König geworden, Richard der Reiche von England hatte die Krone der Deutschen gekauft.

Die sich des Reiches Kurfürsten nannten, nahmen das englische Geld und riefen dem Reich einen König aus, der über dem Wasser wohnte und viermal in fünfzehn Jahren mit einem Schiff kam, nach seiner Herrschaft zu schauen.

Sie ließen ihn krönen zu Aachen und fühlten nicht ihre Schande, daß sie im alten Kaisersaal saßen und unten schlief Karl, der seinen Großen und Grafen ein anderer König und Kaiser der Christenheit war.

Aber sie hatten den Herrn, der ihrem Eigennutz paßte, sie waren die Meute und wollten nicht länger dem Pfiff und der Peitsche gehorchen; wo ein Wild war, fielen sie ein und waren in Wald und Weide frei von der Koppel.

Wald und Weide im deutschen Land, Weinberge und Felder gehörten der Faustmacht des Tages; und was auf den Wegen und Wässern zur Stadt fuhr, galt vogelfrei dem, der es raffte: der König war weit und die Burg war nah, dahin sie den Raub brachten.

Da wurde dem Mann der freien Gemeinde sein letztes Recht und die letzte Hufe genommen, da wurde der Bürger der Pfeffersack für den Ritter, da riß die lahme Gewalt die Ohnmacht des Reiches in Stücke.

Als Richard der Reiche von England dem Reichsschatz zu Aachen die neuen Kleinodien schenkte, waren Mantel und Krone, Reichsschwert und Zepter prunkvoll verziert, aber kein Kaiser war da, sie zu tragen.

Sehnsüchtig sahen die Augen des Volkes nach Süden, ob nicht der Sizilianer zum andernmal käme, wie er vorzeiten kam, über die lahme Gewalt der Großen und Grafen die Stärke und über das Unrecht der Tage das Recht der Herkunft zu bringen.

Noch stand die Kyffhäuser Pfalz, wo er zum letztenmal Hof hielt; er war nicht wiedergekommen und es hieß, er sei tot: aber — drum krächzten die Raben, die um den Turm seiner Kaisermacht flogen — verborgen im untersten Saal saß er und schlief, das Schwert breit auf den Knien.

Denn um sein Dasein war immer die Sage gewesen: als Ketzer verflucht von der Kirche, samt seinem untreuen Sohn von den Großen verraten, kam er wieder aus Süden und war ein Fürst der Stärke wie keiner.

Das Glück und der Reichtum hingen an ihm, und wenn er den Reichstag abhielt, wuchs über Nacht die alte Herrlichkeit wieder.

Der Kaiser blieb aus, aber das Wunder sank in die Hoffnung: verborgen im Kyffhäuser saß er und schlief, indessen die Raben von Rom den Turm seiner Pfalz in ewiger Sorge umflogen, daß seine Stunde zum andernmal käme, daß wieder ein Schwert die Zwietracht zerschlüge, daß wieder ein Kaiser der Kirche den Schirmherrn erwiese.

Das Buch der Bürger

Der Sachsenspiegel

Der Bogen des Kaisers war über Länder und Zeiten gespannt, aber das Volk stak im Tagwerk; der Morgen stieg und der Abend sank, das Frühjahr schwoll an und der Herbst losch hin, der Mond lief sich voll und leer in der Sternenbahn, dem Dasein der Menschen die ewige Gleichung zu halten.

Ruhm brachten die Reisigen heim und die Kaufleute köstliche Waren; aber sie alle zu nähren, stand die Saat zur Ernte: von der kalten Meerküste bis an den Schneekranz der Berge hielt der Bauer die Scholle lebendig, darüber der Bogen des Kaisers im Himmelslicht glänzte.

Der in den einsamen Höfen nach Urvätersitte dem Gesinde vorstand, war der Freie der alten Gemeinde, ihm galten die Weistümer noch aus der heiligen Herkunft.

Im Namen des Schwertes war die Herrschaft des Kaisers geworden und im Zeichen des Kreuzes die Kirche; aber Kaiser und Papst konnten das Recht nicht beugen, das im Herkommen stand.

Als Friedrich der Kaiser fern war in Palermo, als Dienstmannenübermut und städtischer Trotz die Gewalt der Großen und Grafen bedrängten, als Willkür am Werk war, den Rechtsgrund im Reich zu zerreißen, wurde im sächsischen Land die Herkunft lebendig.

Eike von Repgow, ein Schöffe in Anhalt, hob den Stuhl des Gerichts an den Tag: er schrieb dem sächsischen Mann in der Sprache der Väter sein Recht aus der freien Gemeinde gegen den Zwang der unrechten Gewohnheit.

Da man zuerst Recht setzte — schrieb Eike von Repgow — war noch kein Dienstmann, und Jeder war frei, als unsere Vorderen her zuland kamen; denn die Unfreiheit geht wider Gott, ihm ist der Arme so nah wie der Reiche.

Kaiser und Papst halten die höchste Macht, sie können Gewalt mit Gewalt überziehen; aber das Recht steht über dem Königsschwert und über dem Krummstab, und die Gewohnheit des Unrechts kann die heilige Herkunft nicht beugen.

Den Sachsenspiegel hießen sie Eike von Repgows wehrhaftes Weistum; aber die Freien kamen vom Rhein und aus Schwaben, aus Bayern und Franken, in seinen Spiegel zu schauen: so wurde im Reich das Recht, so wurde im Richter der freie Mann wieder lebendig.

Huld und Treue

Einmal war Jedermann Bauer und Krieger gewesen, Herr seiner Hufe und Knecht seines Schwertes, wenn ihn die Hundertschaft rief.

Aber der fränkische Königsdienst lag lästig und hart auf den Hufen, so nahm der Bauer sein Eigen als Lehen von Einem, der ihm die Heerpflicht ablöste.

Der ihm sein Eigen als Lehnsherr ablöste, mußte für jede Hufe den Königsdienst leisten, drum nahm er Reiter in Pflicht, denen das Schwert besser zur Hand war.

So wuchs auf Freienmannsland der Lehensbaum breit in drei Äste: der Lehnsherrenast trug in der Mitte die Krone, der Ritterast hielt ihm zur Rechten den Wettersturm ab, der Bauernast aber zur Linken trug ihm die Früchte.

Vasallen wurden genannt, die gegen Zins- oder Schwertpflicht ein Lehen annahmen; aber das Schwert hielt frei, und der Zins machte hörig: der Reiter zur Rechten wurde ein Ritter, der Bauer zur Linken sank in die Fron.

Der König war oberster Lehnsherr, wer Reichslehen hatte, hieß sein Vasall; die Großen und Grafen gaben zu Lehen, sie waren Vasallen und Lehnsherren zugleich bis zu den Rittern hinunter: so war das Reich ein gewaltiger Turm der Lehnsherrenschaft, gebaut auf dem Wohlstand der Scholle, gekrönt mit dem goldenen Zepter.

Aber der Turm war kein Lohnbau; nicht die Bezahlung hielt seine Quadern mit kupfernen Klammern gefügt, Stein stand bei Stein in der Pflicht, vom Bauern hinauf bis zum König.

Huld und Treue waren die Klammern, Huld und Treue der alten Gefolgschaft; Treue dem Lehnsherrn, Huld dem Vasallen: wie sich die Jünglinge einst die Blutspur beschworen, so nahmen Lehensleute einander in heilige Pflicht.

Die Kirche lockte mit seliger Hoffnung und drohte mit ewigen Strafen; Huld und Treue stellten das irdische Dasein auf eigene Geltung; der Mann gab das Wort, und das Wort hielt den Mann; Himmel und Hölle konnten ihm nicht den Schwertriemen lösen.

Der Ritter

Der als Reiter zum Königsdienst ritt, den nannten sie bald einen Ritter, und einen Knappen den Knecht, der ihm die Waffen darreichte.

Aber der Ritterdienst hob seinen Stand über den Freien, kein Knecht durfte ihm danach Knappendienst tun.

Er wohnte nicht mehr im schlichten Gehäus der Gemeinde; er baute den einsamen Horst seiner Burg mit Mauer, Tor und Turm; er ritt auf den Straßen in eiserner Wehr, Helmzier und Schildzeichen hieß er sein Wappen.

Nur wer rittergebürtig war, durfte noch Ritter werden; sieben Jahre lang hieß er das Jungherrlein, sieben Jahre lang ging er als Page, sieben Jahre lang trug er dem Herrn als Knappe die Waffen: dann hob ihn die Schwertleite auf in den Ritterstand.

Den Ritterschlag nahm er zum Zeichen, daß seine Ehre nun keinen Schlag mehr erdulde; denn Ritter sein hieß nicht mehr, um Lehen Königsdienst tun: Ritter sein hieß der Christenheit selber den Waffengang reiten, und wie der Kaiser ihr Schirmherr war, so war der Ritter ihr Streiter.

Er ritt auf den Wegen des Abendlands und kam aus dem Morgenland wieder, von Schlachtfeld zu Schlachtfeld trug er die Lanze: siegen gab fröhliche Tage; aber verlieren gab keine Schande, wenn der Schild rein blieb.

Denn reiten und stechen war seine redliche Kunst; wie ihn sein Lehnsherr rief, so tat er die Fahrt und gab sein Leben darein; die Treue allein war sein Teil an dem Handel und daß er untadelhaft standhielt.

Reiten und stechen war seine Kunst, sie redlich zu meistern sein Ruhm, sie treu und tapfer zu üben die Ehre: die Ehre stand über dem Helm als sein Stern; aber ein Kranz sank aus den Sternen, wenn er zum fröhlichen Stechen einritt in die Schranken.

Der Herold rief und das Volk staunte sehr, den rühmlichen Helden zu sehen; wie ihn die Wahl rief, wagte er fröhlich das Spiel und gab sein Leben darein, der stärkste und kühnste im Zweikampf zu sein und den Kranz einzuholen.

Denn die dem Sieger den Kranz auf das bloße Haupt gab, war die holdselige Frau; reiten und stechen war seine Kunst, sie redlich zu meistern sein Ruhm, sie treu und tapfer zu üben die Ehre: aber der Herrin unwandelbar zu gedenken, das gab der Kunst und dem Ruhm und der Ehre die blaue Blume zur Hand.

Tod und Teufel zum Trutz als Streiter der Christenheit reitend, war er der Himmelskönigin treuer Vasall: sie neigte in seliger Huld seinen Taten das Angesicht zu; sie gab ihm den Kranz, wie sie ihm einmal auf blutigem Feld den Balsam der Ewigkeit brachte.

Walhal war leer; Walküren kamen nicht mehr, auf Wodans Roß den Helden zu holen; Jesus war blutend und blaß in den Himmel gefahren, wartend des Tages, da seine Posaune das Weltgericht rief: die Himmelskönigin saß auf dem Thron, im süßen Wunder der Liebe den Ritter nicht zu vergessen.

Minnegesang

Der Ruhm des Ritters hing seinen Prunkmantel um, daß er den Frauen der Höfe gefalle; der Prunkmantel war mit den Säumen künstlicher Lieder bestickt und gewirkt auf dem Goldgrund der Minne.

Der Sänger hob wieder die Harfe, von Helden zu sagen; aber nun hallte es nicht mehr im Stabreim uralter Gesänge, auch saßen die Männer nicht mehr beim Mahl, den Sänger zu hören: höfische Sitte hatte den künstlich verschlungenen Reim in die Worte und in den Saal die tolosanischen Gebräuche der edlen Frauen gebracht.

Die gestern noch ritten und stachen, standen nun selber in reichen Gewändern und sangen den Frauen die Minne: zierliche Sprüche, die nach der Frauengunst zielten, gemessene Reime, die um den Beifall der Tönemeister rangen.

Der Minnegesang war das Schildzeichen höfischer Zucht und das Siegel des Ruhmes geworden; die Könige selber durften die Kunst nicht verschmähen.

Aber die Frauengunst wollte nicht immer den eigenen Preisgesang hören; der ihr den Spruch sagte, sollte der Held sein oder von Taten der Helden berichten: hinter der maßlichen Kunst stand die Brandung des Lebens und wollte die schäumende Lust der Schicksalsgewalt spüren.

Da wurde im Minnegesang wach, was unter der gläsernen Decke mönchischer Bildung den langen Winterschlaf hielt: Siegfried und Dietrich von Bern, Brunhilde, die unholde Frau, und Etzel, König der Hunnen, der die blonde Hildika freite, Randwer der feine, die blasse Ingunthis und Gundikars todwunde Mannen.

Aufstanden die Helden der Vorzeit im Gedächtnis der Sage, die riesigen Leiber zogen das Rittergewand an, Kreuzfahrer mischten die tollkühne Fahrt in das Königsgefolge, Huld und Treue standen als ewige Sterne.

Huld und Treue fand Heinrich der arme Ritter, als ihm die Magd herzinnig ihr Leben hingeben wollte, mit ihrem Blut das seine zu heilen, das an der Miselsucht krank war; reiner Wille vermochte das Wunder der Gnade zu zwingen.

Huld und Treue hielten der glückreichen Gralsburg die Tore behütet, und Parzival kam aus dem Wald, das Glück der Erwählung zu finden; aber der Knabe versäumte das Zeichen und mußte durch Zweifel und Schuld den weiten Weg reiten, bevor er die Tore zum andernmal fand.

Huld und Treue wurden von Tristan verraten, als ihm Isolde den Liebestrank reichte — Randwer der feine hob seine Augen zur schönen Schwanhild, die er dem König zu freien gesandt war — der König war greis, und Tristan war jung: er trank sein Schicksal sehenden Auges und büßte in schmerzlicher Süße die Schuld.

Huld und Treue streuten Gudrun, dem Königskind, Gold auf den Weg, da sie in langer Gefangenschaft Magddienste tat; an der kalten Meerküste stand sie, die Wäsche zu waschen, als endlich die Schiffe der Heimat die schmerzreiche Wartezeit krönten.

Huld und Treue senkten die Wurzeln hinein in die dunkelsten Gründe, als Hagen, der treue, Siegfried, den treulosen traf; denn Siegfried der helle war hürnernen Leibes und in den Trug der albischen Mächte verstrickt; Hagen der finstere fand den Haß in der Huld und den Verrat in der Treue.

Huld und Treue brannten im Blutrausch der Rache, als die Burgunder ins Hunnenland ritten; Erzbildern gleich saßen die treuen Vasallen, Hagen und Volker, am Tor der Vernichtung und hielten Gunther dem König die letzte Wacht.

Hartmann von Aue, Gottfried von Straßburg und Wolfram von Eschenbach hießen die Meister im Minnegesang; ihr Ruhm hing hoch an den Höfen, und fleißige Hände schrieben die Handschrift der rühmlichen Mären auf vielerlei Blätter mit ihren gepriesenen Namen.

Der aber Brunhild, Kriemhild und Gudrun das höfische Prunkgewand gab, der die Urwelt germanischer Sage aus der Vergessenheit löste, blieb im Dunkel der Tage.

Übergroß wuchs seinen zierlichen Worten die uralte Schattenwelt zu; er nahm und gab dem Schuldbuch der Götter Gedächtnis im Schicksal der Menschen und sank in Vergessenheit, indessen sein Lied die Flügel gewaltig aufhob, daß aller Minnegesang tief unter ihm blieb.

Walter von der Vogelweide

Zierliche Reime hielten zärtliche Worte umrankt und waren im Goldgrund der Minne züchtig gemalt mit höfischen Farben, als Reimar, der alte, Walter, dem Jüngling, den Minnegesang lehrte.

Aber der Jüngling aus armem Rittergeschlecht lernte anders zu singen und sagen als sonst ein höfischer Junker; von der Vogelweide war er genannt und bessere Weide als Brosamen fand er sein Leben lang nicht.

Früh war die Straße sein Saal und der Wald seine Kammer, auf allen Wegen des Abendlands sah er das fahrende Volk; da hörte er barschere Töne als die der höfischen Sitte.

Die Vögel sangen ihm Lieder, die Bäche pochten den munteren Takt, und der Wind in den Bäumen rauschte den Harfenton: eine braune Dirne im Arm, das war eine hellere Minne, als nach der Herrin zu schmachten.

Und Walter wußte der helleren Minne die Lieder zu singen wie keiner; Wald und Wiese wurden lebendig, wo ihm das Wort aus dem Mund sprang, und die Liebe fing an zu lachen, wo sein Lockruf ertönte.

Als Otto den Welfen der Bann traf — dem der Papst selber zur Macht half, da er ihn brauchte, und den er verfluchte, da er ihm leid war — vergaß Herr Walter die Maße der höfischen Zucht; da sprang ihm der Zorn in die Kehle, und Rom hatte nicht solche Sprüche gehört, wie die von der Vogelweide.

Denn mehr als ein christlicher Ritter war Walter ein Mann von deutschem Geblüt; jach war sein Zorn, und sein Wort zückte schärfer als manchermanns Schwert.

Als seine Sprüche dem treulosen Rom um die Ohren sprangen, von fahrenden Schülern und frechen Rittern gesungen, da schlug die Stunde schrill in den Morgen, da trat in den Kampf der Schwerter und Listen die neue Gewalt, da wurde in Ehren und Zorn der deutsche Geist wach.

Da wurde Herr Walter, der Mann ohne Burg und Land, eine Stärke, der die Fürsten und Herren im deutschen Land zag oder zornig den Gruß gaben.

Und als er grau war, gab ihm der Staufer Friedrich der Zweite, der Todfeind der Kirche, in Würzburg ein Lehen; da saß die singende Seele der Deutschen im Alter und sagte der Zeit ihre Klage.

Das Feld war umbrochen, der Wald war verhauen, Weisheit, Alter und Adel hatten den Sitz an die Torheit verloren, das Recht hinkte sehr, die Scham war in Trauer, im Siechtum die Zucht, als Walter, der Weiser und Sänger der Deutschen, den Tod nahen fühlte.

In seinen Leichenstein waren vier Löcher gehauen, Brosamen den Vögeln zu streuen, daß sie kämen zur täglichen Weide und daß ihr Gesang dem Grab die Fröhlichkeit gäbe, die Walter im seßhaften Alter wehmütig suchte, weil seine fahrende Jugend so übervoll davon war.

Die Bürgerschaft

Der Turmbau der Lehnsherrlichkeit war auf den Wohlstand der Scholle gegründet; keine Burg stand anders im Land, als daß ein Ritter den Überfluß dessen verzehrte, was der Bauer dem Boden abrang.

Aber das Reich war noch immer das Land der neblichten Wälder: mühsam und zäh ging der Pflug in der Rodung, indessen die Fähnlein der Reichsritterschaft beutegerecht durchs Abend- und Morgenland zogen.

Das Reich war arm und ein Bauernland, karg und voll Krieger, bis ihm der Kaufmann die Arme freimachte, bis in den Städten der Handel den Reichtum, der Reichtum aber das stolze Gewerk der Bürgerschaft brachte.

Die Bürgerschaft wuchs an dem Lehnsherrenbaum, wie der Efeu am Eichenstamm wächst, und stand noch im üppigen Grün, als der Stamm ausgehöhlt und der rechte Ast schon verdorrt war.

Fremd und feind im Bereich der Bauern und Ritter schien ihr ummauertes Dasein dem Freienmann; aber die Mauern hielten der kommenden Freiheit die Tore gerüstet.

Der Bauer sank in die Fron, und der Ritter wurde sein Herr; der hörige Mann in der Stadt hob seinen Stand in den Stolz einer neuen Bedeutung: Stadtluft macht frei! stand über dem Tor, aber der Bürger machte sich selber die Luft.

Und als er frei war, nahm er die schönen Dinge der Freiheit anders zu Hand als der Ritter; der Ritter war Einer im Kreis seiner Burg, er aber war in den Mauern der Stadt die Gemeinschaft.

Er konnte mit hundert Händen das Seinige halten, mit hundert Augen und Ohren das Dasein bewachen; er konnte verhundertfacht fühlen und wollen und über die einzelne Tat das Richtmaß gemeinsamer Täglichkeit stellen.

So wuchsen Gassen mit Giebeln und Brunnen, so wuchsen Rathäuser, steinern und stolz, so wuchsen Kaufhallen mit zierlichen Lauben, so wuchsen die bunten Stuben der Zünfte und der prunkende Saal der Geschlechter.

So wurden Schulen, die Kinder zu lehren, und Krippen der Wissenschaft, so wurden Bauhütten mit Zirkel und Richtscheit, so wurden Werkstätten, die schönen Gewerke und hohen Künste zu üben.

So wurden die Städte Lebensgewalten, so kam die Bildung der Bürgerschaft zu, so wurde der deutschen Seele neue Wohnung bereitet.

Die Zunft

Im Anfang hieß Bürger Insasse einer Burg sein; Hörige hatten im Dienst eines Großen ihr Handwerk zu üben und durften im Schutz seiner Torwächter wohnen.

Als danach die Burg eine Stadt hieß, weil aus dem Troß der Großen ein Hof und aus den Insassen eine Bürgerschaft wurde, hielten die Handwerker treulich die Schranken der Herkunst in Ordnung.

Eine Zunft hießen sie da den Kreis jeglichen Handwerks und schlugen den Zirkel um seine Gebräuche: die freie Gemeinde der Herkunft war die Gemeinschaft des Standes geworden, die alte Zucht hatte ein Alltagskleid angezogen, die Tapferkeit war in die Werkstatt gegangen.

Der Dachdecker hob seinen Spitzhammer, der Schmied seine Zange, der Zimmermann seine Stoßaxt im zünftigen Stolz; denn Dachdecker, Schmied oder Zimmermann sein, hieß in der Zunftehrbarkeit stehen.

Die Zunftehrbarkeit hielt Werkzeug und Arbeitsgebrauch heilig; wie die Schwertleite den Ritter, so machte der Zunftbrief den Meister; Geselle und Lehrling waren ihm Knappe und Page, und die Zunftstube war der Saal seiner Ehre.

Da stand die Zunftlade mit dem Zunftrollenpergament — die Bundeslade im Tempel der Juden stand so geehrt — da wurde die Zunft beschworen und der Zucht das Gericht gehalten, da war die Ehrbarkeit selbstgenügsam zu Haus.

Da wurde das Werk der fleißigen Hände geehrt, da wurden der Stolz und die Freude der ehrlichen Arbeit behütet, da stand die

Kunst, etwas zu können, so hoch in der Gunst wie die Redlichkeit selber.

Denn nur auf ehrliche Arbeit durfte der Meister den Wohlstand gründen; Todsünde war Gewinn aus Handel und Zins, tauschen und täuschen galt gleich vor der Zunft.

Stuben der Selbstgenügsamkeit standen im Schatten der höfischen Hallen, bescheidene Hände hielten dem Ritter den Steigbügel hin: aber die Zucht gab der Sitte die Tür, hier wie dort war der Mann noch ein Wort, die Ehrbarkeit war die redliche Magd der Ehre.

Die Gilde

Tauschen und täuschen galt gleich vor der Zunft; aber im Rathaus stand die Wage, den Pfennig zu wiegen, in den Gewölben boten die Händler römische Seide und engliches Tuch feil: wo es der Zunft wohlging, hatte der Kaufmann den Wohlstand bereitet.

Denn die Stadt hielt den Markt für die Landschaft; Bauern und Ritter kamen zu kaufen, was Acker und Weide nicht gaben.

Schiffe brachten den Wein und Wagen das Tuch zu Gewändern, Saumtiere trugen Gewürz und feine Gewebe, auch köstliche Steine und Silber: die Gaben des Wohlstandes gingen dem Händler mit reichem Gewinn durch die Hände.

Für die Marktsicherheit sorgte der Stadtherr, aber draußen im Land war das Gut der Schiffe und Wagen gefährdet: unrechte Zölle, diebische Herbergen, gewalttätige Räuber lagen ihm auf, und schlechte Marktknechte brachten den Händler um seinen Gewinn.

So mußte der Stand dem Einzelnen helfen: den Zünften der Handwerker gleich hatten die Händler den uralten Geschlechterverband lebendig gemacht in den Gilden; die hielten der Wage daheim das Recht und den Nutzen und reichten mit silbernen Händen hinein in die Fremde.

In Wisby auf Gotland, in Nowgorod weit in der östlichen Kälte, in Venedig und London standen die stolzen Häuser der Gilde, und über das Reich war das Netz ihrer Geltung gebreitet.

Den Kaufmann des Kaisers hießen sie draußen den Gildegenossen; und wie der Ritterstand Ehre und Ruhm eintrug, so war der Kaufmann des Kaisers im Abendland ehrlich geachtet.

Der Ritter trug Lanze und Leben im Dienst der Lehensgewalt: sein Stand war mächtig, weil ihm der Einzelne Ehre und Tapferkeit zutrug; der Kaufmann saß in der Gilde geborgen, wo er auch war: der Einzelne galt in der Welt, weil ihm der Stand Schutz und Geltung verschaffte.

Der Ritter diente der Ehre, der Kaufmann dem Nutzen; aber die Gilde war auch ein Reis der freien Gemeinde: Huld und Treue zwangen den Pfennig, dem Taler der Gilde redlich das seine zu halten; und das Wort war ein Mann, auch im Nutzen.

Walpod

Walpod, ein wohlhabender Bürger in Mainz, sah mit Zorn, wie die Großen und Grafen das Reich in Unfrieden hielten, und wie die Hände der Ritter zum Raub lose waren; denn der staufische Traum war geträumt, und keine Kaisermacht hielt das Unrecht in Schranken.

Er rief die Bürgerschaft auf, selber ihr Recht in die Macht zu stellen; so schwuren sich Mainz und Worms den Bund, dem Oppenheim beitrat, Raub und unrechten Zöllen zu wehren.

Als der von Bolanden den Städten hohnlachte, sandten sie einen Hauptmann nach Ingelheim, den Räuber in seiner Burg zu fangen.

Die Grafen ritten zuhauf, ihm zu helfen; aber der Bischof von Mainz trat der Bürgerschaft bei: wie starkes Gewölk kamen die Heerhaufen der Städte von Norden und Süden über den blinkenden Hochmut der Grafen gezogen.

Von Basel bis Köln stand die rheinische Bürgerschaft auf, den siebenten Heerschild zu stärken: da muste der Hochmut der Herren und Ritter den Bürgern in Mainz den Landfrieden schwören.

So stark wurde die Hand der Städte, daß sie die Fürsten und Bischöfe zwangen von Basel bis Köln, dem rheinischen Bund beizutreten: sein Banner und Schild stand auf den Straßen des Stromes hinauf und hinunter, Raub und unrechten Zöllen die Schärfe des Schwertes zu zeigen.

So stellten die rheinischen Städte Gewalt gegen Gewalt; so gab der Bürger Walpod von Mainz den Zünften und Gilden das Faustrecht, dem Faustrecht der Ritter und Grafen zu wehren.

So war dem siebenten Heerschild der Schatten geschwollen; er fiel in den fröhlichen Raub und die Händel der Ritter, als ob die Bürgerschaft selber die Kaisermacht wäre.

Die Hansa

Seit Heinrich dem Löwen war Lübeck die Fürstin der nordischen Länder; durch Friedrich den Sizilianer zur freien Reichsstadt erhoben, ließ sie den zweiköpfigen Adler über der kalten Meerküste flattern.

Lübisches Recht galt in den Städten der Ostsee, lübische Gilden hatten bis Bergen hinauf die stolzen Kaufhallen gebaut.

Lübeck, Wisby und Riga schlossen zuerst den Bund des gemeinen Kaufmanns gegen den dänischen König und wußten ihr Recht mit dem Schwert trotz Kaiser und Fürsten zu wahren.

Hansa, das ist Schar, hießen sie ihre Gemeinschaft, und so glückte dem lübischen Rat die Geltung der Schar, daß die Gesandten der Könige kamen, mit ihm zu verhandeln.

Aber danach war Waldemar König der Dänen, den sie Atterdag nannten; er trat dem hansischen Hochmut die Haustür ein: Wisby auf Gotland ging der Hansa verloren, die hansische Flotte wurde bei Helsingborg bitter zur Demut genötigt.

Fünf Jahre lang lag der hansische Hochmut darnieder, bis Winrich von Kniprode ihn wieder weckte: mit kluger Verhandlung und zündender Rede brachte der starke Deutschordensmeister die Städte der Ostsee noch einmal zusammen, das Schwert an die Hansa zu wagen.

So kam über Nacht die hansische Tagfahrt zu Köln: siebenundsiebzig Städte beschworen der Hansa den Bund; so übergroß wuchs die Macht der Kontore, daß Waldemar den Kampf nicht mehr wagte.

Im Frieden zu Stralsund wurde den Dänen die hansische Rechnung gemacht; die Kaufleute zwangen den König, mit gutem Silber zu zahlen, und waren hochmütig genug, nicht handeln zu lassen.

Seit dem Tag von Stralsund wehte die hansische Flagge über den nordischen Meeren; sie kam herein in den Hafen, wie der Fürst ins Gefolge, wie der Mond in den Sternenplan steigt.

Die hansischen Herren ließen dem Kaiser das Reich und den Fürsten die Ritter: sie blähten die Segel im Wind und hingen die Wimpel der Schiffahrt aus an den stolzen Rathäusern.

Die Welt war weit und der Reichtum stand in hundert Höfen aufgestapelt: die Hansa brachte ihn ein von den kältesten Küsten; Wikingerlust im Bürgerkleid saß in den reichen Kontoren, die Sagen tollkühner Fahrten standen vergüldet im hansischen Glück.

Dem Abenteuer der Staufer verbrannten im Süden die Flügel, das Abenteuer der Hansa trug Schnabel und Krallen des Reichsadlers noch manches Jahrhundert.

Rudolf von Habsburg

Als Richard der Reiche gestorben war, suchten die Kurfürsten lange, einen König der Deutschen zu finden; und als sie ausgesucht hatten unter den Fürsten und keinen fanden, wählten sie einen Grafen, Rudolf von Habsburg geheißen.

Er hatte dem Sizilianer klug und beständig gedient und war mit vielerlei Fahrten nützlich ins Alter gekommen, als ihn die Kurfürsten auf den Königsthron setzten.

Seine Macht war nicht groß, aber er hatte sein Gut beharrlich vermehrt und galt als Feldhauptmann viel; Friedrich von Zollern, der geschäftige Burggraf von Nürnberg, trug ihm die Gunst derer zu, die gleich ihm ein Königslehen besaßen.

Als sie ihn krönten zu Aachen in altertümlicher Weise, ritten die Grafen und Ritter in fröhlichen Scharen zum Fest, im Kaisersaal prahlte das Glück ihrer Stunde.

Sie dachten, gegen die Fürsten ein neues Brett zu gewinnen, aber der Habsburger hatte gelernt, sich selber zu dienen; wie er als schwäbischer Graf mählich zu dem Seinen gekommen war, saß er als König im Sattel.

Mancherlei Mächte hielten dem Reich das Streitroß geschirrt; er mußte mit kluger Beständigkeit warten und mit der Krone Feldhauptmann bleiben.

Er mußte dem Papst in Demut geloben, dem staufischen Kaisertraum zu entsagen; er mußte den Städten den Landfrieden schwören und mußte den Fürsten das Schwert ihrer Händelsucht lassen.

Als er dem trotzigen König von Böhmen sein deutsches Königsrecht wies, blieben die Großen und Grafen daheim, und wenig Ritter zogen mit ihm, die Schlacht auf dem Marchfeld zu schlagen.

Der Habsburger aber gewann die Schlacht mit dem Zollern, und der stolze König von Böhmen lag tot auf dem Marchfeld: der Feldhauptmann war Herr in der Ostmark und säumte nicht, seine Söhne reich zu belehnen.

So war er selber ein Großer an Hausmacht geworden; aber sie zu behalten, mußte der Habsburger Feldhauptmann bleiben: das Feldlager war seine Burg und der Krieg mit den Kleinen sein klägliches Handwerk.

Um seine hagere Gestalt war kein Glanz, und die Krone saß schlecht auf dem Graukopf: die Kaiserpracht blieb mit den Staufern verschwunden, kein römisches Reich spannte fortan den Bogen der Macht über die Völker.

Aber die Bürgerschaft hatte das Schwert ihrer Ordnung, und das Volk war dem Habsburger günstig gesinnt, der die Raubritter aufhing und in schnurrigen Späßen als derber Spaßvogel umging.

Die Eidgenossen

Als Rudolf von Habsburg noch schwäbischer Graf war, hielt er zu Altdorf Gericht im Namen des Kaisers; denn die Waldstätten hatten den Brief des Sizilianers, der ihnen die Reichsfreiheit beschwor.

Rudolf von Habsburg war stark und gerecht, aber Albrecht, sein einäugiger Sohn ritt stolz in den Tag; er dämpfte den Hochmut der rheinischen Kurfürsten und lachte der trotzigen Bauern.

Er setzte den Waldstätten Ritter als Vögte; der Landammann durfte der freien Gemeinde nicht mehr im Namen des Königs Recht sprechen.

Aber die Waldstätten schwuren den Bund auf dem Rütli: Werner Stauffacher aus Steinen bei Schwyz, Walter Fürst aus Uri und Arnold von Melchtal in Unterwalden kamen zur Nacht auf die heimliche Wiese und schwuren im frühen Tag, keine Burg und keinen Vogt in ihrer Freiheit zu dulden.

Am Neujahrstag brachen die Berge zu Tal; mit Streitaxt und Morgenstern kamen die Bauern hinab in die Täler, die Burgen zu brechen: da wurden die Waldstätten frei von der habsburgischen Plage.

Sie schwuren noch einmal den Bund und nannten sich Eidgenossen; sie priesen den tapferen Schützen, der Geßler dem bösesten Landvogt zu Küsnacht den Pfeil in das Herz schoß, und die Gewässer rauschten die Sagen vom Tell.

Aber zum Mai kam Albrecht der König geritten; das Gerücht seiner drohenden Rache ging in den Waldstätten um, als Johann von Schwaben, der Neffe, den harten Habsburger erschlug.

Da blies das Hifthorn der Habsburg den blutigen Mai, aber die Waldstätten grüßten das Frühjahr mit Freuden, denn nun war Heinrich von Luxemburg König, den Habsburger Hochmut zu dämpfen.

Sieben Jahre ging die Freiheit ins Land, bis Heinrich von Luxemburg starb, bis Leopold, der Herzog von Österreich, mit gepanzerten Rittern kam, die Eidgenossen in seine Hausmacht zu zwingen.

Aber die Waldstätten hatten die Wachen sorglich gestellt; als die gepanzerten Ritter gen Morgarten kamen, über den Ägerisee ins Schwyzerland einzubrechen, hatten die Bauern dem Habsburger Wolf die Falle bereitet.

Felsblöcke brachen zu Tal und schlugen blutige Quellen, der Morgarten wurde ein rauchender Anger, der See ein rauschendes Grab für den Hochmut der eisernen Ritter.

Zehnmal sieben Jahre gingen der Freiheit ins Land, und Wenzel war König, als wieder ein Leopold kam, die Eidgenossen zu zwingen; aber nun war die Bauernschaft mächtig und die Städte standen ihr zu.

Bei Sempach ritten die Österreicher an, Luzern zu berennen, und das Streitfeld war frei, die Hengste zu tummeln; das Fußvolk der Waldstätten hatte nach Urväterbrauch den Keil aufgestellt.

Die Ritter stiegen vom Roß, der drohenden Spitze des Keils mit ihren Panzern zu wehren: eine Mauer von Eisen stand vor den Bauern, mit Speeren gespickt, da mußte die Spitze stumpf werden.

Arnold von Winkelried aber machte sie scharf: gleich einer Garbe band er die Spieße in seinen sterbenden Leib und brach eine Gasse, darin sich der Keil gewaltig einbohrte.

Da hatten die Streitäxte Arbeit, die eisernen Bäume zu fällen;

der Tag war heiß, und von den Streichen der Bauern getroffen, erstickten die Ritter in ihren Eisengehäusen.

Leopold selber, der Herzog, sank in den Haufen, die fliehenden Lanzenknechte mähte der Morgenstern hin: so mußte der Wolf dem Stier den Weidgang lassen.

Die deutschen Ordensritter

In Zank und Schimpf ging das Grab und das Heilige Land den Ordensrittern verloren; aber der Hochmeister Hermann von Salza brachte ihr Schwert über die heidnischen Preußen, da mähten die Ritter dem schwarzen Kreuz ihrer Weißmäntel eine fröhliche Ernte.

Indessen die Kurfürsten in Aachen Rudolf von Habsburg die Krone aufsetzten, bauten sie schon ihre feste Burg an der Nogat; als König Albrecht, sein Sohn, durch Mörderhand fiel, war ihre Zwingherrschaft so sicher gegründet, daß der Hochmeister selber ins preußische Land kam, in der Burg an der Nogat zu wohnen.

So wurde die Burg ein gewaltiges Schloß, Marien zu Ehren genannt, die Gralsburg der schwarzweißen Ritter.

Denn nun war der Hochmeister Reichsfürst geworden wie keiner: nicht Bischofs- noch Bürgergewalt galten im Preußenland, die Weißmäntel ritten den Zügel der Zucht, und wie sie Gehorsam gelobten, verlangten sie ihn.

Sie waren die eiserne Hand, der Hansa im Osten die Wage zu halten; Kurland, Livland und Esthland, die reiche Küste der Ostsee, zwangen sie ein in den Ring ihrer Herrschaft und hielten den Ring in hartnäckigen Kriegen.

Denn herrschen und kämpfen war ihre Lust, weil es ihr Dienst und das Gelübde der Ordenspflicht war, über die Heiden das Kreuz und das Schwert zu bringen.

Als Winrich von Kniprode Hochmeister war, der gewalttätige

listige Mann, stand ihre Schwertbrüderschaft höher in Geltung als sonst im Reich eine Macht; als er der Hansa den Frieden von Stralsund erzwang gegen den Atterdag, wehte die schwarzweiße Fahne stolz auf der Burg an der Nogat.

Da wurden die Säle der festen Marienburg weit, da hielten die Säulen dem Remter der schwarzweißen Ritter die Decke kunstreich gespannt, da waren die Höfe und Hallen geschmückt mit dem Reichtum des preußischen Landes wie das maurische Königsschloß der Alhambra.

Aber schon wehte der polnische Wind Sandwellen in ihre Gärten; der Eidechsenbund der Preußen weckte den Haß und den Widerstand gegen die Willkür der landfremden Ritter; und als der Tag von Tannenburg kam, wurde das schwarzweiße Banner rot im Blut der verlorenen Schlacht.

Wohl konnte Heinrich von Plauen die Burg an der Nogat noch einmal mit Tapferkeit halten, aber das Glück der schwarzweißen Ritter hatte die Zucht welk gemacht für das Unglück: im blutigen Remter der Marienburg hielten die polnischen Sieger das Nachtmahl.

Die Feme

Sarnot war tot, und die freie Gemeinde lag unter dem Rasen, darüber die Rosse der Ritter im Übermut gingen; aber die einsamen Höfe der Roten Erde hielten das Herdfeuer wach, und die Wissenden waren beständig.

Die Gewalt hob das Schwert und das Gold in den prahlenden Tag, nur das Recht war stärker als Gold und Gewalt; wie der ewige Himmel hinter den rastlosen Wolken stand seine Herkunft hinter dem Tag und der schweigenden Nacht.

Draußen im Feld unter Bäumen war der steinerne Freistuhl gestellt; da hielt der Freigraf Gericht, ihm war der Blutbann des Königs gegeben, und die Freischöffen saßen ihm bei im uralten Femrecht der freien Gemeinde.

Da stand die Klage gelöst aus den bunten Kleidern der Welt, da war der Ritter ein Schelm, und der Bauer hob seine Hand über ihn, wenn seine Sache gerecht stand; denn jeder war frei im Gericht, wie er dem Recht untertan war.

Da wurde der Faden der Schuld abgewickelt Mann gegen Mann; und wie der Mann vor den Schöffen dastand, so war sein Schicksal verwirkt.

Denn nicht um die kleinen Dinge hatte die Feme den steinernen Stuhl aufgestellt, Tod und Leben sahen sich hart ins Gesicht, und der Strick war die Buße der Feme.

Wer die Ladung an seiner Tür fand, dem half nicht Gold und Gewalt; sein Dasein war fürder versiegelt, bis ihm die Feme das Siegel ablöste.

Der Freispruch der Feme löste das Siegel, oder der Strang schnürte es zu; dann lag ein Dolch bei dem Leichnam: Strick, Stein, Gras, Grein stand als Zeichen geschrieben, daß hier ein Femspruch vollstreckt war.

Um die Wissenden aber hatte der Eid das Geheimnis gelegt: die heilige Feme halten zu helfen und zu verhehlen vor Weib und Kind, vor Vater und Mutter, vor Feuer und Wind, vor allem, was die Sonne bescheint und der Regen benetzt.

Die Welt war des Unrechts voll, und die Gewalt ritt über die Straßen: aber ein Arm griff aus der schweigenden Erde, den Frevler zu packen.

Der Griff war hart und schnürte die Kehle zu, aber er kam aus dem Recht, und das Recht war im heiligen Boden der Herkunft lebendig wie das Korn in der Scholle.

Saxnot war tot, und die freie Gemeinde lag unter dem Rasen, darüber die Rosse der Ritter im Übermut gingen; die einsamen Höfe der Roten Erde hielten das Herdfeuer wach, und die Wissenden waren beständig.

Der gemeine Mann

Die Zunftehrbarkeit hielt dem Handwerk den Zirkel geschlossen, aber die Zunftstuben wurden im Streit um die Macht die Brutnester der Empörung.

Denn die Macht in der Bürgerschaft war der Rat der reichen Geschlechter; sie waren die stolzen Ritter der Stadt, und wie der Burgherr den Bauer in Hörigkeit brachte, so hielten die reichen Geschlechter die Zünfte im Zwang ihrer Steuerbedrückung.

Als aber die Städte groß wurden und die Zünfte viel Volk waren, wollten sie selber im Rat sein und in der Bürgerschaft gelten.

Hitzige Meister und scharfe Gesellen hängten die Fahnen der neuen Zeit aus; die Selbstherrlichkeit der Geschlechter wurde bestritten; aus den Zunftstuben trat der gemeine Mann auf die Straße.

Er kannte das feine Waffenspiel nicht, er hatte nur seine Fäuste; aber die Fäuste waren in täglicher Arbeit gehärtet, und die Fäuste waren die Masse.

Rösselmann hieß der Schultheiß in Colmar, der die Ratsherrlichkeit der Geschlechter zuerst durch die Stadttore jagte und den Zünften das Regiment gab.

Den Rat wieder zu bringen, kam der König selber vor Colmar geritten; aber er mußte die Stadt mühsam berennen, ehe das Schwert seiner Ritter und Knechte der trotzigen Bürgerschaft Herr war.

Dem Schultheißen schlug der Henker das Haupt ab; aber der Hände blieben zuviel in den Zünften, sie alle zu stäupen.

In Worms und Köln, in Ulm und Speyer, in Münster und Lübeck blieben die Zunftstuben im Streit um die Macht die Brutnester der Empörung; und eher ruhte die Bürgerschaft nicht, bis die Zünfte im Rat waren.

Es wurde viel Gut vertan, und viel Blut floß in dem Streit; über der Bürgerschaft hingen die blitzenden Wolken von einem Gewitter ins neue; die Sonne der Zeit schien grell auf die Städte, und die

Blumen des Wohlstandes wuchsen darin üppig und wunderlich hoch: der gemeine Mann in den Zünften wollte davon seinen Teil haben.

Die braunen Brüder

Als die Zünfte den Streit um die Macht anfingen, waren die Mönche des heiligen Franz nach Deutschland gekommen, eine Heuschreckenplage den geistlichen Großen, die Seele des Volkes zu fressen.

Die Predigt von Cluny war kleinlaut geworden, der Reichtum der Kirche hatte die Lehre der Einfalt und Strenge getrost überstanden; er gab dem Adel treffliche Pfründen und den Bürgern die rauschende Flucht seiner Feste.

Nun kamen die braunen Kutten des heiligen Franz, gegürtet mit einem Strick, barfuß und bettelnd, und brachten die fröhliche Botschaft der Armut.

Das Himmelreich war in der prahlenden Welt ein verborgener Garten: die aus den Sälen und Söllern des Wohlstandes kamen, fanden die Tür nicht, wohl aber die in den Kleidern der Armut einfältig gingen; denn eher ging ein Kamel durch ein Nadelöhr, als daß ein Reicher ins Himmelreich kam.

Jesus von Nazareth ging wieder um auf den Märkten und Gassen, lächelnd zu lehren und liebend zu helfen denen, die mühselig und beladen waren: aber den Händlern im Tempel warf er zornig den Wechseltisch um.

Der Bischof prahlte auf seiner Burg, die Kaufleute brachten ihm Pelze und köstlichen Wein, sie nahmen Zins von den Zünften und taten groß vor dem Volk: nun kamen die braunen Kutten und klagten den Reichtum an.

Sie waren selbst eine Zunft und die allergeringste, sie hielten dem Wohlstand der Städte den Bettelsack hin, sie sprachen die Worte der Straße und trugen die tägliche Not: so war die christliche Lehre zum andernmal wiedergeboren, aber nun klopfte sie sacht an die Tür der irdischen Wohnung.

Die Kirche hatte den Kreuzzug gepredigt und war mit blinkenden Rittern im Morgenland kläglich mißraten; die Barfüßer brachten das Wort in den Alltag des Abendlands, das Wort und die Tat ihres demütigen Lebens.

Albertus Magnus

Aber die Kirche hatte der braunen Einfalt die weiße Klugheit gesellt; indessen die Barfüßer den Bettelsack hielten, lehrten die Dominikaner das Kirchengeheimnis der göttlichen Dreiheit.

Die weißen Brüder hatten kein Eigentum wie die braunen und mußten sich von den Abfällen des städtischen Wohlstands nähren; aber sie gingen nicht auf die Straße und hielten zu den Geschlechtern.

Denn ihr Teil war die Lehre und Wissenschaft von den Dingen, darin der Kirchenglaube als Schatzhalter stand; sie brauchten die Stille gesicherter Stuben, und nur der Kampf gegen die Ketzer rief sie ans Licht.

Sonst saßen sie über den Schriften und suchten mit Eifer und Scharfsinn den Glaubensgrund ab; sie hielten dem zweifelnden Geist das Rüstzeug der Kirche blank und lehrten die geistlichen Schüler, das Rüstzeug zu gebrauchen.

Sie hießen ihn Albert den Großen, obwohl er kein Fürst oder Bischof, nur ein Lehrer und Mönch war: Albert von Bollstädt, von Herkunft ein schwäbischer Grafensohn, der bei den Dominikanern in Köln die Wissenschaft lehrte.

Juden und Araber hatten dem Meister das Wunder der Wirklichkeit aufgeschlossen: er kannte den Lauf der Gestirne und die magischen Kräfte des Mondes.

Er wußte das tote Geheimnis der Steine zu wecken und sah den Kreislauf der Säfte in allem lebendigen Dasein, er konnte die Kraft der Natur mit mancherlei Künsten ans Tageslicht locken.

So viel und bunt spielte die Macht seines Geistes die Wunder der Wirklichkeit vor, daß er ein Zauberer hieß; und als er ein schlohweißer Greis war, woben die seltsamen Sagen ihm selber ein Wunderkleid: der Teufel, so hieß es, habe die feinsten Fäden gesponnen.

Aber die Königin Jungfrau des Himmels hielt ihre huldreiche Hand über ihm, denn der Zauberer hatte der Kirche das künstliche Rüstzeug gefunden: aus dem Altertum stieg Aristoteles auf, der Priesterstaat zog in die Wohnung der griechischen Weltweisheit ein.

Der Geist der Scholastik fing an, die heidnischen Räume wohnbar zu machen für die kirchliche Selbstherrlichkeit: Albertus Magnus hatte den Einzug geleitet; der dem Volk ein Zauberer schien, war der Kirche sicher genug, ihn heilig zu sprechen.

Die fahrenden Schüler

Wo eine Schule stand, liefen die Schüler zu, und wo eine Schule berühmt war, kamen sie viel; als Albert der Große in Köln lehrte, konnte die Stadt die Scharen der Scholaren kaum fassen.

Eine Burse hießen die Schüler das Haus, wo sie Unterkunft fanden; hunderte summten da ein und aus, und die mönchische Ordnung konnte die Zucht nicht mehr halten.

Sie waren weither gewandert und brachten in Kleidern und Sitten den Straßenstaub mit; unterschlüpfend in Klöstern und Pfarrhöfen, bettelnd bei Bürgern und Bauern tauchten sie ein in den unreinen Strom der fahrenden Leute.

Auch fanden viele das Ufer nicht mehr: ohne Hoffnung, je eine Pfründe zu finden, der Ordnung entwöhnt, dem Wein und der Straßenliebe verfallen, zogen die lärmenden Scharen durchs Land und suchten die Stadt heim, wenn der Winter die Wege verschneite.

Goliarden hießen sie dann und waren die Füchse der fahrenden Leute; wo der Bettel versagte und der Diebstahl gefährlich war, half ihre List, Speise und Trank zu gewinnen.

Sie hatten alle einmal die Messe bedient, das Mirakel war ihnen geläufig; sie wußten die Wundersucht höhnisch zu stillen und hielten sich selber zum Spott das Beispiel der Kirche vor Augen.

Sie waren die Schnapphähne des Zweifels und wußten den Unglauben am Bratspieß zu wenden; sie sangen dem fahrenden Volk lateinische Lieder, aber das Faß stand unter den Füßen Mariens, die himmlische Liebe verlief sich in irdische Löcher.

Der Kirche gefiel ihre freche Fahrt nicht, sie kehrte mit scharfem Besen die Bursen und machte den fahrenden Schülern die Türen der Klöster und Pfarrhöfe zu: aber die Straßen waren zu weit, und zuviel Scheunen standen daran.

Sie blieben die Füchse des fahrenden Volkes und mischten ihr schwarzes Kleid in die scheckigen Lumpengewänder: sie hingen der geistlichen Würde den Straßenlehm an und waren dem Kirchenbetrieb ihrer Tage ein frech und verwegenes Schalkspiel.

Das Volkslied

Unter der Linde war Tanz, und die fahrenden Schüler krähten ihr schnödes Latein; aber der mit der Fiedel wußte den Burschen und Mädchen andere Lieder zu singen.

Die Jungfrau Maria kam nicht darin vor, auch nicht die zierlichen Seufzer der Minne: ein Spaßvogel sang in gewürzten Reimen, wie er die Mädchen am Rhein, in Sachsen, in Schwaben und Bayern zur Liebe geneigt fand.

Das Lied war frech, und die Worte mußten den Tönen mitlaufen, aber die Täglichkeit lockte darin, und alle sangen den Reim, so sprang die Fiedel ins Blut.

Der Spielmann wußte noch andere Reime: von einem Geizhals, der sich mit Geld ein leckeres Weibchen einfangen wollte, von einem Knaben, den seine Buhlin betrog, von einer Spröden, die nie ihr Vergißmeinnicht fand.

Aber die kannten sie schon unter der Linde, Burschen und Mädchen sangen die Reime, wenn sie am Abend in Reihen verschränkt die Straßen des Dorfes abgingen; denn die Lieder der Fahrenden waren Feldblumen, die überall hingestreut überall Wurzeln schlugen.

Feldblumen und Blumen aus Urväterherkunft in Gärten gepflegt; denn immer noch blühte die Zeit, die vor dieser war, und die Seele des Volkes war heimlich getreu ihr Gärtner.

Dietrich und Hildebrand ritten die klirrenden Fahrten, und Siegfried sank in sein Blut, Schwanhild die schöne und Randwer der feine büßten die Liebe, Brunhild und Kriemhild kühlten die Rache.

Die fahrenden Spielleute kannten die alten Sagen und wußten die neuen, sie hielten die Reime und Töne lebendig, sie flochten die Rosen des Tages ein in den Kranz, der im Herzen des Volkes immergrün war.

So wurde aus alten und neuen Gesängen das Volkslied, von Burschen und Mädchen gesungen, wenn sie am Abend in Reihen verschränkt die Straßen des Dorfes abgingen.

Was der Seele des Volkes Gutes und Böses geschah, was in den Brunnen des Mitleids hinein fiel und was auf den rosigen Wolken der Mitfreude schwamm, hoben die zärtlichen Hände des Liedes ins ewige Dasein.

Der Meistersinger

Aber die Straße wurde dem fahrenden Volk nur verstattet, Kaufleute kamen mit Wagen und reisigen Knechten, Ritter zogen zu Hof, und Fürsten zur Jagd mit lautem Gefolge.

Auch saßen zur Herberge abends die Zunftgesellen da, die auf der Wanderschaft waren, mit feierlich stolzen Gesichtern; sie hielten sich fern von dem fahrenden Volk und hatten die eigenen Lieder.

Die Singschulen der Zünfte lehrten die Ehrbarkeit loben; und wie die Höfe den Minnesang, so pflegten die Meister das Preislied des ehrsamen Handwerks.

Denn die Zucht war das Schrittmaß der Zunft, wie das Springseil der fahrenden Leute die Lust war.

Sie hielt dem edlen Gesang peinlich das Tönegericht, sie lehrte die Worte im Reim künstlich verschlingen, sie stimmte die Laute, daß sie bescheiden im Mittelmaß blieb, und hieß das Gefühl in der Ehrbarkeit bleiben.

Gesellen- und Meisterstück gab sie zu singen, und über der Zunftlade standen die Regeln geschrieben, mit denen Frau Musika Hausordnung hielt.

So war die Singkunst im Rahmen rühmlicher Künste zünftig geehrt und im Richtspruch der Meister peinlich geordnet.

Aber das Lied stieg in den Tag wie die Lerche, es lachte der lehrsamen Meister und lachte der täglichen Tugend.

Mit feierlich stolzen Gesichtern sangen die Zunftgesellen der Herberge ihren Preisgesang vor, indessen die Burschen und Mädchen in Reihen verschränkt singend den Abend abgingen und in den Büschen der fahrenden Leute die Nachtigall lockte.

Der Schwank

Das Lied stieg in den Tag wie die Lerche, aber der Schwank saß mit den fahrenden Leuten in rauchigen Schenken, wenn irgendwo reiche Rast war.

Er sah das umzirkelte Dasein der sorgsamen Bürger und sah die Plage der Bauern, wie sie seitab von der Straßenfreiheit der fahrenden Leute dasaßen, gesichert vor Unbill.

Wetter und Wind zauste sie nicht in den Stuben, sie schliefen in Betten und waren geschützt vor den Hunden: aber sie sahen den Himmel nur durch die Fenster und kannten die Lust nicht, wie das wilde Getier, frei von Sorgen und Sachen, auf ihren Läufen zu sein.

Solcher Ehrbarkeit tat der Spott fahrender Leute ein Narrenkleid an: Schilda hieß er die Stadt seiner Schwänke, wo sie mit ihren Ratsherrn und Zünften selbstgerecht saßen und allem natürlichen Wesen entfremdet ihr Winkelgewerk hatten:

Die Schildbürger wollten ein Rathaus bauen und hatten die Fenster vergessen; daß der finstere Raum hell sei, schleppten sie Licht in Säcken herbei.

Die Schildbürger wollten das Gras auf der Stadtmauer abweiden lassen und legten der Kuh den Strick um den Hals; als dem gehängten Tier die Zunge heraushing, brümmelten sie, daß es den Grasgeruch schmecke.

Die Schildbürger säten Salz auf den Acker, und als die Brennnesseln aufgingen, spürten sie an den gebrannten Händen, wie stark das reifende Salz ihrer Saat sei!

So zog der Schwank der fahrenden Leute dem Bürger das Narrenkleid an; einer aber von ihnen ging aus, die Beschränktheit mit allerlei Possen frech zu verhöhnen.

Eulenspiegel war er geheißen, wo ein Schabernack spielte, hielt er die Pritsche, und wo er lachte, lachte das Volk mit; denn wo sein Schabernack saß, hatten ihm Dummheit und Bosheit der Bürger selber die Tür aufgetan:

Wenn er den Wirt mit dem Klang seines Geldes bezahlte oder als Schneidergesell die Ärmel wortwörtlich an den Rock werfen wollte, wenn er in Erfurt den Esel zu lehren versprach oder in Nürnberg die Kranken gesund machte: hatten die also Gefoppten sich selber zum Spott den Schaden verdient.

Es war die lustige Rache der fahrenden Leute an ihrem Todfeind, dem Bürger, der sie und die Menschennatur mit seiner Ordnung beschränkte; aber ihr Schicksal wuchs über den Schwank und den Schabernack trotzig hinaus, als der Doktor Faust seine Himmel- und Höllenfahrt machte.

Denn da brach der Trotz durch die Schranken; die Menschennatur mit Lohn und Strafe zu schrecken, hatte die Kirche Seligkeit und Verdammnis über die furchtsamen Seelen gebracht:

Aber der fahrende Mann beugte sich nicht vor Himmel und Hölle, er wollte sein Erdenteil haben; den göttlichen Mächten zu trotzen, die seine Menschennatur für ihre Zwecke mißbrauchten, schloß er den Pakt mit dem Teufel.

Da machte der Schwank die Tore des Schicksals breit auf, da trat der fahrende Mann hadernd vor Gott, daß er den Feigen und Furchtsamen hülfe, statt mit den Kühnen und Ketzern, das ist den Reinen, zu sein.

Die Bauhütte

So waren die Städte der Bürger gebaut: rund um das Weichbild der Stadt lief der Wehrgang auf starker Mauer, durch Zinnen gedeckt und an den Toren mit Türmen und steinernen Treppen gestaffelt.

Spitzige Giebel standen der Gasse entlang, hüben und drüben, und grämliche Tore sperrten die Höfe; die steinerne Halle am Markt trug dem Rathaus die schmuckreichen Säle.

Breit schwang sich der zackige First über die Giebel der Gassen, aber gleich einer Tanne ragte der Münsterturm über das Buschwerk der Dächer.

Weit aus der Ferne grüßte das steinerne Wunder den nahenden Wanderer; sein blaues Gespinst wuchs in die Nähe hinein mit ragenden Massen und stand mit Pfeilern und Pforten, mit Nischen und Narben zuletzt als fleißiges Menschenwerk da.

Stein war geschichtet auf Stein, Maßwerk auf Maßwerk gezirkelt, die zackige Schnur seltsamer Krabben war sorglich gemeißelt, Standbilder priesen den Steinmetz und seine kunstreichen Hände.

Seitwärts im Schatten, unter der steinernen Brandung standen die Hütten der Bauleute geduckt; da pochten die Hämmer und klirrten die Eisen, da wurden auf breiten Brettern und Tischen die Risse gezirkelt, standfest und kühn den steinernen Wuchs zu planen.

Denn nun war der Turm nicht mehr die ragende Last runder Gewölbe, wie eine Garbe wurden die Halme dünn und gebrechlich zur Stärke gebunden, Halme aus zierlich behauenen Steinen, die steinerne Blume des Kreuzes zu tragen.

Die Bauleute waren Steinmetze geworden, und ihre Bruderschaft galt über den Zünften; die Bauhütte hütete Zirkel und Richtscheit als hohes Geheimnis.

Strenge Gebräuche und seltsame Zeichen hielten der Steinmetzenkunst uralte Weisheit lebendig: aus dem Morgenland war sie gekommen, durch den blutigen Wechsel der Zeiten heimlich gehütet, aber das Abendland brauchte sie neu im Zeichen des Kreuzes.

Im Zeichen des Kreuzes hielten die Hallen die Vierung, aber das Kreuz auf dem Turm war eine Blume geworden; himmlische Sucht und irdische Lust gaben einander die Hand im Geheimnis hoher Vollendung, das in der Bauhütte stolz und streng behütet war.

Die Schilderzunft

Du sollst dir kein Bildnis noch irgendein Gleichnis machen, sprach das Gebot; aber die Heiligen standen in Stein an den Pforten, und am Hochaltar hing, hölzern ans Kreuz geschnitzt, der Erlöser.

Auch waren Gewölbe und Wände bemalt mit den Bildern der kirchlichen Gnade; die heiligen Gestalten gingen in farbig getönten Gewändern, und die tröstlichen Zeichen der Himmelsverheißung schmückten die Felder der Vierung.

Tief aber glühten die Tafeln mit goldenen Gründen, darauf im Troß ihrer englischen Knaben die Himmelskönigin selber das bunte Farbenkleid trug.

Sie hielt das Kind auf dem Schoß und war ihm die lächelnde Mutter, wie sie der sündigen Menschheit die huldreiche Fürsprecherin war.

Ein Schild hießen sie solch eine Tafel, künstlich auf Goldgrund gemalt, und alle Schilder der Ritter waren in bunten Wappen gewirkt nicht so schön wie das Schild mit dem Bild der holdseligen Jungfrau.

Die kölnischen Meister der Schilderzunft kannten zuerst das köstliche Wunder, einem Spiegelbild gleich die süße Erscheinung zu malen, mit sauberem Pinsel auf eine Tafel von Holz; aber der Augenstern stand leibhaftig darin und lächelnd der liebreiche Mund.

Sie lockten das himmlische Wunder hinein in den staunenden Tag; Wirklichkeit wurde den Sinnen, was in den Worten der Priester und im Prunk ihrer Gesänge die gläubigen Herzen ahnend erfüllte.

Kunstreiche Meister und ihre Gesellen hoben das Werk ihrer Hände hoch in den Ruhm; die Schilderzunft kam ins Glück, als sie dem Himmel die Farben und seinem ewigen Glanz einen Schimmer zu stehlen vermochte.

Der Genter Altar

Aber die Wirklichkeit wollte den Tag, und der ewige Sinn sank im Wechsel der Sinne.

Die himmlische Ferne verschwand in der irdischen Nähe, und irdische Augen begannen sie warm und froh zu betrachten.

Gott saß im Himmel und hörte die englischen Heerscharen singen, aber der Mensch ging im Menschengewand, die Erde blühte mit irdischen Blumen, und wo eine Stadt war, füllte das Tagwerk die Gassen.

Ein Bürger zu Gent wollte der Kirche Sankt Bavo einen Schilderschrein stiften, und Hubert van Eyck kam aus Brügge, die Tafeln zu malen:

Gott Vater thronte als König des Himmels in einsamer Stille, nur das Lamm bot sich der gläubigen Anbetung dar, darüber die Taube des Heiligen Geistes die ewige Glorie strahlte.

So dachte Hubert van Eyck den Altar zu malen; er hatte die Tafeln mit sehnsüchtiger Andacht gestellt, da ließ ihm das Siechtum den Geist und die Hände ermatten.

Jan aber, sein jüngerer Bruder und Helfer, malte den Bilderschrein fertig; er kannte das Werkstattgeheimnis, mit zarten Lasuren die Gründe leuchtend zu machen, daß sie in gläserner Helle und frischer Farbigkeit standen.

Aber er liebte den Tag und die Wirklichkeit, und wo seinen Bruder die Sehnsucht der Ferne verzehrte, stand er getrost in der Nähe und sah das einzelne gern.

Er malte die Wiesen mit blühenden Blumen und malte den Himmel im zärtlichen Blau, er malte die Falten im Felsgestein und malte das Laub an den Bäumen.

Er malt den Reitern reiche Gewänder und ließ die Rosse stolzieren im Schmuck der Schabracken; er malte den singenden Engeln schwellende Lippen und gab dem Notenpult köstlichen Zierat.

Er malte Gott Vater im Prunkgewand seines Weltkönigtums; und daß seinen Tafeln die Herkunft des Fleisches nicht fehle, stellte er Adam und Eva hinein in gänzlicher Nacktheit.

Alles war naheste Wirklichkeit, mit fröhlichem Eifer betrachtet; alles war irdisches Glück, mit frohen Augen genossen; alles war sinnlicher Glanz, aus köstlichen Farben geflossen.

So zog das himmlische Dasein in Gent ein weltliches Bürgerkleid an; so fand sich die Kunst in den Tag, als Jan van Eyck in Sankt Bavo den frommen Altar seines Bruders zum fröhlichen Bilderschrein machte.

Der Spiegel der Wirklichkeit

Was in Sankt Bavo zu Gent geschah, wurde Saat allerorten: überall waren Bürger aus Wohlstand in Reichtum geraten und wollten Gott und sich selber zu Ehren den Kirchenschmuck mehren; überall hatte die Schilderzunft fröhlich zu schaffen.

Einen Altar zu stiften, wurde der Ehrgeiz des Bürgers, und seine Tafeln zu malen, das Meisterstück in der Zunft.

Wohl gab die Kirche allein die Legende, aber die Bilderkraft sprang aus der Schau und dem fröhlichen Tun des täglichen Lebens: die heiligen Männer und Frauen des Morgenlands mußten die Kleider und Sitten des Abendlands tragen.

So wurde die Herkunft der Christenlegende zum andernmal tapfer ins Deutsche versenkt: die Wälder und Wiesen der Heimat sahen die Jüngerschar schreiten, und die Burg des Herodes stand bei dem Münster der gotischen Stadt.

Aber so wurde die Heilige Schrift auch der Spiegel, in bunten Bildern das Leben der Bürger zu fassen; so wurden die kostbaren Schreine der Kirchen die treuesten Hüter der eigenen Wirklichkeit.

Da ritt der heilige Georg im blinkenden Panzer des Ritters, da wurde Lazarus wach auf dem Kirchhof der Kreuze, da stand das Bett der Maria behäbig an der getäfelten Wand, da war die Krippe im Stall nach heimischer Sitte aus Balken gefügt.

Wohl wuchsen auch Palmen, und Löwen waren den Heiligen treu, aber sie blieben fremd und verscheucht, indessen das heimische Gewächs und Getier sich unbesorgt breitmachte.

Bäuerlich fränkische Häuser, städtische Gassen und Stuben boten dem Bauer und Bürger den Vorwand des heiligen Lebens, unbekümmert und selbstgefällig ins Bilderdasein zu treten.

Sie waren linkisch, dem kirchlichen Schauspiel zu dienen, die Glieder fanden nur selten die rechten Gebärden, und die Gesichter wurden der heiligen Handlung nicht froh: aber sie taten ihr Werk mit Eifer, und wo sie das Marterzeug brauchten, verstanden sie seinen Gebrauch.

Nicht einer der Zunft hatte die fröhliche Meisterhand wieder, die den Altar von Sankt Bavo zum Spiegel irdischer Glückseligkeit machte; es war ein linkisch verstiegenes Dasein, grausam und vielmals verzerrt, und mehr eine Fratze als ein schönes Abbild der Welt.

Aber es war in die glühende Pracht gläserner Farben gegossen, und seine bunte Vielfältigkeit stand stark und verzückt im Licht der gläubigen Einfalt.

Der Altar von Isenheim

Der Bilderschrein hatte den Bürger ins Schaubild gestellt, Alltäglichkeit war das Gewand der heiligen Handlung geworden: da hob sich im Zorn eine Zauberhand, dem Himmel das Seine zu geben.

Matthias Grünewald hieß der mächtige Meister, Hofmaler des Bischofs von Mainz und ein Franke vom roten Main, der im Kloster zu Isenheim, droben im Elsaß, den Hochaltar malte.

Dem heiligen Vater der Mönche und Schutzherrn der Tiere, Antonius sollte der Altar geweiht sein; aber der Meister wollte den Urgrund aufreißen und im Mirakel die Quellen der brünstigen Heiligkeit zeigen.

Gott war in Schmerzen geboren und war gekreuzigt als Mensch, um aus der Nacht des irdischen Todes aufzuerstehen und strahlend zurück in den Himmel zu fahren.

Da waren die Tafeln zu klein, zu kläglich die Kleider der Täglichkeit, da mußten die Brunnen der Tiefe aufbrechen mit feuriger Fülle, da mußte das ewige Sein den glasigen Schein der irdischen Dinge durchleuchten.

Und so war die dreifache Tiefe des Altars gebaut: draußen die Tafeln von Golgatha, drinnen die Herrlichkeit Gottes, und erst, wenn die inneren Flügel aufgingen, kam der Heilige selber, dem der Altar gemalt war.

Gramvolles Dunkel lag auf der Welt, nur Golgatha stand in beinerner Helle, als ob ein Blitz den Himmel durchbräche, den gekreuzigten Gott zu beleuchten.

Aber kein göttlicher Dulder hing an dem Holz, ein gemarterter Mensch und ein blutrünstiger Leib der Verwesung.

Ein Schrei ging aus von den Frauen und verzagte im Abgrund; nur Johannes der Täufer stand da mit dem Lamm, der sündigen Menschheit das göttliche Opfer zu weisen.

Gewaltig war so der Deckel des Buches gebildet, der mitten wie Torflügel aufging, der schluchzenden Seele die Herrlichkeit Gottes und das Wunder seiner Geburt offenbarend:

Vier Tafeln standen wie eine im Morgenrot glühende Wand vor den Augen der gläubigen Christen; Orgelgewalt und Gesang der Mönche schwanden hin in der Fülle farbiger Stimmen, wie ein Menschenruf übers Meer klingt.

Der Tempel der himmlischen Mutter stand in der Mitte, aus Licht und Farbe gebaut, und Lobgesang schwoll aus den englischen Räumen; die Jungfrau saß selig versunken davor mit dem Kind in der blühenden Landschaft, darüber Gott Vater im Himmel die Augen der Liebe aufmachte.

Zur Linken wurde der Jungfrau das Wunder der Gnade verkündigt, zur Rechten fuhr hell aus dem Kerker des Grabes der Heiland: ein glühender Ball brach in die Sterne der Nacht, darin die Lichtgestalt des Erlösers von allen Feuern des Himmels beglänzt war.

So übermächtig war der Glanz und das Glück der im Morgenrot glühenden Flächen, daß danach die Farbe nichts mehr vermochte: wenn sich die inneren Flügel auftaten, standen die Heiligen stumm als geschnitzte Figuren inmitten der grellen Erscheinung.

Nur auf den inneren Flächen der letzten Torflügel hatte der Meister das Glück und das Grauen der Weltentsagung gemalt: wie das Getier der Wüste dem heiligen Antonius diente, und wie das Höllengezücht ihn versuchte.

Erde und Hölle sprachen ihr Wort nach dem Himmel: die Erde lockte mit üppiger Landschaft; die Hölle schrie das grelle Getön ihrer scheußlichen Leiber; aber der Himmel stand hinter den Flügeln mit seinem ewigen Glück.

So war der Altar des fränkischen Meisters gebaut, darin der

himmlische Zorn den Alltag verscheuchte: die Tiefe der brünstigen Seele brach auf und war kein schönes Abbild der irdischen Glückhaftigkeit mehr, weil das ewige Wunder nicht mehr den eitlen Traum der Täglichkeit weckte.

Das Buch der Freiheit

Meister Eckhart

Der aus Steinen den gotischen Wunderwald machte, ließ aus dem heiligen Hain der erschütterten Herzen eine neue Gläubigkeit blühen.

Wie das Geflecht der Gurten und Rippen, das Laubwerk der Knäufe und Sockel die lateinische Messe mit gotischer Inbrunst umfing, so wuchs in der nordischen Seele der Gral der christlichen Sendung.

Die Kirche hat ihn als Ketzer verdammt, den Meister Eckhart von Köln, der unter den Christen der naheste Jünger des Herrn, der Gotteskindschaft des Zimmermannssohns seligster Nachfolger war: Dominikaner und Prior des Predigerordens in Erfurt, Straßburg und Frankfurt; aber die Fackel im Maul seines Hundes war kein brennendes Feuer, nur leuchtendes Licht seiner in Gott weißglühenden Seele.

Drum verdammte er nicht und hielt seine Kutte nicht keuscher als sonst ein irdisches Kleid; er tat dem Leben kein Büßerhemd an, ging in den Himmel zu allen Stunden und sprach in den Wahn der weltflüchtigen Zeit sein weisestes Wort, daß gute Menschen das Leben lieb hätten.

„Nie würde ein Mensch, der Durst hat, so sehr zu trinken begehren, wenn nicht etwas von Gott darin wäre.

Dasein und Jungsein ist eins in der Ewigkeit; denn sie wäre nicht ewig, wenn sie neu werden könnte.

Was der Mensch liebt, das ist der Mensch: liebt er einen Stein, so ist er ein Stein; liebt er einen Menschen, so ist er ein Mensch; liebt er Gott — nun zage ich, weiter zu sprechen, ihr könntet mich steinigen wollen!"

So sprach der Meister Eckhart von Köln, lächelnd von Liebe und Weisheit, wie weiland der Herr, und hielt nicht ein, auch dies noch zu sagen, daß alle Liebe der Welt auf Eigenliebe gebaut sei: „Ließest du die, du hättest die Welt gelassen!"

Und ging auf den Straßen und Märkten wie Jesus im jüdischen Land; denn da die Lehre zum andernmal Wort ward, zerbrach ihr Frühling den gläsernen Grund des lateinischen Winters, aufquellend im Brunnen der eigenen Sprache.

Seine Predigt war deutsch und scheute sich vor der Alltäglichkeit nicht und hob aus dem Staub der Straße die Bilder des ewigen Lebens: „Sie fragen, was in der Hölle so brennt? Ich sage, das Nicht brennt in der Hölle, und sage ein Gleichnis:

Nimm eine brennende Kohle zur Hand! sprächest du da, die Kohle brennt mich, du tätest ihr Unrecht; denn hätte die Hand die Feuernatur der brennenden Kohle in sich, sie schmerzte nicht: so ist es das Nicht deiner Hand, was sie brennt!

Daß die Seelen von Gott geschieden sind durch ein Nicht der Natur, ist ihre Hölle; denn hätten sie göttliches Wesen in sich, was könnte sie brennen? Darum, wollt ihr vollkommen sein, so müßt ihr frei werden vom Nicht!"

In der Klosterkirche zu Köln stand der Mann mit dem weißen Bart vor dem Ketzergericht der christlichen Kirche; der naheste Jünger des Herrn war verklagt, und der Hohepriester des neuen Bundes zerriß den Rock im Rat seiner Richter.

Aber Gott nahm den Greis fort aus den Händen der Torheit und schenkte den Priestern die Schuld des zwiefachen Kreuzes.

Er gönnte dem Meister der Demut, in Frieden zu sterben, und ließ der Gotteskindschaft des Zimmermannssohns seligsten Nachfolger eingehen ins ewige Licht.

Suso

Den sie als Bruder Seuß kannten von Schwaben bis nach Franken und dem die Gläubigen zuliefen wie vormals Johannes am Jordan, war eines Ritters Sohn aus Überlingen, der früh ins Kloster und als Jüngling nach Köln zum Meister Eckhart kam.

Da lernte er das Glück der Abgeschiedenheit und übte es so

brünstig, daß er wohl zwanzig Jahre in seiner Zelle zu Konstanz blieb mit selbstgewählten Bußen, obwohl dem Knaben der Seewind und die Frühlingsblumen des Wunders holdeste Erscheinung waren.

Er tötete die Stunde, trank Lust aus Leid und lernte Gott lieben, bis ihm der Sinne Untergang der Wahrheit Aufgang wurde.

Dann endlich zog der Bruder Seuß mit grauem Bart aus seiner Wabe hinaus ins Menschenland, den Honig der ewigen Weisheit den Wartenden zu bringen.

So süß war seine Lehre und so beseligt sang sein Mund das Lob der ewigen Weisheit, wie nie die Stimme eines Predigers gesungen hatte.

Die nicht den Sinn verstanden, fühlten doch den Klang, der wie der Sang der Knaben, wie die farbigen Fenster und wie der Duft der Veilchen im Frühjahr war.

Darum hörten den Bruder Seuß die Frauen gern, hellhöriger als die Männer und dem Geheimnis der Brunnentiefe näher; sie liebten ihn schon, wenn seine Stimme gleich einer Nachtigall aufschwoll im sursum corda der heiligen Messe.

Dann raffte er die Kreatur um sich aus allen Elementen, die bunten Vögel und die sanften Rehe, die stummen Fische und die stillen Falter, auch das Gewürm der Erde, das Laub und Gras der Wälder und der Wiesen, den Gries im Meer und alle Tropfen, die der Tau der Wiesen frühmorgens funkeln ließ, das Gestäube im letzten verirrten Sonnenstrahl und alle Glut der Berge; und schwollen an im Chor von tausend Tönen und fielen ein mit ihm: Empor zu Gott!

Er aber war nicht lässig in solcher Lust, er ließ die Stimme steigen gleich einem Strahl, ließ ihn zerstäuben und die Tropfen perlen, und jeder Tropfen sank in ein Herz; da wurden wach, die träge schliefen, und schraken auf, die in den Tönen die Bilder ihrer Wollust schmeckten, und traten in den Kreis der Kreatur und brachten ihren Tropfen dem Bruder Seuß, daß er ihn trüge: Empor zu Gott!

Auch die Gerechten, die dasaßen mit ihrer säuerlichen Pflicht und zwischen Gott und Kreatur den Hochmut ihrer Werke hatten, sie fühlten seinen Tropfen rinnen und zerschäumen in ihrer kalten Brust; das Herz brach auf und schäumte sein rotes Blut und wurde leicht von seiner Last der harten Menschenheit, und wurde Lust der Kreatur und flog der Stimme zu, der Stimme und dem Strahl: Empor zu Gott!

Der Gottesfreund

Was Eckhart, der naheste Jünger des Herrn, in Straßburg und Köln von der Ewigkeit lehrte, war nicht vergangen, weil es im Brunnen der eigenen Sprache Quellwasser blieb statt dem Latein der Scholasten.

Gottesfreunde hießen sie droben am Rhein die heimlichen Künder der Lehre; wie vormals die Jünger hielten sie abseits der Kirchengemeinde die frohe Botschaft lebendig, und wie die Jünger lebten sie zwischen Verfolgung und heimlicher Duldung ihr Dasein in Christo.

Die Hoffnung des Himmels, die Furcht vor der Hölle gaben der Kirche die Zügel, aber stärker als Hoffnung und Furcht war das Gewissen; und lange schon stand es bereit, vor Gott und der Menschheit das Recht und die Pflicht des evangelischen Daseins zu fordern.

Der aber ihr Meister war, kam und ging im Geheimnis: den großen Gottesfreund aus dem Oberland hießen sie ihn, Name und Herkunft blieben verborgen; kaum anders, als Jesus den Jüngern erschien, trat er hinein in den Kreis seiner Freunde als hohe und frohe Erscheinung.

Als Tauler in Straßburg, der Dominikaner, um seiner Redekunst willen berühmt war, bat ihn der Gottesfreund einst um eine Predigt, wie sich die menschliche Seele am höchsten und nächsten zu Gott aufschwingen möge?

Da wetzte der Meister sein Rüstzeug gelernter Scholastik und tat sich groß mit den Künsten der vierzigsten Beschauung und mit den vierundzwanzig Stücken, durch die der Geist erleuchtet würde vor Gott.

Aber der Gottesfreund lächelte nur und nannte es pfäffische Künste, den Wein mit Hefe zu mischen; denn Jesus der Zimmermannssohn habe zur Einfalt der Jünger geredet und solche Künste der Schriftgelehrten verachtet.

Darüber fiel der gelehrte Mönch in Trauer und Trübsinn und verlor alle Freude an seiner scholastischen Kunst, so daß die Brüder sein Alter für schwachsinnig hielten und die Beichtkinder seiner lachten.

Zwei Jahre lang blieb er verstört und forschte viel in der Schrift und suchte Gott in der Demut, da ihn sein Hochmut nicht fand.

Als er dann wiederkam auf die Kanzel, ein tief geläutertes Gemüt, war er den Klugen völlig ein Spott, weil er kein Wort zu sprechen vermochte, nur bitterlich weinte.

Da trat ihm zum andernmal heimlich der Gottesfreund bei: Das war die beste Predigt vor Gott und deine Berufung, sein Wort zu verkünden! weil du selber den Weg zur Demut fandest, sei getrost, ihn den andern zu weisen!

So tat der Gottesfreund dem Dominikaner den Mund wieder auf; durch seine Lippen, nicht mehr lateinisch verkünstelt, floß fürder das Labsal des Wortes: Tauler, der evangelische Prediger stand auf der Kanzel zu Straßburg, der die Einfalt und Gnade gleich einem Becher den Dürstenden darbot.

Der aber das Wunder vermochte, der Gottesfreund schwand in die Ferne, aus der er kam, denen, die seiner bedurften, weise und wahrhaft und stark zu erscheinen.

Die gemeinsamen Brüder

Er war weder Priester noch Mönch, Gerhart Groot von Deventer; er hatte studiert in Paris wie andere Jünglinge auch, Theologie und kanonisches Recht, selbst die magischen Künste, und dachte behaglich zu leben von seinen Pfründen als Kanonikus oder Magister.

Da fand ihn das Wort von dem Einen, was not tut; er verbrannte die magischen Bücher, legte den silbernen Gürtel und das sarmatische Pelzwerk ab und ging in ein Kloster — doch ohne Gelübde — den Zweck seines Daseins zu finden aus dem Gewissen.

Als er ihn fand in der Schrift, zog er hinaus wie vormals die Jünger, der reichgewöhnte in ärmlicher Kleidung, nur im geringsten bedürftig, und fing an zu lehren im plattdeutschen Wort seiner Heimat.

So wurde der reiche Jüngling und stolze Magister ein dienender Mund der Einfalt; Priester und Laien hörten ihm zu und staunten der einfachen Rede und ihrer schlichten Gewalt, bis ihm der Bischof von Utrecht im Namen der Kirche zu lehren verbot.

Er hätte Freunde gehabt bis nach Rom, der Weisung zu trotzen; aber er folgte in billiger Demut dem Bischof, zog heim nach Deventer, statt der Großen die Kleinen zu lehren — wo das Salz noch nicht dumm war — und wurde ein Lehrer der Jugend, wie keiner vor ihm.

Da hingen ihm Jünglinge an und taten wie er, halfen ihm lehren, nahmen nicht Lohn und lebten gemeinsam; nicht mit dem Leinensack bettelnd, tätig und treu im Stegreif der Stände und demütig dienend, wo Hilfe und Pflege not war: nur im Genuß einfacher Freuden dem Weltleben fremd und im Gewissen der gotteinigen Seele.

Bald wurden der Brüder zuviel in Deventer, wo sie mit Gerhart dem mildreichen Meister gemeinsam ihr Eigentum hatten; so zogen sie aus in das Land und die Länder, lehrten die Jugend und lebten den Eltern ein Vorbild, daß Gott im täglichen Wirken, nicht nur im Kirchendienst fröhlich zuhaus sei.

Der aber ihr Meister blieb, Gerhart Groot aus Deventer, starb wie er lebte: einen Freund schlug die Pest, er pflegte ihn heil und starb an der Seuche, starb heiter und gütig im Kreis seiner Freunde.

Er ließ den schwächlichen Leib im vierundvierzigsten Jahr seines

Lebens, aber die Brüderschaft blieb und blühte das Lächeln der evangelischen Weisheit in furchtsame freudlose Seelen.

Bis ihrer Tausende saßen im deutschen Land, Lehrer der Jugend und Brüder eines in fröhlicher Armut und selbstloser Arbeit gemeinsamen Lebens.

Konzil in Konstanz

Während im Norden die neue Gläubigkeit glühte, wuchs in den päpstlichen Gärten das Tollkraut der Zwietracht: drei Päpste regierten zugleich und verdammten einander, und der das Konzil nach Konstanz berief, der Neapolitaner Johann, war ein Seeräuber von Herkunft und Sitten.

In Konstanz sollte das Schmelzfeuer der Christenheit sein und wurde ein Jahrmarkt der Kirchenverderbnis: dreihundert Fürsten und Bischöfe samt dem Troß der Prälaten und Äbte, Grafen und Ritter, kamen an mit dem reisigen Volk ihrer Knechte, Roßbuben, Spielleute und bauten ihr Zeltlager rings um die staunende Stadt.

Alle Zungen Europas schollen im Seewind; Mönche, Gaukler und Dirnen der abendländischen Welt begingen die Gassen, die Heuschreckenschwärme fahrender Leute begafften die lustreichen Feste, indessen die Kardinäle den drohenden Völkern ein neues Kirchengewand zu nähen versprachen.

Es war ein schönes Turnier, das die Konstanzer sahen, draußen im Bühl vor den Toren der Stadt; aber der Vogel im Käfig, der Seeräuberpapst flog aus unterdessen; er ließ der bestürzten Stadt das verwirrte Konzil und dem Kaiser die Sorge zurück, den gefährlichen Geier zu fangen.

Der zollernsche Burggraf von Nürnberg ritt auf die Jagd und holte ihn ein, das Konzil zerbrach ihm sein päpstliches Siegel und Wappen; aber der Jahrmarkt der Kirche ging weiter und hatte sich schon sein frechstes Schaustück bestellt:

Im festen Schloß Gottlieben, wo der Bischof von Konstanz den gestäupten König der Kirche mit geistlichen Ehren bewachte, saß auf dem steinernen Turm ein anderer Vogel im Käfig: Johann Hus, der böhmische Rektor aus Prag und evangelische Priester, der aus der Schrift die Kirchenreform an Haupt und Gliedern verlangte.

Der Kaiser gab ihm freies Geleit und hieß den Ketzer verbrennen: im Münster zu Konstanz saßen die Fürsten um Sigismund und sahen dem Schauspiel zu, wie die hohenpriesterlichen Knechte dem Ketzer die Kleider der Kirche abrissen, wie sie den Blutzeugen Christi mit einer Narrentracht höhnten und seine Seele dem Teufel befahlen.

Sie kehrten die Asche des Ketzers zuhauf und streuten sie aus in den Rhein, sie grüßten das Kreuz und sangen zur Messe, sie wählten Martin den Fünften zum Papst, und der Kaiser führte dem Statthalter Christi den Zelter.

Sie zogen den Jahrmarkt des Kirchenkonzils mit Zeter und Zank und festlichen Fahnen noch hin bis ins dritte Jahr.

Und sahen die Flammen nicht draußen im Bühl vor den Toren der lustreichen Stadt, die lohende Flamme der Lehre, und hörten die Asche nicht flüstern im Rhein, die Asche der tapferen Treue.

Sie webten den Wahn ihrer Macht in den gleißenden Tag und hießen sich Christen; sie kannten die Leiden des göttlichen Dulders und sahen den Teufel nicht in den Fratzen der kirchlichen Henker.

Die Hussiten

Hus war verbrannt, weil der Kaiser Sigismund meineidig wurde; aber der böhmische Adel schwur einen Bund, die freie Predigt zu schirmen, auch Bischof und Papst nur zu gehorchen, soweit ihr Gebot aus der Schrift kam.

Hussiten hießen sie nun und galten der Kirche als Ketzer, aber sie wollten das evangelische Wort einmal wahr haben auf Erden; und als die päpstliche Bulle ankam, den Hussiten mit Kerkerstrafen zu drohen, standen sie tapfer zusammen auf ihrem Berg Tabor, Bauer und Edelmann, und hießen sich Brüder.

Männer, Frauen und Kinder, Tausend an Tausend gelagert, füllten den Berg mit ihrer gläubigen Hoffnung, daß endlich das Gottesreich käme; Zelte an Zelte gedrängt: ein Volk war wieder auf Erden, wie Israel war, auf dem Berg der Verheißung.

Als Wenzel ihr König an seiner letzten Mahlzeit erstickte, wollten sie seinen Bruder und Erben, den Kaiser als böhmischen König nicht haben, weil Sigismund in Konstanz an ihnen meineidig wurde; er schnaubte heran mit seinem reisigen Volk, aber sie zeigten die Schärfe des Schwertes und schlugen die eisernen Reiter.

Ziska hieß ihr gewaltiger Feldherr, einäugig, in fremden Kriegen ergraut: er stärkte das Fußvolk, die gepanzerten Rosse zu fällen, auch goß er Kanonen und lehrte die Böhmen trefflich zu schießen.

Aber der Streitwagen war ihre Stärke: wenn die Räder anrollten im Streitgesang der Hussiten, fiel Furcht in die Herzen der Feinde, daß sie der Schlacht entflohen, bevor sie begann.

Ein Pfeil traf sein anderes Auge, und Ziska war blind; aber er blieb das graue Haupt der Hussiten und ihr gefürchteter Feldherr, ehrwürdig und unbeugsam, bis ihn die Pest hinwarf.

Der böhmischen Ketzerei endlich zu wehren, hieß Martin der Papst einen Kreuzzug predigen, und Julian kam, der Legat, die deutschen Fürsten wie Hunde auf die Hussiten zu hetzen.

Mit Glockengeläut und großem Gepränge in Nürnberg wurde Friedrich dem Zoller als Feldherr des Kreuzheeres das heilige Schwert umgehängt, und Sigismund machte ein Prunkfest daraus nach seiner feilen Gewohnheit.

Aber zwei Mönche, Prokop der große und kleine geheißen, hatten das Heer der Hussiten im Böhmerwald aufgestellt; als Friedrich von Zollern bei Paus sein Lager aufmachte, rollten viertausend Wagen heran und jagten das Kreuzheer zu Schanden.

Kreuzbulle und Kreuz des Legaten brachten die Böhmen als

Siegespreis heim mit seinem Hut und Meßgewand, samt unermeßlicher Beute; und was das Kreuzheer den Hussiten Frevelmut antat, das mußten die Länder des Reiches nun büßen.

Rundum brannte die Fackel des Krieges und loderte wild in die Dörfer und Städte; Kaiser und Papst mit all ihrer Macht konnten den Zorn der Hussiten nicht dämpfen.

Das Baseler Kirchenkonzil mußte die Schuld von Konstanz einlösen und mußte den Völkern die Kirchenreform an Haupt und Gliedern verheißen.

Denn nun war die Zeit der Waldenser vorbei, da die Hunde des Herrn die Ketzer verbrannten: die Völker hatten das böhmische Beispiel erfahren, die evangelische Freiheit war ihnen der Schlachtruf geworden, und der Berg Tabor nicht nur den Hussiten der Berg der Verheißung.

Die schwarze Kunst

Die Krämerwage dem Bürger, der Karst dem geplagten Bauer, das Schwert dem Ritter, dem Priester das Wort und den Mönchen die Schrift: so war die Ordnung der Welt, und das Wort im Schrein der heiligen Schriften gab der Kirche die Schlüsselgewalt.

Bevor die Kirche dem Ketzer den Holzstoß ansteckte, verbrannte sie zuerst seine Schriften; denn blieben die Blätter vom Teufel mit Tinte beschrieben, so war der Ketzer nicht tot: das Unkraut blühte neu aus der schwarzen Saat, und der Samen wucherte weiter im kirchenfeindlichen Wind.

Es ging aber in Mainz ein Knabe den grübelnden Weg seiner Jugend, der dem geistlichen Vorrecht der Schrift die Schranken zerbrechen und dem ängstlich behüteten Wort den Käfig aufmachen sollte.

Johann Gensfleisch hieß er, vom Gutenberg, aus Mainzer Bürgergeschlecht, der als Jüngling nach Straßburg kam und dort seine heimliche Werkstatt aufmachte.

Er kannte den Holzschnitt, wie er dem Bild und der Schrift einen Prägestock machte, auf hundert Blättern zu drucken, was der Holzschneider einmal aus seiner Platte heraus schnitt.

Er sägte das Holz mit dem Wort auseinander und hieß die einzelnen Buchstaben Lettern; er setzte die Lettern in Wörter zusammen, wie er sie brauchte, und druckte die Schrift.

Aber die vielen Lettern zu schneiden, war mühsam, auch zerbrach ihm das winzige Holz in der Presse; so nahm er Metall, und weil der Metallschnitt mühsamer war, dachte er seine Lettern in Formen zu gießen.

Das aber war eine fremde Kunst, die er nicht kannte, so mußte Jürgen Dritzehn ihm helfen; und während das Basler Konzil die Kirchenreform an Haupt und Gliedern verlangte, raubte das heimliche Handwerk der Männer in Straßburg der Kirche die Schrift.

Als sie in Unfrieden kamen, ging Gutenberg wieder nach Mainz, wo er den Fust, einen reichen Bürger bereit fand, den Druck einer Bibel zu wagen.

So trat der hitzige Traum seiner Jugend schön in den Tag: mit Gold und Farben bunt wie eine kostbare Schrift stand der Druck seiner Lettern sauber und klar auf den Blättern, und waren hundert Bücher, wo sonst nur ein einziges war.

Aber der Lohn wollte dem unsteten Mann nicht kommen, auch diesmal verschwand ihm der Segen des Werkes im Streit: von Mißgeschicken bedrängt, von Schimpf und Schulden beschattet, als Flüchtling schlechter Prozesse und Mietling schäbiger Pfründen trug sein fieberndes Leben die Pläne goldener Ernten ins leer geplünderte Alter.

Was in Straßburg mit Jürgen Dritzehn begann und in Mainz mit Fust und Schöffer dem mißlichen Mann sein Bürgerdasein verwirkte, das hörte mit Albrecht Pfister nicht auf: sie halfen dem seltsamen Meister die Werkstatt zu rüsten und klagten die Werkzeuge ein, wenn sie das Handwerk verstanden.

So starb er selber in Armut zu Eltville am Rhein, der dem Goldschmied Fust und seinem Schwiegersohn Schöffer die Goldquellen der schwarzen Kunst hinterließ; doch wie seinen Händen das Gold, zerrann das Geheimnis den Erben in hundert Schlupfwinkel der abendländischen Welt.

In Rom, Paris und Venedig schlugen deutsche Gesellen die schwarzen Werkstuben auf; bald hielten die Messen Europas gleich Ballen vlämischen Tuchs und lombardischen Seidenbandrollen gedruckte Bibeln und Heilsbücher feil.

Da waren sie nicht mehr allein in den Zellen, die neuen Gedanken hinter fiebrigen Stirnen, die schwarze Kunst half ihnen fort in die Köpfe und Herzen.

Krähenvögeln gleich flogen die Druckschriften aus in die Städte und Häuser der Bürger; und schon pfiff in der Andacht der heiligen Bücher die Spottdrossel kommender Zweifel und lachte für immer der kirchlichen Schlüsselgewalt.

Die Humanisten

Das tausendjährige Reich der Kirche ging zu Ende; blaß und müde glühten die Verzückungen der Seele, und roter blühte die Saat der Sinnlichkeit: der Gottesstaat der Priester blieb den verheißenen Segen schuldig, die Erde trieb geschäftig die alte Fruchtbarkeit.

Wohl waren ihre Tage als Jammertal geschmäht: aber Kaiser und Kurfürsten zogen in den Krieg um Gold und Macht der Erde, Städte wurden groß und reich im Handel, auf den Meeren gingen ihre Schiffe und auf den Straßen ihre Wagen mit dem Gut der Erde, Rathäuser wurden Prunkhallen der Erdenbürgerschaft.

Auch die das Jenseits priesen, waren diesseits wohl zuhaus: in

Pfründen und Kapiteln saßen sie und sorgten für ihr Teil; denn das Gelübde der Armut sperrte nicht die Schleusen, daraus der bürgerliche Reichtum in die Keller und Kammern der Klöster floß; und Rom als Spinne saß satt im Netz der guten Dinge.

Die aber mühsam den Acker pflügten und sonst im heißen Tagwerk standen, sie sahen sich betrogen um die Ernte für einen Lohn, der nicht von dieser Welt war; und immer kühner hob die Frage das spöttische Gesicht, wieviel an diesem Zustand Gottes Wille oder kluge Lenkung geistlicher Hände wäre.

Durch den verschlissenen Teppich der Kirchenlehre wurde der Boden wieder sichtbar, darüber ein Jahrtausend mönchischer Weltflucht sinnenfeindlich ging: Belladonnen blühten aus dem Unkraut der Ruinen, und Götterbilder hoben die Marmorleiber aus der verschütteten Vergangenheit.

Sie fanden ihre Tempelpracht zerstört, die Schönheit ihrer Glieder war zerbrochen; aber Mars und Venus reichten die verstümmelten Hände dem neuen Zeitalter hin: bestürzt und staunend sah die Menschheit die herrliche Gebärde.

Da tönten Stimmen wieder, die längst verklungen schienen; die Sprache Ciceros klang marmorkühl aus der Versunkenheit, den Götterbildern gleich an Gliederpracht, und war die Sprache einer Zeit, da weder Bischöfe noch Mönche, sondern Bürger den Staat bestimmten und das Brevier noch nicht das Brot der Bildung war.

Und wie die Marmorbilder nach ihrer Griechenheimat wiesen, so auch die alten Schriften: Hellas stand auf in Rom; noch einmal fragte Sokrates die listigen Fragen, und Platon gab ihm weise Antwort.

Die aber im Gehäus der mönchischen Scholastik dem ewigjungen Fragespiel entzückt zuhörten, sie glaubten gern, daß nun die Tür ins Freie geöffnet wäre.

Als ob sie Totes wiedererwecken und Gewesenes zum andernmal gebären könnte, so wurde die Zeit trächtig vom Altertum.

Da dachte wieder ein Erdenmensch zu werden, der nur ein Prüfling für den Himmel gewesen war; er ließ die Heiligen und den Christ und fand sich selber in der Welt als Wagenlenker seines Schicksals; er maß die Bahn mit seinen Rossen und ließ die Räder rollen zum selbstgesteckten Ziel.

So wurden wieder Heiden in der Welt, und reiche Florentiner glaubten, noch einmal Bürger Roms und Günstlinge der Götter zu sein.

Sie redeten die Sprache Ciceros und hörten Platon und bauten sein Reich der schönen Menschlichkeit, sie sammelten mit Gold und List die Schriften der alten Heidenwelt und schrieben sie ab mit zierlicher Bemalung, wie vormals die frommen Mönche die Heiligenleben schrieben.

Und rafften um ihr Dasein einen Glanz, der unbesorgt von dieser Welt war, und setzten sich in ihre Dinge aus eigener Machtvollkommenheit, und wagten ihre Seele an jede Lust und schafften sich in Tat und Trutz und schöner Edeltierheit die Seligkeit der Erde.

Und sahen einen Papst in Rom, der vor den Römern noch einmal den Augustus spielte und ihrer Welt Prunkhalter war auf Petri Stuhl; und glaubten — wie die Knaben den Flaum der Freiheit fühlen — daß dies die Morgenröte einer aus dumpfer Furchtsamkeit und blinder Sucht erlösten Menschheit wäre.

Johann Reuchlin

Als Lorenzo, der Prächtige genannt, seinen Musenhof hielt, kam mit dem Grafen Eberhard ein junger Schwabe nach Florenz, der solcher Dinge ungewohnt den Reichtum und die Bildung der Mediciäer scheu und selig genoß, als ob er wirklich in den Garten Platons gekommen wäre.

Er fand die Fürstin ihre Töchter lehren und die Knaben glühen im Glück der Wissenschaft, er lauschte dem Lorenzo im Gespräch der tiefen Dinge und sah den Traum der Bildung in einer Wirklichkeit erfüllt, die reich und reif als Ernte der neuen Menschlichkeit schien.

Als er heimkam in das Land der bürgerlichen Städte und der händelnden Fürsten, war Johann Reuchlin ein Humanist, wie all die andern Schmetterlinge im Junglicht der alten Welt: sie hatten ihre Flügel in den Goldstaub des Altertums getaucht, da die verschmähte Erde noch im Glanz der Bildung verklärt war.

Johann von Dalberg, pfälzischer Kanzler und Bischof von Worms, tat seine Tür auf, die Schwärmer zu schützen; er holte sie als Lehrer nach Heidelberg, hielt sie als seine Hausgenossen und ließ sie Feste feiern in seinem Garten zu Ladenburg.

Und ob es karg war und einsames Männerwerk, kein Florenz der Frauen, ob sich im Stubeneifer der Goldstaub verlor: Johann Wessel und der Abt Trittheim, Agricola, Pirkheimer, Eitelwolf von Steine, sie alle, die der Geist nicht ruhen ließ im neuen Wind, sie fanden in Heidelberg den Ankerplatz für ihre Fahrten.

Auch jene, die sich — wie Conradus Celtis, vormals Konrad Pickel — Wundervögel glaubten, wenn sie den Schopf mit fremden Federn schmückten und ihren Namen lateinisch oder griechisch wohlklingend machten, die den deutschen Mund von neuem mit Cicero verstopften und aus der Weisheit den Dünkel der Gelehrsamkeit quetschten.

Den Leuchter aber der neuen Wissenschaft trug Johann Reuchlin, der sich auf griechisch Capnio, das heißt ein Räuchlein nannte; er war als Bundesrichter in Schwaben von den Ständen und Städten gleich geehrt und hieß des Kaisers Freund, obwohl er eines Boten Sohn und Singknabe des Markgrafen von Baden gewesen war.

Ihm gab Gesundheit rote Wangen und Wohlgestalt; er liebte, was gesittet und würdig war, und rüstig pflegte er den Ruhm, Maß und Milde aus Weisheit zu besitzen im Lehren und im Tun: so geriet sein Leben wohl, bis ihm der Pfefferkorn haßblütig in seine Asche blies.

Als der getaufte Jude dem Kaiser anlag, die Bücher der Hebräer als christenfeindlich zu verbrennen, und Reuchlin innig abriet, derlei zu tun, da fuhr ihm freilich der Zugwind der Zeit in das gepflegte Silberhaar.

Hoogstraten, der Kölner Ketzermeister, ließ die Meute los, daß die Hunde des Herrn den Freund des Kaisers als ketzerisch verbellten: da achtete der mild gelehrte Mann den Scheiterhaufen gering und hielt der Meute den Augenspiegel vor.

Und zitterte danach vor seinem eigenen Mut, als ihm die Kölner das tapfere Buch verbrannten, und schrieb besorgt um einen faulen Frieden.

Doch trat die schwarze Kunst dazwischen; ob sie in Köln sein kühnes Buch ins Feuer warfen, die Drucker brachten tausend Bücher für eines auf den Tisch, und jedes Buch rief einen Mann:

Die Zunft der Humanisten zog aus für ihren Vater, die Jugend ihrer Schulen bot den Kutten das Trutzgesicht.

Johann Reuchlin aber, der solchen Aufruhr ganz wider Willen rief, er rettete sein Silberhaar mitsamt der Würde und dem Gleichmaß gelehrter Meinung in ein umhegtes Alter; und lächelte erlöst, als danach der Mönch von Wittenberg die Meute auf sich zog und starb erschrocken, als Blitz und Donner die neue Zeit anriefen, der seine Wohlgestalt nicht mehr gewachsen war.

Maximilian

Es war ein Bischof und Kurfürst in Mainz, Berthold der weise und strenge; der wollte als Kanzler ein anderes Reich, denn daß die Willkür im Namen des Kaisers regierte.

Gesetz und Verantwortung sollten das Reich mit dem Kaiser verbinden; Fürsten und Stände sollten nicht länger im blutigen Streit ihrer Machthändel bleiben; der Kaiser sollte Verweser der Reichsmacht, nicht mehr die oberste Willkür sein.

Max aber, der Kaiser, der letzte Ritter genannt, ritt in das Frührot der Zeit mit güldenem Panzer und glühender Tartsche, als ob der staufische Kyffhäusertraum noch einmal Wirklichkeit wäre.

Er hatte Marie, die Tochter des kühnen Burgunders gefreit und war nach der reichen Erbschaft in Flandern geritten; er hatte dem König von Frankreich Streit angesagt wie ein Turnier und hatte die spanische Krone gewonnen.

Das Abenteuer war seine Lust, über der Lust aber stand als sein Stern die Habsburger Hausmacht; der Reichtum der Städte und Stände im Reich sollte ihm seine Ritter bezahlen, die fürstlichen Herren sollten Vollstrecker und Zierat ungehinderter Kaisergewalt sein.

Berthold der Kurfürst war stolz und beständig und Max der Kaiser ein launischer Herr, sein Kyffhäusertraum war durch den Kanzler gehindert: in Lindau und Worms auf dem Reichstag standen die Fürsten, Stände und Städte hart gegen ihn.

Aber sein Habsburger Hochmut beugte sich nicht, mehr als die Wohlfahrt des Reiches galt ihm die eigene Hausmacht; kaum daß er den pfälzischen Feldzug gewann, wies er den Ständen sein Siegerrecht vor: als Berthold, der strengweise, starb, hatte der Kanzler sein Spiel gegen den selbstherrlichen Kaiser verloren.

Über dem Reich lagen die Schatten kommenden Unheils, der Bauer stand auf und die Bürgerschaft grollte: im güldenen Panzer mit glühender Tartsche ritt Max, der Kaiser, ins Frührot der Zeit, als ob der staufische Kyffhäusertraum noch einmal Wirklichkeit wäre.

Die Humanisten hießen ihn Freund, und die Fahrenden lobten ihn laut, weil ihn die Unrast plagte wie sie und weil er, dem böhmischen Vater ungleich, die Schäbigkeit haßte.

Von Flandern bis Rom, von Wien nach Burgund staubten die Straßen von seinen Fahrten, und wo sein Rittertum galt, füllte der Dampf seiner Rosse die Gassen; das Gold lag nicht locker in seinen Händen, weil er ein Habsburger war, aber reich wurden die Ehrengegeben, wie er sich selber zu ehren verstand.

Den Theuerdank hieß er die Ruhmrede eigener Taten, prächtig gedruckt und mit prahlenden Bildern geziert; da war das ringende Leben der Völker nur eine Bühne, darüber der Kaiser sein wieherndes Roß ritt.

Die Fugger

Der Sohn eines Webers war nach Augsburg gekommen, zu weben und Handel mit Leinen zu treiben; eines Ratsherrn Tochtermann wurde er bald, saß selber im Rat und in der Zunft bei den Zwölfen.

Den reichen Fugger hießen sie schon seinen Sohn, aber der Reichtum saß nicht mehr am Webstuhl; sie waren Händler geworden, die Fugger in Augsburg, und Herren des Handels von Lübeck bis nach Venedig.

Über den Brennerpaß brachten die Wagen der Fugger den Handelsgewinn des Morgenlands her, Gold und Gewürze, Seide und Sandelholz; über den Brennerpaß gingen die Schätze des Nordens, Pelze und Bernstein; wo ein Handelsplatz war, standen ihre Kontore, und wo ein Handelsgewinn war, hielten die Fugger das goldene Becken.

Jakob, der Zweite genannt, hielt Hof wie ein Fürst; immer noch kamen die Wagen von Norden und Süden nach Augsburg, Ware zu tauschen, aber die goldene Schreibstube der Fugger war die Goldwage des Reiches geworden.

Nicht mehr die Kaufleute allein kamen als Kunden der Fugger, Grafen und Fürsten brauchten Silber und Gold und brachten dafür ihre Rechte: so wurde Jakob der Fugger ein Bankherr, den Zins und den Segen des Bergbaus gemächlich zu ernten.

So wurde Jakob der Fugger ein Ritter; denn keiner lief ihm so eifrig zu wie Max, der Habsburger Kaiser: das Gold seiner Fahrten und seiner Pracht floß aus den Quellen der Fugger, so hing er dem Hüter der Quelle das Adelskleid um.

Aus Webern wurden die wahren Herrscher der Zeit, weil sie das jüdische Amt der Goldwage erbten; tauschen und täuschen galt einmal gleich vor der Zunft, und der Zins war des Teufels: aus dem Boden des redlichen Handwerks wuchsen die Fugger geil in das Kraut der Geschäfte.

Sie zahlten dem Kaiser den Feldzug mit Talern und nahmen dem Volk seinen Pfennig dafür; sie wurden Reichsgrafen genannt und hatten das fürstliche Recht, silber- und goldene Münzen zu schlagen; sie wohnten in Schlössern und ließen die Reichsadler wehen über dem Prunk ihrer Tage.

Albrecht Dürer

Als Wohlgemut Meister der Nürnberger Schilderzunft war, brachte ein Goldschmied seinen Knaben zu ihm in die Werkstatt, weil der mit Eifer und Tränen zur Malerei wollte.

Albrecht Dürer war er genannt, hielt fleißig die Lehre, obwohl die wilden Gesellen des Meisters den zärtlichen Lehrling mit Hochmut und Schabernack plagten.

Nach seiner Lehre zog Albrecht Dürer nach Colmar, wo Martin Schongauer Meister der Stichelkunst war; er fand den Meister nicht mehr am Leben, aber er blieb als Geselle in Colmar, Straßburg und Basel und lernte so trefflich zu zeichnen, daß Menschen, Tiere und Bäume auf seinen Blättern leibhaftig dastanden.

Daß er selber in Nürnberg Meister der Schilderzunft würde, rief ihn der Vater endlich zurück und hatte ihm auch schon die Hausfrau gesucht aus gutem Geschlecht.

Aber der Sohn hob an zu ringen um reicheren Ruhm; er ließ die Frau und die Werkstatt und fuhr nach Venedig, begierig, die welschen Meister zu sehen und was sie mehr als die Deutschen vermöchten.

Da sah er mit Staunen, wie gut sie den Bau des menschlichen

Körpers und die Gesetze der Räumlichkeit kannten: rechte Körper recht in den Raum zu stellen nach ihrer Bedeutung, das schien ihm danach die Richtschnur, ein Meister zu werden wie sie.

Aber er war kein Welscher, er mußte zurück in die Nürnberger Werkstatt und mußte durch Mühsal die Wegspur suchen, wo jene mit lächelnder Leichtigkeit gingen.

Als er daheim war, fing er mit Holzschnitten an — Heiligenbilder machten sie so für die Messen, Bilder geschnitten in hölzerne Platten und abgedruckt auf geschöpftes Papier — er aber schnitt die vierzehn Blätter der Offenbarung Johannis.

Da thronte inmitten der sieben Leuchter Christus hoch in den Wolken, seine Hand blitzte Sterne, aus dem Mund ging das zweischneidige Schwert; da kämpften die Geister im Himmel, und Michael traf den teuflischen Drachen; da ritten die grausigen Reiter zu viert durch die brausende Luft, den vierten Teil der Menschheit vernichtend.

Wirr wie der Troß dieser Träume waren die Striche: zerknitterte Wolken mit schäumenden Rändern, geringelte Locken, zackige Faltengewänder, flatternde Engel und wehende Bäume füllten den schwarzweißen Raum seiner Blätter.

Da war noch einmal die gotische Welt, der Altar von Isenheim glühte hinter den Strichen; aber die Sehnsucht des Nürnbergers war auf die Klarheit gerichtet: wie der Mond aus Gewölk wollte das Werk seiner Hand in den Sternhimmel steigen.

Der Sternhimmel stand, und der Mond stieg tapfer hinauf in die ewigen Räume, aber das krause Gewölk hing ihm an; bis der Tod seine Hand still legte, rang Albrecht Dürer um Klarheit und blieb in den Wolken der neblichten Wälder gehindert.

Rechte Körper recht in den Raum zu stellen nach ihrer Bedeutung, das blieb seine Satzung: aber die Körper sperrten sich sehr, und der Raum schwand im Gedränge der Vielheit, bis seinem Alter das Bild der Apostel gelang.

Dem evangelischen Wort gleich im Aufruhr der Tage standen sie da und füllten den Rahmen mit einfacher Größe: alles war recht, Körper und Raum und Bedeutung, nur das Gewand der Empfindung war auf welsche Weise gefärbt.

Zwischen den Zeiten war seiner Seele die Weite verschüttet, Herkunft und Hingang rangen in all seiner Kunst um die Stärke, weil ihm kein Füllhorn der Gegenwart Überfluß schenkte.

Niemals gelang ihm der Guß aus der glühenden Schmelze, wie er dem Altar Grünewalds Inbrunst, Grauen und Seligkeit gab.

Aber wie Jakob zwang er den Segen, als er den Stichel ansetzte, die deutschesten Blätter in Kupfer zu graben.

Den Ritter zuerst, wie er hinaus ritt von seiner Burg, Tod und Teufel zum Trotz den Kampfritt zu wagen: da saß er selber zu Roß und war ein Sinnbild der Zeit, die mit gepanzerten Fäusten dem Geist wider die falschen Gewalten das Wegrecht zu zwingen gedachte.

Aber der Geist war in die Fesseln der Frage verstrickt; mit lahmen Flügeln der Melancholie saß die Mutter der Dinge und konnte der Faust des Ritters nicht folgen, weil ihre forschenden Augen den Irrweg erkannten: so war das zweite Blatt seiner Stiche.

Aber das dritte war dies: im engen Gehäus saß der Greis und schrieb seine Blätter; da war der Tod nur noch ein Schädel, der im Abendlicht zwischen den Büchern und Kissen — der Arbeit und Ruhe — dem Dasein gehörte; Reinecke Fuchs und der Löwe, Klugheit und Herrschergewalt lagen im Schlummer zu seinen Füßen, indessen die gläubige Einfalt ihr Tagewerk machte.

Drei Blätter in Kupfer gestochen: aber die alte und neue Zeit, Herkunft und Hingang des Geistes, waren darin mit deutscher Seele geschrieben.

Hans Holbein

Als Albrecht Dürer in Nürnberg die Melancholie machte, kam Holbein nach Basel, Sohn eines Malers in Augsburg und selber schon seiner Sache gewiß.

Ihm war die Weite nicht mehr verschüttet, und keine Wirrnis der Fragen hielt ihm den Willen gefesselt; er wollte das Werk seiner kunstreichen Hände, wie eine Schwalbe den Flug will.

Den rechten Körper recht in den Raum zu stellen, brauchte er Augen und Hände, nicht aber das Richtmaß schwieriger Gedanken, weil er ein Glückskind der Sinnenwelt war.

Wohl mochte sein Silberstift zart und beharrlich die Dinge umschreiben, aber zeichnen und malen war ihm wie trinken und essen, und gern hielt er der Farbe ein lockeres Mahl.

Das leuchtende Fleisch einer Hand und Stirn, der rostige Pelz und das dunkle Tuch einer Schaube, der weiße Saum zierlicher Spitzen, die rote Glut des Brokats und der Perlenschaum im Geschmeide: alles tauchte sein Pinsel hinein in den glasklaren Grund seiner Farbe.

Als er in Basel sein großes Madonnenbild malte, klangen die Farben wie Glocken; da war die farbige Fülle des Genfer Altars von neuem leibhaftig geworden in einer einzigen Tafel.

Aber die Basler Bürgerlichkeit war zu karg für die Pracht und die Fülle; Erasmus, sein spöttischer Gönner und Freund, half ihm nach England: da wurde Hans Holbein der Maler des Königs und seiner reichen Hofhaltung.

Denn Max, der Kaiser, war tot; kein Fürst und kein Fugger konnte dem Reich den Königshof bauen, der über der Notdurft des Tages der Kunst eine Stätte bereiten, der den prahlenden Reichtum zur edlen Zier hinlenken sollte.

Machtgier und Habsucht hielten das Gold in schäbigen Händen, und wenig fiel ab von den Tischen, daran die Bürgerschaft längst übersatt saß.

Nur die Kaufleute drüben im Stahlhof wurden von Holbein gemalt; die Erbherren der Hansa brachten die Tafeln als köstliches Gut zurück aus der Fremde.

Erasmus

Ein blasses blondhaariges Männchen, Sohn einer läßlichen Liebe zu Rotterdam, aus klösterlicher Jugend mühsam befreit und in Paris den kahmigen Wein scholastischer Wissenschaft trinkend, hatte sich selber Erasmus, das ist der Ersehnte, genannt.

Vorzeitig aus dem Nest gefallen, grämlich begönnert und auf die Gunst seiner Gaben gestellt, fand er beizeiten den sauren Witz; und wo die Humanisten mit Bienenfleiß die Waben bauten, war er die Wespe an den Früchten.

Ob sie in Frankreich oder England hingen, in Florenz oder in Basel, sein Vaterland war überall, wo sich gescheite Köpfe an seiner witzigen Vernunft erfreuten, wo die Poetenschulen der Humanisten ihm Weihrauch schwangen.

So war Erasmus viel und fehl erfahren, als er sein Büchlein vom Lob der Torheit drucken ließ, das bald wie keines auf den Messen Europas hing.

Aus Überdruß geboren und im Spott getauft, hielt Moria, die Torheit selber, dem Abendland dreist ihren Spiegel vor.

Alle Stände ließ sie ihr Zerrbild sehen, die jungen und die alten Gecken am Gängelband der Frauen, Gelehrte und Rhetoren, Schulmeister, Fürsten, die das Volk betrogen, und das Volk selber, das sich willig betrügen ließ.

Alle mußten dem lachenden Leser erst ihren Bocksprung machen, bis mit den Kutten das große Fastnachtsspiel der Torheit begann: Die Theologen mit den gebleichten Fahnen ihrer Spitzfindigkeit, die dreisten Bettelmönche und die Possenreißer der Kanzel, Bischöfe und Prälaten im Fett der Pfründen, der Statthalter Christi selber mit der dreifachen Krone, im Troß der Schreiber, Stallmeister, Advokaten die Schafe der Kirche scherend.

Kein Sittenprediger aber schliff der Torheit den Spiegel so blank, ein Schalksnarr nur, der viel zu listig war, den Spiegel selber der Fastnacht hinzuhalten, und viel zu lustig im Geklingel seiner Schellen, als daß nicht alle der dreisten Späße lachten.

Da hatte die Kirche die Tollheit kreuzfahrender Völker bestanden und hatte den Kampf mit dem Kaiser gewonnen, sie hatte die Ketzer verbrannt und den Reichtum der Länder in ihre Klöster getan: nun lockte ein listiges Männchen zu Basel den Leviathan hervor.

Ein Jahrtausend war er zur Weide gegangen, die Abendländer zu fressen; als er sich hinlegen wollte, um zu verdauen, stak ihm die Distel im Hals, daß er sich würgte.

Da sahen sie alle die Ohren und hörten die Stimme und lachten das Ungetüm aus, weil der Leviathan doch nur der Esel war.

Ulrich von Hutten

Er war mit siebzehn Jahren dem Stift in Fulda entlaufen und als Scholar ein Fahrender geworden; doch auf den hohen Schulen in Deutschland und Italien hieß Ulrich von Hutten längst ein Poet.

So blank war sein Latein in Reime gebracht, daß sich die Humanisten allerorten des abenteuerlichen Jünglings gern annahmen, wenn er in schlechten Kleidern und zerrissenen Schuhen an ihre Tür zu klopfen kam.

Catilina habe von Cicero, so hieß es, keine schärfere Schmach erfahren, als der Herzog in Württemberg von ihm erfuhr, da er die Ritterschaft aufrief, den Mord an seinem Vetter Hans zu rächen.

Den hatte der Herzog auf der Jagd treulos erschlagen, weil die Frau des Ritters die Buhlin des Herzogs war; Ulrich von Hutten ruhte nicht mit seiner Feder, schärfer als alle Schwerter seiner Sippe, bis er den Herzog von Land und Fürstentum brachte.

Noch aber war der Kranz auf seiner trotzigen Stirn nicht welk — der Kaiser selber ließ ihn zum Dichter krönen, und die Tochter des gelehrten Ratsherrn Peutinger in Augsburg band ihm den Lorbeer — als Ulrich von Hutten sich eines größeren Gegners vermaß.

Weil sich das Kölner Pfaffentum an Reuchlin vergriffen hatte, flatterten aus Mainz die Briefe der Dunkelmänner in die Welt, den Humanismus an seinen Lästerern zu rächen; und jedermann erkannte, daß Hutten ihr frecher Spottvogel war.

Es war dies aber zu der Zeit, daß Luther den christlichen Adel deutscher Nation fürs Evangelium aufrief; der Mönch in Wittenberg schrieb Deutsch und kein Latein der Humanisten: da mußte auch der Ritter deutsche Antwort geben.

Denn nun hieß Ulrich von Hutten kein Landfahrer mehr; er war dem Reichsritter Sickingen auf seine Ebernburg gefolgt und hatte die Faust gefunden, seine Fackel zu halten.

Als das Gesprächsbüchlein Herrn Ulrichs von Hutten gedruckt erschien, da ritt der deutsche Ritter ins römische Revier, so gegen Tod und Teufel gewappnet, als ob der Kupferstich des Meisters Albrecht Dürer Erscheinung geworden wäre.

Sie hatten eine Druckerpresse auf ihrer Herberge der Gerechtigkeit, die beiden Ritter, davon der eine vordem ein landfahrender Humanist, der andere ein kaiserlicher Feldhauptmann gewesen war: nun hielten sie Halbpart als Herz und Hand der deutschen Ritterschaft.

Nun träumten sie den frühesten Traum des deutschen Reiches gegen Rom: ein Reich wie vormals auf den Stand der Freien so auf den Ritterstand gegründet, der hinter sich das Volk und vor sich ohne Fürsten- und Bischofsgewalt den Kaiser der Deutschen habe.

Aber Max, der Kaiser, ritterlichem Ruhm rechtschaffen zugewandt, war in den zuckenden Blitzen der neuen Zeit gestorben; und Karl der Fünfte schleppte die Last der halben Welt auf seinem Rücken.

Er war in Spanien daheim und kannte Deutschland nur als Wallburg seiner Weltherrschaft; auch brauchte er für seinen Krieg in Frankreich die Fürsten und den Papst nötiger als deutsche Ritter.

Der Sickingen schlug los, schon krank und grämlich von der Gicht, aber die Hand war nicht so stark, wie sie das Herz gedacht hatte: all seine Burgen wurden ihm berannt, mit seiner Feste Landstuhl fiel Franz von Sickingen seinem Todfeind, dem Bischof Greiffenklau von Trier, tödlich verwundet in die Hände.

Der hitzige Morgentraum der deutschen Reichsritterschaft war ausgeträumt, als Luthers Tag anfing.

Die Reichsritterschaft zu wecken, war Ulrich von Hutten vergeblich nach Schwaben ausgeritten; weil er nicht mehr heimreiten konnte, stieg er ab vom Roß, aus einem Ritter gegen Tod und Teufel ein Landfahrender zu werden, wie er vormals war, nur daß ihn jetzt die Hunde der Päpstlichen hetzten.

Da war auch dem Erasmus in Basel die Bekanntschaft zu bedenklich; häßlich aus der Stadt verwiesen, todkrank und seines Lebens satt, trat Ulrich von Hutten mit schlechten Kleidern und zerrissenen Schuhen bei dem Prediger Zwingli in Zürich ein.

Der nahm den schlimm Gehetzten in Güte auf und gab ihn dem Johannes Schneck in Pflege, der auf der Insel Ufenau im blauen Zürichsee Pfarrhalter und heilkundig war.

Nur vierzehn Sommertage fraß die Krankheit noch an dem Lebensrest, darin die Glut der Zeit wie Zunder brannte; dann starb Ulrich von Hutten, der fürwahr ein Fahrender, ein Reiter ohne Roß, ein Herz ohne Hand, und einmal ein Ritter gegen Tod und Teufel war.

Als der deutschen Freiheit Verfechter aber ritt sein geharnischtes Bildnis auf dem Gesprächbüchlein noch lange durch die Hoffnung der Herzen mit seinem Trutzwort: Ich habs gewagt!

Der Mönch von Wittenberg

Das Lob der Torheit lachte in den Späßen des Erasmus, der Humanismus zahlte den Scholasten den letzten Schimpf, Leo der Medicäer war Papst und Kaiser Maximilian, der letzte Ritter, starb als die unruhvolle Spindel verblaßter Herrlichkeit: da schlug zu Wittenberg in Sachsen die Stunde der neuen Zeit.

Ein Mönch hob seinen Hammer, das Mauerwerk zu prüfen, darauf im Namen Christi das Freudenhaus der Kirche gebaut war; ein Augustiner rief im Gottesstaat der Priester die Losung der deutschen Seele aus; ein Bergmannssohn aus Sachsen trat in den Rat der Fürsten, das Reich von Rom zu lösen.

Er hatte Welt und Würde abgetan nach harten Jünglingsjahren und schmerzensreich in seiner Zelle um Gott gerungen, bis sein Gewissen den Trost der Schrift, sein Glaube den Gnadenquell der Liebe fand.

Von seinem Orden als Lehrer nach Wittenberg gesandt, fand seine Predigt das Ohr des Volkes, und die Inbrunst seiner Lehre zog viel Schüler an, als ihm der Ablaßhandel Predigt und Lehre störte.

Sie schlugen ihre Buden auf gleich Kirmesleuten, mit Höllenpein und Fegfeuer das Christenvolk zu schrecken, mit gotteslästerlichem Witz die Gläubigen zu betrügen, daß sie für einen Groschen den Ablaß ihrer Schuld und die Vergebung ihrer Sünden kauften.

Als aber Tetzel sein Marktgeschrei in Jüterbog anhob, so daß dem Doktor Martin Luther seine Beichtkinder in Wittenberg die Ablaßzettel brachten: da schwoll dem Doktor der gottbemühte Geist im Zorn um diesen Seelenhandel.

Er schlug seine Thesen an die Schloßkirchentür, mit jedem in der Welt zu streiten: daß die samt ihren Meistern zum Teufel führen, die durch den Groschen für einen Ablaßbrief vermeinten, der Seligkeit versichert zu werden.

Es sollte nur eine Streitschrift sein, dem Ablaßhandel zu begegnen, aber es wurde eine Botschaft Gottes daraus; denn wie Gewässer von den Bergen, so fing die Hoffnung an zu rinnen, daß hier ein Herold des Heilands die Wiederkunft verkünde.

Noch schien dem Medicäer der Handel nur Mönchsgezänk; Rom drohte mit dem Finger, die Dreistigkeit zu dämpfen: es sandte Cajetan, den Kardinal, und danach Miltitz, den Kammerherrn; und was der eine hochmütig in die Grube warf, das scharrte der andere mit Taubenklugheit wieder aus.

Schon schien der Trotz des Mönches in Milde eingepackt, da sprang der Schwabe Johann Eck dazwischen mit seiner Feuerzange.

Der hielt sich für den Kirchenvater der neuen Zeit, und er gedachte, mit Gelehrsamkeit den Mönch zu packen, als er den Kühnen nach Leipzig rief, Antwort zu geben auf seine frechen Thesen.

Da focht die fauchende Scholastik den letzten Hahnenkampf; durch zwanzig Tage sprangen die Kämpfer an und ließen Federn, bis der Schwabe zerrupft abfuhr nach Rom, sich einen neuen Dorn zu schärfen.

Der Bannstrahl, der den Salier barfüßig nach Canossa brachte und der dem Hohenstaufen das Henkerbeil zückte, der die Stedinger ausbrannte und den Scheiterhaufen in Konstanz flammen ließ: mit dem traf nun der Medicäer den Mönch in Wittenberg.

Seines Sieges sicher brachte der Schwabe selber die Bannbulle mit; doch war indessen der Doktor Luther hoch in der Gunst gestiegen, und seine Sendschreiben hatten den deutschen Zorn gezückt.

Nicht mehr dem Tetzel galt der Zorn und nicht mehr dem Ablaßhandel, den Kutten nicht und nicht mehr den Ketzerrichtern, dem Wohlleben der Bischöfe und der Priesterverderbnis: er galt der dreifachen Krone der römischen Kirchengewalt.

So konnte der Mönch in Wittenberg wagen, was Jesus von Nazareth tat, da er im Tempel die Tische der Wechsler umwarf und seinen Wehruf über Jerusalem sprach.

Ein Wintertag klang in den Schritten der Männer und Schüler, die ihm vor das Elstertor zum verwegenen Hochgericht folgten; ein Wintertag füllte den Himmel mit frostkaltem Licht, als sie den Holzstoß ansteckten, daß die zuckenden Flämmchen sich einten zur Flamme, die steil und stolz auf dem Opferaltar stand.

Da trat er vor in den Kreis, Magister und Mönch in der Kutte und Machthaber der ewigen Gleichung; da warf er die päpstliche Bulle hinein in das Feuer, das uralte Sinnbild der Entsühnung, und sprach das Wort aus Josua: Weil du den Heiligen des Herrn betrübt hast, so betrübe und verzehre dich das ewige Feuer!

Der gerichtet war im päpstlichen Spruch, stand richtend vor seinen Richtern; nicht ihren Irrtum allein verwarf er, er verwarf ihren Grund im Gesetz: mit der Bulle verbrannten die Bücher der kirchlichen Herkunft, verbrannte im Holzstoß des eifernden Doktors das kanonische Recht der römischen Kirche.

Nie hatte einer so Kühnes gewagt, seitdem es römisches Kirchentum gab; die Flammen fraßen sich fröhlich hinein in die Schrift des tausendjährigen Reichs; eine tapfere Schar stand dem Tollkühnen bei auf dem Rand der brennenden Welt.

Der Reichstag zu Worms

Auf einem Rollwagen fuhr er zum Reichstag, und das Volk lief ihm zu, der so Kühnes vermochte, die Städte holten ihn ein mit Reitern, und die Räte begrüßten ihn vor den Toren: gleich einem Schatz von Hand zu Hand weitergereicht, fuhr Martin Luther durchs deutsche Land in zwölf Reisetagen.

In Eisenach wurde er krank, und die Raben vom Kyffhäuser flogen herbei, seine Kühnheit zu warnen; aber er hob den widerspenstigen Leib in den Willen und verscheuchte die unholden Vögel.

Wenn sie ein Feuer machten von Worms bis hierher, ich müßte hindurch; und wenn soviel Teufel da wären wie Ziegel auf den Dächern, ich wollte hinein!

Ein Frühlingstag tat sich auf aus dem neblichten Morgen, als er einzog durch das drängende Volk der brausend erfüllten Stadt: kein Hosiannahgeschrei, staunende Furcht und hitzige Hoffnung stritten um ihn; aber in seiner Herberge kamen und gingen die Ritter bis in die Nacht, das deutsche Gewissen mit Schwert und Handschlag zu grüßen.

Dann stand der Mönch am anderen Morgen allein in der bänglichen Stille, wo die Brandung verstummte und die Strudel der schweigenden Ehrfurcht den Kaiser umkreisten.

Er sah das Jünglingsgesicht blaß wie seines und beinern vor den purpurnen Tüchern; denn Fackellicht füllte die Halle mit dem schwelenden Spiel rötlicher Lichter und raunender Schatten.

Vor die Fürsten und Stände des Reiches war er gerufen, aber er stand vor dem Schlagbaum der Kirche, die nichts als den Widerruf wollte.

Die Stimme der gläubigen Seele traf an das Ohr der römisch-deutschen Entscheidung; sie hob die flatternden Flügel, über den Schlagbaum zu fliegen, und in die kreisende Stille scholl ihr bänglicher Ruf.

Bis sie die Häupter der Fürsten und geistlichen Herrn und das beinerne Antlitz des spanischen Jünglings umschwebte, der die Krone der Habsburger trug; da waren der Ohren zu wenig, trotzdem es Tausende hörten, da war der Reichstag das Reich.

Ein todblasser Mönch ließ seine zuckende Seele aus dem römischen Käfig den ersten Flügelschlag tun: im Gewissen allein war Gott, nicht in der Fürbitte bemalter Heiligenbilder, nicht im Ablaß abgewogener Bußen, nicht im blinkenden Gold und im Sühnegesang lateinischer Messen, nicht in den Listen und Lüsten päpstlicher Schlüsselgewalt.

Der Heliand wachte auf in den Herzen der Hörer; sie sahen die schwebende Stimme und fühlten die nahenden Schritte im Schlag der schwingenden Flügel: der in den Himmel gefahren war aus dem

Hader enttäuschter Hoffnung, der Heliand kam wieder herab auf die Erde.

Aber der spanische Jüngling, der deutschen Sprache unkundig, verstand nicht die Stimme; er sah nur den Mönch vor dem Schlagbaum der Kirche; er wollte den Widerruf hören, weil er den Papst samt den Fürsten und Knechten der Deutschen für seine Machthändel brauchte.

Wie einst der Landpfleger tat, wusch er die Hände im silbernen Becken; aber Friedrich der Weise von Sachsen, der treue Eckart des Reiches, gab seinen Schützling nicht preis, und die Schwerter der Ritter hielten geheime Wacht, daß dem deutschen Gewissen kein römisches Unrecht geschähe.

So brannte kein Holzstoß in Worms wie vormals in Konstanz; bei Nacht und Nebel entwich Aleander, Roms listenreicher Legat, aus der störrischen Stadt, indessen der Mönch durch das festliche Volk, von Rittern und Knappen geleitet, als Sieger nach Wittenberg fuhr.

Wohl flogen die unholden Vögel krächzend um seinen Wagen, die Reichsacht lief hinter ihm her, den Ketzer zu fangen; aber Kirche und Kaiser vereint vermochten dem Kühnen nichts mehr, weil der Heliand gewaltigen Schrittes umging im Reich und die deutsche Seele ihm zulief in unübersehbaren Scharen.

Die deutsche Bibel

Sie taten dem Mönch ein Junkerkleid an mit Sporen, Gürtel und Schwert, indessen sein Rollwagen leer aus dem bangen Geheimnis des Thüringerwaldes nach Wittenberg kam.

Auf der Wartburg saß Luther in gütiger Haft, Feinden wie Freunden verborgen — und die Raben flogen vergebens — den Deutschen die Bibel zu schenken.

Da wurde dem Baum der römischen Kirchenverderbnis die Axt

an die Wurzel gelegt: wohl blühte die heilige Schrift von Demut und Güte und von der barmherzigen Liebe, aber kein Schaumgold der dreifachen Krone lag auf den Zweigen, nicht Klöster und Mönche gab es darin, nicht Ablaß und Fegefeuer, nicht Seelenmessen und Bann, Kreuzzüge und Ketzerverbrennung.

Auch hatten scholastische Mönche noch nicht den Irrgarten verklügelter Deutung um den Baum des Lebens gezirkelt mit künstlich verschorenen Hecken und listig verriegelten Türen.

Noch war das Reich Gottes inwendig und nicht im Ornat gottesstaatlicher Großen: Gott kam ins Kämmerlein gläubiger Einfalt, statt in den Schatzkammern prunkender Dome als ewiges Irrlicht zu wohnen; und im Gewissen allein quoll der Brunnquell göttlicher Gnade.

Da war der Heiland der Sohn einer Magd, im Stall und in Armut geboren; er suchte auf Märkten und Straßen des Landes das Volk, statt in den Räumen der Reichen zu wohnen.

Da war das Wort noch die Saat, in gläubige Seelen gesät, und die Lehre kein Priestergeheimnis, im Weihrauch rauschender Messen zum geistlichen Schauspiel gemacht.

Da war Gott noch ein Geist, wohnend im reinen Gewissen, und wer ihn anrief in Wahrheit, den machte er selig und stark in der Seele, aus der leibhaftigen Notdurft den Weg der Allmacht zu finden.

Da kam die Seele zu Gott wie ein Kind, dem Vater vertrauend in lächelnder Liebe, und sprach in einfachen Worten mit ihm wie die Jünger zu Jesus, und glaubte das Gleichnis der Gnade und bewegte den Sinn gleich Maria im feinen, gläubigen Herzen.

So stand das Wort in der Schrift und war in den Sarg der lateinischen Sprache gelegt; der Junker Jörg auf der Wartburg zerbrach den gläsernen Deckel, er weckte den Scheintoten auf und hieß ihn wandeln im Tag der deutschen Beseelung.

So wurde der Heiland geboren, wo der Heliand starb; kein

Königssohn mehr mit Recken und Degen: der Mühseligen Freund und der Beladenen Tröster, lächelnd von Liebe und Weisheit, urvertraut im Klang und Sinn der eigenen Sprache.

So kam im deutschen Gewissen die christliche Freiheit zur Welt, gottselig eins im Trachten und Tun, im Denken und Dichten des ewigen Daseins, und tapfer im irdischen Tagwerk.

Die dreifache Krone prahlte im Glanz des Augustus; die Humanisten holten den Hades herauf; der Zimmermannssohn ging ein in die Häuser und Hütten, die Heimat der Seelen zu künden: Jesus von Nazareth wurde im deutschen Gewissen der Heiland der Welt.

Philipp Melanchthon

Er war ein Großmutterkind; denn sein Vater, des Pfalzgrafen Waffenschmied Schwarzerd in Brette.., starb früh; aber die Großmutter in Heilbronn war die Schwester von Reuchlin: so wuchs der bläßliche Knabe im Griechentum auf und nannte sich selber Melanchthon.

Mit dreizehn Jahren Student, mit siebzehn Magister, galt er ein Wunder frühreifen Geistes; als ihn der Kurfürst von Sachsen nach Wittenberg rief, war seine Gelehrsamkeit berühmt an den Schulen wie die des Erasmus.

Er war in Hellas zuhaus, als ob er gestern aus dem Garten Platons gegangen und durch einen Zauber in Schwaben aufgewacht wäre; aber die Kraft und Schönheit des griechischen Leibes war nicht durch den Zauber gekommen.

Als er in Wittenberg ankam, schmächtig und schüchtern, war Luther erschrocken, daß dies der von Reuchlin gepriesene Lehrmeister wäre; bald aber sah er den reichen Geist im kargen Gehäuse: wie einen jüngeren Bruder gewann er ihn lieb, zärtlich besorgt und ehrlich bewundernd.

Denn Philipp Melanchthon war nicht erwacht, daß er ein griechischer Träumer aus Schwabenland bliebe; ihm hielten die fremden Gewänder der Sprache den Geist nicht verhüllt, und wo Platon lebendig war, konnte das graue Gespinst der Scholastik und konnte der künstliche Glaube der Kirchenlehre nicht bleiben.

Er hatte in Leipzig dem Hahnenkampf zugehört, da Luther und Eck mit den Worten der Kirchenväter einander bestritten; aber er kannte den Urtext und sah das Quellwasser der alten Berichte im Kirchengebrauch getrübt und unrein gemacht.

Und weil ihm Luthers gläubige Kraft Entschlossenheit gab, nahm er den Text der heiligen Schrift als Gesetz, die Lehren der Kirche und ihre Gebote ernst und besonnen zu prüfen.

Wie der Gärtner einen verwilderten Baum mit kundigen Händen erneut, die geilen Triebe dem Fruchtreis zuliebe beschneidet, den Krebs und die Flechte ausrottet, so kam sein Messer, den üppigen Wildwuchs der Kirche zu lichten.

Wo aber die Krone zu kahl wurde, gab Luther ein Edelreis her von seinem paulinischen Glauben.

So wirkten die Männer in Wittenberg gut ineinander, der mutige Mönch und der milde Magister: inbrünstiger Glaube und starkes Gewissen gingen der Schärfe und Freiheit des Geistes zur Hand, Griechen- und Deutschtum ließ der erschütterten Christenheit den neuen Lebensbaum wachsen.

Ulrich Zwingli

Er kam von den Bergen im Toggenburg; wie das weiße Gewölk im blauen Himmel der Heimat, wie die saftgrünen Matten und wie die hurtigen Quellen, indessen die reinen Firnen die zackige Ferne begrenzen: so aus dem Jungbrunnen war seine starke Seele gestiegen.

Sein Vater war Ammann; wie Abraham einst hatte er Weiden und Vieh und Raum, acht Söhnen das Ihre zu geben; aber er war auch ein Schweizer, der in der Eidgenossenschaft die trotzige Freiheit der Väter bewahrt sah: ihm dankte der Sohn den aufrechten Nacken.

Als er mit jungen Jahren schon Pfarrer in Glarus war, zog er tapfer hinaus mit dem Haufen der Glarner; bei Marignano deckte sein Pfaffenkleid nicht weniger Mut als ein Harnisch.

Aber er sah den Reislauf mit Grimm und wie die Schweizer ihr Blut um schäbiges Gold auf den fremden Markt brachten; er rief den Stolz der reichen Geschlechter, und als sie nicht auf ihn hörten, ging er mit feuriger Rede ans niedere Volk.

Darüber kam er in Streit mit den Großen, er mußte die Pfarre in Glarus verlassen, als kleiner Vikar in Einsiedeln neu zu beginnen: aber da fand er das Schrittmaß, sein Leben größer zu schreiten.

In Einsiedeln saß, geachtet und stolz wie sein Vater der Ammann, Geroldseck, der Abt und Verwalter der geistlichen Freiheit im Lande; der zog dem Jüngling aus Toggenburg das reine Gewand des Evangeliums an.

Als ihn die Zürcher danach als Prediger holten — im dreiunddreißigsten Jahr seines hurtigen Lebens — war Ulrich Zwingli ein Jungmann im Priestergewand, wie Saul war, da Samuel den Hirten als König in Kanaan salbte.

Indessen Luthers gewaltiges Wort das deutsche Gewissen wachrief, indessen Hutten mit glühender Feder das Reich gegen Rom hetzte, ging Zwingli den aufrechten Gang des Schweizers zu praktischen Zielen:

Er wollte den Staat als Christengemeinschaft, aber die Schrift, nicht die Kirche sollte der Macht Rechtfertigung geben; wie in der Urväterzeit alemannischer Herkunft sollte die freie Gemeinde sich selber Gesetz und Geltung bedeuten.

So wurde der Sohn des Ammanns aus Toggenburg im Predigerrock Träger der Staatsgewalt.

So wurde in Zürich der rauschende Prunk der römischen Kirche vor die Türe gekehrt, so mußten die Klöster Schulen und die Chorherrn Lehrer sein, so wurde das Münster, von Messe und Weihrauch und Wallfahrt gereinigt, der Saal der Gemeinde, und der Priester war nur noch ihr Sprecher.

So sank die Hülle des Morgenlands hin von der neuen Christengemeinde; die deutsche Seele blieb tapfer dabei, die christliche Erbschaft zu halten, aber sie wollte der Lehre die eigene Ordnung, Haltung und Würde geben.

So wurde in Zürich der evangelischen Freiheit die erste Stätte bereitet; Basel und Bern traten der Mutigen bei; und dies war der kühne Traum Zwinglis, daß die Eidgenossenschaft trotz Fürsten- und Kirchengewalt rundum das Freiland christlichen Menschentums würde.

Aber die Bauernschaft in den Bergen wollte dem Beispiel der Bürger nicht folgen, und die Gewaltherren der Reisläuferschaft in Zug und Luzern, Unterwalden, Uri und Schwyz ergriffen heimlich die Habsburger Hand, mit fremder Söldnermacht gegen die Städte zu ziehen.

Da wurde der Bund der Väter gebrochen, da kamen die Eidgenossen zum Krieg, den die evangelischen Bürger gegen die katholischen Waldstätten bei Kappel kläglich verloren.

Zwingli, das Wort, blieb der Tat treu und zahlte mit seinem kostbaren Leben; bei seinem Häuflein erschlagen, lag er im blutigen Anger, bis seine Feinde das klare Antlitz erkannten und seinem Leichnam das Ketzergericht hielten.

Gevierteilt, verbrannt, als Asche verstreut in den Wind: ging der edelste Schweizer ein in das reine Gedächtnis.

Der Bauernkrieg

Kaiser und Kirche hatten einander bestritten, aber sie waren die starken Machthalter der Welt; nun sahen die Völker die Stärke schwach werden, und aus den Tiefen der Unterdrückung hob die Freiheit die drohenden Fäuste.

Was in Zürich durch Zwingli geschah, konnte im Reich nicht werden: hart lag die Bischofs- und Fürstengewalt auf dem Bürger, der Bauer war höriger Untertan seines Ritters.

Ihm konnte die Freiheit in Christo nicht in sein unfreies Dasein leuchten, ihm mußte die Predigt von Wittenberg die Schwarmgeister irdischer Hoffnung wecken: Karlstadt und Münzer waren seine Propheten, sein Evangelium wurde der Aufruhr.

Indessen der Junker Jörg auf der Wartburg die deutsche Bibel zu schreiben begann, war Karlstadt in Wittenberg mächtig geworden: er sah die Kirchengebräuche an als Wohnung des Teufels und war mit Eifer dabei, sie zu zerstören.

Messe und Klosterdienst, Beichte und Bilderverehrung, das Eheverbot und die Geltung des geistlichen Standes griff er mit hitzigen Schriften und heftigen Predigten an.

Auch kamen nach Wittenberg Männer, aus Zwickau vertrieben, die glaubten und lehrten in hitziger Einfalt die Freiheit der Seele, die selber und immer in Gott sei und weder der Schrift noch einer lehrbaren Deutung bedürfe, um selig zu werden.

Der gefährlichen Predigt zu wehren, zog Luther sein Junkergewand aus; Bann und Reichsacht zum Trotz kam er zurück, sein mächtiges Wort gleich einem Damm vor das leckende Feuer zu werfen.

Ihm mußten die Zwickauer Schwärmer aus Wittenberg weichen, aber die hart Vertriebenen nahmen den Feuerbrand mit; sie zogen hinaus in die süddeutschen Länder: bald fingen die Dörfer in Thüringen, Franken und Schwaben hell an zu brennen.

Da fraß die Lehre der Freiheit das faule Gebälk der Obrigkeit nieder, da griff die Gleichheit vor Gott die irdische Hörigkeit an, da rief der Schwarmgeist den Bauer zur Bruderschaft auf, sein Menschenrecht zu erzwingen.

Die zwölf Artikel hieß das Gelübde, darauf sie den Bund schworen, darauf die Bauern den Krieg gegen die Fürsten und Ritter begannen.

Sie wollten nicht länger leibeigen bleiben und nicht mehr den Zehnten bezahlen; wieder wie einst sollte das Land der freien Gemeinde gehören; Holz, Fischfang und Jagd sollten für jedermann frei sein; das Recht sollte wieder im deutschen Herkommen stehen statt in der römischen Rechtssatzung; auch wollten sie selber die Prediger wählen.

Wo es am meisten verschüttet war, stand Menschenrecht auf; der alte Bundschuh wurde lebendig, den die Ritterfaust niederschlug; noch einmal sein Blut an die Freiheit zu wagen, war der Bauer bereit, und die Bürgerschaft rief ihm zu, daß seine Sache gerecht sei.

Schwarz, rot und weiß war die Fahne, die Hans Müller von Bulgenbach trug, als er in Waldshut die blutige Kirchweih begann; bald wehte sie siegreich in Schwaben: die Herren mußten sich beugen, und wer sich nicht beugte, den jagten die Bauern durch ihre Spieße.

Da fiel die Furcht der Vergeltung in reiche Gemächer: Fürsten und Bischöfe schworen, die zwölf Artikel zu halten; als auch in Franken die schwarzrotweiße Fahne von den Kirchen und Rathäusern wehte, stand hinter dem Aufruhr ein neues Reich und wollte Wirklichkeit werden.

Ein neues Reich, auf den Willen des Volkes statt auf die Willkür der Fürsten und Herren gegründet: wohl sollten die Stände bestehen, aber nicht Vorrechte haben; die Geistlichen sollten die Hirten der Christengemeinde, nicht mehr die weltlichen Herren der Kirchenmacht sein.

So war der Plan, und die verschüttete Freiheit des Volkes hob ihre Fäuste, ihn zu erfüllen; aber die Schwarmgeister mischten die Brunst ihrer unreinen Machtgier hinein.

Thomas Münzer hieß der unselige Mann, der sein blutiges Wahnreich in Thüringen träumte, der mit dem Schwert Gideons kam, Fürsten und Pfaffen den Reigen der Rache zu tanzen.

In Mühlhausen hielt er gleich einem König der Juden Gericht

über die Heiden; wo seine grausamen Hausen erschienen, rauchte das Blut der erschlagenen Leiber im Brand der Klöster und Burgen.

So sah Luther die Saat aufgehen im Unkraut; er wollte die christliche Freiheit allein im Gewissen, nun schrie sie Gewalt und war Aufruhr: zum andernmal schwoll ihm der Zorn, und wie er den Ablaß der Kirche mit groben Worten verdammte, verdammte er nun den Aufruhr der Bauern.

Totschlagen gleich tollen Hunden hieß er die Bauern; und wie seine mächtige Stimme erschallte, so hoben die Fürsten das Schwert: Philipp von Hessen und Truchseß von Waldburg kamen mit Harnisch und großem Geschütz gegen den Aufruhr gezogen.

Sie fanden die Hausen der Bauern uneins im Streit ihrer Führer; durch die erfahrene Feldkunst der Herren einzeln geschlagen, mußten sie überall weichen: so wurde das harte Wort aus Wittenberg wahr.

An ihren Dörfern wurde der Brand der Klöster und Burgen gerächt, an ihren Leibern das Blut der erschlagenen Ritter; hundert mußten ins Gras um einen, und ehe der Henkertod kam, hatte die Folter gequält.

So ging der Bauernkrieg aus unter dem Galgen; die aber das Blutgericht überstanden, wollten nicht mehr das Wort von Wittenberg hören: die Freiheit in Christo war ihnen ein höhnischer Traum, davon sie die grausame Wirklichkeit sahen.

Marburg

Als die Bauern im Reich ihre Freiheit begruben, war Zwingli noch Meister in Zürich; aber dem zornigen Luther galt er ein Schwärmer wie Karlstadt und seine Zwickauer Gesellen.

Gleich diesen hielt er das Abendmahl in der Gemeinde, dem Herrn zum Gedächtnis; sie brachen das Brot und tranken vom Wein, wie Jesus den Jüngern befahl, sie waren des Wortes gewiß und seiner tiefen Bedeutung.

Aber sie wollten nicht länger im Wunderglauben der Kirche beharren, daß sie das Brot und den Wein in den Leib und das Blut des Erlösers zu verwandeln vermöchte: sie sahen ein Sinnbild und ließen das Liebesmahl gelten, aber sie glaubten kein Sakrament mehr.

Mit polternden Worten fuhr Luther in ihre Meinung und fachte Streit an, wo Einigkeit notwendig war; denn noch stand die römische Kirchenmacht willens, die Ketzer zu verbrennen, und die Habsburger Hand drohte, dem Willen mit ihrer Macht beizuspringen.

Manche Fürsten und viele Städte waren der neuen Lehre geneigt, doch der Reichstag zu Speyer gab ihrer Gunst den bösesten Abschied: der spanische Kaiser hatte den Papst gefangen und Rom plündern lassen, aber er war der gehorsame Sohn der Kirche geblieben und wollte die Ketzer ausrotten.

Philipp, der Landgraf von Hessen, sah die Gefahr und wollte ein Bündnis der Schwerter, die evangelische Lehre zu schützen; daß ihre Bekenner nicht schwach durch Uneinigkeit wären, lud er die feindlichen Brüder, Luther und Zwingli, samt ihrem geistlichen Heerbann nach Marburg.

Da saßen sie einmal zusammen im Saal seines hochragenden Schlosses, die einzelnen Männer der Predigt; sie wollten redlich den Hader bezwingen, aber die Schlupfwinkel des Glaubens boten der Zwietracht zuviel Verstecke.

Zwingli der weiteste war am meisten geneigt: Lehre und Tat in der Christengemeinde galten ihm mehr als Wortgläubigkeit; Luther der Mönch und Magister brachte die Füße nicht aus dem Glauben der Schrift.

Das ist mein Leib! so standen die Worte vor ihm auf der Tafel mit Kreide geschrieben; er ließ sich nichts deuteln und nehmen, weil ihm das Wunder der Gottmenschlichkeit Christi mehr als die Lehre, weil ihm der Glauben höher als alle Vernunft galt.

So war das Lächeln der Liebe und Weisheit in Zorn und Eifer

verkehrt; über der tiefen Einfalt der Lehre stand das paulinische Kreuz, und über dem Kreuz des Erlösers hatte die Kirche ihr kühnes Gewölbe gebaut: Luther blieb brünstigen Glaubens darin, und Zwingli zagte, es zu verlassen.

Sie konnten einander die Hände nicht geben und gingen mit Hast voneinander: noch war die Lehre im Schrein des Wunderglaubens begraben, noch hing der Erlöser am Kreuz, weil Juden und Judengenossen die göttliche Botschaft des Zimmermannssohns nicht verstanden.

Die Wiedertäufer

Die aber wähnten, die Botschaft des Zimmermannssohns zu besitzen, brannten im heimlichen Feuer; Wiedertäufer hieß sie das Volk, weil sie die Taufe der Kinder verwarfen: nur, wer mit Wissen und Willen getauft sei, könne des heiligen Geistes teilhaftig werden.

Denn Jesus erlöse nur den zur christlichen Freiheit, der seiner Lehre in Einfalt nachfolge; wer das Mirakel des Opferlamms lehre, mache nur einen Abgott jüdischer Herkunft aus ihm.

Sie wurden verfolgt und heimlich geduldet und führten noch einmal das stündliche Dasein der ersten Christengemeinde; sie saßen heimlich zusammen in ihren Handwerkerstuben und sandten Apostel hinaus mit seltsamen Zeichen.

Das knisternde Feuer der Lehre wurde gedämpft rundum im Reich, aber die zuckenden Flämmchen sprangen gleich Irrlichtern fort; von Lübeck bis Basel, von Salzburg bis Leyden wuchs das Geheimnis der Täufer.

Ein Bürger von Münster, Knipperdolling geheißen, kam wieder heim aus der Fremde, als Rottmann lutherischer Prediger war; um seines Glaubens willen verwiesen, brachte er seltsame Freundschaften mit.

Jan Matthys hieß einer und kam aus Leyden, wo er ein Bäcker gewesen, aber Prophet und Apostel geworden war; ihnen trat Rottmann der Prediger bei: so wurden in Münster die Wiedertäufer eine Gemeinde.

So stark waren sie bald, daß sie den Rat an sich brachten; da wurde Knipperdolling Bürgermeister, aber Jan Matthys blieb sein Prophet, dem er und der Rat in Demut gehorchten.

Münster, die Bischofsstadt in Westfalen, hielt ihre Tore den Wiedertäufern geöffnet: da strömten sie zu aus dem Dunkel böser Verfolgung und hießen die Stadt ihre Burg Zion.

Aber noch gab es Bürger in Münster, die der neuen Herrlichkeit ungläubig waren, auch zog der Bischof heran, die Stadt zu berennen: ihm wurden die Ungläubigen — ihrer Habe beraubt — entgegen gesandt.

Als die Landsknechte des Bischofs dann die Tore belegten, war Münster in Wahrheit die Burg und die Stadt der Wiedertäufer geworden; mit Mauern und Gräben stattlich gerüstet, zog sie den stachligen Ring um die Täufergemeinde, die nun allein in der Welt war.

Doch ließen die Tapferen sich nicht mit Waffengewalt schrecken; indessen die reisigen Völker des Bischofs die Mauern spähend umritten, lebten sie treulich nach ihrer Lehre: sie gaben ihr Eigentum her und lebten gemeinsam, sie nannten sich Brüder und Schwestern und taten ihr Tagwerk im Amt der Gemeinde.

Jan Matthys, ihr Meister, gab die Gesetze; der ein Bäcker gewesen und ein Apostel geworden war, saß nun als Fürst unter den Seinen, die der feurigen Kraft seines Geistes willig gehorchten.

Aber das Glück verließ ihn, als er bei einem Ausfall tollkühn voraussprang; der Meister wurde erschlagen, und der Geselle kam, durch den Willen des Volkes erhoben, an seinen Platz.

Jan Bockelson war er geheißen, ein Schneider und Schenkwirt aus Leyden und gleich seinem Meister ein Schwarmgeist des Wortes;

ihm aber war es zu wenig, Prophet und Apostel zu heißen; er wollte, ein rechter König, auf seinem Thron in Pracht und Herrlichkeit sitzen.

So wurde die Tollheit in Münster Ereignis: an einer goldenen Kette trug Jan, der Schneider und König, die goldene Kugel als Zeichen; denn die Welt sollte sein werden, der auf dem Stuhl Davids endlich das Gottesreich brachte, das Kaiser und Papst nicht vermochten.

Wie er an Weisheit sich Salomo gleichhielt, so sollte auch Salomos Pracht um ihn sein; Knipperdolling der Statthalter sorgte mit scharfem Schwert, daß ihn das Murren des Volkes nicht störte, als er dem üppigen Davidssohn gleich sein Lager mit Weibern und Saitenspiel füllte.

Indessen der König die Freuden des Thrones genoß, ging in den Gassen der Mangel; denn immer noch hielten die Haufen des Bischofs die Tore belagert, und langsam zog der Gürtel sich enger, weil endlich die Fürsten von Hessen, Sachsen und Köln dem Bischof Hilfsvölker sandten.

Wohl schlugen die Täufer tapfer den ersten Überfall ab; als aber der bittere Hunger den Mangel ablöste, als täglich die gläubige Hoffnung enttäuscht auf ein Wunder harrte, als endlich Verdruß und Verrat dem Feind einen Schleichweg aufmachte: da sank dem Schneider und Schenkwirt aus Leyden sein Königreich hin.

Grausam mußten die Täufer den Traum ihrer Davidsburg büßen; wie Jerusalem fiel, sank Münster in Asche und Blut; der sich den König der Welt nannte, hing im eisernen Käfig außen am Kirchturm, den Menschen zum Spott und den Vögeln zum Fraß.

Die Landeskirche

Indessen die Schwarmgeister der Schrift so blutiges Schicksal entfachten, blieben die Männer in Wittenberg treulich dabei, dem Glauben das Wohnhaus zu bauen.

Kaiser und Kirche waren die Mächte der alten Welt; von beiden verworfen durch Acht und Bann, stand Luther im Leeren: die Schrift in der Hand und der Landesherr über ihm waren seine Gewalten.

Friedrich der weise Kurfürst von Sachsen schätzte den Mönch und seinen Magister, obwohl er sich selber bedachtsam zurückhielt; das sächsische Land stand schon im neuen Bekenntnis, da war er noch streng in der Kirchenpflicht, und erst auf dem Sterbebett nahm er das Abendmahl ein.

Der aber das sächsische Land und die Männer von Wittenberg erbte, Johann der Bruder Friedrichs des Weisen, bekannte sich frei zu den Ketzern der Kirche; ihm wurde Luther vertraut, und er hörte auf ihn.

Er machte, daß Luther den Schutz seiner Gemeinde in die Landesgewalt stellte, daß er die Kutte der Kirche auszog für einen fürstlichen Predigerrock.

Mensch sein auf Erden hieß einer Obrigkeit untertan sein; konnten die Gläubigen nicht mehr der römischen Kirche gehorchen, so mußte die Landesgewalt die Predigt behüten, der Landesherr selber stellte die höchste Kirchengewalt vor.

So bauten die Männer in Wittenberg abseits der Kirche dem evangelischen Glauben das Wohnhaus; Johann der Kurfürst von Sachsen wurde der Hausherr des gläubigen Geistes, wie er dem irdischen Leib die Obrigkeit war.

Was aber in Sachsen geschah, wurde auch sonst im deutschen Land als sächsisches Kirchenrecht gültig: der Landesherr wurde die Kirchengewalt und erbte die Güter der Kirche.

Wittenberg blieb dem Schwarmgeist zum Trutz die Werkstatt des evangelischen Glaubens; er hatte die Freiheit des Christenmenschen gegen die Kirche entfesselt, aber daß sein Gewissen nicht Irrwege ginge, band er es wieder im Wort der Schrift.

Die Männer von Wittenberg mußten nicht mehr mit großen Gebärden Unmögliches tun; sie wirkten gemeinsam an ihrer amtlichen Pflicht und konnten den Feierabend wohl mit Fröhlichkeit füllen.

Luther, der todblasse Mönch auf dem Reichstag und die Stimme des deutschen Gewissens, war selber ein Hausherr geworden, der seinen Tisch gern mit Gästen besetzt sah und seiner Frau Käte samt ihren Kindern die Armut und Härte der eigenen Jugend heiter vergalt.

Er wurde nicht mild wie alter Wein, sein kränklicher Leib schaffte ihm harte Beschwerden, auch war seine Streitlust geneigt, streitsüchtig zu werden; der ein Apostel gewesen war, die rufende Stimme und der Held seines Volkes, ging in der Täglichkeit unter.

Aber so tat er das schwerste: die Flügel des Geistes hatten gewaltig um seine Stunden gerauscht, als er die Zelle verließ, aber der todblasse Mönch hatte den Mann, nicht den Aufruhr gerufen; nun war er selber ein Jünger und Protestant, die Täglichkeit mit Hörnern und Zähnen zu packen, statt sie im Groll zu zerschlagen oder nach heiliger Sitte sie hadernd zu lassen.

Kopernikus

So stand in der Bibel am Anfang: Gott schied am ersten Tag Licht von der Finsternis, am zweiten Tag Erde und Wasser, am dritten hieß er die Erde bewachsen mit Gras und fruchtbaren Bäumen, aber am vierten Tag ließ er die Lichter am Himmel steigen, der Erde zu leuchten: die Sonne, den Mond und die Sterne.

Die Sonne, der Mond und die Sterne dienten der Erde, ihr den strahlenden Tag und die schimmernde Nacht im unermüdlichen Kreislauf zu bringen; aber die Erde diente den Menschen, und der Mensch diente Gott, der über den irdischen Wolken sein Himmelreich hatte.

Zwar hatte Pythagoras anders gelehrt: Hestia hieß er das helle Feuer, um das sich Sonne und Erde, der Mond und die Sterne in ewigen Kreisen bewegten.

Ptolemäus aber, der kluge Ägypter, half der Bibel mit seiner einfachen Lehre wieder zum Recht: die Erde war wieder die ruhende Mitte der Welt im kreisenden Kranz der Gestirne.

So war für ein Jahrtausend und mehr der Glauben der Kirche in den Beweisen der Wissenschaft sicher gebettet; Sterndeuter hießen, die an den Höfen der Großen das Schicksal der Menschen aus dem Stand der Gestirne zu lesen vorgaben, ihnen waren es Nebenörter der Welt, von Dämonen bewohnt.

Indessen aber der Mönch in Wittenberg das Gewissen wachrief gegen die Kirche, saß ein Domherr zu Frauenburg nächtlich allein, die Bahn der Gestirne zu prüfen.

Ihm war eine Kunde der alten Lehren gekommen, und als er damit die Rätsel des Himmels absuchte — wie die Lichter wohl stiegen und sanken im irdischen Tag, wie aber die Bahnen in großen Gezeiten sich hoben und senkten — fand er die Wahrheit im Wahn seltsam verhüllt:

Der leuchtende Sonnenball stand mitten im Kreislauf seiner Planeten; und die den Menschen der ruhende Mittelpunkt schien, die Erde war selber nur ein Planet und mußte die jährliche Bahn um die Sonne als Kugel abrollen, indessen der Mond als getreuer Trabant sie zwölfmal umkreiste.

Als er dem Erdball so einen Platz und Rang im Himmelsgewölbe anwies, waren die Rätsel der Jahreszeiten, war der Stillstand und Wechsel im Lauf der Planeten gedeutet.

Aber nun stand der Erdball in der ewigen Unrast des Himmels nicht mehr als Zuschauer da, nun war er selber hineingerissen in den unendlichen Raum und in den ewigen Kreislauf, nun war er selber nur ein Gestirn, der Sonne demütig untertan.

Dann aber war der Anfang der Bibel auch nur ein jüdisches Märchen, ein menschliches Sinnbild der göttlichen Schöpfung, das vor der Wahrheit kindlich und eitel dastand.

Denn nun tat die Schöpfung erst ihre Unendlichkeit auf; ein kleiner Planet, ein winziger Ball, die riesige Sonne umkreisend, ein glimmendes Fünkchen im Weltraum: das war die Erde, die sich die Einfalt der Menschen als einzigen Wohnraum der göttlichen Gnade ausdachte.

Ein Gebrause kam in die Welt und dann eine grausame Stille, weil Gott aus dem irdischen Himmel entwich und in die Unendlichkeit einging.

Das Buch der Zwietracht

Loyola

Zur selben Zeit, da Luther der Mönch ein Junkergewand trug auf der Wartburg, lag ein spanischer Junker mit Namen Loyola an beiden Füßen verwundet und las die Legenda.

Er war ein tapferer Kriegsmann gewesen, nun sah er den Mut der heiligen Männer auf andere Dinge gewandt als Lanzenstechen und Schwerthieb; er wurde der irdischen Händel von Herzen satt und wollte wie jene ein Ritter der Jungfrau Maria heißen.

Als seine Füße geheilt waren, trug er die Waffen in mühsamer Wallfahrt zum Gnadenbild der göttlichen Frau; er aber ging in die Wildnis und wohnte den Heiligen gleich in einer Höhle, den Leib und die Seele in brünstiger Marter zu üben.

Und als er kein Junker mehr war, nur noch ein bärtiger Mönch, zog er als Pilgrim ins heilige Land; aber die Mönche des heiligen Landes schickten ihn heim als einen unnützen Schwärmer.

Daß er gelehrt sei zu reden wie sie, ging er in eine Schule und schämte sich nicht, mit seiner Einfalt unter den Knaben zu sitzen.

Er war schon grau an den Schläfen, als er zum andernmal auszog mit seiner Verzückung, dem spanischen Volk sein Erlebnis zu sagen; aber die Priester nannten den närrischen Ritter bald einen Ketzer und sperrten ihn ein.

So ließ er mit Grimm die spanische Heimat und zog nach Paris, an den Brüsten scholastischer Weisheit zu trinken.

Da blieb er lange und wurde Magister; aber nun fand er Genossen seiner Verzückung: Streiter Gottes wollten sie sein, ohne Waffen, nur mit der Kraft und Einfalt des gläubigen Geistes gerüstet und streng im Gehorsam.

So wurde der Orden Jesu gegründet; aus gläubiger Einfalt und hitzigem Eifer blühte die Rose von Jericho wieder: nicht das Gewissen mit seinen Schlupfwinkeln der Seele, der Geist des Gehorsams gegen die Kirchengebote allein sollte die Jünger verpflichten.

Da war den Männern in Wittenberg der Gegner gewachsen; gegen die Freiheit des Christenmenschen baute die Kirchenzucht ihre Schranken.

Alles zur größeren Ehre Gottes, stand auf den Fahnen, aber Gott war die Kirche; sie stellte dem Zweifel die Frage, ob er im Trotz seine eigene Seligkeit wagen oder im Glauben des kirchlichen Gnadenschoßes sicher sein wollte.

Seid klug wie die Schlangen und sanft wie die Tauben! sagte die Schrift; die dem Kriegsmann der Kirche nachfolgten, trugen den Stahl des biegsamen Wortes als Panzerhemd unter dem spanischen Priestergewand.

Sie gaben die große Verderbnis der Kirchenweltlichkeit zu, aber sie haderten nicht mit der Kirche um der menschlichen Schwäche im Priesterkleid willen; sie waren Ritter des Geistes und bauten dem Glauben kunstreiche Brücken zu einer anderen Kirche, die hinter dem Schein Wirklichkeit war.

Auch gingen sie nicht mit dem Bettelsack auf die Gassen; sie fanden die Türen der reichen Gemächer, darin die Landesgewalt auch nur ein Mensch war; sie schwiegen dem Volk, aber sie wußten den Fürsten geschickt von den Pflichten und Rechten der christlichen Herrschaft zu sprechen.

Sie kamen als Gärtner der Jugend: wo das Holz sich verjüngte und wo die Stämme noch schwank waren im Saft, setzten sie klug ihre Stäbe.

Der spanische Kaiser ging kläglich ins Kloster, weil seine Weltherrschaft wankte, sie aber kamen ins Reich mit ihren spanischen Hüten; und wo er mit all seinem Kriegsvolk nichts gegen den Brand der Ketzer vermochte, nahmen sie klug und behutsam das fürstliche Holz aus dem Feuer.

Calvin

Als Zwingli bei Kappel den Glaubenstod fand, Eidgenosse und Kriegsmann trotz seinem Predigerrock, führte in Genf schon Calvin, der fromme Franzose, sein strenges Kirchenregiment.

Er wollte die Christengemeinde wie Zwingli; Zucht und Eifer der Gläubigen sollten dem Staat das wahre Bürgertum bringen: der paulinische Glauben der ersten Christengemeinde zog das Jahrtausend der Papstherrlichkeit aus.

Alles, was in den kirchlichen Räumen und Bräuchen Erbschaft des Morgenlands war, sollte dem Sinn der gläubigen Brüderschaft weichen, statt einem prunkvollen Tempel sollte die Kirche ein schmuckloses Gemeindehaus sein.

Sie tünchten die Wände weiß und räumten den Hochaltar aus; sie nahmen dem Chor den lateinischen Priestergesang fort und ließen die ganze Gemeinde das Kirchenlied singen; sie saßen beim Abendmahl fromm miteinander, dem leidenden Herrn zum Gedächtnis.

Sie nannten sich Reformierte und achteten streng, daß ihrer Christengemeinschaft nichts beigemischt sei, was nicht in der heiligen Schrift als Gottes Gebot stände.

So war es in Genf, in Zürich und Bern, in Basel und Straßburg; aber die Männer in Wittenberg blieben mit Eifer lutherisch; hatte der Meister mit großen Worten gepoltert, so zankten seine Gesellen.

Melanchthon in seinem ermatteten Alter wollte die Geister versöhnen, aber sie schalten ihn lau; als er dahinging in bitterer Klage über die geistliche Zanksucht, schied das Bekenntnis die Streitlager der Protestanten für immer.

Calvinisch hießen die einen, lutherisch die andern, und hätten sich eher Ketzer geschmäht, als daß sie die Bruderhand fanden.

Die aber im Gnadenbereich der römisch-katholischen Kirchengewalt blieben, hielten das dritte Konzil in Trient, Kirchenverderbnis und Ketzerei miteins auszurotten; und wie der Hund die verlaufene Herde umbellt, so kamen die Jünger Jesu ins Reich, den Streit nach ihrer Weise zu schlichten.

Die spanische Hand

Maximilians einziger Sohn, Philipp der Schöne genannt, war spanischer König geworden: Habsburgische Habsucht warf das Schlingseil hinüber; mit Karl, seinem bläßlichen Sohn, kam es zurück und wollte das Abendland binden.

Als ob noch einmal die alte Kaisermacht wäre, trug der spanische Jüngling die Kronen Europas, eifrige Lobredner sangen den Ruhm seines Reiches, darin die Sonne nicht unterging.

Denn seiner Macht hatte der Westen das Wundertor aufgeschlossen: die alte Welt hatte die neue entdeckt, und Spanien münzte das Gold aus, das Columbus, der kühne Seefahrer fand.

Das Märchen der indischen Goldländer trat in den spanischen Tag ein; unübersehbaren Reichtum brachten die Schiffe herüber, als Ferdinand Cortez mit seinen Soldaten ins Sonnenland Mexiko kam.

Wie Wölfe brachen die eisernen Männer des Abendlands ein in das Weideland friedlicher Völker, das Goldfieber brannte die Herzen der Christenheit leer; Europa, das Raubtier, begann der Welt seine Krallen zu zeigen.

Aber die Kirche wußte die Krallen zu nützen, ihr wuchs aus dem Gold die spanische Hand, dem evangelischen Aufruhr der Völker den Nacken zu beugen.

Karl, der letzte Schirmherr der Kirche, entfachte noch einmal den Kampf um die Stärke, als sich der Papst dem König von Frankreich gegen den Kaiser verband; er ließ das Gelüst seiner Landsknechte gehen, und wie seit Geiserich nicht mehr, wurde die ewige Stadt gebrannt und geplündert.

Aber Philipp der Zweite, sein Sohn, war nur noch spanischer

König, kein Schirmherr der Kirche, nur noch ihr grausam gehorsamer Diener; wo der spanische Hut kam, hatte das Gold der Neuen Welt auch die spanische Hand stark gemacht, im Dienst der Kirche zu reiten.

Die Geusen

Wo das geteilte Gewässer des Rheins durch Sand und Sümpfe mühsam ins Meer suchte, von Friesland hinüber bis Flandern, hatten sich Friesen und Flamen ein breites Dasein gebaut, mit Häfen und Städten im Niederland, und wurden die lachenden Erben der Hansa.

Karl der kühne Burgunder hatte die Länder mit eisernen Fäusten gehalten und Max der Habsburger war nach der reichen Mitgift geritten; Karl seinem spanischen Enkel waren sie schon das Land seiner Herkunft; Philipp der Zweite ließ sie durch seine Schwester als spanisches Erbland regieren.

Aber das Niederland hing der calvinischen Lehre mit Eifer und Zuversicht an; als die spanische Hand durch strenge Edikte die Ketzer ausrotten wollte, schwuren die Edlen des Landes zu Breda den Bund, mit ihrem Blut dem schändlichen Brauch der Ketzergerichte zu trotzen.

Die Geusen hießen sie bald, weil sie als spöttisches Zeichen den Bettelsack trugen; noch brauchten sie keine Gewalt, aber das flämische Volk, zu trunkenen Taten geneigt, ließ seinen Zorn an den Bildern der Kirche wüst und lästerlich aus.

Den Aufruhr zu dämpfen, sandte der König den finsteren Alba ins Niederland; da mußten die Grafen Egmond und Hoorn zuerst auf den Block.

Sie kamen, den Herzog von Alba zu grüßen, und glaubten als Ritter des goldenen Vlieses vor Unbill geschützt zu sein; aber der Finstere fing sie mit lächelnder List: sie waren die Sprecher des Volkes gewesen und mußten den leichtgläubigen Mut unter dem Henkerbeil büßen.

Und Tausende folgten den edlen Herrn, der Blutrat des Herzogs kam über das Land, und die Wehklage wollte nicht enden; zum andernmal konnten die Hunde des Herrn das große Ketzergericht halten, wie es vorzeiten den Stedinger Bauern in Friesland geschah.

Aber das Leid hob aus der Tiefe des Volkes die rächende Hand: aus der Verborgenheit kamen und in die Verborgenheit schwanden die Geusen, dazwischen war eine kühne Tat und eine blutige Rache.

Sie trugen ihr graues Gewand und kamen auf flinken Schiffen; wo die spanische Hand schwach war, stach ihr Dolch zu, und wo sie stark wurde, verschwand er: sie waren die mutige Seele des Volkes, das sich aus weichlichem Wohlstand, durch Schande und Schrecken tollkühn erhob.

Noch war es kein Krieg, bis Wilhelm von Nassau, der schweigsame Oranier, wieder ins Land kam; klüger als seine Freunde Egmond und Hoorn, war er dem Herzog nicht ins Garn gegangen; nun brachte er Kriegsvolk, den Geusen zu helfen.

Die Geusen erkannten ihn gern; und ob das launische Glück im blutigen Schicksal hin- und herüber sprang, der Schatten des Herzogs wich langsam zurück, bis er verdrossen die Länder verließ.

Aber die spanische Hand blieb im Land, und Wilhelm der schweigsame Held wurde grau in den Schlachten; er kannte nicht Übermut und Verzagtheit, er war die stete Geduld und der unbeugsame Wille: als er im sechzehnten Jahr des nimmersatten Krieges durch Mörderhand fiel, waren Holland, Seeland, Utrecht und Friesland befreit.

Moritz, der Sohn des Oraniers, nahm das Schwert auf und wurde nicht matt; wie sein schweigender Vater ein Meister der Staatskunst, war er ein Meister des Krieges: gegen die spanische Übermacht hob er den Ruhm seiner Schlachten.

Als Philipp hinsiechte und starb, war die spanische Weltmacht verronnen mit all ihrem Gold aus der Neuen Welt, nur um die Länder der Maas ging immer noch Krieg, und wie eine Seuche fraß das Mordwerk der Geusen den spanischen Widerstand leer.

Kaum einer noch lebte von denen, die ihn begannen; und wie eine Sage erzählten die Greise von glücklichen Zeiten, da Frieden im Niederland war.

Im zweiundvierzigsten Jahr, daß Alba der finstere Herzog ins Niederland kam, sanken die spanischen Waffen; sie hielten Flandern und das brabantische Land, aber die sieben Provinzen nördlich der Maas hatten die Freiheit errungen.

Wieder durch Habsburg ging dem Reich uraltes Stammland verloren: an der Mündung wie an den Quellen des Rheins saßen nun freie Völker, indessen die Fürstengeschlechter im Reich einander das Futter abfraßen.

Donauwörth

Im Niederland hatten die Ketzer gesiegt, im Reich war die Kirche wie Schnee im Frühjahr geschwunden; aber die Jünger Jesu warfen den Samen nicht in den Wind: schon stand die heimliche Saat dicht vor der Ernte, als Max, der bayrische Herzog, zu Donauwörth den ersten Wagen in seine Scheuer einbrachte.

Eine Reichsstadt war Donauwörth, und die Bürgerschaft hatte längst ihren Tag in die deutsche Predigt gestellt; nur der Abt zum heiligen Kreuz hielt das Kloster der Benediktiner, dicht vor der Stadt.

Aber nach Dillingen war es nicht weit, wo die Jesuiten ihre deutsche Pflanzschule hatten; die Nachbarschaft stärkte dem Abt den katholischen Rücken, und was das Kloster seit Jahren nicht wagte, den prunkvollen Umzug der Kirche begann es nun wieder.

Sie trugen die Fahne zuerst nur gerollt und mieden die Straßen am Markt, aber der Eifer von Dillingen wetzte den Mut und die Hoffnung auf stärkeren Beistand: die Fahne des heiligen Kreuzes entrollt, mit vollem Gepränge und lautem Gesang, so kamen die Mönche in die Straßen der evangelischen Stadt.

Wie sie vor Zeiten mit frommer Fröhlichkeit taten, geschah es nun wieder; doch knieten die Männer und Frauen nicht mehr, wo sie kamen: mit grollenden Mienen sahen sie längst verspottetes Tun ihr Tagwerk durchkreuzen, vergessener Zorn eiferte los und fuhr mit Fäusten darein.

Es war kein Bauernkrieg mehr, es war nur ein böser Tumult in den Gassen, zornige Männer und hitzige Mönche balgten sich um die Fetzen der Fahne, indessen die Frauen und Kinder erschrocken den letzten Gesang überschrieen.

Kein Landesfürst galt in der Reichsstadt seit zweihundertfünfzig Jahren, ihr einziger Herr war der Kaiser; aber die Brüder in Dillingen wiesen dem Abt vom heiligen Kreuz die Wege nach Prag.

Da kannten sie längst die heimlichen Türen und wußten das Ohr des lichtscheuen Kaisers rascher zu finden als seine Bürger: so wurden die Frevler geächtet, und Max, der Herzog von Bayern, zog eilig heran, den Spruch zu vollstrecken.

Die Stadt gehörte zum schwäbischen Bund, aber der Herzog lachte dazu: sie sollten ihm erst die Batzen bezahlen für all sein bemühtes Kriegsvolk!

Er hatte den lang begehrten Vogel gefangen und tat den Käfig nicht wieder auf; Rudolf, der lichtscheue Kaiser in Prag, sah nach den Sternen.

Da wurden die Städte und Fürsten gewahr, daß ein anderer Wind wehte; was heute einem geschah, konnte morgen manchen geschehen: calvinisch oder lutherisch war gleich vor der römischen Kirche, die drohend den Arm hob, sie alle als Ketzer zu treffen.

Sie ließen der Kanzel den Predigerzank, aber die Schwerter schlossen den evangelischen Bund der Fürsten und Städte, einander die Freiheit des Glaubens zu halten.

So stand der bayrische Herzog allein vor den Herren von Hessen und Sachsen, Brandenburg und der mächtigen Pfalz, und der Kaiser in Prag sah nach den Sternen; da rief er die geistlichen Kurfürsten auf, das katholische Schwert gegen den Bund der Ketzer zu schärfen.

Union und Liga hießen die Bünde des kommenden Streites: sie ballten die Mächte gegeneinander, sie teilten das Reich und das Volk und lagen als drohende Wolken des Unheils über dem deutschen Land, bereit, das Gewitter zu bringen.

Der Schwur von Loreto

Im selben Jahr, da Philipp von Spanien starb, tat vor dem heiligen Haus in Loreto ein Habsburger Jüngling den Schwur: mit Gefahr seines Lebens jegliche Ketzer aus seinem Land zu vertreiben.

Er war ein Vetter des Kaisers und regierte in Graz den südlichen Teil der habsburgischen Länder; weil aber Rudolf, der Kaiser in Prag, samt seinem Bruder Matthias kinderlos war, reiften die Kronen der Vettern ihm zu.

So hob sein Schwur der katholischen Kirche das Schwert wieder auf, das Philipp sterbend hinlegen mußte; die Jünger Jesu hatten gesorgt, daß die Schneide gehärtet, daß der Habsburger Hochmut zum andernmal mit der Inbrunst der Kirche gestärkt war.

Wo der Schwur Ferdinands galt, deckte er Duldung und Frieden zu; als ihm sein Vetter Matthias die böhmische Krone abtrat, war sein Erbland gereinigt: Gut oder Glauben, hatte sein Schwert die Untertanen gefragt, und die den Glauben der Bibel wählten, waren aus ihrer Heimat vertrieben.

Aber die Böhmen hatten von Rudolf den Freibrief ertrotzt, zu glauben, zu predigen und Kirchen zu bauen, wie ihre Lehre gebot; Matthias mußte danach den Freibrief beschwören, auch Ferdinand sollte ihm Siegel und Unterschrift geben.

Er hatte die Jünger Jesu gefragt, ob er mit gutem Gewissen bestätigen könnte, was er gleichwohl nicht zu halten gedächte: sie sagten ihm Ja, und Ferdinand gab dem Freibrief Siegel und Unterschrift wie seine Vettern.

Als dann in Braunau und Klostergrab Kirchen gebaut wurden, hieß er sie schließen; darüber ergrimmten die böhmischen Herren in Prag und kamen hadernd ins Schloß, wo die Räte des Kaisers Matthias als Statthalter saßen.

Sie warfen die Räte samt ihrem Schreiber zum Fenster hinaus, sie riefen das böhmische Land auf und rafften ein Heer, gleich ihren hussitischen Vätern meineidige Kaisergewalt durch ein Volksgericht zu begleichen.

Sie standen vor Wien, als Kaiser Matthias starb und Ferdinand Hausherr der Habsburger wurde; schon hatten die Läufer den Aufruhr in seine Länder getragen: kaum daß er vermochte, nach Frankfurt zu fahren, die deutsche Krone zu holen.

Die Kurfürsten hatten die Wahl getätigt und standen im Dom, den Kaiser nach altem Brauch auf den Altar zu heben, als ein Reiter aus Prag die Absetzung brachte; die böhmischen Stände hätten statt seiner den Pfalzgrafen Friedrich als König gewählt.

Ein Stück aus dem Domgebälk brach nieder neben dem Altar, fast hätte sein Sturz den Kaiser erschlagen; die Furcht kommenden Unheils fiel in das drängende Volk.

Der Winterkönig

Noch war der mächtige Herzog von Bayern, Schwertherr der Liga, nicht Kurfürst, und Ferdinand mußte von Frankfurt nach München; auch war es eher ein Bittgang, denn daß er als Kaiser befahl.

Aber was beiden zunutz war, mußte geschehen: indessen Friedrich der Pfalzgraf mit seinem Hoflager nach Prag fuhr, einen Winter lang König zu spielen, rüstete Max der Herzog im Namen der Liga ein mächtiges Heer, und als es Sommer war nach dem Winter, stand er in Böhmen.

Da hatte Friedrich, der pfalzgräfische König, mehr an die Pracht seiner Kleider denn an die Waffen gedacht; auch waren die pfälzischen Prediger eifrig gewesen, die Böhmen calvinisch zu machen.

Sie hatten die Kirchen geräumt und die Wände gesäubert, sie hatten aus Prag ein neues Streitlager gemacht, den Götzendienst der Lutherischen selbstgerecht zu verdammen.

Schon stand der Feind dicht vor der Stadt, als endlich das böhmische Heer in nasser Novembernacht auszog: am weißen Berge bei Prag wurde es grausam geschlagen, in einer Mittagsstunde zerrann dem Winterkönig sein Glück.

Er saß nach pfälzischer Sitte zu Tisch, indessen ihm Tilly, der Feldherr der Liga, das Schwert aus der Hand und die böhmische Krone vom Kopf schlug; nun raffte er eilig das Seine und ging auf die Flucht, sein unrühmliches Leben zu retten.

So hatte der Habsburger wieder das seine, die böhmischen Bürger und Bauern mußten den Herren in Prag die falsche Königswahl büßen; sie galten dem Kaiser nur noch Rebellen und Ketzer: Rebellen zu strafen, galt ihm sein Recht, und Ketzer zu brennen, fürstliche Sendung.

Er nahm den böhmischen Freibrief und zerschnitt ihn mit eigener Hand; wie ein Gärtner die Knechte ausschickt, Unkraut zu jäten, so sandte der Orden Jesu die spanischen Hüte ins böhmische Land und in alle österreichischen Länder.

Gut oder Glauben, so hieß noch immer die Frage des Schwertes: Tausend und Tausende wählten den Glauben, ließen die Heimat und ließen das Haus ihrer Väter, das Land der Verheißung zu finden; aber auf Erden war es die Fremde und bittere Armut.

Der Schild und das Schwert der katholischen Liga stand vor dem Kaiser, und hinter ihm hob sich der römische Schatten: Glück und Ende des Winterkönigs in Prag war nur der spöttische Anfang, nun kam der Ernst über Deutschland und wollte zum bitteren Ende.

Nun kam der Krieg und wollte die Wolken des Unheils ausschütten: dies alles aber geschah, weil ein Habsburger Jüngling vor dem heiligen Haus der Maria — durch ein katholisches Wunder nach Loreto gebracht — in der Frömmigkeit Loyolas einen grausamen Schwur tat.

Die Pfalz

Der mächtige Herzog von Bayern hatte dem Kaiser das Schwert der Liga nicht eher geliehen, als bis er den Lohn kannte: die Pfalz fiel ihm zu mit dem Kurhut, und spanisches Kriegsvolk mußte ihm helfen, daß er das Pfand in der Hand hielt.

Spanisches Kriegsvolk und englische Söldner rissen einander die Dörfer und Städte der Pfalz aus den Händen; denn Friedrich der Pfalzgraf war Eidam des englischen Königs: England und Spanien brachten den eigenen Machthandel über die Pfalz.

Indessen der Winterkönig geächtet, der böhmischen Krone wie seines Kurhutes verlustig, sein törichtes Leben in Holland hinbrachte, rief englisches Gold dem bösen Krieg die Klopffechter auf.

Den tollen Mansfeld hießen sie ihn, der mit allerlei Volk den verlorenen Krieg durch die deutschen Landschaften schleppte; Freund oder Feind, sie mußten ihn nähren; wo er von dannen zog, hatte die eiserne Faust manches gerafft und vieles zerstört.

Als seine Haufen herzogen, von Tilly verfolgt, als sie den Tanz des Krieges begannen mit listigen Sprüngen, einander suchend einander auswichen und auf den Überfall lauernd Dörfer und Städte brandschatzten: bekam auch die Pfalz den böhmischen Winter zu schmecken.

Und blutiger Schwertschlag wurde der Tanz, als Christian, Prinz von Braunschweig, seine wilden Gesellen dem tollen Mansfeld beibrachte; seit Sickingen hatten die Landesgewalten nicht mehr einen solchen Verächter erfahren.

Er war noch ein Jüngling und hatte nach längst verschollener

Sitte die Winterkönigin zur Herrin erkoren; er trug ihren Handschuh am Helm; alles für Gott und für sie, stand auf den Fahnen.

Zu Paderborn fand er im Dom zwölf Silberapostel, er prägte Taler daraus und hieß sie in alle Welt hingehen: Gottes Freund und der Pfaffen Feind, stand auf den Talern; und wer nicht für ihn war, war wider ihn.

Sie hätten dem Winterkönig sein Land bis zur Hölle gehalten, er selber aber entließ sie; so wurde die Pfalz frei von der Plage, so wurde die Fackel des Krieges nach Norden getragen, wo sie von neuem lichterloh brannte, weil danach der König von Dänemark antrat, sein Klopffechterglück zu versuchen.

Die Pfalz wurde frei von der Plage, aber nun kam der bayrische Herzog mit Eifer und Strenge, das calvinische Land wieder katholisch zu machen.

Wallenstein

Der Schwur von Loreto hatte dem Habsburger Erbland gegolten; über die Pfalz kam er ins Reich, und Ferdinand wollte noch einmal Schirmherr der Christenheit heißen.

Aber das Reich der Habsburger war nicht mehr die Kaiserstandarte über den Völkern; Frankreich und England hielten ihm seine Tore im Westen gesperrt, im Osten drohten die Türken.

Kein Maifeld am Rhein stellte die Heerschilde auf um den Kaiser, daß er den Bogen der Stärke über das Abendland spannte: Ferdinand war in der Hofburg zu Wien das Flackerlicht seiner Mönche.

Da saß die Spinne im Netz, die Ketzer zu fangen, aber die Fäden hatte die Liga gespannt: der mächtige Herzog in Bayern gebot, und Ferdinand mußte ihm seine Dienste teuer bezahlen.

Als darum Wallenstein kam, dem Kaiser ein eigenes Heer anzubieten, gab er dem düsteren Mann gern ein Patent.

Er war ein böhmischer Edelmann ärmlicher Herkunft, aber er

hatte im Dienst des Kaisers reiche Güter in Böhmen erlistet, war Graf und Fürst seiner Herrschaft Friedland geworden und galt als guter Soldat, der seinen Söldnern reichen Raub gönnte.

Als seine Trommel im Reich scholl, reicheres Werbegeld und reichere Beute verheißend, lief das Kriegsvolk ihm zu; bald stand dem Kaiser ein Heer zu Feld, stärker als das aller Fürsten.

Da mußte der stolze König der Dänen auf seine Insel entweichen, da wurde der tolle Mansfeld gejagt wie ein Wild bis nach Ungarn, da konnte der Pfaffenfeind mit dem Handschuh der Königin keine Silbertaler mehr prägen.

Da wurde die Hofburg Herr über den Bund der evangelischen Fürsten, da kam die römische Hand und strich ein halbes Jahrhundert und mehr aus dem Dasein des Reiches.

Die Bischöfe kamen zurück in den Besitz ihrer weltlichen Macht; alles, was einmal Kirchengut war, mußten die Fürsten und Städte der römischen Hand überlassen.

Der Schwur von Loreto hatte der Kirche die Fäden von neuem gespannt; die Jünger Jesu standen bereit, den letzten Fang zu beginnen.

Stralsund

Was nicht mehr gewesen war, wurde durch Wallenstein wahr: der Kaiser hielt wieder die Macht über die Fürsten; aber der Kaiser saß in der Hofburg zu Wien, und der das Schwert führte im Namen des Kaisers, war seine eigene Stärke.

Er hieß nun Herzog von Friedland und nannte Mecklenburg sein; ihn schierten die Händel der Geistlichen nicht und nicht die Sorgen der Kirche, er ging den Schritt der Gewalt und wollte ein anderes Reich als das der Pfaffen und Fürsten.

Stärker als alle Kurfürstenmacht war einmal die Hansa gewesen: nun wollte der Kaiser die Hansa bedeuten, ihm sollten auch wieder die Städte und Häfen der Ostsee gehören, und die im Norden selbstherrlich Könige hießen, sollten in seiner Pflicht sein.

Er legte in alle Häfen Besatzung, den Norden zu zwingen; aber Stralsund war der Schlüssel, und Stralsund trotzte dem Herzog des Kaisers; als er die Insel Dänholm vor ihren Toren besetzte, wagten die Bürger den Handstreich und brachten sie wieder in ihre Hand.

Und wenn sie mit Ketten am Himmel hinge, sie müßte herunter! prahlte der Herzog; aber die Bürger von Stralsund hatten die Taten der Geusen vernommen: so hitzig sein Kriegsvolk die Wälle berannte, sie hielten ihm stand.

Denn der sonst hinter den Wällen der böseste Feind war, der Hunger konnte die Stadt nicht bezwingen; höhnisch vor seinen kurzen Kanonen — wie einmal vor Dietrich von Bern nach Ravenna — gingen und kamen die Schiffe, Brot und Waffen, Pulver und Kriegsvolk zu bringen.

Soviel die Wälle zu verbergen vermochten, warfen die Dänen und Schweden Truppen hinein; Stralsund war in Wahrheit der Schlüssel des Nordens, die Könige hielten dem Kaiser das Schloß mit dem Schlüssel gesperrt.

So ging dem Herzog von Friedland sein harter Schwur fehl; er hatte die Länder gekehrt mit eisernem Besen von Ungarn bis Jütland, er war über Fürsten und Völker mit seinem Kriegsvolk gekommen: an der kalten Meerküste mußte sein Stolz die Schranken erkennen; und wie es Alba geschah vor den Geusen, so wich der Schatten Wallensteins zurück vor Stralsund.

Das aber war zu der Zeit, da die Kurfürsten der Liga den Tag in Regensburg hielten: sie wollten den Hochmut des Herzogs nicht länger ertragen und zwangen den Kaiser, sich selber den starken Arm abzuschneiden.

Der Friedländer war mächtig genug, den Fürsten zu trotzen, aber Seni, sein Sterndeuter, hatte ihm andere Dinge geweissagt; so ging er mit lächelnder Miene nach Böhmen in seine stolze Verbannung, wartend des Tages, da sie zum andernmal seiner bedürften.

Denn schon war an der rügischen Küste der schwedische König erschienen, Kaiser und Kirche zum Trotz sein Schwert an die Bibel zu wagen.

Magdeburg

Lutherische Prinzen regierten seit langem die reiche Bischofsstadt an der Elbe, sie hießen Verweser und hatten der geistlichen Würde entsagt, die weltliche Macht zu behalten; aber der letzte Verweser, Christian Wilhelm von Brandenburg, wurde vom Kaiser geächtet, ein Bruder des Kaisers sollte wieder katholischer Erzbischof in der Ketzerstadt sein.

Kaum standen die Schweden in Pommern, so schlich sich der Prinz heimlich zurück in die Stadt und stärkte die Hoffnung der Bürger, daß nun die Tage der evangelischen Freiheit nach langer Bedrängnis anbrächen.

Als aber Tilly, der Feldherr der Liga, Botschaft bekam, zog er mit großer Kriegsmacht heran; die reiche Ketzerstadt an der Elbe sollte das Schwert des Kaisers erfahren, bevor ihr der König zu helfen vermöchte.

Da hatte der Prinz in Eile die Wälle gerüstet, und ein erfahrener Kriegsmann, Dietrich von Falkenberg, kam aus dem Lager der Schweden; denn Tilly war ein gewaltiger Feldherr mit Listen und raschen Zügen.

Indessen der Kurfürst von Brandenburg, sein kläglicher Schwager, dem schwedischen König verwehrte, durch seine Länder zu ziehen, zog Tilly den eisernen Ring um die Stadt immer enger; der Hunger fing an, ihm zu helfen, auch ging das Pulver aus für die Geschütze: ein wütender Sturm sollte Magdeburg zwingen.

Von allen Seiten liefen sie an, Feuerkugeln fuhren in glühenden

Bogen, die Dächer zu zünden; schon stürzte ein Turm auf dem Wall, aber er legte sich nicht in den Graben, dem stürmenden Feind die Brücke zu bauen: die feurigen Krallen und eisernen Zähne konnten die Wälle nicht packen.

Da sollte die Kriegslist den letzten Trumpf wagen, bevor sie abzogen; ein Trompeter kam in die Stadt, den blutigen Streit zu begleichen: schon sah die Wacht auf den Wällen die Schanzen geräumt und glaubte die nahende Hand des Königs zu spüren.

Durch endlose Wachen ermüdet und froh der nahen Befreiung, ließen die Bürger die Wälle, endlich einmal zu schlafen: da drangen die Söldner Pappenheims ein und weckten die arglosen Schläfer.

Es war nur ein kurzes Erwachen: sie waren Rebellen und Ketzer, nun fiel das Schwert über sie her; Männer, Frauen und Kinder mußten mit ihrem Blut den Schwur von Loreto bezahlen.

Und über das Schwert kam das Feuer; seit Trojas und Jerusalems Fall — frohlockte die Kunde nach Wien — hatte die Welt kein Schauspiel wie dieses gesehen; drei Tage lang fraßen sich Mord und Brand satt in der Ketzerstadt, bis ihre blühende Breite ein Brandhaufen und Schindanger war.

Wehklage schwoll aus dem angstvollen Herzen der protestantischen Welt; sie sah ihr Schicksal beschlossen, und die Enttäuschung fing an, den schwedischen König laut zu verwünschen.

Dietrich von Falkenberg lag unter den rauchenden Trümmern begraben, den Prinzen von Brandenburg fingen die Söldner lebendig; er wurde in Wien katholisch und lebte noch lange sein wohlbehütetes Leben.

Gustav Adolf

Den Schneekönig hießen sie ihn in der Hofburg des Kaisers: er würde bald schmelzen, wenn er den Norden verließe; auch wurden die Schweden Goten genannt, der römische Spott war darin über die neuen Barbaren.

Aber der schwedische König kam in das Reich, wie ein Seefahrer seine Segel auf Sturm stellt: er prüfte den Anker und sah nach den Sternen; er wußte das Wagnis, aber er kannte sein Schiff und kannte die Kunst, es zu lenken.

Wie es vorzeiten geschah, als Dietrich, der starkweise, Ravenna und Rom zu gewinnen gedachte, waren die schwedischen Männer ein Volk und Schwert gegen die Söldner des Kaisers.

Tilly, der Feldherr und Sieger in hundert Schlachten, sah die Stärke des Königs; aber er sah auch, wie Argwohn und Zweifel der Fürsten dem Schweden die Schritte verstellten: er dachte ihn langsam zu schwächen, bevor er ihn finge.

Als aber Magdeburg sank und als die Brunnen der evangelischen Wehklage aufbrachen, entbrannte dem König der Zorn: herrisch und hart zwang er die Fürsten von Sachsen und Brandenburg in seinen Gehorsam.

Und als er Tilly im Breitenfeld stellte, teilte er klüglich die Seinen ab von den Sachsen, daß ihre Schande nicht seine Schweden verwirre: sie liefen bis Eilenburg; als aber Tilly den Flüchtenden folgte, nahmen die Schweden ihn scharf in die Zange.

Der Feldherr und Sieger in hundert Schlachten mußte dem König das Feld überlassen, als er glaubte, es zu gewinnen; kaum, daß er den Rest seiner Söldner nach Halberstadt brachte.

Da war der Habsburger Hochmut schwer an den Händen getroffen, da lag vor dem König das Reich in der Breite, und ihrem Retter jauchzten die Evangelischen zu.

Schon sahen die Priester und Pfründner der Hofburg das schwedische Banner vor Wien; aber der König strauchelte nicht in der Gunst seiner Stunde.

Er sandte das sächsische Heer nach Böhmen, das Tor des Kaisers in Prag zu bedrängen; er aber äugte hinüber zum Rhein, wo die Kurfürstenmacht noch immer dem Reich das Krönungsgewand hielt.

Denn mehr als ein günstiger Frieden blühte dem König der

Schweden aus seinem Sieg: Wien war Byzanz, er aber wollte, wie vormals der starkweise Dietrich, das Reich der Goten anders aufrichten.

Die Herbstnebel näßten das Land, als er die neue Heerfahrt begann; aber Weihnachten fand ihn schon warm in Mainz, wo er das kurfürstliche Nest mit seinem Schwedenvolk füllte.

Er war den uralten Weg der Sachsen gezogen, er hatte in Würzburg das fränkische Maintor gesprengt und hatte die Furt der Franken gefunden: wie die salischen Herrn und die Staufer ließ er das Banner der blaugelben Macht über dem Maifeld der Reichsherrlichkeit wehen.

Und als ihn Tilly von neuem ins Feld rief nach Franken und Bayern, ließ er den Kanzler Oxenstjerna im goldenen Mainz, der schwedischen Herrschaft am Rhein den Krönungsmantel zu halten.

Noch lag der Schnee auf den fränkischen Bergen, als ihm die Glocken von Nürnberg zu läuten begannen; Tore und Herzen hatte die Reichsstadt dem Schutzherrn der evangelischen Freiheit weit aufgetan.

Hier hielt kein Bischof und Fürst seinen Zipfel der Kaisergewalt fest, hier war der siebente Heerschild des Reiches im Bürgerkleid und grüßte den starken Verwalter.

Fester und fröhlicher, als er den Feldzug begann, stieß er nach Süden, den mächtigen Herzog in Bayern zu fassen, der für die römische Macht im Reich das listige Schwert und gegen den Kaiser in Wien die stolze Selbstherrlichkeit war.

Er traf ihn am Lechfeld gelagert; so stark hatte Tilly, sein greiser Schildhalter, die Schanzen gestellt, daß die Getreuen dem König den Angriff abrieten: er aber hatte über die Ostsee Brücken geschlagen und wollte nicht weichen vor einem steinichten Alpengewässer.

Die Lose waren geschüttelt, und das Glück fiel dem Mutigen zu, indessen Tilly, den zweifelnden Greis, eine Stückkugel traf: als der Schildhalter fiel, waren die Schanzen noch stark wie zuvor, aber der

Kurfürst floh mit den Seinen, weil ihn der Mut und der Glaube verließen.

Da zog der König als Sieger ein in das innerste Land der katholischen Liga, da war das evangelische Schwert mächtig im Reich, da war eine Obrigkeit Herr, wie Luther sie glaubte: da hob er rauschend die Flügel gegen den römischen Gegner, der alte Kaisergedanke.

Lützen

Seni, der Sterndeuter, hatte dem Herzog von Friedland kühne Dinge geweissagt, nun kam die Erfüllung: die Fürsten im Reich und ihr Kaiser mußten den Tag von Regensburg büßen.

Der Herzog hatte sein Haus in Prag wie einen goldenen Käfig um seine Wünsche gehalten, von bösen Schmerzen geplagt und abergläubisch den Sternen verschworen, schien er der Welthändel satt.

Er ließ den Gesandten des Kaisers mit Ungnade an; die pfäffischen Feinde der Hofburg mußten den bittersten Spott seiner gichtigen Rachlust erfahren, bevor er im Rollwagen aufstand.

Eine Katze spielt mit der Maus, so nahm der Herzog den Habsburger Hochmut in die Krallen: als er den Feldherrnstab aufhob, war der Name des Kaisers nur noch das Siegel, die Macht hielt der Herzog allein in den gichtigen Händen.

So hatte die Zeit das Spiel der Mächte gewandelt: der Habsburger mußte dem Herzog von Friedland den Prunkwagen ziehen, der Winterkönig war ein Schaustück des Schwedenlagers geworden.

Verwegen den eigenen Zielen verschworen, standen die neuen Spieler im Feld: sie hoben den Arm und kreuzten die Degen; aber sie stießen nicht zu, weil sie einander erkannten.

Der Herzog kehrte das böhmische Land rein von den Sachsen und ließ den hochmütigen Kurfürst von Bayern drängen und betteln, daß er ihm hülfe; erst als sich der stolze Kriegsherr der Liga demütig nach Eger bemühte, kam er nach Bayern.

Der König hatte um Nürnberg sein festes Lager geworfen, der Herzog legte sich auf die Berge von Zirndorf davor, ihn zu belauern: zehn Wochen lagen sie da voreinander, und eher wären die Wälder gewandert, als daß der Herzog dem König aus seinem Fuchsbau herauskam.

Der Hunger fiel ein hier und dort, und Seuchen fraßen die Heere: der Herzog rührte sich nicht; und als der König verbissen und wild den Sturm wagte, wies er ihn blutig zurück.

Sie hatten einander gespürt und gingen geschwächt auseinander; als aber der Herzog ins Sächsische fiel, Winterquartier zu erlangen, war der König noch stark, ihm zu folgen.

Zum andernmal lagen sie da mit dem Nürnberger Spiel bei Naumburg und Weißenfels hart aneinander; zum andernmal stieß der König zu, als der Herzog den Pappenheim elbabwärts sandte.

Bei Lützen bekam er den Friedländischen Stier bei den Hörnern zu packen; so hart griff er ihn an, daß ihm das gewaltige Tier in die Knie brach: aber das spitzige Horn durchbohrte ihm selber die Brust, bevor er Viktoria rief.

Zwei Kugeln trafen den König, als er im Nebel zu hitzig ins Treffen geriet; die eine zerriß ihm den Arm, und als ihn sein Page noch rückwärts zu lenken gedachte, durchbohrte die zweite den Rücken.

Die Schlacht war den Schweden gewonnen; als Pappenheim kam mit dem Hagelsturm seiner Reiter, konnte der Herzog das Lützener Feld nicht mehr erzwingen; aber der König lag unter Leichen begraben.

Der Starke von Norden war in die bängliche Stille gekommen, ein Hornruf und Schwertschlag wie keiner im Schlachtlärm der Zeit.

Den Schneekönig hießen sie ihn; im Blut seiner Goten war er geschmolzen, aber das blaugelbe Banner flatterte hoch: Bernhard von Weimar riß es im Flug seiner Taten über die deutschen Gefilde, bis ihm die Fetzen hingen.

Der Herzog von Friedland

Die Sonne sank unter im Feld, und der Mond stand allein über Lützen, blutrot im schwarzen Gewölk: sie hatten gekämpft um den Tag, nun kam die Nacht mit zerrissenen Schatten.

Ein König hatte den Kaisertraum gläubig im Tag seiner Taten empfangen, nun war es ein bleicher Glanz der Gestirne, von dem Sterndeuter brütend bewacht und von dem Herzog abergläubisch gehütet.

Er war als böhmischer Edelmann in den Schein der Allmacht gekommen, Böhmen und Prag verhießen dem Herzog die kommende Krone; als er das Feld bei Lützen verlor, wich er zurück, die böhmische Heimat zu halten.

Indessen Bernhard von Weimar den Sieg der blaugelben Fahne ins Frankenland trug, als Herr von Würzburg und Bamberg ein neuer Reichsfürst zu werden von schwedischen Gnaden, indessen der Kurfürst von Bayern sich schlimmer bedroht sah als je durch den König, hielt sich der Herzog in Böhmen, bis er, Mähren zu schützen, nach Schlesien kam.

Da hatten sich Schweden und Sachsen die leichte Beute geteilt; er kam sie zu strafen und hätte sie hart zu treffen vermocht mit zwiefacher Übermacht: aber er wollte dem klüglich berechneten Spiel nicht selber die Trümpfe ausbrechen, er wollte im Gleichmaß der feindlichen Mächte der Unentbehrliche bleiben.

Und als er danach bei Steinau den Grafen von Thurn fing, den böhmischen Todfeind des Kaisers, und als in der Hofburg zu Wien schon die Folter bereit war, ließ er den Ketzer und Rebellen laufen und hatte nur Spott für die Pfaffen.

Die Boten kamen und gingen, als ob er den Krieg mit der Feder statt mit dem Schwert zu gewinnen gedächte; sie gingen nach Schweden und Frankreich mehr als nach Wien, und niemand sprach näher vom Frieden, als der für den Krieg bestellt war.

Aber er hatte die Karten zu listig gemischt; als er am Stich war, traute ihm keiner: so ging ihm der Einsatz samt dem geweissagten Kronengewinn kläglich verloren.

Die Allmacht des Herzogs zu dämpfen, rief der Kaiser ein spanisches Heer ihm zu Hilfe; da mußte der listige Spieler Farbe bekennen, aber nun war es zu spät, sie zu halten: als ihm zu Pilsen seine Getreuen den Schwur leisten sollten, hielt schon Verrat den Verrat bei den Händen.

Seines Amtes entsetzt und vogelfrei als Verräter, kam er nach Eger, noch immer ein Fürst der Gewalt, abgöttisch geehrt und gefürchtet; er wollte sich offen den Schweden zuwenden, aber der kleine Verrat kam dem großen zuvor.

Es war ein Gastmahl in Eger, da wurde dem künftigen König von Böhmen getrunken, und der Meuchelmord lauerte hinter der Tür; als die Lustigkeit satt war, brachen die Mörder hervor und stachen die trunkenen Schwertbrüder Wallensteins nieder.

Ihn selber fanden sie wehrlos im Schlaf; er hatte den Abend mit Seni verbracht, den drohenden Stand der Gestirne zu deuten, nun trat der schwarze Beschluß durch die krachende Tür in seine Wirklichkeit ein.

Er war durch den Lärm geweckt noch ans Fenster getreten, als er die Hellebarde vor seiner Brust sah; wortlos mit offenen Armen nahm er sie auf: im Tod noch sein finsterer Meister.

Dreitausend Seelenmessen hieß der Kaiser in Wien dem Wallenstein lesen, und hängte das Gold an die Mörder; auch floß eine Habsburger Träne dem Schicksal, das ihm so grausam und tückisch zu handeln befahl.

Bernhard von Weimar

Als Wallenstein starb, stand der große Krieg still, aber der kleine Krieg wollte Deutschland verderben; Faust und Feuer und Raub hatten ein wildes Geschlecht gezüchtet; schon krähte der Hahn nach dem Morgen, aber noch hielt die gramvolle Nacht dem bösen Gezücht den Morgenschlaf hin.

Über dem Haß der Parteien hatten noch Sterne gezittert, nun starben sie hin im Grauen der Helle: der aber den Schaft der blaugelben Fahne hielt — einen Stumpf nur mit Fetzen behangen — den Prinzen Bernhard von Weimar riß seine Fahrt noch ins Morgenrot.

Er hatte das sächsische Feld bei Lützen gehalten und war wie ein Feuer im Wind zur bayrischen Donau gefahren, er hatte das fränkische Land mit seinen Siegen erfüllt und war der Herzog des Landes um Bamberg und Würzburg geworden: aber die Schlacht bei Nördlingen nahm ihm den Ruhm und das Land; seit Breitenfeld wurde kein Heer so geschlagen.

Oxenstjerna, der schwedische Kanzler, hatte mit eiserner Stirn den Tod seines Freundes, des Königs, erfahren; nun stand er zum andernmal leer vor dem Glück: die Schwedenherrschaft im Reich war aus; hoch stieg der Kaiser.

Der Kurfürst von Sachsen streckte zuerst die unrühmlichen Waffen, ihm folgten geschwind die kleineren Fürsten: der Frieden zu Prag gab den Ländern der Elbe die Hoffnung zurück, daß wieder dem Bauer sein Pflug, dem Bürger sein redliches Handwerk gehöre.

Aber noch war die Zuchtrute der Zeit nicht gesättigt, nun blieb der Schwede als Feind, wo er als Freund kam; was ihm die Fürsten und Städte im Reich nicht mehr gaben, das bot ihm Frankreich mit listiger Hand, und Oxenstjerna zögerte nicht, es zu nehmen.

Elf Jahre ging noch der höllische Krieg: Schweden, Franzosen, Spanier rissen sich um den Raub mit dem Kaiser; aber der Raub war das Reich und der Kaiser die römi sche Kirchengewalt.

Da ließ auch Bernhard von Weimar den blaugelben Stumpf und machte den Pakt mit dem Todfeind der Habsburger Macht: französisches Geld half ihm, ein Heer auszurüsten, Elsaß und Hagenau — stand in dem Pakt — sollten sein Lohn sein.

So stieg noch einmal sein Ruhm, aber nun trug er die eigene Fahne; und als sie zum andernmal Sieg trug, als ihm das Elsaß gehörte, als Breisach ihm zufiel und der Oberrhein sein war: da wurde der deutsche Herzog dem Kanzler von Frankreich und Kardinal Richelieu zu großmächtig.

Er sollte für Frankreich, nicht für sich selber, dem Kaiser das Land abgewinnen; den Trotz zu betören, trug er dem Prinzen die Hand seiner Nichte als Siegespreis an.

Aber Bernhard von Weimar lachte der Ehre, wie Dietrich gegen Byzanz lachte; die hessische Landgräfin war ihm geneigt: von Basel bis Marburg sollte — so ging sein Traum — sein neues Herzogtum reichen, und sollte die Trutzburg des deutschen Evangeliums sein.

Er war die Faust und das Herz, die Trutzburg zu halten, aber der Tod fiel ihn an wie ein räudiger Hund: sein Arzt gab ihm Gift, so sagte er selber; Breisach ist unser! rief fröhlich der Kardinal.

Elsaß zu halten, doch nie das Reich zu verraten; so ging das Testament Bernhards von Weimar an seine Brüder: aber Geld und Gewalt der Franzosen hielten den Raub fest, als die Faust und das Herz nicht mehr schlugen.

Das Ende

Älter als die Jünglinge der Menschen war schon der Krieg, da Bernhard von Weimar die Faust und das Herz seiner Taten zum Sterben hinlegte, und über der Wiege saß manche Mutter, die selber den Frieden nicht kannte.

Bernhard von Weimar war noch ein Held der Hoffnung gewesen; die nach ihm kamen, waren Soldaten, sie kannten nichts als Soldatenglück und Soldatengewalt:

Banner, der Schwede, üppig und wild und verwegen und allen Lastern fröhlich vertraut; mitten im Winter kam er vor Regensburg, den Kaiser mitsamt dem Reichstag zu fangen, aber die Donau ging über Nacht in Tauwetter auf.

Torstenson dann, von der Podagra übel geplagt, aber sein Lehnstuhl fuhr schneller durchs Reich als die Reiter des Kaisers; bei Breitenfeld schlug er sie scharf, wie sein König dem Tilly tat, und seine Scharen streiften vor Wien.

Johann von Werth, der in Jülich Bauernknecht war und ein spanischer Reitersmann wurde; keine Stadt im Reich, die seine Tollheit nicht kannte.

Wie sie einander hinjagten, heute am Rhein und morgen am Lech, wie sie Heuschrecken gleich in die Länder einfielen, wie sie die klägliche Bürger- und Bauernschaft plagten: das war nicht mehr Krieg, das war nur noch Ritt um den Raub und um die Winterquartiere.

Und wie die Herren, so wurden die Knechte: wo ihrer zwölf waren, tat sich der dreizehnte auf als ihr Meister; denn plündern und rauben nährte den Mann nur noch abseits der Straße.

Längst säte der Bauer nur mehr die Felder versteckt in Wäldern und Sümpfen; und was in den Städten noch Bürgerschaft hieß, hielt das zerlöcherte Sieb, aus dem Schlamm der wilden Heervölker den traurigen Satz zu gewinnen.

Wohl hatten Sachsen und Brandenburg Frieden gemacht mit dem Kaiser, aber der Schwede hohnlachte dazu, ihn zu halten; denn längst mit dem König war seine Zucht und Frommheit gefallen.

Schlimmer als je galt das Faustrecht, wüster als je lag der Acker, bitterer als je war die Armut, wilder das Elend, heißer Hunger und Seuche; von Zucht und Sitte war nur ein schmutziger Rest, vom Wohlstand des Reiches nur noch die Sage geblieben.

Als dann Turenne, der Mordbrenner, kam, und Wrangel, der Schwede, ihm half, die Pfalz auszukehren, als Max, der stolze Kurfürst von Bayern, dem Kaiser abfiel im Stillstand von Ulm: da war der Schwur von Loreto am Ende.

Der Frieden zu Münster

Der Frieden kam, wie ein Feuer sich selber die Stätte leer frißt; der Hunger der Länder hing sich dem Wagen der Kriegsvölker an, und vor den Toren der Stadt saß wartend die Seuche.

Sieben Jahre lang siechte der Krieg hin, so hatten die räudigen Hunde der Macht sich verbissen; der Reichstag von Regensburg sollte sein Ende bedeuten, aber der Schwur von Loreto wollte noch immer Machthalter bleiben.

Dann wurde in Hamburg das Ränkespiel anders beschlossen: in Münster und Osnabrück sollten die beiden Heerlager der Räte und Vollmachten sein; aber drei Jahre vergingen, bis die Perücken der feindlichen Völker sich alle einfanden.

Und vier Jahre lang wurden die Akten gewendet, vier Jahre lang zankten die Räte sich um den Rang ihrer hohen Personen, vier Jahre lang schrieben die Federn sich stumpf an spitzen Prämissen: bis endlich der Troß der Gesandten in Münster einfuhr, mit schwarzer Tinte das Blut der Völker zu sühnen.

Der Kaiser hatte das Spiel verloren, aber das Reich mußte die Schulden bezahlen: Schweden nahm Pommern, Rügen und Bremen, Frankreich das Elsaß samt Metz, Toul und Verdun; die Schweiz und das Niederland gaben für immer dem Reich ihren Abschied.

So hatte der Schwur von Loreto ein Aas aus Deutschland gemacht, Fremden zum Fraß, und hatte dem Habsburger Weltherrschertraum für immer den Tag abgeschnitten.

Denn nun waren die Fürsten die Herren; sie durften Bündnisse schließen ohne den Kaiser, sie konnten in Frankreich, England und Schweden den Trotz stärken gegen den Kaiser: das Reich war keine Reichsherrlichkeit mehr.

Die Freiheit der Völker lag wie ein Stein im Brunnen versunken: katholisch, lutherisch und reformiert konnte der Landesherr sein, wie er wollte, nur einen anderen Glauben brauchte er nicht in seinen Ländern zu dulden.

Frieden auf Erden hatte die Botschaft der Priester versprochen und hatte den wildesten Krieg über die Menschen gebracht; Kirche und Kaiser waren das Herz und die Hand der christlichen Weltmacht gewesen und hatten den Bogen gespannt über die Völker: nun hielten die Jünger Jesu ihren kläglichen Pakt in der Hofburg zu Wien, aber das Reich gehörte den Fürsten.

Das Buch der Fürsten

Versailles

Ein scharfer Keil in der Habsburger Macht war das Land der Franzosen: von Flandern hinauf nach Burgund und drüben in Spanien bot ihm das Habsburger Weltreich die Flanken.

So war es geworden, als Philipp der Schöne hinüber nach Spanien freite, so wirkte es doppelt, als Karl, der spanische König, zurück in das Reich kam, Kaiser der Deutschen zu werden.

Viermal führte er Krieg mit Franz dem Ersten von Frankreich, daß ihm der Keil nicht die Flanken zersprenge; viermal nahm er den Keil in die Zange und konnte ihm doch die Schärfe nicht brechen.

Was aber Franz mit grimmigen Kriegen begann, vollbrachte mit List Richelieu: die Kaisergewalt starb hin an dem törichten Schwur von Loreto, indessen der Kardinal fröhlich den Feinden der Kirche beistand, die Flanken der Habsburger Macht einzustoßen.

Der Frieden zu Münster gab den Franzosen am Rhein, was der Kaiser verlor: das Reich war leer und zerschlagen, sie aber standen im Glück ihrer Stunde, und Ludwig der Vierzehnte kam, die abendländische Uhr auf sich einzustellen.

Er war noch ein Jüngling, als er im Jagdrock, die Peitsche keck in der Hand, ins Parlament kam, das Fürstenwort seiner Zeit auszusprechen: Der Staat, das bin ich!

Die Fürstenmacht hatte den Krieg gegen den Kaiser gewonnen, und Ludwig der Vierzehnte lehrte die Fürsten, ihr Siegerrecht auszukosten:

Der Staat war der König: Stände und Standesherrn, Bürger und Bauern waren ihm untertan und mußten dem König gehorchen als untertänige Diener; er war die Sonne, alles Licht im Staat kam von ihm, und alles war sein von Gottes Gnaden.

Seine Soldaten marschierten im Namen des Königs, seine Minister waren das Räderwerk höchsteigener Pläne, seine Beamten plagten den Untertan.

Daß seine Allmacht sichtbar würde dem eigenen Volk der Franzosen und den Völkern des Abendlands, ließ er sich draußen, weit vor den Toren der Hauptstadt Paris die neuen Lustgärten bauen: das Schloß und den Park von Versailles.

Die starre Flucht seiner Fenster und der umgitterte Hof wiesen der stolz anlaufenden Straße den Rücken, das Antlitz war nach den Gärten gekehrt, die in unendlicher Weite über den breiten Terrassen ihr grünes Schaubild der blauen Ferne vorlegten.

Wachen und Gitter und blinkende Fenster sperrten den Eingang und reizten die Neugier; aber drinnen, von hundert Schranken behütet, hielt der Hof seine rauschenden Feste.

Da sprangen die Wasser, da lockten die hellen Terrassen den Blick in die weiten Alleen, da schritten die Seidengewänder die breiten Treppen hinauf und hinunter, da hielt die rauschende Pracht vor sich selber den Atem an.

Denn irgendwo drinnen wohnte der König und war in den schimmernden Schalen wie eine Perle geschützt; durch den Marmorsaum herrischer Hallen, unter den wuchtigen Decken prahlender Säle führte der zögernde Schritt hinein ins Geheimnis der Macht.

Aber kein Fuß durfte ihn gehen, der nicht von hoher Geburt und durch die Gnade des Königs bestimmt war; denn wie die Macht seiner Heere, so war die Pracht seines Hofes allein auf die Gunst seiner Augen gestellt.

So sahen die Fürsten Europas die Sonne der neuen Herrschergewalt: kein Schwertkaiser mehr, der im Harnisch vor seinen Rittern durchs Stadttor einritt nach ruhmvollen Taten, kein Richtkaiser mehr, der auf dem Marktplatz den goldenen Stuhl hatte.

Reiten und richten war eine Pflicht im Tagwerk der Diener geworden, der König gab nur die Gunst ihrer Stunden; sein Dasein war aus der Wirklichkeit fort in das freche Theater der fürstlichen Allmacht gegangen.

Alliance du Rhin

Ein halbes Jahrtausend und mehr hatte das Reich am Rhein seine Heimat gehabt; nun saß der Kaiser im Osten, dem Ohr und den Händen der geistlichen Kurfürsten fern, indessen die Gnadensonne von Westen reichen Glanz über ihr Fürstengewand schien.

Denn nun kam die Zeit, da die Fürsten des Reiches Abgötter bourbonischer Herrlichkeit wurden, da die Pracht von Versailles die Höfe betörte, da die Kurfürsten den rheinischen Trutzbund schwuren gegen den Habsburger Kaiser.

Sie liebten als Priester Pracht und Gepränge und wollten als Fürsten Hof halten, wie Ludwig der Vierzehnte Hof hielt in Versailles; aber die Hofburg in Wien war der fürstlichen Pracht und fröhlichen Weltlust verschlossen.

Auch hatte der Kaiser die Fürsten und Stände betrogen; ein Reichstag sollte — so stand es im Frieden von Münster — die neue Verfassung beschließen; aber die Hofburg wollte die Krone aus eigener Vollmacht beerben, die Kurfürsten sollten dem Habsburger Erbkaisertum nur noch den Prunkmantel halten.

Als darum der dritte Ferdinand starb, mochten die Kurfürsten am Rhein seinen Sohn Leopold nicht mehr erwählen; Kaiser im Reich und am Rhein sollte Ludwig der Vierzehnte heißen, weil er im Abendland längst der mächtigste König und für die Fürsten das Götterbild ihrer Macht war.

Mehr als ein Jahr lang zogen sie kläglich die Wahl hin, die Gunst und das Gold von Versailles strömten die Fülle über den Rhein; aber der bängliche Kurfürst von Bayern verdarb das französische Spiel: die rheinischen Herren mußten in Frankfurt den Habsburger krönen.

Aber am andern Tag saßen sie da um die Gunst und das Gold von Versailles und schwuren den Bund mit dem König von Frankreich; drei Kurfürsten mit ihren Trabanten versagten dem Kaiser die

Treue und verrieten den Rhein und das Reich an den Todfeind der Habsburger Macht.

Denn nicht nur heimlich stand Ludwig der Vierzehnte Pate, er selber trat mit in den Rheinbund; die Gnadensonne von Versailles lag auf den fürstlichen Händen, als sie den treulosen Pakt unterschrieben.

Straßburg

Eine Reichsstadt war Straßburg seit Urvätertagen, und deutsches Leben hatte dort seine vornehme Werkstatt gehabt; als der Kaiserglanz noch am Rhein seinen Auf- und Untergang hatte, stand es im Mittag reichsdeutscher Macht.

Eckhart der Meister und Tauler der Prediger, Murner und Brant fanden in Straßburg Ohren und Herzen, die schwarze Kunst Gutenbergs hütete hier ihr erstes Geheimnis.

Auch als die Habsburger Hausmacht dem Rhein die Sonne verhängte, und als das Gewitter um Luther und Zwingli schwarze Sturmwolken brachte, hielt Straßburg die Reichsfreiheit hoch und war dem Bund der evangelischen Fürsten eine wehrhafte Stütze.

Jakob Sturm, sein Stättmeister, stand stolz unter den Fürsten des Reiches; kein Herzog und Bischof konnte am Oberrhein wagen, Straßburger Bürgerrecht anzutasten.

Als Frankreich danach im Frieden zu Münster das Habsburger Erbland im Elsaß bekam, blieb Straßburg wie eine stolze Bastei der alten Reichsherrlichkeit stehen.

Sein Münster, durch Erwin von Steinbach herrlich erhoben, hielt seine Hallen der evangelischen Lehre geöffnet; und ob durch die Tore die Gunst von Versailles prahlend hereinritt, die Bürgerschaft ließ sich nicht locken.

Nur die Geschlechter äugten sehr nach der welschen Sonne; und der Bischof Franz Egon von Fürstenberg hielt der Sonne den Spiegel: er wollte die Messe im Münster lesen, und Straßburg die Reichsstadt sollte ihm wieder als Bischofsstadt untertan sein.

Er legte die Schlinge, und als sie mit List und Bestechung bereit war, zog die Gewalt zu: es war im September, da die Kaufleute mit ihren Knechten die Messe in Frankfurt bestritten, als das Heer der Franzosen vor Straßburg erschien.

Mitten im Frieden sahen die Bürger blanke Geschütze auf ihre Tore gerichtet, der Kaiser saß fern in der Hofburg, und viel zu stark stand das welsche Volk vor den Wällen.

Auch waren im Magistrat zuviel Augen betört durch das Gold und die Gunst von Versailles; am dritten Tag ritten die Reiter der Lilie mit Hörnergeschmetter ein in die Gassen: keinen Schuß und Mann hatte den König von Frankreich die deutsche Reichsstadt gekostet.

Da mußte die evangelische Lehre das Münster Erwins von Steinbach verlassen, höfischer Pomp und der Weihrauch zeremonieller Gebräuche, die Rauschgläubigkeit wundersüchtiger Scharen, das Mirakel und der tönende Schwall himmlischer Freudenverheißung zog wieder ein mit der Messe.

Und als nach einem Monat die Sonne selber die Stadt und das Münster beschien, stand der Bischof davor aus einem deutschen Fürstengeschlecht, den neuen Herrn zu begrüßen, und lästerte laut mit dem Wort, das Simeon sprach, als er im Tempel das Knäblein begrüßte:

Herr, nun lässest du deinen Diener in Frieden einfahren; denn meine Augen haben den Heiland gesehn! so sagte ein deutscher Fürst und Bischof dem König von Frankreich, als er in Straßburg als Räuber einzog.

Die Erbschaft der Liselotte

Die Fürsten Europas waren vervettert, aber den Zank um die Erbschaft mußten die Völker bezahlen.

Ludwig des Vierzehnten Mutter war Anna von Österreich und seine Frau eine Tochter des spanischen Königs: der Todfeind von Habsburg war selber dem Hause versippt; auch hatte der Bruder des Königs Liselotte, die Schwester des Pfalzgrafen, zur Frau.

Die deutsche Prinzessin am Hof zu Versailles war ein drolliges Weibsbild; aber sie wurde der pfälzischen Heimat die Quelle unsäglicher Leiden.

Als Karl, ihr Bruder, kinderlos starb und die von Pfalz-Neuburg rechtmäßig die Erbschaft antraten, ließ sie den mächtigen Schwager ihr Erbteil vom Reich für Frankreich einfordern.

Das aber war zu der Zeit, da die Türken Belgrad verloren, da der allerchristlichste König seinen besten Mithelfer bedrängt sah: dem Halbmond gegen das siegreiche Kreuz des Habsburger Feindes zu helfen, fing er den pfälzischen Krieg an.

Aber das Reich war besser gerüstet, als da er Straßburg einsteckte; Melac, sein Feldherr, konnte die Pfalz nicht behalten.

Wo aber die Sonne des Königs von Frankreich nicht scheinen durfte, brauchte die Frucht nicht zu reifen, brauchten die Scheuern und Häuser, die Schlösser und Kirchen der Pfalz nicht mehr zu stehen.

Der König will es! so hieß die Mordbrennerlosung; der König will es, daß Heidelberg in eine Öde gestellt sei, daß die Dörfer der Bergstraße brennen, daß die Straßen im Winter mit flüchtenden Menschen gefüllt sind, daß ihrer viele erfrieren!

Der König will es, daß Speier und Worms die Mordbrennerwut schlimmer erfahren, daß die salischen Dome mit brennenden Dächern in Brandhaufen stehn, daß den Leichen der Kaiser in ihren Gräbern Schande geschieht!

Der König will es, daß eine brennende Wüste von Speier bis Trier den Glanz seiner Sonne grausam umgrenze, daß die grüne Frucht auf den Feldern untergepflügt werde!

Melac! so riefen die Pfälzer danach ihre Hunde und hätten sie besser Liselotte getauft, die sich im höfischen Glanz von Versailles der glücklichen Jugendzeit freute, da sie im Schloßgarten zu Heidelberg Kirschen und Kuchen verzehrte.

Indessen so böses Mordbrennertum den rheinischen Winter und Frühling bedrängte, zogen die Heere der Fürsten zögernd zu Hilfe, und als sie bei Fleurus im Niederland endlich ausholten zum Schlag, fielen sie schlimm in den Degen der Welschen.

Zum zweitenmal konnten die Mordbrennerscharen den Rhein überschreiten, und diesmal sank Heidelberg hin: in Trümmer zerbrach das herrliche Schloß, und düster lag über der Stadt der schwebende Rauch ihrer Brände.

Der aber König der Mordbrenner war und der Schwager der Liselotte, von ihrer Prinzessinnenseele fröhlich bewundert, er ließ auf die brennende Stadt eine Schaumünze prägen, als ob Brandstiftung auch noch ein Zeichen fürstlichen Gottesgnadentums wäre.

Die Türken vor Wien

Der Schwur von Loreto hatte das Reich leer gebrannt, aber noch krächzten die Raben der Hofburg, und Leopold ließ sie gewähren als ihr gehorsamer Zögling.

Sie hatten das Erbland mit scharfen Schnäbeln gereinigt und dem böhmischen Trotz am Berg Tabor das Augenlicht ausgehackt: ein törichter Aufruhr ehrgeiziger Junker gab auch in Ungarn der Ketzerverfolgung endlich das Schwert und das Feuer zur Hand.

Vierhundert Pfarrer wurden gleich Dieben gefangen, und die sich des Widerrufs weigerten, wurden im Namen des Königs auf die Galeere gebracht.

Aber da fing dem Kaiser in Wien das eigene Haus an zu brennen; Graf Tököly rief die Türken ins Land, und Kara Mustapha kam mit dem unendlichen Völkergewirr seiner Scharen, den Halbmond gegen das gleißende Kreuz von Habsburg zu tragen.

Zum zweitenmal standen die Türken vor Wien, und ihr gewaltiges Lager war eine brausende Springflut rings um die zitternde Stadt.

Die Raben mit ihrem gehorsamen Zögling waren nach Passau geflohen; so wild war der Zorn des Volkes auf sie, daß ihrer viele das Leben verloren, und nur verkleidet konnte der Kaiser die schimpfliche Flucht wagen.

Graf Stahremberg hieß der mutige Mann, der auf den zerschossenen Mauern der Stadt noch standhielt, als in der Bürgerschaft schon das Entsetzen an keine Rettung mehr glaubte.

Die Burgbastei war gesprengt, nur die eine Nacht noch konnte die Stadt den Sturm überstehen: wie Heimdals Horn die Asen aufrief, so sandte der Stephansturm den Hilferuf seiner Raketen hinaus in die Nacht.

Lange schon standen die Fürsten am Kahlenberg, aber sie waren zu schwach, den Sturm auf das gewaltige Lager der Türken zu wagen, bis Johann Sobieski, der tapfere König der Polen, sein starkes Heer brachte.

Die türkischen Sturmleitern standen am Morgen bereit, aber wie Doggen den Panther anfallen, so brachen die Polen und Deutschen vereint in das Lager und ließen nicht ab, bis das Wild gefällt war.

Zehntausend Türken lagen erschlagen, und ein verspätetes Kreuzrittterglück holte die Schätze des Morgenlandes heim; denn ein unendlicher Troß hatte Kara Mustaphas Heer begleitet, und was sich nicht selber zu retten vermochte, war Beute.

Die Glocken läuteten Sieg vom Stephansturm wie niemals zuvor, und Johann Sobieski, dem Retter, wurden die Wege mit Blumen bestreut; auch der Kaiser war wiedergekommen mit seinen Raben, aber er konnte den Wahlkönig der Polen nicht in der Hofburg empfangen, weil er kein fürstliches Blut war.

Draußen im Lager von Ebersdorf wurde mit höfischem Umstand eine Begegnung zu Pferd vorbereitet; der Kaiser war gnädig, sein Hütchen zu lüpfen und einige Worte — peinlich bemessen — dem König zu sagen.

Höher als Wien, seine Hauptstadt, galt ihm der Habsburger Hochmut, und über dem Glück der Entscheidung, die das Abendland von der Türkengefahr befreite, stand den Schranzen der Hofburg der höfische Brauch.

Holland

Die sieben Provinzen im Niederland hatten mit Spanien Frieden gemacht, sie hießen nun Holland nach ihrer stärksten Provinz und waren ein Freistaat, obwohl die oranischen Prinzen Statthalter blieben.

Sie nahmen im Frieden zu Münster Abschied vom Reich, ein Volk der freien Gemeinde zu sein wie einmal die Väter; Handel und Handwerk, Wohlstand und Weltlust hatten im Schutz ihrer starken Flotte geblüht, indessen das Reich sich selber zerstörte im Krieg um den Glauben.

Seit den Tagen, da Rom Republik war, hatte kein Bürgerstolz den Staat so in Ordnung gehalten, wie die Brüder de Wit das holländische Glück hielten.

Rundum begann die Fürstenselbstherrlichkeit ihre Throne zu bauen, sie aber deckten das Dach der Bürgerfreiheit mit blitzblanken Ziegeln und wurden die Zuflucht aller Verfolgten.

Der Bürger wurde sich selber das Ziel seiner Wünsche, seine Fröhlichkeit schmeckte den Sonntag der werktätigen Woche, sein Stolz sah den Reichtum der Welt auf breiten Schiffen ankommen, sein Trotz sah das Stadttor von wehrhaften Wächtern behütet — aber draußen im Land säte der Friede das Korn in die Furchen.

Und wie die Häuser behäbiger Bürgerschaft, wie ihre Kleider und Sitten, so wurden die kunstreichen Hände: sie brauchten nicht mehr die Säle der Fürsten und Herren mit dem falschen Prunk ihrer Taten zu füllen, sie malten dem Dasein des Bürgers das Schaubild.

Bürger und Bauern sahen sich selber geschildert mit ihrem täglichen Umstand; das Vieh auf der Weide, das leckere Wildbret des Händlers, der helldunkle Raum ihrer Höfe, alles wurde behaglich auf saubere Tafeln gemalt, und die fröhliche Wolkenlast ihrer Landschaft.

So trat in Holland die Kunst aus den Kirchen und Höfen neu in die Wirklichkeit ein.

Rembrandt

Das Land war reich und seines eigenen Daseins fröhlich das Volk, daraus noch einmal ein Großer aufstand, uraltes Geheimnis der Seele neu zu verkünden.

Rembrandt hieß er und war der Sohn eines Müllers in Leiden; er lernte das Handwerk der Schilderkunst, aber nicht Bürger und Bauern zu schildern lag seiner funkelnden Seele im Sinn.

Sie war aus dem Dunkel zu rasch in den Tag geboren, nun sah sie nichts als das Licht an den Dingen, das siegreiche Licht und seinen unheimlichen Bruder, den Schatten.

Alles was war, wurde dem Auge in Licht geboren; der dämmrige Raum und die weithin schimmernde Ferne, die Menschen darin und die Bäume: alles war angetan mit einer Krone von Licht und mit dem Schleppengewand seiner Schatten.

Alles war Wunder, was den Augen Wirklichkeit hieß, und wurde Erscheinung im Märchenkleid seiner Beleuchtung.

Und wenn die Seele die staunenden Augen zumachte, war das Wunder nicht aus: dann standen die Räume inwendig gleichso im zarten Helldunkelgeheimnis, schritten Gestalten ihr zu magisch umleuchtet oder zu dunklen Gruppen gespenstisch vereinigt vor den schimmernden Gründen.

Und waren nicht mehr die Menschen des Tages; als ob die Seele ein Zauberglas wäre, durch Zeit und Raum alle Fernen des irdischen Daseins zu spiegeln, so kamen sie an aus der alt- und neuen Geschichte, aber zumeist aus der Bibel:

David und Saul und die heroische Esther, die Erzväter und der geblendete Simson; und hatten die Kleider an, wie sie die Juden in Amsterdam trugen, faltenfarbige Gewänder und buntes Geschmeide.

So war der Sohn des Müllers in Leiden, der als ein Meistergesell der Schilderkunst nach Amsterdam kam, ein Märchenprinz seiner Augen, und hatte die Hände geübt, die Zauberkünste des Lichts aus den Raumtiefen der staunenden Seele auf seine Tafeln zu bringen.

Da liefen ihm bald die Ratsherren zu und die reichen Kaufleute, sein Wunder mit gnädigen Worten und auch mit silbernem Kauf zu belohnen; und Saskia trat aus der Lichtflut sonniger Träume lächelnd und lockend in seine Wirklichkeit ein.

Sie wohnte mit ihm und hieß seine Frau, und es wurde ein glühendes Glück um den Sohn des Müllers aus Leiden in seinem kostbaren Haus, darin sich die Pracht und die Schönheit jubelnd und inniger fanden als in dem prunkenden Schloß zu Versailles.

Er malte die Männer und Frauen der Stadt auf seine Tafeln; so reich war sein Glück, daß er die derben Gesichter und weißen Halskrausen leuchtend damit übergoß.

Aber wenn ihn der funkelnde Reichtum ganz überschäumte, dann malte er Saskia; und nie stand die sinnenfrohe Jugend so glühend im Glück, wie er das liebe Gesicht und die Hände, den selig gebeugten Nacken in bernsteingoldener Lichtflut verklärte.

Sechs Jahre nur währte die glühende Hochzeit, dann starb ihm das jubelnde Licht in den Schatten; aus allen Raumtiefen krochen die Schatten heran und wollten sein eigenes Licht heimholen in ihren dunklen Bereich, wo Saskia war.

Der Tod war das dunkle Geheimnis, darin sich jede Flamme und jeder Lichtstrahl verirrte: aber der Tod war auch die unendliche Weite, daraus sich das irdische Leben im Licht seiner Augen endlich abgrenzte.

Das war die Zeit, da Rembrandt die Schützengenossenschaft malte, die im Sonnenschein auszog zur festlichen Freude, und die eine ängstliche Insel des Lichts in der brandenden Dunkelheit, eine Nachtwache wurde.

Der Gram saß mit ihm, und bald kam die Sorge als dritte dazu, er konnte die derben Gesichter und weißen Halskrausen nicht mehr besonnen; der ein Märchenprinz war, konnte nicht mehr seine Schulden bezahlen.

Es war ein Hammer in Amsterdam, der klopfte zum ersten, zum zweiten und dritten, und als er zum drittenmal klopfte, war es sein kostbares Haus und alles Geschmeide und all das edle Gewand, das Saskia trug.

Hendrikje hieß sie, die tapfere Magd, die dem darbenden Mann alles zubrachte, was sie besaß: ihre schaffenden Hände, ihre dienende Treue und furchtsame Liebe und ihren gesunden Leib.

Sie lebten zusammen, die Magd und der Meister, und ihre Beharrlichkeit hielt ihm die Kammer, darin er mit schwerer Hand und suchenden Sinnen seine letzten Tafeln und Leinwände bemalte.

Das Licht war eine düstere Glut in seinen Augen geworden und seinem Bruder, dem Schatten, unheimlich verwandt: Berge und Bäume und all die vertrauten Gestalten der Bibel tauchten nun auf aus der dunklen Tiefe, wie ein Feuer bei Nacht brennt.

Wie ein Zauberer gespenstische Zeichen ausschreibt, so jagte sein Pinsel die Farben groß ineinander, fremd für die Ratsherren und reichen Kaufleute und nicht mit gnädigen Worten und silbernem Kauf belohnt.

Arm und fast schon vergessen starb Rembrandt, der ein Märchenprinz war und sein Alter am Leuchtturm des Schicksals verbrachte.

Noch einmal hatte ein Großer uraltes Geheimnis der Seele verkündigt, nun kam der französische Tag, die Fürsten und Völker mit seinem gleißenden Glanz zu betören.

Das jubelnde Licht und die düstere Glut seiner jungen und alten Stunden blieb einsam lebendig, wie eine Seele nicht stirbt und ein Stern nicht versinkt.

Der große Kurfürst

Der Kurfürst von Brandenburg war vor dem Kaiser ein Sperling, aber er war in Holland erzogen und hatte im Haag den Habsburger Zorn ohnmächtig gesehen, weil ihm ein tüchtiges Volk mit Klugheit und Kraft die Tür wies.

Auch war der Prinz von Berlin der Eidam des Statthalters geworden, so fiel ihm ein Schein der oranischen Macht zu, neue Kerzen in Brandenburg anzubrennen; denn schlimmer als eines hatte sein Land die Leiden des Krieges erfahren.

Weitab vom Rhein, hinter den Städten der Hansa, mit kärglicher Wüste und künstlichen Grenzen, in Sand und Sümpfen von Slavien lag sein verzipfeltes Kurfürstentum: germanisches Vorwerk und mühsames Ansiedlerland.

Kolonisten, aus Frankreich vertrieben und Bauern aus Holland, durch Freiland und mancherlei Gunst angelockt, mußten das Land von der Havel zur Warthe notdürftig füllen, das durch den langen Krieg menschenleer war.

Der Staat, das bin ich! so hatte der Jüngling in Frankreich die Losung des Fürsten gesprochen; daß sie dem Kurfürsten in Brandenburg wahr wurde, mußte sein schlimm verwüstetes Land erst ein Staat und er selber sein Herr werden.

Allerlei Völker, Städte und Stände waren ihm untertan und wollten regiert sein nach ihren Rechten; er aber wollte sein Herrschergewand nach eigenem Maß nähen und warf das Flickwerk der Herkunft ins Feuer.

Kein Fürst nahm seinen Städten und Ständen mehr Freiheit und Herkunft, als Friedrich Wilhelm in Brandenburg tat, den sie danach den großen Kurfürsten nannten.

An der sumpfigen Spree in Berlin stand seine düstere Burg, den Trotz der eigenen Bürgerschaft blutig zu dämpfen; alles, was er besaß, war ihm bestritten, und nur sein immer gerüstetes Heer gab ihm die Macht, es zu halten.

Wohl baute auch er sein Versailles draußen in Potsdam, aber es blieb nur ein rüstiges Landschloß, und den Lustgarten davor hielt die Havel ängstlich begrenzt.

Vor dem Kaiser war er ein Sperling, vor dem König von Frankreich nur eine zornige Biene; aber er wurde nicht lässig, die Waben zu bauen, bis Ordnung und Wohlstand in Brandenburg schüchtern begannen.

Als Turenne nach der Pfalz auch Holland mit Krieg überzog, bekam der König von Frankreich den Stachel zu fühlen: mit seinem trefflichen Heer sprang der Kurfürst dem Oranier bei und rastete nicht, bis den Franzosen endlich der Reichskrieg erklärt war.

Aber Ludwig, der Hofmeister der Fürsten, hetzte ihm listig die Schweden ins Land; so mußte die zornige Biene eilig nach Hause.

Die reitenden Boten hatten kaum seine Ankunft gemeldet, da fiel ein Handstreich schon über die Schweden in Rathenow her; und als er die Hauptmacht bei Fehrbellin fand, griff er sie an, wo sie stand, und jagte sie in die märkischen Sümpfe.

Die Schweden mußten den Einbruch teuer bezahlen, Pommern samt Rügen ging ihnen verloren; als sie im Winter durch Livland in Preußen einbrachen, kam der Kurfürst mit Schlitten über das Kurische Haff und jagte die Scharen bis Riga.

Da war der Sperling ein Sperber geworden, der kleine Kurfürst von Brandenburg hatte allein die schwedische Großmacht geschlagen.

Ob er den Schweden noch einmal Pommern und Rügen hergeben mußte, weil ihn der Kaiser im Frieden verließ: Ludwig, der listige Rechner, hatte die Stärke erkannt und sandte ihm heimliche Botschaft.

Zwischen Wien und Versailles stand er nun schlagfertig da; im Handel der Großen galt er kaum mehr denn ein hitziger Klopffechter, aber sie mußten ihm seine Verträge halten.

Was Sachsen einst war, war Brandenburg durch ihn geworden: die protestantische Schutzmacht im Reich, die Hoffnung aller Vertriebenen und der Anwalt aller Bedrohten.

Mehr Untertanen gewann er durch Gunst als durch Kriege, und Landesvater hießen sie ihn, denen der Kurfürst in Brandenburg nach bitterer Verfolgung ein evangelischer Kirchenherr war.

Der König in Preußen

Der Sohn des großen Kurfürsten war nur ein schwaches Gewächs; aber sein Ehrgeiz brannte die flackernde Flamme, König zu heißen und einen eigenen Thron zu besitzen, statt nur ein Kurfürst des Reiches zu sein.

Kurfürst des Reiches hieß er in Brandenburg, aber als Herzog in Preußen war er dem Kaiser nicht untertan: Herzöge in Preußen hießen die Hohenzollern, seitdem Albrecht von Brandenburg, der letzte Hochmeister, das Ordensland Preußen zum weltlichen Fürstentum machte und seiner Sippe vererbte.

Wohl aber konnte der Kaiser dem Herzog in Preußen den Königstitel verwehren, weil er ein Kurfürst des Reichs war; sieben Jahre lang mußte der Kurfürst von Brandenburg Bittsteller sein bei der Hofburg in Wien, bevor seine Bitte Gehör fand.

Der Kaiser brauchte Soldaten zum spanischen Erbfolgekrieg, und Friedrich der Kurfürst konnte den preußischen Thron mit Landeskindern bezahlen: so kam der Prinz Eugen zu den Preußen, die bei Turin, bei Höchstädt, in Flandern und Frankreich tapfer den Ladestock hielten; und der alte Dessauer fluchte dazu seine Schwüre.

Aber die Flüche und Schwüre störten den eitlen Kurfürsten nicht; als er in Königsberg endlich die bebende Hand nach der Krone ausstreckte, war er in Scharlach gekleidet mit Knöpfen aus Diamanten, deren jeder ein stattliches Bürgerhaus wert war.

Juweliere und Schneider hatten mit Eifer das ihre getan, aus ihm einen König zu machen; auch ließ er sich salben mit Öl, wie es den Kaisern bei ihrer Krönung geschah, und hatte sich selber zwei Bischöfe gemacht, die sonst ehrsame Prediger in Königsberg waren, daß sie den kirchlichen Pomp an ihm übten.

Das Volk aber konnte die Freuden des Tages genießen, wie es beim Frankfurter Krönungsfest war: der Weinbrunnen floß in die Mäuler, und der Ochs am Spieß bot seine gebratenen Lenden dem drängenden Volk dar.

Und wie die polnischen Junker den weißen Adler des Königs erhielten, verhieß er den preußischen Junkern den schwarzen.

Der Sohn des großen Kurfürsten war nur ein schwaches Gewächs, aber der Hermelin deckte die kränklichen Schultern, als er im Glanz seiner Königskrone zurück nach Berlin kam.

Da hatte ihm Eosander die düstere Burg an der Spree mit Höfen und Sälen erweitert, daß sie ein Königsschloß war; Gelehrte und Künstler wurden berufen, die neue Würde zu spiegeln: so stieg die Stadt an der sandigen Spree über die Städte der Hansa.

August der Starke

Den deutschen Simson hießen die Lobredner ihn, weil er so stark war: Hufeisen zerbrach er wie Holz, und das wildeste Pferd wurde schwach unter seinen gewaltigen Schenkeln.

Er war nur ein Prinz aus Kursachsen, wo sein Vater, der Kurfürst, sich täglich betrank und sein Bruder, der Kurprinz, Sybilla von Neitschütz als lockeres Liebchen genoß.

So ging er wie alle Prinzen auf Reisen, und an den Höfen Europas war bald von dem unbändigen Jüngling die Rede, der die Frauen und Pferde wie keiner zu bändigen wußte, und der die Laster der höfischen Welt lachend genoß.

Sein Bruder starb an den Blattern, so wurde August, der Starke geheißen, Kurfürst in Sachsen und sollte daheim in Dresden regieren; aber er zog in den Türkenkrieg als prahlender Feldherr des Kaisers, und als ihm das rauhe Handwerk nicht paßte, blieb er in Wien, bequemeren Ehrgeiz zu pflegen.

Johann Sobieski, der tapfere König in Polen, war tot, und August der Starke wollte sein Nachfolger werden.

Er brauchte viel Geld, die Gunst der polnischen Großen zu kaufen, auch mußten die Höfe in Wien und im Reich ihm willfährig sein: so gab er den Fürsten sächsisches Erbland dahin und nahm die silbernen Taler dafür.

Auch mußte er seinen lutherischen Glauben abschwören; wofür seine Väter Not und Verfolgung litten, er warf es hin wie einen verschlissenen Mantel.

So wurde August der Starke König in Polen, und Dresden stand ihm wohl an, darin zu regieren; denn nun war der rauschende Glanz um ihn, gleich seinem Abgott in Frankreich die Majestät seines Hofes zu spielen.

Die Sachsen mußten es teuer bezahlen, daß ein polnischer König ihr Kurfürst war, Schulden und Nöte bedrängten das ärmliche Land, indessen zu Dresden die höfische Üppigkeit anschwoll.

Frauen und Pferde waren noch immer die Liebe August des Starken, aber nun prangte die Krone an ihrem Kleid und Geschirr: Feste und Jagden hielten dem lüsternen König das Jahr in der Schwebe und der unendliche Umstand kostbarer Bauten.

Den deutschen Simson hießen die Höflinge ihn, der sein Leben in Lust und Liederlichkeit hinbrachte, und ein vergoldetes Reiterbild stellten sie ihm auf den Markt, der das sächsische Haus um die stolze Vergangenheit und sein Land um die Zukunft betrog.

Prinz Eugen

Der Frieden zu Ryswijk hatte den kläglichen Krieg um die Erbschaft der Liselotte beendigt, aber er war nur ein Stillstand im Erbstreit der Fürsten, ein Notdach, das schwarze Gewölk zu erwarten, das über dem Abendland hing.

Denn Karl, der spanische König, war krank, ohne Erben; die Sippe der Habsburger stand lauernd am Bett, seinen Tod zu erwarten: Wien und Versailles hielten die Schwerter bereit, das Blut ihrer Völker an die spanische Erbschaft zu wagen.

Der König von Spanien starb, und wie das Getier des Waldes über ein brechendes Wild, so brachen die Heere ins Land; bald war Europa vom Kriegslärm erfüllt und voll vom Ruhm des Prinzen Eugen.

Er war ein Prinz von Savoyen und Feldherr des Kaisers; seitdem er bei Zenta die große Türkenschlacht schlug, hing seinen Fahnen der Sieg an.

Vierzehn Jahre lang hielt der spanische Erbfolgekrieg den Prinzen im Sattel: er schlug die Franzosen zuerst bei Cremona, er traf sie bei Höchstädt im bayrischen Donautal schwer und schlug sie zum drittenmal hart bei Turin.

Er ritt nach Neapel und lag vor Toulon, er kämpfte in Holland und Flandern, von der blutigen Walstatt zu Malplaquet fuhr er nach Frankreich und brach dem König das prahlende Lille aus dem Stachelkranz seiner bewaffneten Plätze.

Er war ein Herzog, wie einmal die Helden der Völker Herzöge waren; wo es am heißesten herging, war er zu finden, und so viel Kugeln trafen den Kühnen, daß kein Musketier böser vernarbt war als er.

Der Prinz Eugen hieß er bei Großen und Kleinen, sein Name allein war eine flatternde Fahne, wo er sein Lager hielt, liefen Reiter und Fußvolk ihm über.

Und als der blutige Krieg um die spanische Herrschaft endlich ausging, nicht gut für das Reich und den Kaiser, weil ihm das englische Ränkespiel zuletzt den Sieg aus der Hand nahm: machte er selber den Frieden zu Rastatt und war ein kluger Staatsmann, wie er ein kühner Feldherr gewesen war.

Zwei Jahre lang saß er in Wien, und war schon grau und dachte der Ruhe zu pflegen, als ihn die Türkengefahr noch einmal ins Feld rief.

Er hatte als Jüngling vor Wien nach dem ersten Lorbeer getastet, bei Ofen und Belgrad die ersten Wunden empfangen, bei Zenta den feurigen Ruhm seines Namens gefunden: nun zog der Graukopf gegen den alten Feind, sein Leben zu krönen.

Der blutige Krieg um die spanische Erbschaft hatte ihm einen fremden Dienstmantel umgehängt, nun war er wieder daheim, und siegesgewiß kam das Heer, mit dem Prinzen Eugen zum letztenmal gegen die Türken zu fahren.

So war der Sieg bei Peterwardein die Ehrenschrift seines Ruhmes und der Sturm auf Belgrad das Siegel; als er dann wieder nach Hause kam, standen die Türen der Hofburg weit auf, aber das Volk von Wien herzte den Namen des Prinzen wie eine Liebe.

Max, der ruhmvolle Kaiser, war durch die Straßen geritten, und Wallensteins Sänfte hatte den Prunk seines düsteren Daseins getragen: aber der Prinz Eugen war allein der Türkenbezwinger, er hatte den Halbmond gebannt, daß wieder die Sonne auf Wien schien.

Wie einer sein Glück in der Welt macht und danach die Zinsen daheim fröhlich genießt, so lebte der Prinz sein Alter in Wien, sein Haus reich und schön zu bestellen.

Den Belvedere hieß er den feinen Palast, darin er gepudert und zierlich gekleidet die alternden Tage hinbrachte, schöne Dinge zu sammeln und kluge Menschen zu hören, Musik und eine stolze Geliebte als Greis zu genießen.

Der seine Mannheit auf den Schlachtfeldern Europas hinbrachte, hauchte sein zärtlich umhegtes Leben aus wie ein Windspiel; in seinem prunkreichen Bett starb Eugen, dem das Glück von Wien zufiel, obwohl er ein Prinz von Savoyen war.

Die fürstlichen Schlösser

Das war die Zeit der fürstlichen Schlösser; nicht mehr die Burgen der Ritter von einst, auf waldigen Bergen, im sumpfigen Wasser, mit moosigen Mauern und plumpen Türmen befestigt: Prunkstätten der höfischen Hoffahrt und fürstlichen Willkür standen sorglos im offenen Land.

Wasserkünste und Lauben, aus Buchs künstlich geschnitten, gezirkelte Wege und breite Terrassen mit Lorbeerkugeln bestellt, marmorne Götter und Faune, hängende Gärten und heimliche Brücken ahmten das Bild von Versailles abgöttisch nach.

Und wie die Gärten dienten die Schlösser dem Abgott der Fürsten: Der Staat, das bin ich! so stand ihr prahlendes Wesen mitten in Armut und mühsamer Arbeit.

Der Winzer pflegte den Weinberg, der Bauer bestellte die Felder, der Bürger versuchte sein redliches Handwerk zu treiben, wie es in alter Zeit war: aber dem kläglich zerbrochenen Dasein der Deutschen war ein fremder Prunkmantel angetan.

Längst sprachen die Fürsten und Herren französisch, französische Kleider und Sitten hielten den Hof hochmütig fern vom verachteten Wesen der Bürger und Bauern.

Und Höfe gab es in Deutschland, als ob das Reich der Eulenhorst fürstlicher Herrlichkeit wäre; Länder und Länderchen hielten die Grenzen peinlich gehütet, damit überall eigene Fürstenmacht sei.

Auch waren die adligen Herren dem Hof und den Höfchen gelehrige Schüler; kein Dorf stand im Reich, das nicht sein Krähennest hatte, und wer nicht fürstlicher Untertan war, hieß ihrer Herrschaft leibeigen.

Untertan sein aber hieß, der fürstlichen Allmacht demütiger Diener, mit Leib und Blut der höfischen Zwingherrschaft verfallen sein.

So war die freie Gemeinde in Sonntag und Werktag geschieden: indessen Bürger und Bauern den mühsamen Trott der

Werktage gingen, saß in den Schlössern der ewige Sonntag zu Tisch.

Blinkende Gläser und dampfende Schüsseln, seidene Kleider und stolze Perücken, lüsterne Tänze und Spiele, faule Tage und fleißige Nächte füllten die Säle und Hallen der Schlösser, indessen draußen die Arbeit und Plage den schweren Stundenschlag hatten.

Leichtsinn und Laster nahmen der ehrlichen Arbeit den Lohn; Frechheit und Faulheit fraßen den Trog leer, den die verachteten Hände der Bürger und Bauern mühselig füllten.

Gott war nach Frankreich gegangen, und die sein Priesterkleid trugen, dienten ihm gern in der Fremde; Fürsten und Pfaffen glänzten im Glück der welschen Erhöhung, die Seele der Deutschen saß stumm und verachtet im Turm der Bedrängnis.

Der Soldatenkönig

Indessen die Fürsten und Höfe in Deutschland verwelschten, indessen der Troß ihrer Minister, Mätressen, Pferde und Jäger den mageren Wohlstand der Länder verzehrte, wurde in Preußen ein geiziger Grobian König.

Hermelin und Krone hielt er für unnützen Zierrat, der Soldatenrock war sein tägliches Kleid und der Krückstock sein Zepter; er schnitt dem prunkenden Hofstaat des Vaters die stolzen Perücken und Goldlitzen ab und sandte die Junker samt ihren Damen und Dämchen nach Hause.

Soldaten, Bürger und Bauern: mehr brauchte er nicht für sein Land, nur Prediger noch und Schulmeister, daß sie dem Untertan Zucht und Sitte beibrächten und den rechten Gehorsam.

Weil er eher ein Feldwebel war denn ein König, schien ihm Gehorsam die oberste Tugend: Der Staat, das bin ich! galt auch für ihn; er war sein Gesetz, aber er war auch sein Büttel.

Wie Peter der Große, sein russischer Nachbar und Freund, hielt er vom Galgen mehr als sonst einer Weisheit; Männer und Frauen zu prügeln, wo er sie ungehorsam fand, galt ihm kein schlechtes Geschäft für einen König.

Auch schienen ihm Künste und Wissenschaft Laster und Faulheit; Gesangbuch und Bibel, mehr brauchte der Untertan nicht, und wen die Musik trieb, der mochte ein Kirchenlied singen.

So war der Königshof in Berlin keine Stätte, sich bunt und leicht zu vergnügen; seine Stunden gingen im Trommeltakt, und eine Wachstube war sein Abendgenuß mit Tabak und Bier und saftigen Späßen.

Aber der König im Soldatenrock, der seinen Stock als Überredung gebrauchte, und der seinen Bürgern kein anderes Recht gab, als ihm zu gehorchen, tat seine Pflicht, wie er sie verlangte.

Sie lachten seufzend, und fluchten um ihn und liefen erschrocken davon, wenn er sich nahte; aber sie sahen den Staat als seine Kaserne trefflich bestellt, und wo in den andern Ländern die Löcher der Schuldenlast faulten, wuchsen bei ihm die silbernen Haufen der Taler.

Soldaten und Taler waren die Lust des Königs in Preußen, indessen Minister, Mätressen, Pferde und Jäger rundum bei den Fürsten den Wohlstand der Länder verzehrten.

Der Gutsherr von Rheinsberg

Der preußische König, sein Land mit dem Krückstock regierend, wollte den Sohn nach seinem Bilde erziehen; der aber hing an den Schößen der Mutter, die eine welfische Fürstin und heimlich dem höfischen Prunk zugetan war, wie der König ihn haßte.

Auch war der Kronprinz ein kränkliches Kind, dem alles soldatische Wesen zuleid war; verstohlen die Flöte zu blasen und die Bücher französischer Dichter zu lesen, rief seiner Sehnsucht ein anderes Königreich wach, als das der König regierte.

Als danach der Prinz am sächsischen Königshof weilte, sah er die

Freuden der Welt leichtfertig verschüttet, davon er nur sparsam zu kosten bekam; er trank sich toll daran, und hätte die Hand eher abgeschnitten, als daß er sie hieß, nicht nach dem Lustbecher zu greifen.

Aber der Stock des preußischen Königs schonte sein eigenes Blut nicht; ob es der Thronerbe war, er mußte mit Schlägen die Lust und den Trotz büßen, und der Hof sah zu, wie dem Kronprinzen solches geschah.

Der Schmach und der Zucht zu entweichen, rief der Prinz seine Freunde Katte und Keith und dachte, nach England zu fliehen; aber er wurde ergriffen und wie ein Verbrecher nach Preußen zurück auf die Festung gebracht.

Küstrin hieß der düstere Ort, wo Katte den Freund vor seinen Augen das Richtschwert ereilte; ein Turm am Wasser im festen Schloß war dem Kronprinzen ein hartes Gefängnis, bis er sich beugte.

Als seines Vaters treu gehorsamer Diener und Sohn saß er danach bei den Akten der Kammer, als seines Vaters treu gehorsamer Diener ließ er sich eine Gemahlin auswählen, die er nicht kannte, und die ihm fremd blieb Zeit seines Lebens.

In jeder Stunde bewacht und bemißtraut, an der dünnen Schnur hängend, die ihm die Schere der Ungnade täglich durchschneiden konnte, wurde der Kronprinz ein Zögling mißtrauischer List und kalter Verstellung, bis er in Rheinsberg die Meisterschaft lernte.

Da hatte der König dem Prinzen ein Schloß aufgemacht, weitab von der Hauptstadt, daß er als Landedelmann lerne, ein einfaches Leben mit seiner Gemahlin zu führen.

Mitten in Wiesen und sumpfigen Wäldern, mit einer steinernen Halle zum See lag das einsame Gebäude in der Einsamkeit da, ein Gutsherrenhaus für den Jäger und Landwirt: aber der Prinz machte Versailles zum Trotz das neue Wunder Europas daraus.

Wohl gab es allerlei Höfe, wo sich der Geist in Nebengemächern aufhalten konnte, auch hielten die Fürsten sich Künstler, mit prahlenden

Leinwänden und Marmorbildern den Glanz ihrer Herrschaft der staunenden Nachwelt zu zeigen: aber hier war der Geist selber zu Haus, und die Kunst ging den eigenen Weg, ihm zu dienen.

Wie ein Jagdherr fröhliche Freunde versammelt, so rief der preußische Kronprinz die Seinen nach Rheinsberg: fröhlicher Witz und spöttische Laune, helle Musik und freie Gespräche saßen zu Tisch und kreisten sich aus in zierlichen Tänzen.

Fürstlich allein war der Geist; kein höfischer Zwang, kein starres Gepränge hing ihm den staubigen Prunkmantel um: und eher hätte in Rheinsberg ein Frosch in die Zimmer gefunden, als daß die stelzende Würde hineinkam.

Soldaten und Pfarrer, Gelehrte und Dichter und Künstler waren die Gäste des Gutsherrn, aber ihr Amt und die Würde hing mit den Mänteln und Mützen am Nagel; nur was der Mann war kraft seiner Bildung, durfte im Schimmer der Kerzen sein freies Angesicht zeigen.

Der Menschengeist hob in Rheinsberg sein freies Gesicht gegen die staubigen Mächte; was in der Jugend Europas zu brennen begann, saß mit dem Prinzen am Feuer; und ob er die Sprache Ludwig des Vierzehnten sprach, hinter den Worten stand doch der Geist, anderer Taten gewärtig.

Einen Musenhof hießen sie bald das Gutsherrenhaus in der Mark und einen Medici seinen gastlichen Herrn: die aber in hitzigen Nächten sein großes Auge gewahrten und seinen Zorn funkeln sahen, ahnten, daß andere Dinge in seinem Feuerkopf brannten, als ein Beschützer der Dichter und Denker und Künstler zu sein.

Der König

Dreimal brach Friedrich, der König von Preußen, den Frieden; sein Recht war nicht rein, und die Habsburger hießen es Raub, daß er sich Schlesien nahm: aber der Ruhm seiner freien Gesinnung, die Kraft seiner Taten, seine Standhaftigkeit in der Not und seine Klugheit im Glück machten ihn groß vor den Völkern.

Ein alter Erbstreit um Schlesien schien durch die Jahre geschlichtet, als Friedrich die Not der Hofburg benutzte, den Streit auf die Spitze des Schwertes zu stellen.

In Wien war der letzte Habsburger Kaiser gestorben, und seine Tochter Maria Theresia sollte die Erbin der österreichischen Fürstenmacht sein, aber die Höfe bestritten der Tochter das Recht zu regieren: Bayern, Sachsen, Frankreich und Spanien sagten der Hofburg den Erbfolgekrieg an.

Schneller als einer war Friedrich von Preußen zur Hand; er stand im ersten Jahr der Regierung und brannte mit Inbrunst auf seine Stunde: im Herbst war der Kaiser gestorben, zu Weihnachten schon war Schlesien in seiner Gewalt.

Seine Kassen waren mit silbernen Talern gefüllt, und das preußische Heer kam aus der strengen Zucht seines Vaters: Österreich allein, bedrängt und verschuldet, konnte sich seiner schnellen Schläge nicht wehren; Maria Theresia mußte im Frieden zu Breslau Schlesien lassen.

Der König von Preußen hatte die Gunst der Stunde kaltblütig genützt, aber nun war sein Schicksal verstrickt; was er gegriffen hatte, mußte er halten, das preußische Dasein hing nun daran.

Maria Theresia wehrte sich tapfer all ihrer sonstigen Feinde, und Friedrich wußte, wie sie um Schlesien weinte: der Frieden von Breslau war für die Hofburg nur erst ein Stillstand, bevor der zweite Waffengang kam.

Im zweiten Gang schlugen die Waffen schon schärfer; als Friedrich in Böhmen einrückte, ließen Franzosen und Bayern, auf die er gehofft hatte, ihn kläglich im Stich; der eben noch Jäger war, hörte nun selber die Hunde bellen.

Schon bliesen die Habsburger Halali, weil sie den König in Böhmen eingekreist hatten; er aber wußte die harte Bedrängnis in Sieg zu verkehren, indem er die feindlichen Heere nach Schlesien lockte, wo er die ruhmreiche Schlacht bei Hohenfriedberg mit einem tollkühnen Nachtmarsch gewann.

Es war sein erstes Soldatenstück, weil er mit seinem gerüttelten Heer mitten in starker Übermacht stand; aber schon hatte der König im Unglück gelernt, das Glück zu versuchen: nun sah er, daß es dem Mutigen beistand.

Noch aber konnte er seinen Gewinn nicht lässig heimtragen, bei Soor in den böhmischen Bergen stand sein Glück auf der Schneide; erst als der alte Dessauer dem König bei Kesselsdorf Luft machte, gab Habsburg den zweiten Gang auch verloren.

Der Frieden von Dresden beschwor den Frieden von Breslau; Maria Theresia mußte zum andernmal Schlesien lassen, zum andernmal ritt der König von Preußen als Sieger nach Haus.

Aber es war ein anderes Spiel und ein anderer Einsatz gewesen, keine Gunst der Stunde hatte ihm leichten Gewinn und Lorbeer gelassen: er hatte auf Tod und Leben gerungen und hatte das Schicksal erkannt, wie es nur seinem Meister Kühnes zu tun gestattet.

Der Spötter von Sanssouci

Es war im fünften Jahr seiner Regierung, als Friedrich der König in seine Hauptstadt zurück kam; er hatte den preußischen Staat vermehrt um eine reiche Provinz, er hatte den Ruhm des Siegers gekostet, aber er war noch immer der Gutsherr von Rheinsberg.

Er wollte sein Fürstentum anders als sonst die Fürsten genießen, emsige Tätigkeit innen und außen sollte den Tag füllen — denn König hieß ihm als oberster Diener des Staates die Unruhe aller Pflicht sein — aber der Abend sollte ihm selber gehören.

Sanssouci hieß er sein helles Lustschloß bei Potsdam, das ihm der heitere Knobelsdorff baute, der Hausgenosse von Rheinsberg; gleich einem Abendgewölk stand es da auf den grünen Terrassen.

Nicht wie Versailles hielt es sein Angesicht abgewandt: über die roten Dächer von Potsdam, über die blinkende Havel und ihre schwarzgrünen Wälder führte der Blick in sein fleißiges Land.

Da war er der König des Geistes, dem seine Tafel ein anderes galt als ein Tisch mit leckren Genüssen, da war er der witzige Hausherr, der seine Gäste verblüffte im kühnen Spiel der Gedanken, da war er der Spötter von Sanssouci.

Keiner von seinen Freunden in Rheinsberg war ihm geblieben, und seine Gemahlin, die dort noch die anmutige Hausfrau war, durfte die Schwelle von Sanssouci nicht überschreiten; wo Friedrich, der König, Mensch wurde, war er Franzose.

Der seinen Staat genau nach den barschen Hausväterplänen des Soldatenkönigs regierte, blieb seinem eigenen Volk fremd in der Seele, wie je ein Fürst seinem Volk fremd war.

Voltaire, der Meister boshaften Witzes, stand als der Stern seiner Bildung über dem Ehrgeiz des Königs, und Sanssouci wurde die lockende Insel im Osten für alle französischen Geister, die in Paris keinen Ankerplatz fanden.

Als Voltaire selber zu Gast kam, als er in Sanssouci saß, fürstlich geehrt durch die Freundschaft des Königs, war das zierliche Schloß über den schlanken Terrassen die Gralsburg der Zeit und ihrer spöttischen Laune geworden.

Sanssouci war, wenn sie zur Tafel dasaßen im kreisrunden Saal, von Kerzenlicht hell überschüttet, wenn sie mit funkelnder Rede und dolchblanken Witzen einander die Grenzen bestritten.

Da konnte der König sich selber und einen mühsamen Tag für flüchtige Stunden vergessen, da konnte der Spötter von Sanssouci, boshaft und wild und seines Witzes vermessen, den Übermut zeigen.

Manch boshaftes Wort ging seinen blitzschnellen Weg an die Höfe, bis es das richtige Ohr fand; was er an bitterer Feindschaft danach zu fühlen bekam, hatte der König in Sanssouci keck übernommen.

Im preußischen Volk ging die Sage von seinen seltsamen Nächten, wo er um witzige Worte die Schlachten nicht weniger heiß als um Schlesien schlug, wo er auf blankem Parkett mit ledernen Stiefeln stand, zärtlich die Flöte zu blasen, wo der König im Kreis seiner Franzosen ein Mensch war, indessen sie nur den scharfen Herrn und kargen Sachwalter zu sehen bekamen.

Ein Fremdling im eigenen Land, verzaubert in fremdes Wort und Werk und fremde Wertschätzung, saß Friedrich in Sanssouci; wo sein funkelnder Geist die letzte Erfüllung fand, war sein Volk nicht zu Hause.

Der Kriegsherr

Als Friedrich zum drittenmal auszog, den Frieden zu brechen, hatte sich rings um das preußische Glück der Kreis seiner Feinde geschlossen: Frankreich und Österreich, Rußland und Sachsen und Schweden standen im Bündnis gegen den König, und mehr als Schlesien sollte es gelten.

Elf Jahre lang hatte die Hofburg heimliche Fäden geflochten, im zwölften sollte das Netz den frechen Spötter von Sanssouci fangen: aber der König bekam warnende Kunde aus Holland und hieb in die Maschen.

Wohl fing er bei Pirna das sächsische Heer und konnte in Böhmen eindringen, aber der Feldmarschall Daun stand besser gerüstet; bei Kolin schlug er dem König das Glück und das Schwert aus der Hand.

Indessen der siegreiche Feind ihm Schlesien nahm, mußte Friedrich nach Sachsen zurück, den kläglichen Rest seiner Kriegsmacht zu sammeln.

Da kam schon Soubise mit der Reichsarmee an, und das Glück lachte den stolzen Franzosen, den schweißenden Fuchs zu fangen; bei Roßbach hatten sie ihre Falle gestellt, aber der Fuchs biß sich durch, ehe sie dachten.

So zornig schlug seine Rute unter die Hasen, daß sie zu laufen begannen von Sachsen bis an den Rhein; und ob es die Reichsarmee war, die mit den Franzosen davon lief: das Gelächter sprang schadenfroh hinterdrein und der Jubel, daß der französische Übermut so zu Fall kam.

Und als der König den Atem nicht anhielt, als er — ein todwundes Wild — in dreißig Tagen sein kärgliches Heer von Sachsen nach Schlesien führte, den Schlag gegen die Habsburger Hauptmacht zu wagen, als er das Schalksspiel von Roßbach bei Leuthen feierlich krönte: da staunte die Welt, daß wieder ein Kriegsherr und Held war.

Aber noch waren zwei Jahre erst von den sieben des Krieges bestanden, und schwer trug das Land an den Leiden: zweimal mußte Berlin Lösegeld zahlen, und als der Tag von Kunersdorf kam, schien alles zu Ende.

Das letzte Heer war geschlagen, die besten Führer waren gefallen, Mangel und Mutlosigkeit saßen beim Feuer, kein Lied klang mehr aus den Zelten.

Ein ganzes Jahr lang wollte das Unglück nicht weichen, bis endlich bei Liegnitz wieder ein Sieg kam; aber es war nur ein Loch in den Maschen, und die Übermacht blieb.

Der König war matt und von Schmerzen geplagt; schlug er den Feind hier, standen ihm dort drei neue: der rasch begonnene Krieg konnte im bösen Siechtum nicht sterben.

Da sah die Welt, daß der König ein Held und ein Mann war: standhaft und stolz zog er die Lose, und nahm das schwärzeste hin, wie ein Held das Schicksal hinnimmt, um es zu meistern.

Bis endlich des Blutes genug war und aus den Bränden so vieler Zerstörung der blasse Frieden zurückkam: in Hubertusburg mußte Maria Theresia zum drittenmal Schlesien lassen.

Die großen Mächte Europas mußten den König von Preußen als Sieger anerkennen; sie hatten Berge gewälzt, ihn zu verschütten, und immer noch stand der Sieger von Roßbach und Leuthen.

Aber nun war es nicht mehr der heitere Gutsherr von Rheinsberg und nicht mehr der Spötter von Sanssouci: als er zum drittenmal heimkam, hager, gebeugt von der Gicht und den unsäglichen Leiden, ließ er dem Sieg das Tedeum blasen und singen; er aber saß in dem hölzernen Stuhl und hielt sein Auge allein auf den Jammer gerichtet, und seine Getreuen sahen ihn weinen.

Der alte Fritz

Als Friedrich wieder in Sanssouci saß, hatte das Alter ihn hart berührt, sein Rücken war steif, und seine gichtigen Beine hatten zu tanzen verlernt; wie sein zorniger Vater ging er nun selber am Krückstock, aber ihm mußte das Holz redlicher dienen.

Sein Spott war scharf wie die Klinge geworden, mit der er bei Roßbach und Leuthen den Feind aus dem Feld schlug; mehr wußten die großen Augen zu blitzen, als daß sein schmaler Mund lachte.

Den Philosophen von Sanssouci hatten ihn seine Freunde aus Frankreich geheißen; nun waren sie fort; und die den einsamen König daher reiten sahen, grau und gebeugt, kannten nur seine Taten, nicht seine Schriften, ihnen war er der alte Fritz.

Er hatte im Krieg den Schlaf verlernt, nun war sein Tag lang, und in der frühesten Frühe kam schon die Sorge nach Sanssouci; aber sie saß nicht im Stuhl, mit schlaffen Händen zu warten, sie war die Sorge der schaffenden Pflicht und des rastlosen Fleißes.

Wie ein Gutsherr das Seine fest in der Hand behält — wohl gehen die Knechte hinaus in die Felder, die Mägde besorgen den Stall und auf den Vorwerken sitzen Verwalter, aber er reitet hinaus, ehe sie denken, und läßt sich das Kleinste nicht reuen, weil er im Kleinen den Wohlstand bedingt sieht — so sah der König in Sanssouci das preußische Land als sein Eigentum an.

Bauern und Bürger waren ihm sein Gesinde und die adligen Stände seine Verwalter; er ritt in ihr Tagwerk hinein, zu loben und schelten, wie er es fand, er führte das Hauptbuch und saß an der Kasse, und wehe, dem sie nicht stimmte.

Daß seine leeren Staatskassen wieder voll würden, nahm er den Städten die Zölle und ließ aus Frankreich Zollpächter kommen, die ihr Geschäft mit harter Findigkeit trieben.

Und ob die Bürgerschaft klagte und heimlich den König samt seinen Zöllnern verwünschte: er ließ sie klagen und schimpfen, soviel sie mochten, aber er nahm ihren Schimpf und die Klage nicht an.

Denn der in der schaffenden Sorge zu Sanssouci saß, kannte den Staat, aber sein Volk war ihm fremd; er hatte im Krieg den Adel brauchen gelernt und half ihm mit silbernen Talern; er lobte den Bauern, wie ein Gutsherr klug sein Gesinde zu loben versteht; er schätzte den Wohlstand der Bürger, der ihm die Steuern bezahlte.

Wohl ließ er jedem das Seine und seinen Glauben dazu, wohl nahm er den Dreispitz und nickte von seinem Pferd, wenn sie ihm jubelnd zuliefen, der ihrer Liebe und Ehrfurcht der alte Fritz und der preußische Ruhm blieb: aber er konnte die Liebe mit keiner Liebe entgelten und war im Alter mit Kälte, was er in seiner Jugend mit Hitzigkeit wurde, ein harter Menschenverächter.

Der Liebling des Volkes schrieb seine Bücher französisch, weil er die deutsche Sprache nicht anders zu sprechen vermochte, als sie ein Feldwebel sprach; seiner hochmütigen Lebensluft blieb jeder als Untertan fremd, weil er ein König und Feldherr wie keiner, aber ein Fürst seiner Zeit war.

So hing ihm der Ruhm seiner freien Gesinnung, seines funkelnden Geistes und seiner Kriegstaten an wie ein geliehenes Kleid; er war der oberste Diener des Staates, aber nicht seines Volkes.

Einsam und bitter ins Abendrot blickend von seiner hohen Terrasse, starb Friedrich, der König von Preußen; nur noch sein Windspiel war um ihn, als er die großen Augen zu Sanssouci schloß, um die Messerspur seiner Lippen den grausamen Zug der Menschenverachtung.

Maria Theresia

Sich selber und Habsburg die Kronen zu retten, mußte die Tochter des Kaisers acht Jahre lang den Erbfolgekrieg führen, bevor ihr das Erbrecht im Frieden zu Aachen anerkannt wurde.

Sie war nur eine Frau, denn Franz, ihr Gemahl, das Franzl geheißen, zählte nicht einmal in Österreich; aber sie hatte ein tapferes Herz, und ihre freundliche Schönheit rührte die Liebe der Völker.

Auch war sie klug und entschlossen und wußte zu geben, wo sie zu nehmen vorhatte: als sie in Ungarn erschien, bedrängt und genötigt, um Beistand zu bitten, war ihre Hand nicht leer; die Magnaten dankten der jungen und schönen Königin, daß sie so klug in der Not war.

So wurde Ungarn das Herz ihrer Länder; hier war sie gewählt und gekrönt, hier konnte ihr keiner das Recht zu herrschen bestreiten, hier fand sie den Mut und die Macht, die anderen Kronen zu halten.

All ihre Feinde bezwang sie, zuerst die Puppe der Pompadour, den Kurfürsten Karl Albert von Bayern, den die Mätresse des Königs von Frankreich als Kaiser in Frankfurt ausrufen und aushalten ließ.

Nur Friedrich, dem preußischen König, mußte sie Schlesien lassen; zweimal verlor sie den Krieg, nicht aber den Zorn auf den Räuber und den glühenden Wunsch ihrer Rache, das preußische Unkraut zu vernichten.

Elf Jahre lang ließ sie die Saat mit Ungeduld wachsen: die Kaiserpuppe der Pompadour starb in Erbärmlichkeit hin, Franz, ihr Gemahl, wurde als Kaiser gekrönt, und Kaunitz, ihr kluger Minister, kam sacht in das Spiel.

Er machte den Frieden zu Aachen als Sieger, aber er ließ den Franzosen klüglich den Ruhm, aus Edelmut zu verzichten; er saß als Gesandter in Frankreich und knüpfte die Fäden in stiller Geduld, bis das unmögliche Band gewebt war, bis die Tochter des Kaisers mit der Pompadour einen Pakt schloß.

Nur Frauenhaß konnte so fremde Fäden verschlingen; als die Zarin als dritte dazukam, gereizt durch den Spötter, als die drei Großmächte noch Schweden und Sachsen in ihren Rachebund nahmen: da schien die Tochter des Kaisers am Ziel.

Aber der Spötter in Sanssouci hatte nur scheinbar getändelt, der Fuchs brach aus, ehe die Jäger den Bau umstellten, und aus der listig bereiteten Jagd wurde die siebenjährige Plage des Krieges.

Sieben Jahre vergeblicher Hoffnung und harter Enttäuschung machten Maria Theresia alt; als ihr Franzl zu kränkeln begann, mußte sie hoffnungslos den Frieden von Hubertsburg unterschreiben.

Der Spötter von Sanssouci hatte gesiegt; der ihrer katholischen Frommheit der Ketzer und ihrem Frauenstolz eher der Teufel denn ein Menschenkind war, konnte als Sieger heimreiten, indessen ihr nur die Tränen um Schlesien blieben.

Der grausame Krieg und die Hoffnung so vieler Jahre gingen Maria Theresia schmerzlich verloren, aber sie war in der schlimmen Bedrängnis die Mutter des Landes geworden.

Sie hatte kein Sanssouci, wo sie in fürstlicher Laune dem Untertan fremd blieb; sie war eine Frau und allzeit zärtlich besorgt, und hielt ihre Brust der Menschlichkeit warm.

Sie stärkte den Bauernstand gegen die adligen Herren, sie sorgte für Schulen und baute Spitäler; wo eine Not war, kam ihre Hilfe, und wo ein unmenschlicher Brauch quälte, wie bei der Folter, schnitt sie das Unrecht der Herkunft ab.

Eine fleißige Schaffnerin saß in der Hofburg und ging durch die Straßen von Wien, Ordnung zu halten; eine Mutter und weiße Matrone lächelte auf dem Thron und nahm die Liebe des Volkes als Liebe.

Und als ihr der Tod kam, der um den einsamen Spötter in Sanssouci hüstelnd herum ging, war ihren Völkern das eigene Blut abgestorben: wie Kinder weinten am Sarge Maria Theresias Männer und Frauen, ihr schmerzvolles Begräbnis hatte ein Bürgerkleid an.

Joseph der Zweite

Ein silberner Mond schien über Wien und das österreichische Land, da Maria Theresia Hausfrau und Kaiserin war; aber ihr hitziger Sohn ging auf in der Frühe als ein sehr starker Komet.

Er sah den Stern von Sanssouci strahlen, und schon dem Jüngling entbrannte der Ehrgeiz, sein grelles Gefunkel zu überglänzen: was Friedrich als König in Preußen dem Volk schuldig blieb, das wollte Joseph der Zweite im Reich als Kaiser bedeuten.

Fröhlicher als sonst eine Krönung wurde die seine in Frankfurt gefeiert; der schlanke Jungmann, leutselig und licht gegen jedermann, gefiel der staunenden Menge; nur die Fürsten und Räte der Reichsherrlichkeit krausten die Stirnen.

Sie sahen den Ehrgeiz auf andere Dinge als auf den Glanz der Reichskleinodien gerichtet, sie hörten den Habsburger Hochmut in seiner Leutseligkeit knistern und waren besorgt, das Reich möchte wiederkommen.

Als der Kaiser dann hitzig anfing, den Staub auszuklopfen, als er dem Reichshofrat und dem Lindwurm des Reichskammergerichts hart auf den Leib rückte, als das Gespenst eines klaren gemeinsamen Reichsrechtes die Hüter des Lindwurmes erschreckte: fing heimlich und boshaft der Widerstand an.

Der scheckige Reichsmantel war aus den Lappen und Flicken der Fürsten und Fürstchen geschneidert; als Joseph der Kaiser ihn nach dem prunkvollen Umstand der Krönung anziehen wollte, rissen die Nähte.

Er mußte mit seiner Gerechtigkeit warten, bis ihm die eigenen Erbländer gehörten, die seine Mutter noch immer als Hausfrau regierte.

Er stand im vierzigsten Jahr, als sie starb, nur ein Jahrzehnt blieb seinem hitzigen Tun; als ob er den frühen Tod spürte, ließ er den Kehrbesen nicht aus der Hand, der Staub wirbelte hoch und manche Gasse wurde rein, wo er sich regte.

Er hob die Leibeigenschaft auf, daß der Staat im Recht der freien Gemeinde statt in der Willkür reicher Machthaber stände; er sah nach den Schulen der Armen und daß die reichen Grundherren mit an den Lasten des Staates trügen, dem sie den Genuß ihres sorglosen Daseins verdankten.

Er tat, was nie ein Habsburger wagte, er sagte der Kirche die Hörigkeit auf.

Wo eine üppige Weide, ein prangender Weinberg, fruchtbares Feld war, wo fleißiges Bauernvolk schaffte, hatten im Habsburgerland die Klöster sich breit aufgetan; er ließ sie schätzen und schließen, wo ihr Dasein nur eine Pfründe für den fürstlichen Abt und wo die Schar der Bettelmönche nur eine Landplage war.

Als er das Letzte zu tun nicht zagte, als Joseph der Zweite im Erbland Ferdinands das kühne Toleranzedikt gab, das jedem Christen die Kirchenform seines Glaubens freistellte: da ging ein Seufzer durch Österreich, daß nun der Antichrist käme.

Der Papst fuhr selber nach Wien, den Kaiser zu warnen; der nahm ihn auf, wie es dem Statthalter Petri gebührte, aber er wollte seinen Völkern Gerechtigkeit tun und folgte allein seinem Gewissen.

So legte er selber die Wurzeln der Habsburger Macht bloß; als er danach aus all seinen Kronländern einen Staat machen wollte, fehlten der Hofburg die eifrigen Hände, die Habsburg stark gemacht hatten.

Böhmen und Ungarn wollten den Habsburger dulden als Träger der eigenen Kronen, aber niemals Österreich untertan sein; als er die Herkunft zu zwingen begann, säte er selber die Drachensaat der Empörung.

Im brabantischen Land fing sein Mißgeschick an, wo die Schwester Christine als Statthalterin spöttisch regierte: wie die sieben Provinzen Philipp von Spanien den Gehorsam aufsagten, so taten ihm nun die andern, als er die Landesverfassung aufhob.

Der Staat, das bin ich! sagte auch Joseph der Zweite und wollte den Völkern Gerechtigkeit bringen; aber sie waren das Unrecht gewohnt und wollten lieber darin verharren, als der Herkunft der Väter ungetreu sein.

Wie Karl der Fünfte einst in Sankt Just legte der sterbende Kaiser die Zügel der Herrschaft hin; die Kronländer für Habsburg zu retten, zerriß er mit fiebernden Händen die neuen Gesetze.

Nur unter den Armen in Wien, die er aus Willkür und Unrecht befreite, blieb sein Bild rein im Gedächtnis: seine Mutter hatte das Land in der alten Ordnung gehalten und starb mit Liebe gesegnet, er wollte die neue Gerechtigkeit bringen und siechte im Haß hin.

Die Pompadour

Die zierliche Frau eines Zöllners hatte den König von Frankreich gefangen, wie ihn die Hofdamen fingen; als seine Gier ihres Leibes satt war, ließ sie den König getrost seinen weiteren Lüsten, aber den Hof und die Macht ihrer Stellung behielt sie klug in der Hand, so daß sie die heimliche Königin wurde.

Sie hieß nun Marquise von Pompadour, und die Großen der Welt mußten nach ihrer Gunst gehen, die eine geborene Fisch und eine Zöllnersfrau war.

Denn anders als sonst eine Königin war diese zierliche Frau; sie kannte die wirklichen Mächte der Welt und wußte, daß Macht haben allein ihr kluger Gebrauch sei.

In dieser Klugheit wußte sie trefflich die Fäden zu flechten; und weil der König von Frankreich ein blödes Tier, sie aber ein handfestes Weibsbild war, so hielt sie das Land vor böseren Dingen bewahrt.

Auch stand ihr zierliches Bild gut in dem Rahmen, den ihr die Kunst der galanten Zeit gab; denn nun war der höfische Prunk zum köstlichen Zierat geworden, den sie das Rokoko hießen.

Der Altsilberglanz chinesischer Seiden, die zärtliche Kühle des Porzellans, die launischen Formen und Farben der Teller und

Kannen waren im Abendland Mode geworden, darin es fremd gespiegelt ein neues Gesicht fand.

Die gläsernen Leuchter weißgoldener Säle ließen auf blumigen Seidengewändern kristallisches Licht spielen; Stühle und Tische standen mit zierlich gebogenen Beinen auf blankem Parkett; Rahmen von Altgold hielten gleich Ranken die Ränder verschnörkelter Spiegel; auf dem Marmorkamin blinkten die Silberfiguren der Standuhr.

Alles war hell und kühl wie ein Frühlingstag, darin die Damen auf Stöckelschuhen spazierten; alles war leicht und verschnörkelt wie die Scherze, damit die spitzengeschmückten Herren die Herzen der Damen gewannen.

So war die Welt, darin die Marquise von Pompadour Königin spielte; so war der Traum von Versailles, darin der Adel des Abendlands leichtsinnig lebte; so war der Hof, darin der König faul und verachtet sein Dasein hinbrachte.

Als die Pompadour starb und die rote Dubarry dem alternden König ins Bett kam — die eine Dirne war und eine Gräfin wurde — brach der Untergrund all dieser Zierlichkeit durch: das Laster legte die Maske der Wohlerzogenheit ab und war nur noch freche Gemeinheit.

Das war die Zeit, da der Neffe des Menschenverächters in Sanssouci sein verächtlicher Nachfolger wurde, da die Fürsten in Deutschland sich eine Pompadour hielten, da die adligen Herren auf Kosten der Bürger und Bauern einen fröhlichen Himmel auf Erden genossen.

Aber schon blies der kalte Wind in die fröhlichen Lichter; als Ludwig der Fünfzehnte in seinen Lüsten verdarb und Ludwig der Sechzehnte den Namen des Königs von Frankreich wieder ehrlich machen wollte, war es zu spät für den redlichen Eifer.

Als die Habsburger Prinzessin nach Frankreich fuhr, Gemahlin des Dauphin zu werden, war sie fast noch ein Kind; sie machten ein Feuerwerk in Paris, ihr zu Ehren, es wurde ein großes Unglück daraus, und viele Menschen verbrannten: der Brandgeruch blieb in den Kleidern der blonden Prinzessin.

Die Tochter Maria Theresias hatte die ehrbaren Lehren der Mutter im Sinn, aber ihr Köpfchen stand nach den Freuden der Jugend: sie wollte gut und gerecht sein und eine tapfere Königin werden, ihr eigener Tag aber sollte der fröhlichen Laune gehören.

In Trianon draußen die schelmische Schäferin spielen, schien ihr viel schöner und freier, als in der starren Pracht von Versailles Königin sein.

Aber die Zeit war vorüber, da die Könige Blindekuh spielten; indessen die Königin harmlose Fröhlichkeit naschend in Trianon ging, hing an den Gittern der Groll, und die Not zählte die Stunden, die der Königin sorglos verflogen.

Der Staat war in Schulden, und drückende Steuern hielten die Last nicht mehr hin; das Land war leer, und das Volk sah mit Grimm den prahlenden Reichtum, indessen ihm längst das Nötigste fehlte.

Auch war das niedere Volk nicht mehr verlassen: kühne Schriften gingen ins Land und glühende Herzen riefen nach einer anderen Gerechtigkeit, als daß nur einer das Leben genoß, indessen Hunderte seufzten.

Was in dem Himmel der Priester verheißen war — die selber die Erde genossen — das sollte wahr werden in der irdischen Wirklichkeit; in den Gassen der Städte und draußen im Acker waren die Flüche und Fäuste bereit, das verheißene Reich zu erzwingen, wo Freiheit und Gleichheit und Brüderlichkeit waren.

Ein Diamantenhalsband ging übel verloren: die Königin habe

den Schmuck mit Liebesstunden bezahlt und Rohan, so hieß es, ihr zärtlicher Freund, müsse die Falschheit der Königin öffentlich büßen.

Eine Schwindlerin hatte der Welt den üblen Spaß angerührt; wie der Brandgeruch an der blonden Prinzessin blieb nun der wilde Verdacht an der Königin haften: der Groll an den Gittern entbrannte zum Haß.

Da war das harmlose Spiel in Trianon aus, die fröhliche Schäferin mußte die leidvolle Königin spielen; die Lehren Maria Theresias wurden wach, aber nun war es zu spät, ihrer zu achten.

Die gläsernen Leuchter der Fürsten waren heruntergebrannt, kein Diener kam mit den Kerzen; es wurde dunkel im Schloß zu Versailles; nur über der brodelnden Nacht von Paris lag wieder der fahle Schein des Brandes.

Als danach der Tag kam, hatte der Brand den Traum von Versailles verschlungen, in der Wirklichkeit wurde die Königin wach: ein Fallbeil stand zu Paris, ihr den blonden Kopf abzuschlagen.

Mozart

Ein Wunderkind kam nach Wien; ein Knabe aus Salzburg, Mozart geheißen, spielte der Kaiserin auf dem Klavier, und alle die Herren und Damen Maria Theresias staunten, wie solch ein Kind schon ein Zauberer wäre, mit seinen Tönen den süßen Genuß der Gefühle zu lenken.

Und wie in Wien, geschah es in London, im Haag, in Paris: überall staunte das Kerzenlicht um den Knaben aus Salzburg, der das Klavier gleich einem Großen zu meistern verstand.

Lärmender Beifall und lockender Ruhm war um den Knaben, aber der strenge Vater ließ ihn nicht locker in der Zucht seiner Kunst: Beifall und Ruhm sollten seiner Musik nicht die Quellen verschütten.

Vor den Herren und Damen der Höfe zu spielen, war nur ein Gauklergewerbe; aber den Menschenseelen Gesang und dem Wohllaut der Geigen, Flöten und Hörner harmonische Fülle zu geben, hieß ein Musikmeister der Ewigkeit sein.

So wurde das Wunderkind Mozart ein Jüngling und Mann, der seiner Musik den echten Zauberstab hielt; so wuchsen dem Rosenjahrhundert der Pompadour Flügel, in den Himmel der Töne zu fliegen.

Als Maria Theresia starb, rief Joseph, ihr schwärmender Sohn, Mozart nach Wien, daß er sein Kammermusikus würde; doch hatte der hitzige Schmied kühner Herrscherpläne kein Ohr, das Wunder der Töne zu hören.

Indessen der Kaiser den Blasebalg zog, das störrische Eisen der Herkunft zu schmieden, indessen sein Hof ein kühner Gedankenplatz war, indessen die Stadt an der Donau, unbesorgt solcher Gedanken, die Fröhlichen lockte mit reichen und rauschenden Festen, saß Mozart in mancher Bedrängnis.

Er hatte die schöne Konstanze gefreit, und sein Klavier stand nicht still, um die Gulden zu spielen, die seine Frau fröhlich verbrauchte; auch waren die welschen Musiker dem Neuling aus Salzburg feind, und den Höflingen galt er als eine Marotte des neuerungssüchtigen Kaisers.

Aber in blinkenden Nächten, von den Plagegeistern der Tage, von Sorgen und Süchten umlauert, riß seine Seele die Sterne vom Himmel und barg ihre ewige Tröstung in seiner Musik.

Als sie in Wien die Hochzeit des Figaro spielten, das fröhliche Stück von dem frechen Barbier im Perlengewand Mozartscher Töne, da flog dem Zauberer aus Salzburg anderer Beifall und Ruhm zu, denn da er als Wunderkind am Klavier die Herren und Damen der Höfe mit flinken Fingern entzückte.

Da hörte das leichtgeschürzte Jahrhundert den gläsernen Ton seiner Schalmei, da war die Marquise von Pompadour seine schelmische Göttin geworden; der Zauberer hielt ihr das Schellenband hin, mit schlanken Beinen hinüber zu springen.

Ihm aber, der ihr und der Zeit mit seiner hellen Musik das Schellenband hielt, ihm lagen schon andere Töne im Ohr: aus der Tiefe stieg die Vergeltung mit steinernen Schritten; der Boden barst und die Zeit versank mit ihren Lüsten und Lastern, mit ihrem Gelächter und gläsernen Glück in den Abgrund, als Mozart den Don Juan schrieb.

Nie hatte die Kühnheit heller geprahlt, als da der freche Verführer Himmel und Hölle zum Trotz sein Champagnerlied sang; nie hatte die Ewigkeit so ihren Donnermund aufgetan, als da der steinerne Gast den Lästerer holte.

So rief er der Zeit den Tag seines Zorns und war doch ihr eigenstes Kind; zwischen Himmel und Hölle tapfer ein Mensch zu sein, ließ Mozart zuletzt die Zauberflöte erklingen.

Da hing die irdische Liebe gläubig der eigenen Glückseligkeit an, Schuld und Bedrängnis vermochten nicht, ihren Weg zu beschatten: wie die Sonne am Mittag schritt ihre Allgewalt über die Ströme und finsteren Wälder, über die Felsen und Abgründe in seligen Tönen hinüber.

Als Mozart der Menschheit solche Musik schrieb, hatte der Tod sein Herz schon berührt; noch konnten die fiebernden Hände sein Requiem schreiben, dann sank er selber hinein in die ewige Ruhe.

Er war ein Kind seiner Zeit wie keiner: alles, was sie zu lächeln vermochte, lächelte er; als ob die Erde ein Blühegarten der Freude, als ob der Mensch aller Blüten und Freuden Nutznießer wäre, so machte Mozart, der Meister des Wohllauts, Musik.

Das Buch der Propheten

Hans Sachs

Zu der Zeit, da Dürer sein köstliches Schilderwerk malte, da die Ratsherrn, Humanisten und Zunftmeister die wachsamen Hüter der Bürgerschaft waren, da es noch Stadtfreiheit gab gegen die Frechheit der Fürsten, saß in seiner Schuhmacherwerkstatt zu Nürnberg der fröhliche Meister Hans Sachs.

Er hatte als Jüngling den Meistergesang fleißig geübt und war auf der Wanderschaft eifrig gewesen, die neuen Weisen zu lernen: nun galt er als Meister der Singschule, wie er ein Schuhmachermeister war.

Der aber im Meisterlied seinen Mund auf alle Töne zu spitzen verstand, hielt der Natur Augen und Ohren geöffnet, auch saß ihm ein fröhliches Weib auf der Diele, das ein anderes Mundspitzen übte.

So war der Meister Hans Sachs ein rechtschaffener Mann, der von den Sachen der Welt mancherlei wußte; als er in redlichen Reimen davon zu erzählen begann, mußte das zierhafte Meisterlied erschrocken die Ohren zuhalten.

Keifende Weiber und krätzige Bauern, fahrendes Volk und schlimme Gesellen, alles was um den Meister Hans Sachs gemeine Wirklichkeit war, ließ er in spaßhaften Reimen spazieren.

Aber der Spaß wurde fröhlicher Lärm, und die Frechheit sah manchmal hinein, wenn er sein Fastnachtsspiel machte; da konnten die Spitzbuben recht die Bauern betrügen, die Dummen konnten von Herzen gemein und die Völler betrunken sein.

Wenn dann der Meister Hans Sachs mit dem warnenden Finger hinzu kam, merkten die Zuschauer wohl, daß er schalkhaft mitlachte.

Der so fröhlich die Täglichkeit sah, wußte, so war es immer gewesen: die Guten und Bösen, die Dummen und Schlauen, die Vornehmen und die Gemeinen füllten die Erde wie kalt und warm, wie Regen und Dürre, wie Flamme und Rauch; wo sie einander am hitzigsten trafen, war das Leben am liebsten geschäftig.

So las er die alten Berichte und sah das Leben nur als das Gestern an, darin das Heute geschah; und alles Heute war sein, ob es Salomo, Kaiser Karl oder die schöne Melusine genannt war.

Aber der reichste Schatzhalter war ihm die Bibel: gleich Bilderbogen zog er die alten Judengestalten und ihre Handlungen ab, angemalt mit den Farben, die ihm die eigene Täglichkeit schenkte, und mit der fröhlichen Weisheit unterschrieben, die der Schuhmachermeister darin fand.

So emsig suchte sein Eifer, daß ihm keiner entging, von Adam bis Archelaus; alle mußten aus seiner fröhlichen Feder neu in die Welt spazieren, und alle mußten zu Nürnberg im fränkischen Land noch einmal Wirklichkeit sein.

Er wurde in Fröhlichkeit alt und war noch als Greis ein fleißiger Schaffner, nur die Schuhmacherwerkstatt verließ er, an seinem Schreibpult zu sitzen.

Und als ihm im achtzigsten Jahr seines Lebens die Sprache versagte, saß er noch immer an seinem Pult und las in den Büchern, die er kaum noch verstand.

Nur in den Augen war noch das fröhliche Leben geblieben, und wer als Gast in seinen Altenteil trat, dem nickten sie schelmisch zu.

Das Kirchenlied

Als der große Krieg unsägliches Leid auf das deutsche Land legte, als der Reichtum der Bürger in Armut versank, als die fröhliche Flur leer wurde wie die fleißige Werkstatt und auf den Straßen nur noch das Elend dem Hunger begegnete, als der Menschengeist seiner blutigen Tat satt war, sang eine Stimme der Seele Trost und Erbauung.

Luther hatte das Lied von der festen Burg gläubig gesungen, es war die Fahne des evangelischen Glaubens gewesen, und manche trotzige Faust hat die Fahne geschwungen; nun lag sie verkohlt unter dem Brandschutt.

Aber die Stimme der deutschen Seele hob wieder an, und ob sie zitternd sang und mit Tränen: Gott war darin, und sein ewiges Wort fand wieder Ohren und Herzen.

Spitzfindigkeit, Wortgläubigkeit und Sittenhochmut hatten der evangelischen Lehre ein neues Kirchenkleid angetan, darin die Landesobrigkeit die Papstgewalt war; aber das Kleid war zerrissen, nur das Lied blieb wie ein Licht in der Nacht.

Wenn die Gemeinde beisammen saß, es zu singen, wenn das schwellende Wort sich in den Orgelton legte, dann kehrte die gläubige Seele in ihre Heimat zurück.

Besiehl du deine Wege! sang ihr Wiegenlied den Kindern und Alten; und wo ein Grab den Sarg in das schwarze Loch nahm, stand die Stimme dabei: Jesus meine Zuversicht! trotz Tod und Betrübnis zu singen.

So kam es, daß die deutsche Seele den lauten Jammer und die leise Klage, den Trotz und die Verzagtheit überwand, daß sie an den Gräbern der stolzen Vergangenheit und im Elend der bittersten Gegenwart den Heldenmut fand: Nun danket alle Gott! mit gläubigem Herzen zu singen.

Bach

Eine Hütte am Brunnen der Wüste, so nahm das Kirchenlied die Flüchtlinge des Krieges unter sein Dach; aber Gott sandte den Meister, der deutschen Seele noch einmal Zion zu bauen.

Der von allen Meistern der Kunst der gewaltigste war, der aus der Seelengewalt noch einmal die Schöpfung vollbrachte, der einzige, der seinen Turm in den Himmel zu bauen vermochte: er wurde den Deutschen, wie einmal der jüdische Zimmermannssohn, in Niedrigkeit eingeboren.

Johann Sebastian Bach war eines Ratsmusikus Sohn, der durch die Gunst der Ratsherrn sein unfreies Gewerbe in Eisenach trieb; aber Vater und Mutter starben dem Knaben, den danach sein Bruder in Ohrdruf aufzog.

Als Singknabe in Lüneburg mußte er schon im fünfzehnten Jahr sein kärgliches Brot selber verdienen; als Geiger und Organist in Weimar, Arnstadt, Mühlhausen und Cöthen trug er sein mühsames Tagwerk nach Leipzig, wo er Musikmeister hieß und an der Thomaskirche den Kantor vorstellte.

So kärglich und mühsam, wie er sein irdisches Dasein begann, so kärglich und mühsam ging es zu Ende; bis er grau wurde und starb, mußte der übergewaltige Mann den Krämern in Leipzig den Kirchenchor leiten.

Einmal im Alter fiel eine Ehre der Welt auf ihn, als ihn der König von Preußen nach Sanssouci rief, weil er der Vater von seinem Kammermusikus war; er durfte dem Spötter die Orgel vorspielen und auf dem Klavier seine Flöte begleiten.

Sonst blieb sein Dasein im Schatten des Kleinbürgertums, darin der Meister mit seiner Hausfrau und Kinderschar untergeschlüpft war.

Wenn Johann Sebastian Bach in der Thomaskirche zu Leipzig den Choral spielte, dann sang die Gemeinde ihr gläubiges Wort in die Orgel und wußte nicht, warum ihr die Seele im Gesang so übergewaltig anschwoll.

Aber der Meister konnte nicht eine Stimme begleiten, ohne daß ihm die Brunnen der Tiefe aufbrachen, darin die gewaltigen Ströme stark und brausend nach Freiheit begehrten.

Eine Stimme allein war eine Taube, die kläglich flatternd den Raum nach den andern absuchte; erst wenn der Baß ein Paar daraus machte und wenn die Brut der Mittelstimmen dazukam, daß sie zu Vieren mit gleichem Flügelschlag selig dahin schwebten, jede auf eigenen Flügeln und doch gemeinsam im Flug: dann konnte sie fliegen.

Dann glaubte die fromme Gemeinde, das Lied gewaltig zu singen, weil ihre Stimmen sich in der Melodie fanden; aber stärker als ihre Stimme war der Baß in der Orgelgewalt, er trug den singenden Ton durch Höhen und Tiefen, und daß er beruhigt in seinem starken Arm läge, deckten die Mittelstimmen ihn weich und warm zu.

Die Melodie war nicht mehr das Wort und das Lied der singenden Seele allein, aus der Tiefe des Raumes kam ihr die starke Gottesgewalt zu, und daß sie nicht über das Wunder so starker Begleitung erschräke, schwebten die Engel harmonisch dazwischen.

Erde und Himmel waren vereint, wenn die Orgel des Meisters den starken Viergesang machte; ob er brausend anschwoll oder im sanften Gesäuse wohlig dahin schwebte, die Seele war nicht mehr allein.

Keine Donnergewalt fiel ihren Sang an, und keine selige Flöte hieß ihn verstummen, der Sang war in Gott und Gott in ihm, weil jenseits von Zeit und Raum die Harmonie in der Ewigkeit schwebte.

Auch wenn der Meister die Stimmen der Orgel allein in den Raum sandte, gingen sie nicht wie Fremdlinge hin über die Ohren der Leute; jede stieg aus der Erde der Toten ans Licht, und jede fuhr in den Himmel, die staunende Seele auferstand mit.

Und ob es schwingende Geigen und blasende Hörner, ob es Schalmeien und Flöten, Fagott und Klarinetten, ob es ein Saitenklavier oder ein menschlicher Stimmenchor war: immer entzückte der Meister das starke Geheimnis, daß eine Stimme Antwort im Raum, starke Begleitung und seliges Glück in der Gemeinsamkeit fand.

Aber das Wunder wurde Erscheinung, wenn er den ganzen Heerbann der Stimmen aufriß, wenn das große Orchester den hundertstimmigen Chor nahm und gegen die Orgelgewalt herrlich anstürmte: dann baute der Meister noch einmal die Schöpfung über dem ewigen Abgrund.

Sünde und Schicksal, Schuld und Versuchung, das dunkle Leid und die blitzende Lust sanken zurück in die Allmacht, daraus sie kamen.

Wohl brannte die Hölle und wohl traf der Tod, aber ihr Sieg und sein Stachel lagen beschlossen in Gottes allgütiger Hand; tiefer als Trauer und Furcht, höher als Freude und Hoffnung trugen die Flügel der Gnade und Liebe die Seele in Ewigkeit hin.

So war der Meister und so war seine Musik, und die seine Schöpfergewalt spürten, merkten nicht, daß es sein Spiel war; sie glaubten, es wäre der Lohn der kirchlichen Lehre, daß Jesus durch seinen Tod und nicht durch sein Leben die sündige Menschheit erlöste.

Sie hielten sich ängstlich ans Wort und glaubten das kirchliche Gleichnis, und ahnten nicht das Geheimnis, daß in den Tönen das Himmelreich war, das ihre Torheit jenseits erhoffte.

Die Pietisten

Blut und Verwüstung des Krieges hatten die Herzen der Harten nicht zu erweichen vermocht: in Wittenberg saßen die Pfaffen nicht anders als vormals in Rom, die geistliche Herrschsucht hatte ein neues Kirchenkleid angezogen.

Ein Prediger kam aus dem Elsaß nach Frankfurt, Jakob Spener geheißen, und anderen Geistes, als ihn der Hochmut der Kirchenobrigkeit kannte.

Er hatte das Theologengezänk und die Wortgläubigkeit an den Schulen erfahren und wußte, daß andere Dinge als Liebe und Freiheit den Gang der Kirche und ihrer Pfarrer bestimmten; er aber wollte eher der Unmündigen einer denn der lieblose Knecht kirchlicher Rechtgläubigkeit sein.

Er schlug keine Thesen an eine Schloßkirchentür, er band keinen Aufruhr der Geister an seine Sendung, auch war er kein härener Täufer, nach Buße zu schreien: er zündete nur das vergessene Licht an und wartete still, ob es den Wanderer riefe.

Christ sein hieß ihm, die Wiedergeburt seiner Seele erleben, wie es den Jüngern geschah, als sie Jesum erkannten; und wer ein

Gläubiger solcher Wiedergeburt war, brauchte die Priester und Schriftgelehrten des Lehrkirchentums nicht.

Die Liebe war in der Dürre vertrocknet und die Freiheit im Katechismus gefangen, als Spener, der Schwärmer in Christo, sein zaghaftes Licht in Frankfurt ansteckte; aber die evangelischen Seelen im Land, die danach seufzten, strömten dem blassen Schein zu.

Wie es der ersten Christengemeinde geschah, erwachte das Leben der Liebe in den Winkeln: kein loderndes Feuer, kein krachender Brand, nur eine heimliche Glut, aber Deutschland stand seltsam durchleuchtet.

Die Rechtgläubigkeit schrie, und die Obrigkeit strafte; Wittenberg trat auf den Plan, die Irrlehre zu verdammen: aber die hochmütigen Herren der Kirche hatten das Herz des evangelischen Volkes verloren.

Die Gläubigen hießen sich selbst die Erweckten und wurden zum Spott die Pietisten genannt; sie trugen den Spott mit Geduld und die Verfolgung mit Eifer: bald waren der Stundenbrüder so viel, daß die Kirchen leer standen.

So hatte Spener, der Schwärmer in Christo, die Lehre des Nazareners noch einmal erweckt; aber das Lächeln der Liebe und Weisheit war nicht auf den Lippen, nur in den Augen blinkte die blasse Verzückung der Nachfolger Christi, indessen die Aufklärung schon auf den Straßen in stolzen Karossen dahinfuhr.

Die Aufklärung

Der Menschengeist hatte den Himmel der Priester und ihre Hölle geglaubt, ein Jammertal war ihm die Erde geworden; nun wollte er selber kraft seiner Vernunft das Schicksal gestalten und wollte nicht länger dem Glauben der Priester am Gängelband gehn.

Die Erde war seine Wohnung, und alles, was seine forschenden Augen aus ihren Fenstern erkannten, hieß er Natur: Natur war

Wasser und Luft, Feuer und Erde, Natur war das Gewächs und Getier, Natur war der unermeßliche Himmel mit seinen Sternen, Natur war der Mensch mit seinen Sinnen und Süchten.

Natur aber hieß, im eigenen Gesetz dasein: Naturgesetz war die Bahn der Gestirne und alle Waltung der Kräfte, blühen und welken, leben und sterben standen darin beschlossen, und keine Willkür konnte sich abseits erfüllen.

Galilei hatte der kühne Pisaner geheißen, der gleich dem Genuesen Columbus hinausfuhr, die Neue Welt zu entdecken, der Himmel und Erde in das Gesetz der Natur stellte.

Zur selben Zeit, da Seni der Sterndeuter Wallenstein log, stand Galilei als Greis in Rom vor den Priestern und mußte, sein Leben zu retten, den Widerruf schwören.

Aber die Tage der Kirche waren gezählt, und ein anderer Ketzer war dies, als die mit der heiligen Schrift in der Hand gegen die Kirchenverderbnis aufstanden; die Wissenschaft kam mit dem Rüstzeug ihrer Beweise, der Menschengeist wollte mit seiner Vernunft Naturgewißheiten sehen, statt an das Mirakel der Priester zu glauben.

Denn alle Verheißung der Kirche hatte gelogen, statt Frieden auf Erden war blutiger Zank um die Lehre der gläubigen Völker gekommen; Vernunft und Natur konnten kein Glück im Himmel verheißen, aber sie bauten dem Menschen die sichere Wohnung auf Erden.

Niemand hatte je Engel und Teufel gesehen; das Himmels- und Höllengewölbe der Kirche fiel wie ein Kartenhaus um, als die Aufklärung kam, allem Mirakel zum Spott die Wahrheit im Licht des Alltags zu finden; der Menschengeist wollte Himmel und Hölle zum Trutz wieder ein tapferer Erdensohn heißen.

Christian Fürchtegott Gellert

Es war ein schwächliches Predigerkind aus Hainichen und sollte selber ein Prediger werden; aber sein schlechtes Gedächtnis und seine Schüchternheit machten dem Armen die Kanzel zum Schrecken.

Auch war er heimlich der Poesie zugetan und hielt einen rundlichen Reim lieber im Sinn als eine polternde Predigt: so wurde er Lehrer in Leipzig und las mit zärtlicher Liebe über die Schönheit.

Sie war keine strahlende Göttin für ihn, und den Pegasus liebte er nicht, der seinen Reiter mit rauschenden Flügeln in die olympischen Lüfte hinauf riß; ihm war die Schönheit ein sauberer Garten hinter dem Haus, mit reinlichem Sand auf den Wegen, von Buchsbaumhecken umhegt.

Da pflegte er seine bescheidenen Blümchen: Schneeglöckchen, Aurikeln und rotbraunen Goldlack, Reseda und blaues Vergißmeinnicht, vielfarbene Astern im Herbst, und für den Winter die haltbaren Strohblumen.

Und wußte wohl, daß den Blumen allein kein häuslicher Garten gehöre, daß allerlei Kräuter und Suppengrün, reichlich Salat und ein wenig Kohl, Gurken, Erbsen und Bohnen, an Stangen gesteckt, samt krausen Mohrrübenbeeten für einen Haushalt vonnöten, und daß ein reifender Kürbis ebensowohl ein behaglicher Anblick sei als auch eine schmackhafte Nahrung.

Denn der Professor der hausbackenen Schönheit war selber ihr Dichter: Oden und geistliche Lieder, Fabeln mit frommer Moral, Schäferspiele sogar und sein Roman von der schwedischen Gräfin hielten sich ängstlich dem Flügelroß fern.

Ein bißchen Aufklärung und ein bißchen Erweckung; der kleinste Zuschnitt des Lebens mit erlaubter Vernunft und erlaubten Gefühlen fand seinen empfindsamen Sprecher.

So lehrte, lebte und schrieb Christian Fürchtegott Gellert in Leipzig und war der demütigen Jugend der liebe Gott selber im

Schlafrock; die Fürsten sandten ihm Geld, die Bürger Schinken und Holz, daß sein kränklicher Körper im Winter gewärmt und ernährt sei.

Und als er tot war, flossen die Tränen um ihn wie nie um einen Dichter in Deutschland, Denkmäler zeugten der Nachwelt für seine Verehrung; seine Fabeln blieben im Mund der genügsamen Jugend und seine geistlichen Lieder im Kirchengesangbuch.

Klopstock

Zu der Zeit, da der Gutsherr in Rheinsberg seinen Freunden französische Verse vorlas, weil seine fürstliche Bildung den Weg zur eigenen Sprache nicht fand, wuchs in Schulpforta ein Jüngling, Klopstock geheißen, der diesen Weg strenger als einer der Dichter vor ihm zu gehen bereit war.

Er hieß noch ein Schüler der unteren Klassen, aber schon tastete er stolz nach dem Ruhm, seinem Volk den Messias zu schreiben, der übermenschliches Leben und göttliches Tun in deutschen Versen berichten und eine erhabene Dichtung sein sollte, wie es die hohen Gesänge der Griechenwelt waren.

Tief erkannte der Jüngling, daß Worte zu reimen und Sprache zu dichten zweierlei wäre, und daß der Vers kein Silbengeklapper sein dürfe, sondern der hohe Hinschritt stolzer und schöner und liebreicher Worte.

Als die drei ersten Gesänge gedruckt waren, ohne den seltsamen Namen des Jünglings, war ihre Wirkung, als ob im nüchternen Alltag wieder ein Priester dastände, den Göttern zu opfern, aber sein Opfergott war der Messias.

Da schnaubte das Flügelroß Feuer, das in den Fabeln von Christian Fürchtegott Gellert unpäßlich war; einsame Herzen fühlten die stolzen Gesänge als die Wiedergeburt der deutschen Dichtung.

Bald war der seltsame Name des Jünglings bekannt, und Bodmer, der brave Professor, rief ihn nach Zürich, daß er im Kreis begeisterter Freunde als Ehrengast weile.

Sie hatten den Sänger wie seine Gesänge erwartet und waren erschrocken, den brausenden Jüngling zu haben, der seine verlassene Fanny in hundert Tollheiten verschmerzte und in der peinlichen Zucht der Zürchergeschlechter ein Feuerbrand war.

Er fuhr auf dem See mit bekränztem Becher, er stand auf dem Uto mit wehenden Haaren, und als ihm der mahnende Zuruf bänglicher Freunde zuviel war, lief er hinaus in die Berge, im Aufruhr der großen Natur sein Herz zu versöhnen.

Daß er sein heiliges Werk frei von den Sorgen des Tages vollende, berief ihn der dänische König; und während Voltaire, der Franzose, fürstlich geehrt bei dem Spötter von Sanssouci saß, war Klopstock, dem Deutschen, in Kopenhagen die dänische Freistatt bereitet.

Aber ihn band keine Laune fürstlicher Freundschaft; als der Franzose mit Feuer und Schwefel aus Sanssouci abfuhr, kam Klopstock nach Hamburg, seine Cidli heimzuführen.

So sicher war ihm das Dasein durch dänische Gunst bis in sein hohes Alter bereitet, daß er nicht einen Tag sorgte und, wie ein Priester geehrt, seinen Dichterstand trug.

Er ging in sein fünfzigstes Jahr, als endlich die letzten Gesänge von seinem Messias erschienen; ein Vierteljahrhundert hatte die rauschenden Flügel müde gemacht, und manches, was einmal stolzer Schritt war, ging nun auf Stelzen; doch wie ein Dom über den Häusern stand sein Messias.

Und während sein Name im Zweifel der Frommen langsam gefror, hatten ihm seine Oden wärmere Freunde gewonnen.

Da war ein höheres Priestertum als die blasse Verzückung der Pietisten, da war die reine Luft hoher Berge, darin die Gedanken gleich seligen Wolken über dem blauen Hügelfeld standen, da war die große Schönheit der Natur in Silber gespiegelt.

Und wie die Gesinnung rein und erhaben, so war die Kunst der Sprache vollendet, weitab vom Gleichklang des Reimes ließ sie die Worte stark und schön klingen nach ihrer Bedeutung.

Er alterte früh, der solch ein Dichter der reinen Erhabenheit war, und als er im Alter zusah, hatte die Jugend sich dreimal zu anderen Dingen gewendet, so daß er der Zeit fremd und seines Ruhmes verdrossen die Augen zumachte.

Sein Grab aber in Ottensen wurde ein heiliger Ort und ein Tempel der Geister, die in der bunten Vielfältigkeit und in der täglichen Torheit der Sprache das Schaubild der Ewigkeit suchten.

Der Hainbund

Hoch über den Alltag hin und heilig im Morgenlicht ihrer Sendung waren die Verse Klopstocks gewandelt: im griechischen Silbenfall fremd, fromm und deutsch im Selbstgefühl ihrer Würde und im Bardenton ihrer Sprache.

Denn ob es Ossian war, der keltische Sänger, der darin wiederklang, ob der Traum des Dichters nur einen Olymp im Nordlicht vorstellte: er trat in den gezirkelten Garten französischer Bildung als der erhabene Hochklang der deutschen Vergangenheit ein.

Und was ein Irrtum des Dichters seine Bardieten nannte, die Oden germanischer Herkunft, das wurde ein heiliges Feuer der Jugend, daraus sie den Stolz und die Liebe der eigenen Sprache und ihrer reichen Geschichte wiedergewann.

Es war ein blaßblauer Herbsttag, da der Jünglinge fünf aus Göttingen den ehrwürdigen Eichenhain fanden, da sie den heißen Freundschaftsbund schworen, da sie mit Eichenblättern bekränzt sich selber die Barden der deutschen Erneuerung nannten.

Denn nicht nur zu dichten war ihr Traum; sie wollten, wie es der Meister war, Sendlinge sein einer neuen Gesittung: die deutsche Seele, von ihren Höfen und Herren treulos vergessen, sollte im

Bürgertum wiedergeboren und sollte dem deutschen Volk wieder die Schicksalsmacht sein.

Als den Jünglingen danach das Wunder geschah, daß Klopstock der Meister selber in ihrer Mitte dasaß, den sie wie keinen Menschen verehrten, als sie ihm Treue gelobten in seine herrlichen Augen, und an dem Klang seiner Stimme beglückt dem Edelwort lauschten, da saß die Seele der Deutschen am Tisch, ihre Wiedergeburt zu feiern.

Sie trugen alle im Sinn, Dichter zu werden, aber nur einem hatten die Musen das Herz berührt: Hölty war er geheißen, ein Jüngling der heiteren Schwermut und süßen Liebe.

Aber ihm stand schon die Grenze gesteckt; wo er mit Freunden schwärmerisch ging, war ein Schatten allen sichtbar dabei.

Eine Handvoll Frühlingsblumen zu pflücken und sie auf den Weg der Freundschaft zu streuen, war ihm vergönnt, dann blieb sein Schatten allein.

Den Hainbund hatten die Jünglinge ihre helle Freundschaft genannt und mit Eichenlaub ihre Hüte bekränzt; als Hölty dahin war, hingen die Kränze verdorrt an seinem einsamen Hügel.

Aber was ihren flüchtigen Bund so hoch und heilig entflammte, blieb in der Welt: die deutsche Seele war wieder wach und wollte sich endlich vollenden.

Lenore

Als die zärtlichen Freunde in Göttingen den Hainbund hatten, lebte da ein Student, Bürger geheißen, schon nicht mehr jung, in Schulden und schlimmere Dinge verstrickt, aber der Reimkunst mächtig wie keiner von ihnen.

Venus und Bacchus hießen die Götter in seinem unsteten Leben; wo Klopstock erhaben hinschritt, lief er auf läßlichen Wegen der Leidenschaft nach.

Aber die Freunde hielten ihn fest und fackelten nicht, bis sie dem unseligen Mann, von seinen bösesten Schulden befreit, als Amtmann in Altengleichen noch eine Tür ins Dasein aufgemacht hatten.

Da schrieb er den Freunden zum Dank und sich selber zum Ruhm die hämmernden Strophen seiner Lenore.

Sie waren zart und empfindsam, die Göttinger Freunde, sie standen im Alltag wie Blumen im Korn; ihm aber sprang aus der Seele des Volkes ein Nachtgespenst zu.

Lenore stand, ein geschlagenes Herz, hadernd vom Morgenrot bis in die Nacht, weil ihr der Liebste nicht wiederkam aus der Schlacht; aber im gleißenden Mondlicht kam er aus Böhmen geritten, die Braut in sein Bett heimzuholen.

Eine Stunde vor Mitternacht klopfte er an, und hundert Meilen mußten sie reiten in der selben Nacht; aber schnell reiten die Toten: als es zwölf Uhr schlug auf dem Turm, sprang die Kirchhofstür auf vor dem schnaubenden Roß, und ein Leichenstein stand, wo die hadernde Seele ihr Hochzeitsbett suchte.

Seitdem der Sänger Kriemhildens Rache beschwor, hatte der Mond nicht so grausig geschienen: aus dem Bodensatz uralter Herkunft rissen die hämmernden Strophen die Seele des Volkes ans Licht.

Der ein schlimmer Student in Göttingen war und durch die Sorge der Freunde sein klägliches Amt hatte, war über Nacht der Mund seines Volkes geworden, und mehr als die Namen der Freunde, mehr als der Name sonst eines Dichters, wurde der seine genannt.

So schienen dem unseligen Mann die Türen weit aufgetan, aber ihm waren die Füße verstrickt; wo er den Schritt hinsetzte, ging seine Leidenschaft mit, bis er selber an seinen Leichenstein kam.

Als Gottfried August Bürger in Göttingen starb, schloß sich ein Buch, darin kein Blatt rein beschrieben und vor den Augen der Menschen schuldenfrei war: der auch die dunklen Mächte in seiner Hand hält, band es in Gnade, daß Schlimmes und Gutes klar vor der Vergessenheit stand.

Lessing

Klopstock der Sänger hatte der deutschen Seele die Herkunft gesungen, und die Jünglinge im Hainbund waren sein zärtlicher Nachhall gewesen; Lenore, die hadernde Braut, war durch den Mondschein der Herzen geritten: aber die Höfe und Herren merkten nicht, was aus der Seele des Volkes ans Licht kam.

Sie sahen noch immer nach Westen und ahmten die Sprache und Sitte französischer Zierlichkeit nach und blieben die Puppen der Pompadour, bis Lessing den Sängern und Schwärmern beisprang mit dem geschliffenen Schwert seines Verstandes und mit dem männlichen Mut seiner Meinung.

Er war das elfte Kind des Pfarrers in Kamenz und sollte die Theologie in Leipzig studieren, wo Gellert der frommen Moral den Hausgarten bestellte; aber der junge Gelehrte, halb noch ein Knabe und halb schon ein gefährlicher Geist, fand es gescheiter, tanzen, reiten und fechten zu lernen und der witzige Freund der Schauspieler zu heißen.

Eine andere Kanzel schien ihm die Schaubühne und der Menschengeist eine andere Gemeinde, denn daß ein Pfarrer dastand mit seiner Predigt.

Und wie der Jüngling in Leipzig sein Freibeuterdasein begann, unstet und arm, von schwacher Gesundheit: so bot er dem Alltag sein helles Sonntagsgesicht, das ein früher Tod vor dem Alter Klopstocks bewahrte.

Der König von Preußen stand noch im schlesischen Feld, aber die Namen von Roßbach und Leuthen hatten geklungen, als Lessing den Klang in sein Herz nahm, dem preußischen Ruhm das lustige Loblied zu blasen.

Minna von Barnhelm hieß er sein Stück, und es war nur der Alltag, mit dem sich darin ein stolzer Major des Königs herumschlug; aber der trotzig erbitterte Mann war ein Sonntagskind wie sein Dichter und führte die fröhliche Braut heim.

Seit Hans Sachs war es nicht mehr geschehen, daß die Zeit auf den Brettern ihr eigenes Spiel sah, daß der Alltag sich selber zur Schau stand und staunend bedeutendes Tun in seinen Taten erkannte.

Wo das lustige Stück auf den Brettern erschien, kam das Vertrauen des eigenen Daseins zurück; wie Friedrich der König bei Roßbach hob Lessing der Dichter den Stolz und Spott des deutschen Bürgertums auf gegen das Welschtum der Höfe und adligen Herren.

Der aber den Brettern dies treffliche Spiel gab, war kein Dichter der tönenden Harfe; mehr als ein klingendes Wort galt ihm der scharfe Gedanke: Wahrheit und Klarheit fegten die Luft rein, wo Lessing am Werk war.

Den Staub auszuklopfen und durch zerbrochene Scheiben in dumpfe Stuben frische Luft einzulassen, in frömmelnder Enge und gegen den Dünkel gelehrter Schulmeister der Freimut zu sein, war seine Lust; und eher hätte der Hund den Hasen gelassen, als daß Lessing der Unredlichkeit Raum ließ.

Wie sein Geist wachsam und mutig, so war seine Sprache hell und stark im Gelenk; seit Luther hatte der deutsche Mund nicht mehr so bündig gesprochen.

Aber die Not des Herzens war Freiheit der Vernunft geworden, und über den Tiefen der brünstigen Seele schritt der Menschengeist hin, Himmel und Hölle zum Trotz den irdischen Weg zu versuchen.

Da galt es nicht mehr den Papst und nicht mehr die römische Kirche; ein Pastor Goetze in Hamburg war Lessing genug, die Unduldsamkeit zu bestreiten, damit der Mensch, jenseits der Kirchengebote und über dem Katechismus, wieder das Maß seiner Dinge bedeute.

Pietisten und römischen Priestern den Spiegel der duldsamen Weisheit zu halten und über den Kirchengewölben dem Menschengeist selber den Tempel zu bauen, schrieb er — schon grau an den Schläfen und schon beschattet vom Tod — sein mildes Vermächtnis.

Nathan den Weisen hieß er das lehrhafte Spiel seines Alters, und als die uralte Weisheit des Morgenlands ließ er den Christen, Juden und Türken das scherzhafte Märchen von ihren drei falschen Ringen erzählen: aber es war das Abendland, das darin den Geist der Duldsamkeit fand.

Zu Wolfenbüttel starb Lessing, indessen der Spötter von Sanssouci vereinsamt ins Abendrot starrte; der König erkannte die Bruderhand nicht, die ihm der Menschengeist reichte, weil er die Sprache des eigenen Volkes nicht mehr verstand.

Herder

Zu der Zeit, da Lessing Minna von Barnhelm ausschickte, die eigene Gegenwart lieben zu lernen, liefen die Deutschen in Riga einem Prediger zu namens Herder, Sohn eines Kantors in Mohrungen und fast noch ein Jüngling, der an der Domschule lehrte.

Anders als sonst Wort und Weisung der Bibel wurde sie Bild und Gleichnis in seinem Mund; denn tiefer als eins ihrer Wunder war dies, daß die Seele selber den Heiland gebar, daß Himmel und Hölle nur Bilder der eigenen Tiefe vorstellen.

Hamann, der Magus im Norden, war dem Adepten, der so an der Domschule in Riga die ewigen Kerzen aufsteckte, in Königsberg Meister und Lehnsherr gewesen.

Verhangene Weisheit und grell aufspringende Gedanken, geheimnisvolle Nächte und blinkendes Irrlicht hatten die Zauberwerkstatt des seltsamen Mannes erfüllt, daraus Herder den Talisman nahm.

Die römische Mutter war dem Abendland Weltmutter gewesen, sie hatte den blonden Kindern des Nordens den Saal des Augustus und danach die Kirche über dem Stuhl Petri gebaut, und Luther der Ketzer hatte an ihren Brüsten gesogen.

Der Magus im Norden lehrte die weitere Weisheit der Mutter, daß auch die Wölfin nur ihrem Wurf angehöre; Christ sein im

Abendland, hieß in den Stunden der Menschheit die jüngste Gegenwart sein.

Die Menschheit war die unendliche Fülle der Seele, die in den Völkern und Zeiten zum ewigen Dasein erwachte; nur wer die stumme Natur als die ewige Mutter und im Geist den Vater erkannte, der wurde ein Mensch und ging als Kind Gottes erlöst in seine Allgegenwart ein.

So war die Lehre des Meisters in dunklen Sprüchen verhüllt, aber der Jüngling wußte sie zu erhellen: alles Leben wuchs aus den heiligen Tiefen und die Vergangenheit war sein behutsamer Gärtner; was sie als Dichtung behielt im Dasein der Völker, war blühende Blume im ewigen Dasein.

Die älteste Urkunde der Menschheit hieß Herder danach die Bibel; er nahm die heilige Schrift aus dem Kirchengewölbe und trug sie hinaus in die Weiten der Wolken und Winde, dem Menschengeist die blauen Fernen der Heimat zu weisen.

Da waren die Völker nicht mehr die gemeine Masse, darüber die Bildung hochmütig hinging, sie waren die bunten Beete im Garten Gottes auf Erden, und was ihre Seele in Liedern, Sagen und Märchen bewahrte, hieß er die Stimmen der Menschheit.

Als er die Stimmen der Völker in Liedern herausgab, fing für das Abendland ein neuer Augenblick an: die Christenheit wurde zur Menschheit erweitert, und Herder war ihr Prophet.

Götz

Als Herder seufzend in Straßburg saß, daß ihm Jungstilling, der Arzt, seine Fistel kuriere, kam ein Student zu ihm, Wolfgang Goethe geheißen, ein Frankfurter Ratsherrensohn und schon eines jungen Dichtertums voll.

Da wurde der kluge Adept dem brausenden Jüngling ein strenger Lehrmeister: Stauwehre und Dämme baute er ihm und wies seinem stürmischen Eifer die Richtung:

Daß hinter dem ragenden Münster und seiner krausen Gestaltung mehr als ein Baumeister stünde, daß er ein Wahrzeichen alter Reichsherrlichkeit sei, und daß die rechte Betrachtung an ihm das Portal in eine große Vergangenheit fände.

Von Shakespeare, dem britischen Dichter, sprach er dem Jüngling, und daß sein freies Geäst über den Hecken und künstlich geschorenen Kronen der allzuklugen Franzosen wie ein Urwaldgewächs schwanke.

Herder saß hinter verhangenen Fenstern, sein Auge zu heilen, Goethe lief rasch und waghalsig hinauf auf den Turm und sah die Giebel und Gassen der alten Reichsstadt im Abendrot brennen und brausen.

Und als er der alten Zeit voll war, als ihn die wilde Romantik des britischen Dichters bedrängte, beschwor er aus einer fränkischen Chronik den stegreifen Ritter und schrieb sein Stück von dem Götz mit der eisernen Hand.

Da wurden sie wieder geweckt, die Ritter der alten Reichsherrlichkeit, die Bretter donnerten von ihren eisernen Schritten, der Kaiser ritt wieder ins Maifeld, die sieben Heerschilde hielten Wacht, wo jetzt die Zöpfe demütiger Bürger den welschen Zierat der Fürsten bedienten.

Der Spötter von Sanssouci geriet in Zorn über das Stück und hieß es geschmacklos; aber die Jugend schwoll daran auf und schäumte über, als ob jeder Student der Mann mit der eisernen Hand und jeder Bürger ein Nürnberger Pfeffersack wäre.

Werthers Leiden

Indessen der Ruhm und der Lärm seines Götz mit der eisernen Hand Goethe den Jüngling umschwärmten, kam er nach Wetzlar und sollte am Reichskammergericht Rechtspraktikant werden: wo Schönheit und brausendes Leben sein sollte, war Staub und Papier.

Im Elsaß hatte sein Herz gefährlich gebrannt, als er Friederike, die Tochter des Pfarrers in Sesenheim liebte, in Frankfurt fing er zum andernmal Feuer: so kam die Krankheit auch über ihn, die wie der Tauwind im Abendland die jungen Gemüter weich machte.

Ein Genfer Uhrmacherssohn, Rousseau geheißen, hatte das welke Laub von Versailles auf einen Haufen gekehrt und aus dem Kehricht hochmütiger Bildung der Allmutter Natur ein Opferfeuer gemacht.

Alles — so ging seine Lehre — kam gut aus den Händen des Schöpfers, und alles mußte entarten, wenn sich der menschliche Hochmut vermaß, die Natur zu verleugnen: alle Bildung samt ihren Künsten hatte die Menschheit darum nicht so glücklich gemacht wie den Wilden sein Feuer.

Es war die alte Lehre der Einfalt, aber die Einfältigen brauchten sie nicht; und die den bittersüßen Trunk tranken, weil er so feurig gemischt war, tranken sich krank statt gesund an der Sehnsucht.

Die Empfindsamkeit kam in die Welt und war ein gefährliches Gift für die zärtlichen Herzen; als Goethe, der Dichter des Götz, daran krank war, schrieb er die Leiden des jungen Werther und schrieb sich selber gesund.

Lotte hieß er das liebliche Wesen, das für den empfindsamen Werther das Lockbild reiner Natur war; ihr zu entsagen vermochte er nicht, sie zu besitzen, war ihm verwehrt: so kam aus reiner Quelle trübes Gewässer.

An seiner empfindsamen Liebe zu leiden, wurde dem Jüngling Genuß; alle Schmerzen riß er sich auf und alle Launen des Unglücks rief er heran, bis nur noch der Tod die Wollust der Leiden auslösen konnte.

Er glaubte an seiner Liebe zu sterben, aber sie war nur der Mantel, den seine Empfindsamkeit umhing; er pries die Einfalt, weil er am Überdruß krank war; er löckte den Stachel der Liebe, weil er den Brand und die Fäulnis der Wunde genoß.

Noch hatte kein Buch der deutschen Sprache solche Wirkung getan: Werther zu lesen, Werther zu leiden und Werther zu sein, wurde die Mode empfindsamer Herzen; der Himmel sank hin und die Hölle brach auf und ertranken in Tränen.

Goethe, der Dichter des Götz und der brausenden Jugend, wurde der seufzende Herold der Zeit; mehr Kränze als je einem Helden wurden von zärtlichen Händen geflochten, den Abgott zu schmücken.

Und niemand kannte den heimlichen Schatz, den der Jüngling aus Frankfurt in seiner Lade bewahrte, niemand wußte, daß der gepriesene Dichter in seinen Liedern ein Königssohn war.

Da waren nicht seufzende Worte auf launische Leiden gehäuft, da hatte das zärtliche Gift nicht an die Kraft der Seele gerührt, da war ein Jungmännerherz vom Blut des Lebens erfüllt, da war ein Mund, wirkliche Leiden und Freuden zu sagen, da war ein Dichter, das Höchste wie das Geringste in Schönheit zu wagen.

Weimar

Karl August, der junge Herzog in Weimar, lud Goethe, den Dichter des Götz und des Werther, zu Gast; aus der fürstlichen Laune wuchs eine lange Liebe und eine Blutsbrüderschaft.

Der Herzog war allzu behutsam erzogen, Goethe der Günstling sollte ihn erst den rechten Lebensgenuß lehren; aber der Dichter wurde dem Jungherzog Führer und Freund und wußte die fürstliche Tollheit sacht in die Pflicht umzulenken.

Als aber die Freunde zuerst ihr Feuerwerk brannten, als sie die Tage mit Trunk, Jagd, Narrheit und Maskerade hinbrachten, machten die Bürger von Weimar drei Kreuze, wenn sie den Namen Goethe aussprachen.

Und als der Herzog den landfremden Doktor aus Frankfurt zum Minister machte, rangen die geheimen Räte die Hände, daß nun das Land mit dem leichtsinnigen Herzog an den Teufel verkauft sei.

Aber der landfremde Doktor wußte die hitzigen Rosse zu lenken; als sie am wildesten schnaubten, griff seine Hand fest in die Zügel.

Das Land des Herzogs war klein und kläglich verwaltet, die Lässigkeit schlechter Beamten machte dem neuen Minister das Amt schwer, auch blieb der Widerstand gegen den landfremden Doktor geschäftig.

Ihn zu besiegen, ging Goethe allein mit dem Herzog auf Reisen und blieb ein Vierteljahr in der Schweiz, wo sie reitend und wandernd allein in der großen Natur waren.

Da konnte kein höfischer Neid ihm den Schatten verdrehen, da konnte er sprechen und wirken und konnte den jungen Herzog sich tiefer verbinden als durch lärmende Feste.

Als sie dann wieder in Weimar anlangten, war ihm der Herzog in Wahrheit verfallen; Goethe der Dichter wurde allmächtig und konnte im Ländchen Regen und Sonnenschein spielen.

Der den Götz und den Werther schrieb, und der seinen Ruhm wie seinen Geist mit Selbstgefühl trug, gab ein Jahrzehnt seines einzigen Lebens daran, ein treuer Beamter zu sein, dem die Alltäglichkeit wichtig und dienende Pflicht die Erfüllung war.

So wurde Weimar, das Ländchen kläglich und klein zwischen den Mächten, das Vorbild kluger Verwaltung und eine ruhmvolle Stelle im Reich, weil ein großer Geist nicht verschmähte, treu und besonnen die täglichen Dienste zu leisten, weil ein Dichter das Gleichnis der tätigen Hände auskosten wollte.

Winckelmann

Dem Sohn eines Schusters in Stendal war es geglückt, Theologie zu studieren, aber zu einem Amt gelangte er nicht: Armut und andere Neigung warfen ihn bald aus der Bahn.

Statt einem Pfarrer wurde ein fahrender Schüler aus ihm, der sich mit allerlei niederen Ämtern und Almosen ernährte, bis ihn der Graf auf Nöthnitz bei Dresden in einen besseren Dienst nahm.

In Dresden ging ihm die Galerie auf; ob es nur staubiger Gips war, die griechischen Bildwerke wurden dem Sohn des Schusters aus Stendal vertraut wie ein Garten der Heimat.

Er sah die Leiber und Glieder im Ebenmaß ihrer Gestaltung, er sah die herrliche Haltung und schöne Gewandung, als ob in Griechenland Götter gewandelt wären, indessen die nordische Menschheit in Häßlichkeit ging.

Wohl gab es noch immer Maler und Bildner, aber sein trunkenes Auge suchte die edle Einfalt und stille Größe vergebens, davon es die Fülle in den alten Bildwerken fand.

Ein Paradies ging den Menschen verloren und war ihnen doch — so schien es dem Schwärmer — noch immer geöffnet, wenn sie erst wieder, die griechischen Vorbilder nachahmend, den Weg zur wirklichen Kunst fanden.

Als Winckelmann so jahrelang in den Gedanken seiner einsamen Leidenschaft suchte und staunte, als ihm die Seele bis an den Rand mit dem Glück der Griechen gefüllt war, ließ er die erste Sendschrift ausgehen.

So voll war er des griechischen Geistes, daß seine Worte und Sätze im griechischen Ebenmaß schritten: edle Einfalt und stille Größe schienen auch seiner innigen Liebe geschenkt.

Noch aber blieb er ein einsamer Sucher und für den Alltag ein Narr, der sein griechisches Steckenpferd schirrte, und den die Inbrunst verzehrte, das Land seiner Seele leibhaftig zu sehen.

Er kam nicht hinein, er kam nur nach Rom und Neapel, und daß ihm die mächtigen Hände der Kirche dahin verhalfen, mußte der Protestant seinen Glauben abschwören.

Da endlich sah er die marmornen Leiber statt staubigem Gips, und die ewige Stadt hatte nicht solchen Pilger erfahren, der die prahlenden Kirchen verschmähte, der scheu und verzückt unter den alten Bildwerken umher ging.

Albani, der Kardinal und Kunstfreund, erkor sich den seltsamen Mann aus Stendal als Gast: in seinen Sammlungen konnte Winckelmanns Eifer als Zauberer walten, aus den Ruinen und Resten die alte Welt neu zu bauen, die seiner Seele sehnsüchtig vertraut war.

Als Winckelmann seine Geschichte der Kunst im Altertum schrieb, war es getan: das verschüttete Tor war geöffnet, durch das die Menschheit zurück schreiten konnte ins Paradies, das für immer Griechenland hieß.

Was einmal einfältiges Leben und göttergleiches Dasein der Menschenwelt war, hatte in ewiger Kunst sein marmornes Sinnbild hinterlassen, daß die Menschheit daran in edle Einfalt und stille Größe zurück die klassische Wiedergeburt fände.

Mehr denn ein Jahrtausend hatte die Kirche in Rom an ihren Gewölben und Domen gebaut, sie hatte die Pracht der päpstlichen Herrschaft über die alten Ruinen gebreitet, als der Sohn eines Schusters aus Stendal nach Rom kam, ihre Geltung abzustreifen wie einen vermessenen Irrtum.

Goethe in Rom

Elf Jahre lang hatte Goethe in Weimar gewirkt; der als flakkerndes Feuer kam, war für das Land seines herzoglichen Freundes das Herdfeuer geworden, von vielen gesegnet: das Land seiner Dichtung lag als Trümmerfeld da.

Der tätige Geist hatte dem Leben sein Opfer gebracht, aber der Dichter begehrte wieder das seine; als der Winter zum zwölftenmal kam, sollte die römische Sonne ihm Blut und Seele neu glühen.

Heimlich wie eine Flucht war seine Reise; als ob noch einmal Wertherzeit sei, fuhr seine Sehnsucht nächtlich davon, und eher ließ ihn die Furcht nicht frei, bis ihn die ewige Stadt als den heimgekehrten Sohn mit ihren Mauern umfing.

Denn Goethe, der Dichter des Götz und der das Straßburger Münster mit feurigem Wort pries, war der Lehre Winckelmanns voll wie eine schwellende Frucht: nur die südliche Sonne — so schien es dem Flüchtling — konnte der Kunst wie dem Leben Glück und Gemessenheit schenken, der Nebel des Nordens hatte sie unstet und freudlos gemacht.

Es sollte nur eine Reise sein, aber er fand den Weg nicht zurück, bis er ganz ins römische Leben untergetaucht war, bis der Minister wieder ein Dichter, bis der neue Werther aus Weimar seiner Seele und seines Leibes von Urbeginn froh wurde.

Da reiften endlich die Früchte, denen im Land der neblichten Wälder der Sonnenschein fehlte, da wurde der Werther aus Wetzlar als Tasso glühend gehärtet, da wurde der Dichter der Iphigenie den Deutschen fremd, wie ein Priester den Seinigen fremd wird, da zog der Minister aus Weimar sein olympisches Feierkleid an.

Als Goethe im zweiundzwanzigsten Monat seiner Flucht wieder heimkam nach Weimar, war er kein Herdfeuer mehr für das Ländchen: als Freund seines Herzogs blieb er in all seinen Würden, aber das Werktagskleid seiner Bürden legte er ab.

Wie die silberne Sonne durch eine Nebelwand scheint, so war sein Wesen fortab verhüllt; die seine Freunde hießen, hatten den Mann an einen fremden Himmel verloren.

Was Winckelmann träumte, wurde ihm Wirklichkeit: er hatte das Land der Griechen mit seiner Seele gesucht und hatte den Leib seiner Sinne in südlicher Sonne gebräunt; nun wuchs ihm sein irdischer Tag aus solcher Vergangenheit ewige Gegenwart zu.

Die Räuber

Indessen Goethe den Griechen zuneigte und seiner eigenen Jugend fast feind war, stand seinen vergessenen Tagen ein flackerndes Spiegelbild auf.

Ein schwäbischer Jüngling, Friedrich Schiller geheißen, schrieb auf der Schule des Herzogs in Stuttgart ein Stück für das Theater, darin der Raubritter Götz ein Räuberhauptmann geworden, darin die Freiheit ein düsterer Feuerschein war.

Das uralte Stück des verlorenen Sohnes wurde in neuen Gewändern gespielt, aber kein gütiges Vaterherz lief dem Verlorenen zu: im finsteren Turm klagte ein Greis, indessen der schurkische Bruder die Braut und das erschlichene Erbteil genoß.

Denn so war die Welt in den neuen Gewändern geworden: die Schurken saßen an goldenen Tafeln, aber die Edlen, in ihrer Einfalt betrogen, sagten der schurkischen Ordnung ihr Räuberrecht an.

Als sie das Stück zum erstenmal spielten in Mannheim, hatten vorsichtige Hände seinen Brand erst gelöscht, aber der wilde Jubel der Jugend blies in die Glut, bis sie himmelhoch flammte.

Da legten die Jünglinge trotzig das Wertherkleid ab und zogen ein Räuberwams an; die an der Empfindsamkeit krank waren, lachten sich höhnisch gesund, sie ließen die seufzende Wollust den Töchtern und fuhren mit Frechheit und Flüchen zur Hölle.

Der aber solchen Aufruhr der Jugend entzückte, war ein bläßlicher Medicus beim Regiment; er konnte nur heimlich nach Mannheim fahren, und als er nach Stuttgart zurück kam, warf ihm der Herzog sein Dichterglück vor die Hunde.

Der Medicus Schiller hatte den Fluch der Freiheit geschworen; Tod den Tyrannen war seine Losung; und mußte die Tage in knirschender Demut hinbringen, bis er das Land des Herzogs heimlich verließ.

Anders als Goethe der Flüchtling nach Rom, kam Schiller der Flüchtling nach Mannheim: krank an der Brust, von Sorgen und Schulden gehetzt; gütige Freunde mußten ihm helfen, daß er die bitteren Jahre durchhielt, bevor ihm endlich in Weimar das Leben günstiger aufging.

Jena

Als Schiller zum erstenmal kam, Goethe zu suchen, war Goethe in Rom; aber der schwäbische Flüchtling fand den Namen des Dichters in Weimar gesegnet und hoffte das seine, der schon im fünften Jahr seiner Flucht unstet herum fuhr.

Er war von hoher Gestalt, rothaarig und blaß und gebeugt von der Schwindsucht, als er in Weimar Unterkunft suchte; aber der Herzog sah ihn nicht gern, und der Musenhof war dem Dichter der Räuber nicht günstig.

Als Goethe dann heimkam, fremd und braun von der römischen Sonne, half er dem Flüchtling wohl in ein Amt, aber er hielt sich dem Menschen verschlossen und kannte den Dichter nicht.

So wurde Schiller, der schwäbische Flüchtling, in Jena Professor; der Dichter der Räuber hieß Hofrat und lehrte Geschichte; Charlotte von Lengefeld war seine zärtliche Frau, und vielerlei Freunde fanden sein Haus.

Nur Goethe in Weimar blieb wie ein Leuchtfeuer fern: er sandte sein Licht in die Weite, aber die Nähe war ihm verleidet; und wie er der eigenen Jugend fast feind war, blieb ihm ihr hastiges Spiegelbild doppelt verdrießlich.

Sechs Jahre lang zog der Minister in Weimar den Mantel nicht aus; sechs Jahre lang würgte den stolzen Professor in Jena der Grimm, daß ihn, den Dichter, der Dichter nicht kannte.

Denn heller als einer sah Schiller das einsame Licht die Himmelsfernen absuchen, indessen die eifrigen Lampen der Zeit Stuben und Kammern erhellten.

Weil er nicht ließ von seiner Liebe, kam endlich der Tag, da die beiden sich fanden, da die Bürger von Jena die hohen Gestalten einander zugeneigt sahen, da der stolze Minister eintrat in das Haus des Professors.

Da wurde der Reif gerundet, der Weimar und Jena verband, da

wurde die hoheste Freundschaft geboren, da ging am Himmel der Deutschen das Doppelgestirn auf, über den dunkelsten Nächten zu leuchten.

Weil jeder ein Einziger war, stand keiner dem andern im Schatten: Schiller, der jüngere, drängte mit stürmischer Neigung; Goethe, der ältere, ließ es geschehen mit dankbar besonnter Kraft.

Er hatte die Freunde der Jugend vertan, nun fand die einsame Mannheit ihre Genossen; da drängten die Quellen wieder zu Tag, die in der Tiefe geheimnisvoll flossen, da wurde Goethe der Dichter zum andernmal wach, da traten die weisen Werke der Goetheschen Mannheit froh in Erscheinung.

Hermann und Dorothea hieß er den herrlichen Sang der zwei Lieben, darin sich der Dichter des Tasso wieder zur Heimat zurückfand.

Der Rhein glänzte hinein aus nahester Ferne, ein flinker Fluß floß ihm zu, Wiesen und Felder, Wälder und Weinberge umrahmten das freundliche Bild der deutschen Kleinbürgerstadt.

Kein Fürstenhof, keine Prinzessin: Wirtsleute waren die einfachen Helden der Handlung, Apotheker und Pfarrer priesen mit ihrem behaglichen Wesen das Leben der täglichen Arbeit.

Aber vom Klang geruhsamer Verse umflossen, gab ihr bescheidenes Dasein ein Sinnbild der Menschheit nicht minder, als es die reine Höhe der Iphigenie war.

Homerische Rundung der Bildergestalten, Dürersche Sorgfalt und Treue, die Seelengewalt der deutschen Musik gingen miteins, in deutscher Landschaft und deutscher Kleinbürgerschaft edle Einfalt und stille Größe zu walten.

Der aber mit seiner drängenden Neigung so Großes über den Dichter in Weimar vermochte, ihm fiel von seiner besonnten Kraft ein größerer Segen zu.

Schiller, der Dichter der Räuber, trat ein in die klassischen Gärten des Meisters; wohl blieb er der Sturmvogel der Freiheit, der Wortgeist hoher Gedanken, aber die Heftigkeit seiner Gebärden wurde still an der Gelassenheit seiner Erscheinung.

Als Schiller das Riesenbild Wallensteins in eine große Wirklichkeit stellte, als er der Glocke den hohen Feiergesang schrieb, Maß und Würde des Bürgertums preisend, da kannte der Dichter den Dichter, wie er dem Menschen aufgetan war.

Und als dem Dichter der Räuber zuletzt sein Tellspiel gelang, rief es noch einmal Tod den Tyrannen, aber nun waren die Räuber ein Volk, das sich aus frecher Bedrückung mannhaft und maßvoll die Freiheit gewann.

Elf Jahre lang blühte der Bund seine stolzesten Blumen und reifte den starken Saft seiner Früchte; im Dasein der Deutschen war es die Hochzeit, sie wurde gefeiert zur selben Zeit, da die reichsfürstliche Herrlichkeit hinstürzte in Staub und Stank.

Nicht Frankfurt und Nürnberg, nicht Mainz und Köln, nicht Wien und Berlin: eine Kleinbürgerstadt an der Saale war der gesegnete Platz ihrer Feier.

Da gingen die hohen Gestalten im stillen Gespräch starker Gedanken, da war die feurige Fülle begeisterter Jugend um sie, da wuchsen im Licht ihres Geistes die Männer heran, die danach Deutschland erfüllten.

Elf Jahre lang blühte der Bund, dann sanken der drängenden Neigung die Hände: im sechsundvierzigsten Jahr seines stürmischen Lebens starb Schiller; die lohende Flamme losch hin, das einsame Leuchtfeuer stand in der Brandung der Zeit, weiter und weißer als je in die nächtlichen Fernen zu dringen.

Hölderlin

Hold wie sein Name war Hölderlin und hell wie Apoll der Jüngling aus Schwaben, der bei dem Kaufmann Gontard in Frankfurt Hauslehrer wurde; schön war Susette, die sittige Hausfrau, edel an Geist und Gestalt und aller Sehnsucht Vollendung: der helle Gott fand die Göttin.

Die aber in göttlicher Ferne ihm vorbestimmt war, stand in der irdischen Nähe durch Pflicht und Neigung dem Kreis verbunden, darin sie die Hausfrau und Mutter und für den armen Lehrer aus Schwaben die reiche Herrin vorstellte.

Sie sah das Licht der eigenen Ferne in seinen Augen gespiegelt, sie hörte den Klang seiner Stimme, wie ein Wanderer die Glocken der Heimat vernimmt, sie ging den Wolkenweg seiner Gedanken Hand in Hand; Schwester und Mutter war sie dem Jüngling, aber sie ließ seine Leidenschaft nicht über die Schwelle des Hauses, darin sie die Frau war.

Ihn hatten, vaterlos, zärtliche Frauen erzogen, er wußte den Schritt nach der Sitte frei zu bemessen; so trat er nicht fehl, und ehe die Fäden der Schuld ihm die Füße verstrickten, verließ er die Nähe.

Der Hauslehrer ging nach Schwaben zurück, die Hausfrau blieb in der Pflicht ihrer Tage; kein Schatten fiel auf den irdischen Weg, die lohende Flamme stand auf dem Altar der Liebe im Tempel der hohen Herkunft behütet.

Diotima hieß er die Schwester und reine Geliebte im Glück seiner stolzen Gedichte, ein Stirnband aus Sternen band er der Göttin ins Haar, und keusch verhüllt war die Herrlichkeit ihrer Glieder.

Wohl gab der Schmerz des Abschieds seine Schatten her, ihr Bild zu verdunkeln; aber das Licht ewiger Fernen erhellte die Schatten, daß auch der Schmerz ihre Schönheit bediente.

Die Ewigkeit war im Wandel der Sinne verhüllt, und der Schmerz war ihr tiefes Geheimnis; Herkunft und Hingang der Seele bedeckten die Wolken des Tages, über den Wolken stand die Heimat der Götter in ewiger Bläue.

Der so mit Sternen sein Götterbild kränzte, der hell wie Apoll seinen Schmerz in den Abgrund versenkte, der ein Sendling der göttlichen Wiederkunft war, indessen die hohen Gestalten in Jena frei durch die Wirklichkeit schritten, mußte sein Dasein anders als irdisch vollenden.

Fern seiner schwäbischen Heimat, im hitzigen Süden von Frankreich, wo er zum andernmal Hauslehrer wurde, fiel das Geschick über Hölderlin her wie ein Geier, gesandt von den Göttern.

Sein Geist, längst aller Täglichkeit fern, wurde mit in die Lüfte gerissen; seine Seele, der Schwingen beraubt, blieb im Gehäus des irdischen Leibes.

Ein Frühsommertag hing seine schimmernde Wolkenlast über das schwäbische Land, als Hölderlin heimkam, braun von der glühenden Sonne, einem Landstreicher gleich in zerrissenen Kleidern, im Schoß der Mutter sein Leid auszuweinen.

In Frankfurt sank zur selben Zeit Susette, die sittige Hausfrau, dem frühen Tod in die Arme: Diotima, die Schwester und reine Geliebte, kehrte zurück in die Ferne, indessen der Dichter, im Wahnsinn der Nähe gefesselt, noch vierzig Jahre zubrachte.

Ein letzter Sendling der Götter hatte der Erde sein Opfer gebracht; seine Gesänge blieben im Dasein der Deutschen, als ob ein Harfenspiel fremd im Tageslärm klänge, als ob das Geheimnis der Wehmut selber den göttlichen Ursprung besänge.

Die Romantik

Jena, die Kleinbürgerstadt an der Saale, war die hohe Schule des Geistes geworden, Lehrer und Schüler liefen ihr zu; der Große von Weimar war gern zu Gast.

Nie hatte die Sonne der Griechen heller geschienen; als sie im Mittag stand, kamen die Wolken, sie zu verhüllen: von Götz zu den Griechen war Goethe gegangen, die aber in Jena Romantiker hießen, gingen den nämlichen Weg mit Inbrunst zurück.

Sie sahen die Gegenwart kläglich und klein wie der Meister und drangen mit hungrigen Augen in die Vergangenheit ein, sich eine schönere Welt für ihre Sehnsucht zu finden.

Aber sie mochten die Heimat nicht missen; sie liebten das krause

Giebelgebälk ihrer Gassen, sie liebten die ragenden Dome mit dem Figurenwerk der Portale, sie liebten die Burgen, gleich Adlerhorsten auf zackige Felsen gebaut, und liebten die Klöster tief in den waldigen Tälern.

So wurde die alte Empfindsamkeit wach, und ihre schweifende Sehnsucht erkannte, daß einmal doch Segen im nordischen Menschenwerk war, daß Liebe und Schönheit, Weisheit und Stärke regierten, als über der Willkür selbstsüchtiger Fürsten die alte Reichsherrlichkeit wachte.

Sie saßen auf ihren Ruinen und träumten der alten Zeit die neuen Sehnsüchte zu; sie fuhren den Strom hinunter und grüßten die hohen Fenster der Burgen, als ob ein Fräulein dastände, den frohen Gesellen zu winken.

Sie sahen den alten Kran auf dem Dom und wie sein graues Gemäuer halbfertig dastand, ein Wahrzeichen der Wehmut inmitten der harmlosen Wirklichkeit; aber sie wollten das Werk der Väter vollenden, wenn einmal — so ging ihr glühender Eifer — das Reich wieder Gegenwart wäre.

Daß solches geschähe, mußten die neuen Herzen der alten Zeit gläubig die Türen aufmachen; dessen wollten sie Herolde sein.

So hob ein anderer Lobgesang an, als der vom Griechentum war: die Brunnen begannen zu rauschen, der Wind im Wald wurde wach mit heiliger Mahnung, Donner und Blitz sprachen laut und das Heimchen am Herd zirpte leise, daß einmal die Heimat glücklich und groß, daß einmal das Vaterland hoch im Ruhm und groß in der Welt war.

Sie sahen den starken Bogen wieder gespannt, den Kaiser und Kirche dem Abendland hielten, den Bogen der neuen Verheißung, darunter die Ferne griechischer Schönheit und römischer Weltbürgerschaft verblaßte.

Nie war die Inbrunst der Seelen so mächtig gewesen, nie standen Groß und Gering so nahe in gleicher Gesinnung, nie war der Geist so der Täglichkeit abwendig, und nie hatte der Tag so geblüht, als da der Bogen die Ewigkeit über ihn spannte.

Die Kaiserpfalzen am Rhein und die stolzen Rathäuser, die Marktplätze mit der steinernen Zier ihrer Brunnen, die Torburgen der Städte riefen den Ruhm der vergangenen Tage nicht weniger aus, als die Glocken der Klöster und Kirchen die Ewigkeit klangen.

So kreuzte das junge Geschlecht den Weg der hohen Gestalten; indessen die beiden feierlich schritten, schwärmten sie hin, das Herz der Heimat auf ihren Händen zu tragen.

Es war die gotische Seele, die wieder zu drängen begann; ob es zunächst nur ein glühender Traum und eine irrende Sehnsucht in die Vergangenheit war: Deutschland stand auf, mit allen Teufeln und Engeln der eigenen Herkunft zu ringen.

Des Knaben Wunderhorn

Brentano und Arnim hießen die beiden Gesellen, die in der Frühe auszogen, am Rhein, in Franken und Schwaben Schatzgräber der deutschen Seele zu sein.

Die Stimmen der Völker in ihren Liedern hatte Herder gesammelt und war der neuen Weltbürgerschaft Prophet und Apostel gewesen; sie aber wollten dem eigenen Volk den Schatz seiner Lieder heben, daß es die Herkunft erkenne.

In den Stuben und Höfen der Handwerker bot das Lied seine Strophen dem Bänkelsang dar, draußen im Land hielt es den Mund der Burschen und Mädchen fröhlich geöffnet.

Was die Urahne sang, als sie noch selber im Schmuck der Bänder den Reigen abging, das sangen die Enkel: wie der Bach und der Wald, die Wiesen und Wolken im Wechsel der Tage die Unvergänglichkeit waren, jährlich im Frühling verjüngt, so hielt das Lied über Jugend und Alter die Herkunft lebendig.

Immer aufs neue gesungen, in Leid und Freude gleich mächtig, bot es der Liebe den Raum, darin die Wirklichkeit nur durch die Fenster herein sah, indessen das Pfeilergewölbe, zum Sternhimmel geweitet, der Sehnsucht die heimlichen Türen aufmachte.

Da waren die Zelter der Träume bunt aufgeschirrt und lockten zum Ritt in selige Fernen, da schwollen die Geigen, als ob in den Tönen die Seele auf Mondstrahlen ginge, da war das Herz eine Amsel, die letzte Seligkeit flötend vor dem Geheimnis der Nacht.

Brentano und Arnim, die beiden Gesellen, selber von Jugend und Liebe der Zauberei mächtig, drangen hinein in den Berg, darin das Lied solchergestalt seine heimliche Wunderwelt hatte.

Und alles Lied war Wort, das mit den Wellen der Melodie auf den Strömen der Untiefe selig dahin fuhr; sie fischten das Wort aus den Strömen und brachten es glücklich zu Tag.

Da waren es Perlen, im Reim zu Kränzen gebunden; so reich war der Raub, daß ihre Hände nicht alles zu fassen vermochten.

Des Knaben Wunderhorn hießen sie dann den stattlichen Band, darin die Worte, wie andere Worte zu lesen, abgelöst vom Gesang, fremd und frierend auf Papier gedruckt waren.

Aber das Wunder war noch im Wort, es brauchte nur Augen und Ohren zu finden, die seinen Zauber verstanden, so wurde die Seele des Wortes lebendig im Sang: aus des Knaben Wunderhorn stiegen die Lieder wie Lerchen.

Das Märchen

Das Wunderhorn hatte geklungen, da gingen zwei Brüder im Hessenland um, noch einmal Schatzgräber zu heißen.

Die Lieder flogen wie Lerchen, aber das Heimchen am Herd zirpte von heimlichen Dingen, die nur die Großmutter erzählte, wenn ihr die Enkel am Abend dasaßen; das Öllämpchen brannte und ließ an der Wand die Spukgestalten der Schatten tanzen und drohen.

Da wurden die uralten Mären lebendig, aber die Riesen und

Zwerge waren geschäftige Nachbarn der Menschen geworden, und nur im Spuk ihrer Schatten gingen die Götter, aus Himmel und Hölle vertrieben, durch die entgötterte Wirklichkeit hin.

Die einmal Urmächte hießen, dienten als Spielzeug, und wo eine Großmutter Märchen erzählte, war ihre bunte Puppenwelt da, den Menschenkindern Freude und Leid vorzutäuschen.

Die Brüder Grimm wußten, daß solche Puppenwelt nur die Verkleidung vergangener Urmächte war, aber sie rührten nicht an das Kleid und brachten die Märchen getreu an den Tag, wie sie in Heimlichkeit waren.

Sie schrieben der Ahne das Wort vom Mund und deutelten nicht, sie waren wissend und wurden horchende Kinder, bis sie aus Sammlung und Sichtung ihr Märchenbuch hatten.

Da ging Rotkäppchen aus mit dem Korb, Großmutter Kuchen zu bringen; aber der böse Wolf kam, das Kind vom Weg zu locken, und hatte Großmutter und Kind aufgefressen, als die Schere des Jägers sie aus dem Bauch des Wolfes wieder ans Licht brachte.

Da schlief Dornröschen, die schöne Prinzessin, hinter dem Zauber der Dornheckenwände, bis der Prinz kam, die liebliche Braut aus dem Bann der Hexe zu lösen.

Da lag Schneewittchen im gläsernen Sarg bei den Zwergen, von der bösen Stiefmutter vergiftet; da fand der Königssohn Aschenbrödel im Haus der häßlichen Schwestern, weil ihr allein der goldene Schuh paßte.

Da saß Frau Holle im Brunnen und fackelte nicht, die Guten zu lohnen, die Bösen zu strafen; und wenn ihre Magd das Bett schüttelte, dann schneite es in der Welt.

Kinder- und Hausmärchen hießen die hessischen Brüder das Buch, darin die Wirklichkeit war wie ein Wasser, das eilig glitzernd dahin fließt über die Steine des Grundes, die uralt daliegen und seine gläserne Flut bunt und beharrlich durchleuchten.

Die Kinder sahen hinein mit glänzenden Augen, die Großen standen sinnend dabei: sie freuten sich an der bunten Erscheinung und ahnten nur fern, daß es der Jungbrunnen war und gegen die jüdische Bibel das Buch der eigenen Herkunft.

Novalis

Mancherlei Geister ritten das Roß der Romantik, und die Jugend lief ihrer bunten Herrlichkeit zu; nur einer vermochte als Dichter zu sein, was sie als Schwarmgeister wollten.

Hardenberg hieß er und war ein brustkranker Jüngling aus edlem Geschlecht, der sich als Dichter Novalis nannte.

Er träumte die blaue Blume: am Rand einer Quelle stand sie, deren Wasser die Luft verzehrte und deren Tiefe von blauen Felsen umhegt war; als die Traumaugen des Dichters staunend und weh in den blauen Kelch blickten, schwebte darin ein zartes Gesicht.

Die Wirklichkeit selbst war das Wunder, und nur die Ordnung der Sinne hatte den Schein der Erfahrung um ihr Geheimnis gelegt; aber der Traum befreite die Seele, wieder im Wunder zu leben.

Und dichten hieß träumen, hieß außer der Täglichkeit sein, hieß aus der Täuschung der Sinne eingehen ins Dasein der Seele, die ihrer eigenen Wirklichkeit froh das Wunder in allen Dingen erkannte.

Novalis, der brustkranke Jüngling aus edlem Geschlecht, hatte nicht Zeit, das Wunder in allen Weiten zu träumen: der Tod hielt ihm das Tor schon geöffnet, aus der Scheinwelt der Dinge einzutauchen in die verjüngende Flut.

So schrieb er der Nacht seine Hymnen, wie ein Liebender an seine Braut schreibt; nicht der bleichen Schwester des Tages galten die bunten Gesänge, der wahrhaften Nacht, die keinen Morgen mehr kennt, galt seine Verzückung.

Ein Dichter des Todes war er, wie andere vom Wein und der Liebe singen; als er dahin war, blieb das Blut seiner blauen Gesänge, als ob der Schierlingsbecher die wahre Lust an der Wirklichkeit wäre.

Eichendorff

Einer der Jünglinge liebte sein Land, wie die Braut am Sonntag einen Feldblumenstrauß liebt: der Schierlingsbecher der Nacht und die Sehnsüchte der blauen Blume, die Fahnen stolzer Vergangenheit und der Morgentau künftiger Dinge konnten den hellen Augen des schlesischen Jünglings den Tag nicht trüben.

Er sah die Täler und Höhen, die Wiesen und Wolken, den Wald und all sein Getier; wo er auch wanderte, war blaue Ferne und blühende Nähe, überall lauschten die Mädchen am Fenster, überall rauschten die Brunnen der Sommernacht, und überall mußte sein Herz im Lied jubilieren.

Ein Waldhorn rief seiner Freude die frohen Gefährten und eine Quelle im Wiesengrund seine Morgenfeier, die Lerchen schwirrten hoch vor Lust, und die Bächlein sprangen von den Bergen, Gespielen seiner frohen Seele zu sein.

Blau war die Ferne, und der Postillon blies sich fröhlich hinein; irgendwo standen Paläste im Mondenschein und Marmorbilder in dämmernden Lauben, irgendwo lockte das welsche Land über den Bergen: aber die blühende Nähe hieß Deutschland, da war die Seele daheim und brauchte nicht nach der römischen Sonne zu frieren.

Denn nirgendwo war der Frühling so festlich geschmückt wie da, wo der deutsche Buchenwald heimliche Wiesen umsäumte; nirgendwo trug der Sommer so selige Blumen im Haar wie im deutschen Feldergebreite; nirgendwo war die deutsche Seele so kindlich daheim wie in den frohmütigen Liedern, die der junge Eichendorff sang.

Jean Paul

Eines Schulmeisters Sohn aus Wunsiedel wurde der Abgott der Bürger und Frauen; indessen Goethe und Schiller in hoher Einsamkeit gingen, indessen Romantik landfahrend war, wurden Jean Paul Kränze und Kissen der zärtlichen Liebe gebracht.

Seine Jugend war arm, und beschränkt blieb der Kreis seines Daseins, bis er in Bayreuth, erblindet und abseits der Welt, die letzte Pfeife hinlegte.

Aber sein Geist war reich, wie der Wald an Bäumen reich ist, und seine Seele ging darin spazieren, als ob es nur Sonntag-Nachmittag wäre.

Er sah den Bach und das Moos an den Steinen, von der Sonne zärtlich besprenkelt, er sah das blaue Tuch des Himmels über das grüne Geflecht der Zweige gebreitet, er hörte den krausen Wind in den Wipfeln wispern und weinen.

Er war voll Liebe zu jeglichem Ding, das seine Sinne berührte; er liebte die Blume und liebte die Biene, die daran naschte; er liebte die Luft um seine Wangen und liebte den Weg, darauf er ging.

Er liebte sich selber und seine Liebe, und war von Seligkeit trunken, wie er die Krone der Schöpfung dahintrug, Gott und sein herrliches Werk im Wechselspiel seiner krausen Gedanken und bunten Gefühle zu sehen und zu preisen.

Auch war seine Feder voll Tinte, alles auf saubere Zettel zu schreiben, was seiner Seele in Wonne und Wehmut behagte, und den entferntesten Einfall mitten ins tägliche Dasein zu stellen.

Unzählige Kästen waren mit solchen Zetteln gefüllt, bis er, den krausen Reichtum zu lesen, den Überfluß in ein Buch schrieb, das einen verschnörkelten Titel und unter dem Titel sein zärtliches Herz in der Hand trug.

Sechzig Bände füllte er so, und jeder Band wurde von zärtlichen Augen mit neuem Eifer gelesen, und jeder war das Buch des Propheten.

Er lehrte die Deutschen, weinenden Auges zu lächeln, und hieß es Humor, die Welt zu betrachten, als ob das Schicksal nur eine Laune der Ewigkeit wäre und das Glück die Gunst bunter Einfälle.

Er brauchte viel Worte dazu, seinen Geist zu entleeren, und

brauchte viel weiches Gefühl, das krause Gefäß seiner Worte mit Seele zu füllen.

Auch war er ein Meister, die Worte blitzblank zu putzen, daß sie gleich einer Kette aus blinkendem Zierat weise Gedanken und liebes Gefühl drollig verbanden.

Und war ein Meister, den Leser zu fangen und ihn, wie den Fisch an der Angel, so durch das krause Pflanzengewühl seiner untiefen Gewässer zu ziehen.

Faust

Indessen dies alles in Deutschland geschah, indessen die Herkunft des Volkes gegen das Welschtum der Fürsten aufstand, indessen das Morgenrot der Romantik in den silbernen Griechentraum kam: war Goethe, der Dichter des Götz und des Werther, der Alte von Weimar geworden.

Alle die Rufer der großen Zeit waren verstummt, Klopstock und Lessing, Herder und Schiller; er aber, der mehr als ein Rufer war, stand im Sturmwind der Zeit als Leuchtfeuer da, aus der Vergangenheit in die Zukunft zu leuchten.

Ein altes Puppenspiel hatte dem Knaben in Frankfurt die Taten des Faust vorgeprahlt, der seine Seele dem Teufel verschrieb und ein Schwarzkünstler wurde.

Als danach den Jüngling in Straßburg das junge Blut plagte, als ihm die Brust schwoll und der Kopf brannte von Zweifeln und trotzigen Fragen, kam ihm der Faust aus dem Puppenspiel wieder, und er sah seinesgleichen.

Er sah der Tugend den Fallstrick gelegt in der täglichen Ordnung der Väter, Himmel und Hölle halfen ihn halten; aber der Menschengeist trotzte den Vätern samt ihren allmächtigen Helfern: er wollte sich selber gerecht sein und jede Art Lust büßen, statt in der fremden Gerechtigkeit bleiben.

So wurde dem Jüngling in Straßburg das alte Puppenspiel

neu, Himmel und Hölle zum Trotz sollte sein Faust sein, der Menschheit zur Fackel.

Herder der herbe wies den hitzigen Jüngling auf nähere Wege, er wurde der Dichter des Götz mit der eisernen Hand; aber schon auf den Wertherwiesen in Wetzlar trug er den trotzigen Plan von neuem umher, wenn ihm die Brust eng war vom Staub seiner Tage.

Als der Herzog von Weimar den Dichter zu Gast lud, brachte er ihm sein Puppenspiel mit: Schattenrisse, in raschen Auftritten wechselnd, mit Worten wie von Hans Sachs, nur weiter und wehender.

Wie ein Bräutigam seinen Freunden die Braut zeigt, so aus dem heimlichen Glück las er sein Stück vor; aber er wußte, daß seine trotzige Neigung noch keine Liebe, daß die rasch gepflückte Frucht noch keine Ernte war.

Er wurde in Weimar Minister und legte den Faust in die Lade, der Schwarzkünstler paßte nicht in sein Dasein geheimrätlicher Pflicht; und als er danach in Rom wieder faustisch zu denken begann, nahm ihm die klassische Luft die Lust an dem nordischen Spuk.

Erst Schiller, der treffliche Treiber, vermochte ihn wieder an das verlassene Werk der Jugend zu bringen; aber dem reifen Mann wollte der Jünglingstrotz nicht mehr ziemen: eine leuchtende Lohe wuchs aus dem Höllenbrand seiner Jugend.

Als Schiller, der glühende, starb, und Goethe, grämlich allein, das unübersehbare Gut seines Daseins bestellte, ließ er sein Faustfragment zum drittenmal liegen.

Er war im sechzigsten Jahr seines Lebens, und sechzehn Jahre vergingen, bevor er als Greis — nach einem halben Jahrhundert — sich wieder den schwankenden Gestalten der Jugend zuwandte.

Längst hieß sein Werk kein Puppenspiel mehr; Himmel und Hölle rangen um Faust, der ein Schwarzkünstler war und der Menschengeist wurde.

In allen Weiten und Winden des Lebens, in allen Sorgen und

Sünden wissend, genießend und tätig sollte er sein, und allen höllischen Mächten zum Trotz seinen Weg in den Himmel schreiten.

Aber kein Wunder konnte die Seele erlösen, das Wunder vermochte der Geist allein: er mußte den Kampf der Mächte ausmachen, er mußte durch Himmel und Hölle der eigenen Brust Meister des Schicksals bleiben.

So hatte ein halbes Jahrhundert über dem hitzigen Plan seiner Jugend den stolzen Dombau begonnen; der Greis sah das Pfeilerwerk riesenhoch ragen, aber noch fehlte der Helm auf dem Turm und die Wölbung.

Am glutroten Münster in Straßburg hatte sein trunkenes Auge gehangen, als er den Riesenbau plante; nun war der Dichter des Götz ein Grieche geworden, und über dem gotischen Grundriß sollte ein marmorner Tempelbau prangen.

Der Schwarzkünstler ging aus den Nürnberger Gassen in Griechenland ein, Faust wurde Herzog und Fürst, und Helena herrschte, wo Gretchen, das deutsche Bürgerkind, ihre schmerzreiche Gunst gab.

Aber der faustische Schritt ging in die Leere des Alters; Schattenfiguren wuchsen ihm aus der blassen Unendlichkeit zu, der aus der bunten Täglichkeit einmal sein starkes Puppenspiel machte.

Was unmöglich war, konnte auch Goethe der Greis nicht mehr zwingen; vieles gelang ihm, manches Portal war mit schönen Gestalten bestellt, und manches Glasfenster gab farbige Glut: der Traum seines Tempels blieb ein Turmbau zu Babel.

Je mehr ihm der Schatten des nahenden Todes in seinen gewaltigen Dom fiel, je eifriger war er am Werk, bis ihm zuletzt das Notdach gelang, den herrlich verzettelten Bau mit allen Hallen und Weiten des Lebens vor Wind und Wetter zu schützen.

So stand der Tempeldom da, als Goethe, der Greis, die sterblichen Augen zumachte; so steht er im Reich als der mächtigste Bau, so wird er den Völkern und Zeiten ein Wunderwerk bleiben, ein ragendes Zeugnis, was einmal ein Mensch aus eigener Vollmacht vermochte.

Das Buch der Erhebung

Beethoven

Als Mozart, der Meister des großen Wohllauts, starb, war das Jahrhundert der Pompadour aus; die Blutrache der Freiheit hatte in Frankreich begonnen, als Beethoven kam, dem Menschengeist die bräunliche Stimme der Erde zu bringen.

Musikanten aus Holland waren die Seinen, in Bonn dem Kölner Kurfürsten dienend; aber den Enkel und Sohn verlangte nach Wien, wo Mozart den Zauberstab hielt, wo Haydn, der unerschöpfliche Meister, Musik machte.

Mozart war tot, als Beethoven kam, Haydn nahm sich des rheinischen Jünglings an wie ein Vater; er führte ihn ein in das große Orchester und in die sinfonische Fülle der Geigen und Bässe, Hörner und Pauken, Flöten und Klarinetten.

Beethoven wurde, wie Mozart es war, ein Meister auf dem Klavier — nur daß er tief aus der braunen Dämmerung kam, indessen jener im hellichten Morgenrot ging — wo er sein trotziges Spiel hören ließ, wurde der Menschengeist wach, seinen eigenen Atem zu spüren.

Da brach in die Säle von Wien, in die Kerzen und goldenen Stühle der Menschentrotz ein und ballte die Fäuste, lachte und weinte, wo leichtes Gelächter, wo Seufzer und Rührung und spöttische Heiterkeit war.

Aber das Schicksal schlug den gesegneten Mann, seine Macht zu erhöhen: es nahm ihm sein Ohr und nahm ihm sein Spiel, es führte ihn heim aus dem rauschenden Beifall der Hörer in die einsame Stille der Taubheit.

Da saß der unselig gesegnete Mann noch immer an seinem Klavier und glaubte zu hören, was nur die Brandung der Seele, was nur das Meer der Gefühle im Sturm seiner Leidenschaft war.

Abgelöst von der irdischen Wirklichkeit seiner Töne schrieb er Musik, die seine Ohren nie hören, die seine Seele nur aus den Noten ablesen konnte.

So sank er hinein in die Gründe, darin er allein mit seinem Trotz das Leben bestand: ein Titan war unter die Menschen verbannt, den sie wie Donner und Blitz, wie sausenden Wind und rauschendes Wasser verstanden; nur ihre Antwort hörte er nicht.

Er war den Göttern verfeindet wie alle Titanen, er haßte ihr neidisches Wesen und daß sie dem Geist sein trotziges Tun hochmütig mißgönnten; er brachte den göttlichen Funken in seiner Musik zu den Menschen, daß ihnen die Götter Rede stehn mußten.

Haydn, der heitere, hatte den Jüngling das große Orchester gelehrt, aber die Fülle der Geigen und Bässe, Hörner und Pauken, Flöten und Klarinetten war nur ein reicherer Wohlklang gewesen: nun brauste der Geist in die Hülle, da Beethoven, der taube Meister in Wien, den Sinfonien der Menschheit die ewigen Noten hinschrieb.

Da war kein Himmel und war keine Hölle, nur die Urgewalt der Natur, und der Menschengeist war ihr selbstherrlicher Meister.

Er konnte schwellen, wie der Frühling die Knospen schwillt, er konnte den Bogen bauen über die Berge, er konnte stürmen und stürzen, wie Hochwasser im Alpental stürzt, er konnte breit und gewaltig sein wie das Meer und konnte in seinen Wellen den Sonnenball fangen.

Seliges Spiel und trotzigen Aufruhr, schmerzliche Sehnsucht und drohende Kraft, blutrote Trauer und weißglühenden Zorn: alles schrieb Beethoven hinein in das Bibelbuch seiner Musik.

Und als er am Ende war seiner irdischen Tage, als er die Summe zog seines gewaltigen Lebens, als er die letzte schrieb seiner neun Sinfonien, schwoll Menschengesang in die Geigen und Hörner: über die trotzige Leidenschaft hin rauschte die Urmacht der Freude.

Sie war nicht aus der Gunst der Götter geboren, sie floß nicht hinein in das Menschenland, wie ein Bach blumige Ufer und blinkendes Wellenspiel bringt.

Die trotzige Hand des Titanen hatte das eigene Herz aufgerissen; da war es kein Blut, kein Feuer und Wasser, da waren es Ströme des Geistes, einmal den Jüngern in einer Taube vom Himmel gebracht, und nun die Erde mit Allgewalt füllend.

Die Blutrache der Freiheit

An einem Julitag stürmte das Volk von Paris die feste Bastille, die uralte Zwingburg des Königs und das Gefängnis all seiner Feinde.

Der Staat, das bin ich! hatte der Sonnenkönig geprahlt; als danach der Herbst den Park von Versailles zu färben begann, holte das Volk von Paris sich den König als Geisel; der von Gottes Gnaden regiert hatte, mußte dem Parlament die Verfassung beschwören.

Und als die Fürsten Europas mit ihrer Heeresmacht kamen, dem Thron in Frankreich zu helfen, flammte das Volk der Franzosen auf und war ein gewaltiger Brand vor den Söldnern der Fürsten: bei Valmy mußte das preußische Heer den unrühmlichen Rückzug beginnen.

Seitdem war Frankreich die Schmiede der Völker; der Untertan wollte der freien Gemeinde und ihrer vergessenen Herkunft die dreifache Pflugschar der Freiheit, Gleichheit und Brüderlichkeit schmieden.

Die Schmiede stand in düsterer Glut, und der Wiederschein schreckte die Sippe der Fürsten; denn vor der Gleichheit und Brüderlichkeit kam die Blutrache der Freiheit.

Sie kam nicht über das Land, wie ein zärtlicher Morgen im Frühling endlich den Sonnenschein bringt, sie brach aus den Tiefen und war der Haß des entfesselten Volkes und seine Rache.

Als die Pariser den Freiheitsbaum pflanzten, als sie die adligen Herren, Junker und Pfaffen, zu jagen begannen wie Freiwild, als sie den König köpften trotz seiner geheiligten Krone und die Königin mit ihm: wollte die blasse Furcht an den Höfen den Übermut von Jahrhunderten rächen.

Tod den Tyrannen! hatte der Dichter der Räuber gerufen, nun trat sein Ruf in den Tag und hatte ein Fallbeil zur Hand: im grausigen Takt seiner Schläge fielen die Köpfe, und adliges Blut floß im Unrat der Rinnen.

Gewalt riß Gewalt aus den Händen, Rache rief Rache, und Mord fiel auf Mord, bis das blutige Maß voll war.

Danton, Marat und Robespierre hießen die Hyänen der Freiheit, ihr heißes Geheul schrie sich heiser, ihr hungriges Maul fraß sich satt, bis es im blutigen Schaum erstickte.

Über dem Abendland stand in Paris das Fallbeil böser Vergeltung; im schaurigen Takt seiner Schläge mußte das neue Blut das alte abwaschen, weil die Gewalt der Freiheit zuvor kam, weil die Gerechtigkeit ihre ewige Gleichung aus schuldiger Menschenhand nahm.

Bonaparte

Die Freiheit ging den Weg der Gewalt, und die Gewalt sank in Blut und Verbrechen; da sie am Ende stand ihrer Schrecken, kam der Gewaltherr, sie zu vollenden.

Es war ein Tag in Paris, da die Scharfrichter der Macht ein kaltes Herz und eine grausame Hand brauchten, als der Korse mit seinen Kartätschen über sie kam, die Freiheit zu retten.

Napoleon Bonaparte war er geheißen; als danach ein Maitag der staunenden Welt sein Bild zeigte, wie er, die Fahne kühn in der Hand, im Kugelregen die Brücke von Lodi gewann, rief der Ruhm seinen Namen aus wie einmal den Prinzen Eugen.

Nie hatte ein Meister des Krieges kühnere Dinge getan, als da der Korse den Dreitagekampf um Arcole bestand: in Hunger und Lumpen gewann seine Schar, ein Heer kaum zu nennen, den lombardischen Krieg, weil sein Genie ihren Todesmut führte.

Und seit den Kreuzrittern hatte kein Abenteuer das Abend- und Morgenland so erfüllt wie seine tollkühne Fahrt nach Ägypten, da er die Türken bei Abukir schlug.

Und uraltes Glück des Kühnen wurde lebendig, da der Sohn des korsischen Advokaten heimkam, den Scharfrichtern der Macht in Paris sein Schwertherrenglück aufzuzwingen.

Als Konsul von Frankreich zog der Sieger von Lodi, Arcole und Abukir ein in das Königsschloß der Bourbonen, daraus die Häscher der Freiheit Ludwig den Sechzehnten auf das Schafott holten; er aber war geschützt durch das Bajonett seiner Grenadiere.

Zehn Jahre hatte die Freiheit Tod den Tyrannen geschrien und war eine Mutter gewesen, die ihre eigenen Kinder verzehrte; als die Zeit der neuen Gewalt reif war, saß der Korse darauf und regierte.

Napoleon

Wie Samuel der Priester vor Saul, zog einmal Stephan der Papst hinaus ins gallische Land, Pipin, den fränkischen König, zu salben.

Der Pontifex maximus suchte das nordische Schwert; und als der gewaltige Sohn des fränkischen Königs nach Rom in die Christmesse kam, grüßte die Priesterklugheit Carolus Augustus, den römischen Cäsar, weil ihm das Abendland untertan war.

Der König der Deutschen war Kaiser jahrtausendlang, der Turm des Reiches stand über den Dächern der Staaten, und über den Fahnen der Völker wehte die Kaiserstandarte.

Aber die Habsburger stellten die Kaiserstandarte auf ihre Hofburg in Wien, die Habsucht der Fürsten und Herren fraß das Reich leer, bis ihm der Schwur von Loreto den Untergang brachte.

Als der große Krieg aus war im Frieden zu Münster, herrschte Ludwig der Vierzehnte, Habsburg zum Hohn und dem Reich zum Raub, über das Abendland: nun aber kam der Sohn der Gewalt und wurde in Wahrheit der Kaiser.

Als er sich selber in Frankreich die Krone aufsetzte, der kühner als Cäsar und stärker als Karl war, kam der Papst demütig aus Rom, ihn als Kaiser zu salben.

Zum letztenmal glühte der Bogen, den Kaiser und Kirche über das Abendland spannten, aber der Sohn der Gewalt hielt seine feurige Pracht allein in der Hand.

Er machte die Fürsten zu seinen Vasallen, und als er in Erfurt sein Maifeld abhielt, mußten die Könige von Gottes Gnaden demütig erscheinen, sich ihrem Kaiser zu beugen.

Er nahm auch der Kirche die weltliche Macht aus den Händen und hieß die Bischöfe wieder die geistlichen Hirten der Gläubigen sein: so wurde der Bogen zerbrochen, den Kaiser und Kirche ein Jahrtausend lang über das Abendland spannten; so fing die neue Zeit an.

Der Rheinbund

Als die Söhne Ludwigs des Frommen das karolische Reich unter sich teilten, nahm Lothar das Land in der Mitte.

Es war nur ein schmales Band von der kalten Meerküste über die Alpen hinüber nach Welschland; aber der Rhein zog seine reiche Straße hindurch, und die Kaiserkrone hing an dem Band.

Lothar, der Kaiser, war schwach und ging in ein Kloster; die stärkeren Brüder im Westen und Osten zerschnitten das Band, aber sie konnten die Krone nicht teilen.

Wer den Rhein hatte, der hatte das Reich: hier war der goldene Schlüssel der Macht, hier saßen die Kurfürsten von Köln und Trier und der von Mainz, der Kanzler der Reichsherrlichkeit, hier zogen die Heerschilde auf, den Kaiser zu wählen, hier hielten die mächtigen Städte von Straßburg bis Utrecht dem Kaiser die Tore geöffnet, wenn die Fürsten ihm trotzten.

Hier stand der Aachener Krönungssaal, hier waren die Kaisergräber in Speyer, hier hielt Barbarossa das herrliche Maifeld, ehe den Herrscher des Abendlands sein Ritt ins Morgenland führte.

Hier wurde Rudolf von Habsburg, der Graf aus dem Aargau, nach schmählicher Zeit König der Deutschen; aber sein karges Geschlecht verriet den Rhein und das Reich um die Habsburger Hausmacht im Osten.

So kam Lothars Reich zum andernmal in den Streit der stärkeren Brüder von Osten und Westen: Wien und Versailles kreuzten die Schwerter über dem Rhein um die Krone.

Ludwig der Vierzehnte brach einen Stein aus dem Stirnreif: die wunderschöne Stadt Straßburg; er kaufte die rheinischen Fürsten mit Gold und Gunst gegen das Reich und den Kaiser.

Alliance du Rhin hieß er das listige Bündnis, aber es blieb eine teure Gunst der Minister, bis das Schwert Napoleons kam und eine billige Vasallenschaft daraus machte: er aber hieß es den Rheinbund.

Das linke Ufer Lothars nahm er zu Frankreich, dem rechten setzte er Fürsten nach seiner Laune: Vasallen trugen die Kronen, die er verschenkte im Rheinbund, Vasallen mußten ihm Heerfolge leisten gegen den Kaiser.

Denn noch hielt dem Korsen Habsburg stand, und nie war es so tapfer wie nun im Unglück gewesen; erst als ihm die Sonne von Austerlitz unterging, blutig rot im Dezember, losch die letzte Reichsherrlichkeit hin.

In Regensburg trat der Gesandte von Frankreich den kläglichen Rest des Reichs auseinander; da wurde der Thron leer, der durch ein Jahrtausend die Mitte der Welt war: der Kaiser von Österreich blieb der Fürst vielerlei Völker, aber er war kein Herrscher des Abendlands mehr.

Die reiche Straße des Rheins wurde die Grenze der Mächte im

Westen und Osten; aber versunken im Strom lag die Krone der alten Kurfürstenmacht.

Die Fürsten im Rheinbund feierten fröhliche Feste, sie waren der alten Kaisermacht ledig; daß sie Trabanten des neuen Cäsars waren, störte ihr Eintagsglück nicht.

Jena und Auerstädt

Indessen der korsische Hammer das faule Gebälk der alten Reichsherrlichkeit einstürzen machte, gedachte der König von Preußen das seine zu retten.

Torheit und Dünkel blähten sich auf dem Mist, als ob noch immer der Große in Sanssouci säße; aber der Fuchs sprang dem Hahn an die Gurgel, da er am stolzesten krähte: bei Jena und Auerstädt ließ der preußische Hochmut das Feld und die Federn.

Seit Roßbach hatte die deutsche Erde nicht mehr so eilige Flucht gesehen und seit Straßburg nicht mehr solche Schande, als da nun der preußische Hochmut den Ladestock schluckte.

Wie eine Hasenjagd ritten die flinken Husaren die leichte Verfolgung: ihrer zwölf fingen fliehende Heerhaufen ab; die starken Festungen fielen vor einem Trompetenschall hin.

Von Greisen geführt und von Feiglingen verraten, mußte der Grenadier den Gamaschendienst büßen; bevor ein Monat ins Land ging, war das preußische Land voll Franzosen.

Weit über die Weichsel hinaus nach Tilsit und Memel mußte der preußische Königshof fliehen; wenn nicht der Zar aus dem russischen Winter den zitternden Händen seinen starken Arm reichte, verlor der König von Preußen sein Land und den Thron.

In Tilsit wurde der schimpfliche Krieg mit einem schimpflichen Frieden beschlossen: auf einem Floß über den kalten Memelfluß traten Kaiser und Zar zueinander und hießen den König von Preußen abwarten, was aus dem Handel der Mächtigen für ihn übrig bliebe.

Er durfte sich weiter König von Preußen heißen, aber die Hälfte des Landes ging ihm verloren; und was er behielt, gehörte ihm nur als Vasallen.

Mut und Verwegenheit, Glück und Geschick hatten den Spötter von Sanssouci groß gemacht unter den Fürsten; Degen und Schärpe aus seiner Gruft nahm sich Napoleon mit, weil er als Gunst des Glücks und als Verwalter der Verwegenheit sein Nachfolger war.

Der Tyrann

Der Spötter von Sanssouci war ein Meister der klugen Beschränkung: er band den Ruhm an sein Schwert, er mehrte die Macht seines Staates, und blieb im Reich, der er war, der König von Preußen.

Aber der Korse war Kaiser geworden, wie Kolumbus Amerika fand; sein Ozean war der Aufruhr gewesen, sein Schiff die Soldatengewalt.

Der Kaisermantel umhing seine Schultern, der Papst salbte sein Haupt mit Öl: aber er blieb der Sohn der Gewalt, und die Gewalt konnte den Namen der Freiheit nicht leugnen, damit sie zur Welt kam.

Den Sohn der Hölle hießen sie ihn, denen die alte Zeit den Himmel auf Erden vorstellte, da die Willkür der Höfe und adligen Herrn die Völker regierte, da der Bürger und Bauer Untertan war.

Der Sohn der Hölle mähte die höfische Herrlichkeit nieder, vor seiner Sense sanken die falschen Vorrechte hin: den Junkern nahm er die geistlichen Pfründen, den Pfaffen zog er das Weltfürstenkleid aus.

So war der Zauber der Freiheit um seine Taten, die Herzen der Jugend flammten dem Sieger von Lodi und Austerlitz zu, im Abend- und Morgenland galt er der Held und Türhalter der neuen Zeit, die dem Sohn der Gewalt das Recht zuerkannte.

Die aber die Pfründen verloren und die das Weltfürstenkleid

ausziehen mußten, blieben die heimlichen Herren der Welt trotz seinen Kanonen; sie waren dem Aufruhr der Freiheit gewichen, dem Zwingherrn der neuen Gewalt wichen sie nicht: Junker und Pfaffen hielten den alten Bund gegen den Korsen, der Papst in Rom war ihr Meister.

Als der Sohn der Gewalt an den Kirchenstaat rührte, als er den heiligen Vater gefangen nach Frankreich zu bringen befahl, stand das katholische Bauernvolk auf, den Junkern und Pfaffen gegen den Sohn der Hölle zu helfen; und als er nach Erfurt zum Fürstentag fuhr, das Maifeld der neuen Kaisermacht prahlend zu feiern, fuhren die bösesten Nachrichten mit.

In Spanien und in Tirol fing der knisternde Brand allmählich lichterloh an zu brennen, über das Abendland fielen die Funken; da mußte der Meister der Macht bekennen, daß die Herkunft mächtiger war als seine Kanonen.

Der die Thronen Europas verschenkte und die Fürsten Vasallendienst tun hieß, warb um die Kaisertochter in Wien; die Unsicherheit seiner Macht zu verankern, beugte der Sohn der Gewalt sich vor dem Recht der Geburt.

Er war im Namen der Freiheit gekommen, und Frankreich hatte im Namen der Freiheit die Jugend Europas begeistert; nun beugte der Korse sein Knie vor der geheiligten Herkunft der Krone: die Jugend sah den Verrat und grollte dem neuen Tyrannen.

Andreas Hofer

Der Sandwirt war er geheißen, Händler und Wirt im Tal von Passeyr, aber er kannte den Krieg als Hauptmann der Schützen und galt in Tirol mehr, als ein Landmann sonst unter Landmännern gilt.

Als die Junker und Pfaffen der Hofburg den Beistand der Bauernschaft brauchten, riefen sie Hofer den Sandwirt nach Wien; der Erzherzog selber hörte dem mutigen Mann herablassend zu.

Napoleon hatte Tirol dem König von Bayern geschenkt; aber — so ging die Rechnung der Hofburg — ein Aufstand der Bauernschaft sollte dem neuen Krieg gegen den Korsen Urgewalt geben, das Volk selber sollte das Land von Tirol für Habsburg befreien.

Andreas Hofer, der Sandwirt geheißen, glaubte den Herren in Wien, weil er ein Mann aus Tirol war; als er wieder daheim saß im herbstlichen Tal von Passeyr, sah seine Wirtschaft seltene Gäste, und als im Frühjahr die Laufzettel das Aufgebot riefen, war er mehr als ein Hauptmann der Schützen.

Am Sterzinger Moos fing er sein Tagewerk an, und als er die Schlachten am Iselberg schlug, machte der Sandwirt sein Wort wahr: Tirol war befreit, und die Herren in Wien konnten den Treueid der Landschaft empfangen.

Sie sparten nicht in der Habsburger Hofburg, die Gesandten der Bauernschaft zu beehren; der Kaiser selber gab ihnen gnädig sein Wort mit, niemals Frieden mit Frankreich zu machen, es sei denn, daß auch Tirol wieder zu Österreich gehöre.

Als aber den Herren in Wien bei Wagram ihr kurzes Kriegsglück fehl ging, als sie von dem Korsen Waffenstillstand begehrten, dachten sie nicht an ihr Wort: die Bauernschaft war von Habsburg verlassen, Bayern, Franzosen und Sachsen rückten mit Übermacht an, den Trotz der Tiroler zu brechen.

Doch hatte der stolze General Lefebvre die Rechnung ohne den Sandwirt gemacht: wieder am Iselberg wurde sein Heer von den herzhaften Bauern geschlagen, und nun war Tirol zum andernmal frei für sich selber.

Der Kaiser saß im Käfig der Hofburg, und auf den Straßen nach Wien ritten die flinken Husaren von Frankreich: so mußte der Sandwirt auf eigene Faust Herzog und Fürst der Bauernschaft sein.

In der Hofburg zu Innsbruck hielt er mit seinen Getreuen dem Land die Regierung; ein Bauernwirt aus dem Passeyr trotzte dem

Sohn der Hölle und war die Hoffnung der deutschen Herzen im Reich.

Aber es buntete nur ein Herbst vor dem Winter: als im Frieden zu Schönbrunn das Kaiserwort log, als Habsburg Tirol an Bayern abtrat, als die Übermacht kam von Norden und Süden, war das Glück der Bauernschaft aus.

Sie sperrten die Täler mit Ketten, sie rollten die Steine von den Bergen, sie riefen das Land zur letzten Wehr auf und mußten in Brand und Blut zuletzt doch ersticken.

In einer Alphütte hoch im Passeyr saß Hofer der Sandwirt lange verborgen, aber ein Judas verriet ihn um Geld, und die Häscher fingen den Starken.

Er blieb auch im Unglück der mutige Mann; als er in Mantua fiel unter den Kugeln der Feinde, aufrecht und stolz, weil er ein gläubiger Mann aus Tirol war, wurde er groß im deutschen Gedächtnis.

Das aber geschah zu der Zeit, da der Habsburger Kaiser in Wien seine Tochter dem Korsen verlobte.

Luise

Eine Prinzessin aus Mecklenburg wurde in Preußen Königin; ein Kind fast noch, als sie im Brautwagen kam, und eine junge Mutter, als sie nach harmlosen Jahren harmvoll dahin ging.

Goethe hatte an ihre Jugend gerührt, Anmut und Frohsinn waren um ihre Tage gewesen, da sie in Paritz die liebliche Gutsherrin spielte, bis ihr der Sturmwind das Kartenhaus umblies.

Da mußte die Gutsherrin Königin werden, und alle Schmach, die auf Preußen fiel, legte Herzeleid über die Frau, die so stolz wie schön und so stark wie anmutig war.

Eine böse Winterfahrt war es nach Königsberg von Berlin, und die flinken Husaren ritten den Wagen des flüchtenden Hofes dicht auf der Spur; in Memel erst, wo die russischen Weiten sie schützten, konnte sie bleiben und warten, was dem preußischen Land und seinem Könige von dem Korsen geschähe.

Die Königin haßte den Sohn der Hölle wie eine Kröte, die ihr das Sonntagsglück störte, und mußte ihm doch die zitternde Hand geben, als ihre Anmut Napoleon dargereicht wurde, seinen harten Sinn zu erweichen.

Die kalten Stunden in Königsberg konnte ihr Stolz nicht mehr vergessen; viele Feinde hatte der Korse im Abendland, aber kein Haß zog ihre Herzen so an wie die preußische Königin: so kam es, daß Preußen zum andernmal den deutschen Geist zu erheben vermochte.

Der Spötter von Sanssouci hatte den Jubel von Roßbach geweckt und hatte den Staat der preußischen Pflicht gegen die Habsburger Hofburg gerichtet; Dünkel und Leichtfertigkeit hatten die Erbschaft verschleudert, und ein dürftiger König hatte sich seines Ruhmes vermessen: nun war eine Frau in das Leid und das Frühlicht der jungen Erhebung gestellt.

Freiheit, Gleichheit und Brüderlichkeit hatte die Stimme in Frankreich gerufen, die Herzen der Völker hatten sie jubelnd vernommen: aber Napoleon hielt im Namen der Freiheit die Ernte und war ihr zum Hohn ein Sohn der Gewalt.

Eine andere Freiheit lehrte in Königsberg Immanuel Kant und band die Willkür in Pflicht: so wurde dem Korsen eine reinere Feindschaft bereitet als die der Junker und Pfaffen, und ihre Priesterin war die preußische Königin.

Kant

Der Sohn eines Pietisten und Sattlers in Königsberg sollte als Pfarrer studieren, aber die Wissenschaft lockte ihn mehr als die Kirche, ihre dogmatische Enge konnte ihm keine Lebensluft sein.

Alles, was es zu lernen gab, lernte der Jüngling; nichts lag ihm so fern, daß er nicht seinen Eifer daran versuchte, nichts lag ihm so nah, daß er nicht seine Lust daran büßte, Wesen und Sinn zu erkennen.

So konnte Immanuel Kant in der täglichen Welt nichts als ein Hofmeister werden: neun Jahre lang mußte der Sohn des Sattlers auf mehreren Gütern sein Dasein dienend hinbringen; aber der Sohn des Pietisten hatte schon früh die Tugend geübt, an der Täglichkeit nicht zu leiden.

Als er dann wieder nach Königsberg kam, lehrend zu lernen — ein ältlicher Jüngling, aber gesellig und heiter — kam schon der Ruf mit ihm, daß er schärfer zu denken und mit helleren Worten von seinen Gedanken zu reden vermöge als sonst ein Professor.

Das war im selben Jahr, da der Spötter von Sanssouci den großen Krieg plante; und bis der Stern Napoleons stieg — fast ein halbes Jahrhundert — blieb Kant in Königsberg, lehrend und lernend, und wurde ein Licht, das Abendland zu erhellen.

Lächelnd von Liebe und Weisheit hatte der Zimmermannssohn die Freiheit der Seele gelehrt, und daß ihr heimliches Reich jenseits der Wirklichkeit wäre und höher als alle Menschengewalt.

Aber die Kirche des Juden aus Tarsus hatte das Kreuz vor die Lehre gestellt, hatte der gläubigen Seele Lohn und Strafe verheißen und zwischen Himmel und Hölle ihr Gnadentor der Erlösung gebaut.

Ein Jahrtausend und mehr hatte sein Wahnreich der Priester die Menschheit in Hoffnung gehalten, selige Schauer und fromme Verzückung, Furcht und Zittern verzwickter Gedanken waren um seine Himmels- und Höllenverheißung gewesen.

Bis endlich der Menschengeist wieder erwachte, lieber zur Hölle zu fahren, als daß er sich in den Himmel der Priester hinein glaubte: Zweifel und Trotz stellten die uralte Frage der Wahrheit, und die Wirklichkeit gab grausame Antwort.

Die Wirklichkeit war die Notwendigkeit der Natur und die Unabänderlichkeit ihrer Gesetze; ihr galt der Mensch nur ein Ding und ein Tier und alles, was er zu denken, fühlen und ahnen vermochte, stand im Zwang ihrer Gleichung.

So konnte der Menschengeist nur seine Unfreiheit erkennen, und all seine Wissenschaft baute nur an der Mauer dieser Erkenntnis um ihn; aber der Sohn eines Sattlers in Königsberg wurde zum andernmal sein Erlöser, er öffnete ihm die verschüttete Tür in der Mauer und machte ihn frei von der Wirklichkeit seiner Sinne.

Alle Erkenntnis der Wirklichkeit war gebunden an Raum und Zeit, und alle Gesetze ruhten darin wie die Tür in der Angel; aber Raum und Zeit hafteten nicht an den Dingen, sie waren dem Menschengeist eigen, Ordnung in die Erscheinung der Sinne zu bringen.

Die Tafeln des Gesetzes kamen nicht aus der Wirklichkeit, der Menschengeist schrieb sie ihr vor, und die vermeintliche Ordnung der Sinnenerscheinung war seine Schöpfung der Welt.

Das war die Tür, die Immanuel Kant aus dem Zwang der Wirklichkeit fand, aber sie führte in keine Willkür hinaus; denn dem Menschengeist war das eigene Reich eingeboren, darin er von aller Sinnenwelt frei blieb, um seiner eigenen Wirklichkeit tiefer verpflichtet zu sein.

Gut und böse in seinem Willen zu scheiden, aus seiner Vernunft allein die Pflicht seiner Tat zu empfangen: war seine Wirklichkeit unter dem Wasserspiegel aller Erfahrung, war seine Wahrheit und Freiheit.

Nicht anders als einmal der Zimmermannssohn hatte Immanuel Kant den Weg und die Pflicht der Freiheit gefunden, nur daß er die Liebe und Gnade der gläubigen Seele nicht kannte, daß er im Frage- und Antwortespiel seiner Gedanken der friedlose Menschengeist blieb.

Und daß er nicht ging, auf den Straßen zu lehren, lächelnd von Liebe und Weisheit, daß er im Tempel der Schriftgelehrsamkeit blieb.

Wie ein Städtebaumeister Straßen und Plätze, Häuser und

Gärten in seinem Grundriß bestimmt, wie er die Willkür ausschaltet und jedem Teil seinen Platz im Ganzen erzirkelt, so gab er dem Menschengeist seinen Plan, sich gegen Gott und Welt den Tempel der Freiheit zu bauen.

Er wurde sehr alt und ein schlohweißes Männchen und mußte das klägliche Schauspiel erleben, daß ein Minister im Namen des Königs von Preußen ihm Lehre und Schrift unterband.

Als er gestorben war, trugen Studenten den Sarg in den Dom, und alle Glocken in Königsberg läuteten seinem Leichnam zu Grabe, wie wenn der heimliche Herzog in Preußen zum ewigen Schlaf einginge.

Aber ihm war das ewige Leben gesegnet: sein Werk war bestellt, sein Plan war vollendet, neben den heimlichen Gärten der Seele den sichtbaren Tempel der Freiheit zu bauen.

Fichte

Als Napoleon Preußen zerschlug, als er nach Königsberg kam mit seinen flinken Husaren, war Kant schon begraben; aber die Lehre des Meisters hatte ihr leises Leben begonnen, indessen der laute Schritt des Eroberers über das Abendland ging.

Stark wie jemals ein Kaiser hielt er sein Schwert über die Fürsten und Völker Europas, aber die stärkeren Mächte der Herkunft boten ihm Trotz, und nun kam die stärkste, ihn zu bezwingen.

Denn stärker als je ein Schwert war, stärker als Herkunft und stärker als Herrschsucht und Haß der Bedrückten, stärker als alle Macht in der Welt ist der Geist, der um die wahre Freiheit zu ringen beginnt.

Eines Leinewebers Sohn aus der Lausitz war durch Armut hinauf in das Licht der kantischen Lehre gestiegen; weil er kein Weiser der Wissenschaft war wie der Meister, nahm er die Fackel zur Hand, das Licht aus dem Tempel zu tragen.

Sei dir selbst alles, oder du bist nichts! stand in den Flammen geschrieben, damit er den Brand in die Herzen der Deutschen zu bringen gedachte; denn Fichte war aus dem Weltbürgertraum seiner Zeit und der eigenen Jugend in den starken Entschluß der völkischen Pflicht eingegangen.

Nur Ewiges könne der Mensch wahrhaftig lieben, Dauerndes tun und bewirken, sei die innerste Mahnung und Lockung all seiner Wünsche: Dauer allein aber könne dem Menschen nur werden im Dasein des Volkes, darin sein einzelnes Leben mit Herkunft, Sprache und Sitte unlösbar in Dankespflicht sei.

So war die Lehre der freien Pflicht tapferer Wille geworden, dem irdischen Dasein redlich zu dienen, statt jenseits der Dinge das selige Leben zu suchen; Fichte, der furchtlose Mann, zögerte nicht, die Lehre als Tat zu erfüllen.

Indessen die Straßen Berlins von dem Schritt und dem Hörnerschall französischer Bataillone widerhallten, indessen Spione das Wort und die Haltung des Bürgers allerorts überwachten, stand er am Pult, von Deutschen für Deutsche schlechthin seine mutigen Reden zu halten.

Er sah und wußte, das deutsche Volk war die Spreu seiner Ernte geworden; aber die Ernte, zerstreut und verzettelt, war noch zu retten, wenn sich der Deutsche treu und tapfer zu seiner Herkunft bekannte.

Er sah und wußte, über das deutsche Volk waren Schmach und Schande gekommen, aber sein Unglück war Schicksal; es mußte sich wenden, wenn der Deutsche seine Sendung im Dasein der Völker erkannte.

Daß dieses geschähe, mußte ein junges Geschlecht das alte ablösen, mußte Erziehung zur deutschen Gesinnung die Abrichtung brauchbarer Untertanen ersetzen.

Er wurde nicht müde, der mutige Mann in Berlin, die neue Gesinnung zu fordern; wie die drei Könige mit ihrem Stern nach

Bethlehem kamen, so pries er den Mann, Pestalozzi geheißen, der für die neue Gesinnung das neue Erziehungswerk brachte.

Die Bataillone des Korsen marschierten, und ihre Hörner klangen hinein, als der Leinewebersohn aus der Lausitz die Deutschen aufrief, wieder Deutsche im Schicksal der Herkunft und Sendung zu sein.

Die Stimme des mutigen Mannes verhallte, aber das Wort, einmal gesprochen, fiel als die Saat in furchtsame Herzen und ging als die Ernte der deutschen Gläubigkeit auf.

Pestalozzi

Es war ein Schweizer, Sohn einer Witwe in Zürich, der früher als einer das Elend des Landvolkes sah, wie es in Armut und mühsamer Arbeit sein Leben hinbrachte, wie es unwissend und blöd, abergläubisch, furchtsam und faul in der Fron reicher Stadtleute war.

Er wollte ihm helfen, doch nicht wie ein Reicher an der Kirchentür Almosen gibt: Gerechtigkeit sollte dem Armen das Herz in die Sonne heben, darin er den Reichen mit Groll lustwandeln sah.

Aber Gerechtigkeit kam, das mußte der Sohn einer Witwe in Zürich frühzeitig erfahren, nicht aus den Herzen der Edlen allein in die Welt: sie brauchte das Schwert und die Wage, Macht und Gewicht, und daß sie den Armen mitwog, mußte er selber gewichtig sein.

Bildung allein konnte den Armen erheben, daß er das seine zu fordern verstünde, Bildung allein machte ihn frei zu den Gütern des Lebens, Bildung allein konnte dem Haus des Unrechts die Treppe einbauen, daß die Stockwerke der Stände und Klassen einander in Menschlichkeit fänden.

Pestalozzi, der Menschenfreund, mußte mit eisgrauem Haar ein Schulmeister werden; im Neuhof und danach in Stans war er ein liebender Vater der Armen und Waisen, in Burgdorf und Ifferten wurde sein zorniger Eifer der Lehrer der Menschheit.

Denn als er den Kindern der Armen die Bildung zu bringen ausging, suchte sein liebender Eifer vergebens die Lehrer; der Gang der Natur, der das Kind aus dem Schoß der Mutter fröhlich ins Leben brachte, fehlte den Schulen der Armen und Reichen.

Schulmeister trieben ihr hartes Gewerbe mit Schelten und Strafen; trockenes Klapperwerk war, wo Liebe und Einsicht, Frohsinn und Freisinn, Vernunft und Methode sein sollten.

So kam es, daß er die Schule der Armen zu suchen ausging, und Armen wie Reichen den Weg der Erziehung fand: das Kind aus den Gärten der Jugend fröhlich ins Leben der Pflicht und Arbeit zu leiten, aus Spiel und Kindersinn das Bild einer neuen Menschheit zu bauen.

Er war ein ärmlicher Greis, dem solches gelang, und seine Werke zerrannen in Streit und Enttäuschung; Sorge, Entbehrung und bitterer Zorn über die Härte, Bosheit und Dummheit der Menschen liefen den langen Lebensweg mit.

Aber die Liebe hielt seinem Alter den Quell des Lebens lebendig, und als er versiegte, strömte sie noch, die Herzen zu rühren: daß dem Geringsten unsterbliche Seele einwohne, und daß es Menschenpflicht wäre und höchstes Ziel der Gemeinschaft, jegliche Seele ins Dasein zu wecken.

Der Freiherr von Stein

Als die Preußen bei Jena den Krieg und den Kopf verloren, als das Heer in schimpflicher Flucht die Ängstlichen mitriß, als der Hof aus Berlin in Eilwagen floh, tat ein Mann kaltblütig das seine.

Es war ein Freiherr von Stein bei Nassau und früh in preußischen Diensten; ihm waren die Kassen des Staates anvertraut, und er wußte sie klug und besonnen zu retten.

Der König von Preußen, einfältig und karg, mochte den eisernen Mann nicht; aber die Königin hörte ihm zu, und die Not zeigte mit allen Fingern auf ihn: so wurde der Reichsfreiherr von Stein in Preußen Minister.

Seit dem Spötter von Sanssouci kam zum erstenmal wieder ein Kopf und ein Herz in die Leitung des preußischen Landes, und ein Wille, anders als jener der oberste Diener des Staates zu sein.

Denn der Reichsfreiherr haßte den dumpfen Betrieb peinlich bezopfter Beamten; ihm war der Staat ein lebendiges Wesen, bestimmt von sittlichen Kräften, und er kannte den Untertan nicht.

Alle Stände und Klassen, Junker, Bürger und Bauern waren als Staatsbürger gleich in Rechten und Pflichten; sie dienten dem Staat als der Rechtsgewalt ihres Volkes.

Weil der Staat die Rechtsgewalt war, durfte er nicht über Knechte regieren; die freie Gemeinde der Bürger mußte sich selber verwalten, wie es in Urväterzeiten das Mannesrecht war.

Und keine Willkür der Junkergewalt durfte den Bauern in Leibeigenschaft halten; auf eigener Scholle, frei von Fron und Gedinge, sollte er wieder der fröhlichen Arbeit gehören.

So kam die Freiheit in Preußen an den Tag, und der sie brachte, scheute kein Dohlengeschrei; über Beamten- und Junkertum kam sein Gesetz, wie der Tag über den Kreuzen und Steinen der Kirchhöfe steht.

Kleist

Ein Stern ging auf über dem preußischen Land, als es noch Nacht war, und schien in den Morgen, und niemand sah seinen Glanz, bis er blutrot verzuckte.

Heinrich von Kleist hieß der Jüngling, der höher als einer in Preußen sein Angesicht hob, und tiefer als einer mit seinen Füßen im Schicksal verstrickt ging.

Er war ein Junker aus altem Preußengeschlecht und diente dem König, bis er im siebenten Jahr den Soldatenrock auszog, bis er die Zucht und die Ehren des Standes verließ, anderer Zucht und anderer Ehren sehnsüchtig.

So hatte Ulrich von Hutten den Stern seines unsteten Lebens durch Länder und Leiden getragen wie Heinrich von Kleist, da er fünf Jahre lang irrte und ruhelos war auf der Erde, die Bahn seines Himmels zu finden.

Den göttlichen Weg der Großen in Weimar und Jena wollte er schreiten, aber sein flackernder Gang wurde kein Schritt; der glühende Geist konnte die Flamme nicht zünden und schwelte in funkelnden Dünsten.

Als er wieder daheim war im preußischen Land, kein Jüngling mehr und doch kein Mann, wie ihn der Tag brauchte, wollte er seinen unsteten Geist in die Täglichkeit zwingen: zwei Jahre lang blieb er im Staatsdienst, schlafwandelnd und stumm, bis ihn der Donner von Jena und Auerstädt weckte.

Flüchtig in Königsberg, gefangen in Frankreich, landfremd in Dresden, schrie er die eigene Wirklichkeit wach, als er sein kühnes Amazonenspiel schrieb, von der Königin Penthesilea, die den Achill liebte im Haß und seinen sterbenden Leib den Hunden preisgab.

Der Alte in Weimar wollte den Dichter der Penthesilea nicht kennen, wie er den Dichter der Räuber nicht kannte: doch wie ein gotischer Turm über ein griechisches Tempeldach wächst, so wuchs dem preußischen Jüngling sein grausames Griechengedicht über das edle Gebälk des Meisters trotzig hinauf in den nordischen Himmel.

Das aber war zu der Zeit, da durch die Herzen der Deutschen der erste Feuerschein ging, dem Korsen das Haus zu verbrennen; Heinrich von Kleist, der Preuße in Dresden, half hitzig den Brand schüren.

Der preußische Junker haßte den fremden Tyrannen, der deutsche Mensch träumte den Traum einer neuen Reichsherrlichkeit: aber der Tag von Wagram zertrat ihm den Haß und den Traum.

Zum andernmal kam er nach Preußen zurück, der Hoffnungen

ledig, der Täglichkeit taub, der eigenen Dinge trächtig, wie eine Wolke geschwellt im Abendrot steht.

Ein Genius kam nach Berlin, aber die klugen Bürger der Stadt an der Spree sahen nur einen geschäftigen Mann, der ihnen zum Sonntag das Abendblatt füllte mit Anekdoten und anderer Unterhaltung.

Zwei Jahre lang ließen die kargen Berliner Heinrich von Kleist sein Krümperwerk tun, zwei Jahre noch blieb sein einsamer Geist auf der Erde; er hatte schreiten gelernt wie die Großen in Weimar und Jena, aber sein war der Sturmschritt.

Nur raffen konnte er noch, was ihm die letzte Fülle zuströmte, raffen und aus der Schmiede mühsamer Jahre das köstliche Gut bergen.

Erzählungen hieß er die Schicksalsberichte, darin ein starkes Stück Leben in einer Kette von schmucklosen Worten eng aufgeschnürt war: als ob ein Wanderer, kurz nur zur Rast, von einem Erlebnis mit fliegendem Atem berichte.

Kohlhaas, der Roßhändler von Jüterbog, hatte dem Unrecht der Zeit samt ihren Junkern und Fürsten getrotzt, weil ihm sein Recht das höchste Mannesgut in der Welt war; er hatte den Trotz mit dem Schwert des Henkers bezahlt, und war noch dem Henker zum Trotz Sieger geblieben über Junker und Fürsten.

So waren die Dinge noch nie einem Dichter über die Klinge gesprungen, als da der Junker Heinrich von Kleist den Roßhändler Michael Kohlhaas beschwor, als da er das Schattenbild einer Chronik in ewige Gegenwart stellte.

Aber die seinen Schicksalsbericht lasen, waren der ewigen Gegenwart fern; sie hörten von einem Roßhändler und sahen den Dichter nicht, wie er die hämmernden Worte in einen Marmorstein grub, Urtümliches sichtbar zu machen.

Sie hörten danach sein Spiel vom Zerbrochenen Krug und konnten nicht lachen, weil sie die Seufzer und Sittensentenzen schlechter Schauspieler vermißten, weil der blühende Scherz und derbe Spaß vom bocksfüßigen Richter in Husum ihnen zu handgreifliche Wirklichkeit war.

Sie sahen das Kätchen von Heilbronn um seinen Ritter Ungemach leiden und fanden es dumm von dem Dichter, daß er das rührende Spiel ihrer Liebe in soviel Unheil vertiefte.

Der aber dies alles den Ohren und Augen der Bürger noch hinwarf, ging längst auf dem Messergrat seiner letzten Entscheidung; als er ein armes Menschenkind fand, entschlossen hinunter zu springen, sprang Heinrich von Kleist mit in den Tod, der ihn von der Zeitung, von den Berlinern, von seiner schmählichen Zeit und seiner Enttäuschung in Einem erlöste.

Es war im fünfunddreißigsten Jahr seines Lebens, als Heinrich von Kleist sich mit der Schicksalsgenossin am Wannsee erschoß; die gute Gesellschaft schwieg peinlich betreten, daß es die Frau eines Kleinbürgers war, der sich der Junker im Tode verband.

Zehn Jahre lang blieb sein Gedächtnis vergessen, dann hoben Freunde den Nachlaß und fanden den Schatz, den ein Dichter dem Preußentum schenkte, als ihm sein eigenes Leben in Preußen vergällt war.

Den Prinzen von Homburg hieß er sein Testament, und ob sie es lange mit blödem Gesicht lasen, einmal mußte sein Geist auferstehn, und einmal mußten die kargen Berliner und Preußen erkennen, daß nichts in der Welt diesem Bühnenspiel gleich war.

Klopstock und Herder, Lessing und Schiller hatten um eine Dichtung gerungen, die jenseits des Tages doch seines Wesens innerstes Angebind war, Novalis sank in den Tod, Hölderlin floh zu den Griechen, indessen Goethe, der Leuchtturm in nächtlicher Brandung, über den Zeiten dastand.

Alle sahen den Stern auf ihren mühsamen Wegen; dem er am fernsten stand, und der sich selber als Pfand dem Schicksal einsetzte, ihm wurde sein Glanz erfüllt, als er verzuckte.

Wo der Prinz von Homburg den Tag des Kurfürsten von Brandenburg zur Ewigkeit machte, da wurde im deutschen Geist Preußen, da wurde im Preußengeist Deutschland wiedergeboren.

Den Herrscher des Abendlandes priesen die Zungen; aber vor seiner Tür lag die englische Flotte, auch hielt die russische Mauer den Osten verriegelt: noch waren Napoleon Grenzen gesteckt.

Er aber hieß seinen Sohn in der Wiege den König von Rom und ließ ihm das Zepter darbringen; er wollte die russische Mauer durchbrechen und wollte dem englischen Stolz die Segel absetzen.

Mit einem gewaltigen Heer zog er aus gegen den Osten; die Völker Europas mußten ihm Heerfolge leisten, und als er in Dresden sein letztes Maifeld abhielt, kam der Habsburger Kaiser, kamen die Könige von Preußen, Sachsen und Bayern im Troß der Rheinbundfürsten herbei, ihm zu dienen.

Sie saßen in prahlenden Festen zusammen, sie tanzten und hörten den schmachtenden Versen französischer Schauspieler zu, indessen die Söhne aus allen Gauen der deutschen Landschaft nach Rußland marschierten.

Der Frühling blühte in Polen, und die Fahnen flogen im Sommerwind, als sie das Herzogtum Warschau verließen; aber dann fing die starrende Weite der russischen Unendlichkeit an.

Regen ersäufte die Felder, und eine glühende Hitze kam, den Schlamm auszudörren; Menschen und Pferde erschraken, daß nur noch die Weiten des Himmels über der Öde, daß nicht mehr Wiesen und grüne Alleen, daß nicht mehr Dörfer und Städte fröhliche Zeugen der Menschenwelt waren.

Als sie das Tal von Wilna erreichten, als in der Weite die erste Stadt, als wieder Straßen und Schatten, Stuben und Ställe da waren, hatte die große Armee den russischen Sommer erfahren, und eine lange Rast mußte den Troß der Mutlosen stärken.

Noch aber hatte die Schlacht nicht begonnen, kein russisches Heer schien den Sieger zu hemmen, bis bei Smolensk die Kanonen zu donnern anfingen; tief in die Nacht ging der grausame Kampf, und schon stand das Glück auf der Scheide: als die Franzosen endlich die Brücken genommen, brannte die Stadt und ein Schutthaufen war ihre Rast.

Der Weg nach Moskau stand offen, aber es war nur das Tor ins Verderben: als sie nach täglichen Kämpfen und stündlichen Leiden endlich im Herbst das bunte Getürm über dem unermeßlichen Meer der Dächer erblickten, stand keine Bürgerschaft an den Toren, dem Sieger die Schlüssel zu bringen.

Und als die flinken Husaren zögernd einritten, war die Riesenstadt leer, der Hörnerschall starb an verschlossenen Fenstern und Türen.

Es war schon tief im September, und der weiße Winter lauerte vor den Toren, das rote Blut zu vergelten: in Moskau sollte der Frieden mit Ölzweigen kommen, in Moskau sollte nach böser Entbehrung reiche Winterrast sein, aber da fing die leere Stadt an zu brennen.

In einem Flammenmeer schwamm schon am dritten Tag der düstere Kreml; dem Korsen wurde es heiß auf der Zarenburg, er suchte sich vor den Toren ein kühles Quartier, aber sein Heer konnte die Stadt nicht verlassen.

Denn draußen stand lauernd die Weite, der sie erst gestern entrannen, und aus der Weite hob der russische Winter drohend die Fäuste: sie waren als Sieger mit Hörnerschall eingezogen und saßen schaurig gefangen in der leeren brennenden Stadt.

Ihr Meister und Herr wollte das Unglück noch zwingen, Boten und Briefe boten dem Zaren Friedensbereitschaft; aber der Zar war in der russischen Weite verschwunden, nur seine Heere spannten von Osten den Ring um die Stadt.

Die Sieger von gestern konnten nicht bleiben und mußten zurück, mehr als die hundert Meilen durch das verwüstete Land; schon aber gab der Oktober dem kommenden Winter die eisigen Hände.

Kutusow hieß der seltsame Greis, der dem Rückzug aus Moskau

das böse Geleit gab: da war die Weite lebendig geworden, zur Rechten und Linken hielten die russischen Klammern die Flanken gefaßt, von hinten drängten die Lanzen der wilden Kosaken.

Eine geängstigte Herde, von Wölfen gestellt, so wollte die große Armee die Rettung gewinnen, aber der Winter kam früh mit grausamer Kälte: die am Weg blieben, lagen erfroren, und die den Weg fanden durch Hunger und weißen Schnee, tappten täglich tiefer ins Elend hinein.

Noch immer war es ein Heer, das Napoleon führte; an der Beresina verlor er die Zügel: schwarz kam der Fluß durch die gefrorene Weite, und die Brücke war fort; zwei neue wurden gebaut im Feuer der Russenkanonen.

Tausende fanden den Tod in dem trägen Gewässer, tausende fielen unter den Lanzen der wilden Kosaken, tausende wurden gefangen: was im Dezember endlich in Wilna ankam, konnte nicht mehr ein Heer heißen.

Auf einem Schlitten, heimlich und schnell fuhr der Korse nach Frankreich; mancher in Deutschland sah seine vermummte Gestalt, der den Kaiser nicht wieder erkannte; und die ihn erkannten, glaubten eher an ein Gespenst, als daß es der Herrscher des Abendlandes wäre.

Denn nur langsam kam das Gerücht von der großen Armee aus dem russischen Winter, und wenige wagten zu glauben, daß die Lumpengestalten wirklich der klägliche Rest und nicht nur versprengte Flüchtlinge waren.

An vielen Häusern klopften sie an, und selten geschah es, daß einer heimkam in Sachsen, Bayern und Schwaben; wo einer heimkam, blieben hundert verschollen.

Die Klage um die verlorenen Söhne fing an zu weinen in Deutschland; aber ein Brunnen brach aus der Tiefe, der alle Klage ersäufte, daß nun der Tag der Vergeltung und das Ende der frechen Fremdherrschaft käme.

Tauroggen

Eine Mühle liegt bei Tauroggen im litauischen Land; da wurde der Treubruch vollzogen, der die Erhebung des Deutschen gegen die fränkische Fremdherrschaft brachte.

York, der stählerne Mann, hatte das preußische Heer von Riga zurück an den Niemen gebracht; Klinge an Klinge dem russischen Freund, Schulter an Schulter dem fränkischen Feind, blieb er zweideutig zögernd zurück, bis ihn die Russen bei Tauroggen stellten, dann tauschte er die Parole.

Er war Soldat und wußte, er brach seinem König den Eid, sein Kopf war verwirkt in Berlin; aber die preußische Sache wurde in Rußland geführt, und der Reichsfreiherr von Stein, der Freund und Berater des Zaren, war ihr starker Verwalter.

Ein Jahr lang war der mächtige Mann in Preußen Minister gewesen, dann hatte der Korse den Todfeind erkannt und geächtet: aber sein Testament war die Saat in der preußischen Scholle geblieben.

Jetzt oder nie! so brach der Schrei aus den zornigen Herzen, jetzt oder nie mußte die Zwingherrschaft fallen, jetzt oder nie konnten die deutschen Völker die Freiheit erringen, gegen den fremden Tyrannen und gegen die Feigheit der eigenen Fürsten.

Die in Tauroggen den Treubruch vollzogen, waren Soldaten; sie dienten dem Zaren und dienten dem König von Preußen nach ihrem Eid, und einer war mutig genug, ihn zu brechen: aber sie standen im Schachbrett der Zeit nur als Figuren, geschoben nach einem größeren Plan und einem mächtigen Willen.

Die Landwehr

Der König hielt Soldaten in Sold, und der Untertan diente im Heer, wie ein Knecht sich verdingte; so holte der Spötter von Sanssouci sich seine Soldaten aus allen Winden zusammen, so lagen die preußischen Werber auf der Lauer mit ihrem Handgeld.

Es war aber ein Mann namens Scharnhorst, ein Bürgerssohn aus Hannover, im preußischen Heer durch tapfere Taten und kluge Lehren zu Rang und Geltung gekommen: der trug ein anderes Bild des Soldaten im Sinn, als daß er ein Söldner im Dienst einer Fürstlichkeit wäre.

Soldat sein hieß ihm, die Waffen des eigenen Volkes in Ehrenpflicht tragen, wie es in Urväterzeiten war, da die freie Gemeinde den Jüngling für wehrhaft erklärte, wenn er gesund, unbescholten und mit den Waffen geübt war.

Wie die Schule die Knaben, so rief das Heer die Söhne des Volkes auf in den Krieg — nur die Krüppel und Kranken blieben zu Haus — und wie die Schüler kamen und gingen nach ihrem Alter, so kamen und gingen die Söhne des Volkes, das Handwerk der Waffen zu üben.

Denn nicht mehr um Höfe und Fürsten zog der Soldat hinaus in den Kampf, nur für das Vaterland durfte sein Blut fließen.

So plante Scharnhorst, der Bürgerssohn aus Hannover, das Volksheer; und als der Reichsfreiherr Stein den Volksstaat zu bauen gedachte, als er den Untertan aufrief, Staatsbürger zu werden, war Scharnhorst sein Mann, dem Volksstaat das Volksheer zu schaffen.

Auch Scharnhorst waren Spione gesetzt, aber er wußte das Ziel seiner Pläne klug zu verhüllen; sie sahen die Krümper kommen und gehen und merkten nicht, wie er aus Krümpern die Landwehr und aus der Landwehr das preußische Volksheer machte.

Als aber York von Tauroggen kam und mit ihm der mächtige Mann, als sie zusammen in Königsberg saßen, war Scharnhorst der Dritte im Bund, der Erhebung die Waffenschmiede zu bauen.

Da wurden die Krümper zur Landwehr gerufen; und wie sie kamen mit Bärten und breiten Fäusten, wurde ein anderes Heer als vormals die Söldner: sie standen nicht gut zur Parade mit ihren

Schirmmützen und konnten nicht nach dem Dessauermarsch den Stelzenschritt machen, aber sie wollten ihr Vaterland retten und freuten sich auf den Tag, da sie dem Übermut der Franzosen mit deutscher Münze heimzahlten.

Die Erhebung

Indessen die Männer der neuen Zeit Preußen erhoben, saß der König stumm und bedrängt in Berlin; er konnte den Geist der Zeit nicht erfassen und fürchtete eher, daß ihn der Aufruhr verschlänge, als daß er ans Volk glaubte.

Denn immer noch war die französische Hand stark in Berlin; weil Hardenberg aber, sein Staatsminister, die List und die Lüge verstand, ließ er den König vor den Franzosen sein Puppenspiel machen, er aber wußte die Fäden mit Königsberg heimlich zu halten.

Als die Franzosen den preußischen Bundesgenossen noch fest in der Hand zu haben gedachten, war er, durch Hardenberg listig gewarnt und geschreckt, nach Breslau geflohen.

Da waren die Russen schon nahe, und der Reichsfreiherr Stein flog wie ein Geier herzu, den Zagenden zu packen; dem Freund und Berater des siegreichen Zaren konnte der König von Preußen nicht widerstehen: was York zu Tauroggen tat, wagte er selber, er gab dem Gesandten von Frankreich die Päße und trat in das russische Bündnis.

So war es endlich geschehen, was hitzige Herzen lange ersehnten: der Tag der Erhebung war da und schwoll mit Sturmgewalt an; als der Zar selber in Breslau anlangte, als sich die Fürstengestalten dem wartenden Volk zeigten, dankte der Jubel der Menge den beiden.

Zwar hatte der Herr aller Reußen kürzlich erst so mit dem Korsen gestanden; aber die hinter dem höfischen Hergang den Willen erkannten, wußten genau: nun hatte der mächtige Mann über bänglichen Widerstand, über Kabalen und Interessen und über die Eitelkeit fürstlicher Schauspieler gesiegt.

Indessen die Fürsten mit ihren goldenen Litzen zur Schau standen, lag er in seiner Kammer, vom Fieber geschüttelt; aber die fiebernde Stirn des Reichsfreiherrn Stein behielt den eisernen Willen, und sein jagendes Herz blieb, was es war: das deutsche Gewissen.

Nie sollte wieder, so brannte sein Feuer, Deutschland der fürstlichen Willkür verfallen, nie sollte der Staatsbürger wieder ein Untertan werden, in freier Gemeinschaft sollten die Männer wieder ein Volk sein.

Das war die Flamme, die auf den Bergen rundum als Wachtfeuer brannte, das war der Wind, der aus den Herzen der Jugend die Flammen lohend anblies, das war der Blick, der aus den Augen der Männer in all die wehende Glut schaute.

So war es in Wahrheit ein Tag der Erhebung: das Vaterland hatte den Opferaltar vor seine neue Zukunft gestellt, und wer kein Hundsfott war, eilte herzu, Leben und Gut dem Altar zu bringen.

Die mit goldenen Litzen dastanden, wurden ängstlich darüber, daß die Befreiung zur Freiheit anschwellen möchte; aber der fiebernde Wille in seiner Kammer hatte sie kühn als Figuren in seine Rechnung gestellt, er hatte das Schicksal entfesselt, und Schicksal hieß seinem gläubigen Geist, im Schutz des Ewigen sein.

Blücher

Als die Erhebung des preußischen Volkes Blücher ins Feld rief, war der Feldmarschall schon ein Greis, aber sein Name warf Mut in die Menge.

Blücher allein hatte nach Jena und Auerstädt den Säbel in der Faust behalten; aus flüchtigem Volk raffte er noch ein Heer mit dem Rest seiner Reiter, sich über See mit englischen Schiffen nach Danzig zu schlagen.

Er kämpfte sich durch bis nach Lübeck, er brachte die Wut der Franzosen und unermeßliches Leid über die Reichsstadt und wurde trotzdem gefangen; aber der tollkühne Ritt hob seinen Ruhm aus der Schande.

Wo eine Hoffnung war, je aus der Knechtschaft zu kommen, wurde sein Name genannt; als sein weißer Schnauzbart in Breslau erkannt war, hatte der kommende Krieg seinen Meister gefunden.

Den Marschall Vorwärts hießen die Russen zuerst den fröhlichen Alten, der nie ein bänglicher Zauderer war, der jeglichen Stier bei den Hörnern packte und für den schwankenden Mut der Verbündeten den zornigen Treiber vorstellte.

Denn es ging nicht so rasch in dem Feldzug, wie die preußischen Herzen erhofften; immer noch war der Korse Meister im Feld, immer noch wußte der Kaiser neue Heere zu raffen.

Bei Lützen und Bautzen wurde die preußische Landwehr zweimal geschlagen, und Scharnhorst, ihr Schöpfer, sank in die blutige Mahd; schon fingen die Federn ihr Kritzelwerk an, schon schien den Schwachen der Feldzug verloren.

Aber der Waffenstillstand wurde kein Friede, und als der Kampf im Sommer neu brannte, war die Habsburger Hofburg, zögernd und zweideutig zwar, dem Bund beigetreten.

Da endlich gelang es dem zornigen Marschall, das Wasser auf seine Mühlen zu bringen; an der Katzbach schlug er die erste siegreiche Schlacht über die stolzen Franzosen, und nun blieb das Glück seiner Landwehr günstig, bis sie bei Möckern Sieger der großen Völkerschlacht wurde.

Der Marschall Blücher blieb der zornige Treiber, und eher ruhte sein Ungestüm nicht, bis die Fürsten und Federn seinem Säbel den Weg nach Frankreich freigaben.

Er war kein Meister der langen Berechnung, und er liebte die hohe Strategie nicht; ein Haudegen nur — von Gneisenau, seinem Feldherrn, mit Umsicht geleitet — ritt tollkühn ins Feld: aber den fröhlichen Schnauzbart liebten die Jungen und Alten, weil er aus uraltem Holz germanischer Reiter- und Kriegslust geschnitzt war.

Die Völkerschlacht

Schlimmes hatten die Völker ertragen, und Krieg war gewesen seit Menschengedenken, auf allen Straßen Europas waren die Heere des Korsen marschiert, in vielen Hauptstädten hatten die Hörner den siegreichen Einzug geblasen: nun ballte der Krieg sich zusammen, einmal ein Ende zu haben.

In Sachsen hatte die Meute das korsische Raubwild gestellt, noch schlugen die Tatzen gewaltig, aber schon schweißte die Spur, als es bei Leipzig sein letztes Versteck nahm.

Von Norden, Süden und Osten bedrängten die Heere das Lager, darin der Meister des Schlachtfeldes stand, bereit, seine Gegner zu packen.

Solange die neue Welt war, hatte die Menschheit solche Schlacht nicht gesehen, fünfhunderttausend Soldaten brachten ihr Leben, zweitausend Kanonen brüllten hinein, meilenweit brannten die Dörfer, meilenweit wurden die Felder zerstampft, bis in die brütende Ferne brauste die Erde.

Macht wollte der Macht die Wurzeln ausreißen, aber die Wurzeln hingen im Blut lebendigen Daseins: mehr Leichen lagen um Leipzig, als in der erschrockenen Stadt Einwohner waren, und das Blut der Erschlagenen färbte die sumpfige Pleiße.

Drei Tage lang liefen die Heere an, drei Tage lang spannte der Ring seine gewaltigen Kräfte, bis es am dritten Abend gelang, den Höllenschlund zu umfassen.

Eine Mühle stand auf dem Hügel hinter Probstheida: da saß zur Nacht bei dem flackernden Feuer ein Mann auf dem Feldstuhl, der einmal der Herrscher des Abendlandes war.

Er hatte die Fürsten Europas bezwungen und ihre Throne verschenkt und hatte die Völker mißachtet; er war aus dem Aufruhr der Freiheit gestiegen und hatte die Macht aufgerichtet, nun kam die Freiheit zurück und stürzte ihn selbst als Tyrannen.

Denn die auf dem anderen Hügel jenseits Probstheida am Nachmittag standen, hoch zu Roß und im blinkenden Kreis ihrer Gefolge, die Fürsten von Rußland, Österreich und Preußen, waren nicht seine Besieger.

Sieger war der mächtige Mann, der den Willen des deutschen Volkes entflammte zu einer neuen Reichsherrlichkeit, auf den Staatsbürgerwillen des freien Mannes, nicht auf die Willkür der Fürsten, gebaut.

Nicht darum war es die Völkerschlacht, weil vielerlei Völker dem Fürstengebot folgten: die Völker selber rangen darin um Befreiung von einem und vielen Tyrannen.

Als der vierte Morgen aufging über dem brennenden Schlachtfeld von Leipzig, war das Große getan: Die Völker hatten die korsische Schwertmacht zerschlagen, der Zwingherr der Macht mußte fliehen, und brausend scholl hinter ihm her der Sturmschritt kommender Freiheit.

Caub

Eine Winternacht hing über dem Rhein, und das alte Gemäuer der Pfalz stand bei Caub in den schwarzen Gewässern; da wurde es seltsam lebendig, viel hundert Kähne lagen bereit, und es klirrte von Waffen.

Blücher, der Feldmarschall, wollte zu Neujahr nach Frankreich hinein, und noch war der Rhein die Grenze.

Schlesier, Pommern und Preußen füllten die Kähne, und als die ersten Schüsse den Neujahrstag weckten, sprangen die bärtigen Männer der Landwehr ans Ufer und riefen Hurra, als ob zum andernmal Völkerschlacht wäre.

Aber nur Grenzwachen und Zollwächter liefen davon vor den Schüssen; denn meilenfern standen die Heere des Korsen im Herzen von Frankreich bereit, die Sieger hart zu empfangen.

So war es nur ein fröhliches Fest, das die preußische Landwehr beging; Neujahr zwischen den Schlachten; aber im neblichten Morgen wurden die Kähne zur Brücke gefügt, und am Mittag begannen die Räder zu rollen.

Ein deutsches Heer ging über den Strom, der einmal die goldene Ader der Reichsherrlichkeit war.

Herrschsucht der Fürsten hatte das Reich der Kaiser verzettelt; der Rhein der alten Kurfürstenmacht mit seinen Domen, Pfalzen und mächtigen Städten war Grenzland geworden, bis ihn die Fürsten des Rheinbunds, Vasallen des Korsen, völlig an Frankreich verrieten.

Nun war mit der korsischen Macht auch das Lumpenglück der Rheinbundfürsten zerschlagen: Deutschland trat wieder seinen Stammbesitz an, über den rheinischen Domen von Köln, Mainz und Straßburg sollte von neuem der Reichsadler wehen.

So riefen die feurigen Herzen Hurra, als sie den Boden jenseits des Rheins am Neujahrsmorgen betraten; das Elend der Fürsten war aus, die Völker und Stämme der Deutschen kamen, die Reichsherrlichkeit neu aufzubauen.

Das Buch der Minister

Das Reich

Das Wunder der Völker gelang: die Heere marschierten nach Frankreich, und deutsch war wieder der Rhein.

Aber vom Rhein bis zur Elbe lagen die Länder von ihren Fürsten verlassen, und das Bauernvolk sah die wilden Kosaken von heute nicht freundlicher an als die flinken Husaren von gestern.

Das eroberte Land zu verwalten, war der Reichsfreiherr von Stein eingesetzt von den Siegern; indessen die Bänglichen noch den Atem anhielten vor dem kühnen Wagnis im Westen, war er geschäftig, das kommende Reich zu gestalten.

Er haßte die Rheinbundfürsten, die nun den Korsen verließen, um ihre Throne und Thrönchen zu retten; er war der deutsche Gedanke und wollte seine Gestalt, daß von Straßburg bis Memel, von der Etsch bis zum Belt wieder ein deutsches Vaterland wäre.

Wie seine starke Hand im Namen der Sieger die Länder aufraffte, so sollte bald wieder über den Völkern die starke Reichs- und Kaisergewalt sein.

Aber nicht mehr ein Kaiser der Fürsten und die vergoldete Puppe nur einer Scheingewalt! eine starke Verfassung sollte ihm zu der Krone das Schwert in die Hand geben, und Träger solcher Verfassung sollte die einige Volksgewalt sein.

So baute der deutsche Gedanke das Reich, indessen die siegreichen Heere in Frankreich das korsische Schreckbild der Fürsten zerschlugen; so träumte die deutsche Erhebung noch ihren herrlichen Traum, indessen die Höfe, des Schreckbildes ledig, das Ränkespiel ihrer dynastischen Hoffart schon wieder begannen.

Der Wiener Kongreß

Die Völker hatten das ihre getan, nun kamen die Fürsten, Ernte zu halten; Napoleon wurde nach Elba verbannt, und die Bourbonen brachten die Lilie nach Frankreich zurück: den Ländergewinn zu verteilen, beriefen die Sieger den Wiener Kongreß.

Da kamen sie alle wieder wie gestern, die gekrönten Häupter der Zeit im Gefolge der Bänder und Litzen; Wien, die üppige Herrin des Ostens, schaukelte endlich die goldene Wiege der Zeit.

Versailles war leer, und Wien sah die Gäste; da strahlte der Kaiser Franz als der bevorzugte Wirt mit den Sälen der Hofburg.

Er war keine Sonne, wie einmal der König von Frankreich den Fürsten Europas das Lebenslicht borgte: ein fleißiger Hausvater schrieb seinen fürstlichen Gästen die Bälle und Tanzweisen vor, das Fest ihrer Wiederkunft fröhlich zu feiern.

Denn wie im Märchen der böse Wolf tot war, und wie die Geißlein sprangen und sangen am Brunnen, darinnen das garstige Tier lag, so wollten die wiedergekehrten Herren ihr Siegesfest halten.

Und Junker und Pfaffen, die Blutfeinde des Korsen kamen in schwarzgelben Scharen nach Wien: nie hatte die Stadt an der Donau solchen Jahrmarkt gesehen, als da der Wiener Kongreß dem Triumph der wiedergekehrten Vergangenheit die Kränze der adligen Herrlichkeit band.

Zwar hatten die Kronen und Fürsten den Völkern vieles versprochen, aber das war vergessen mit ihrer Not: Untertan hieß wieder der Bauer und Bürger; das Schaubild der neuen Reichsherrlichkeit fraßen die Hunde.

Indessen die Fürsten mit ihrem Gefolge die Freuden des Jahrmarktes genossen, feilschten Minister und Räte in ihren Buden, den Herren mit Ländergewinn die Taschen zu füllen.

Sie waren die neuen Meister der Macht; sie führten den Krieg mit Listen und Kniffen, und ihre beißende Eifersucht wachte, daß keinem die Beute völlig gelang.

Als über die Bälle des Winters die Märzwinde kamen, waren die Mächte im Wiener Kongreß schon wieder feindlich geschieden: hie Rußland und Preußen, hie Österreich, England und Frankreich! waren die Lager geteilt, und schon fingen die Heere an zu marschieren.

Da kam der Schrecken aus Elba über die tanzenden Fürsten und über die Eifersucht ihrer Minister: der Korse hatte die Insel verlassen, und als sie noch suchten nach seinen Schiffen und Plänen, war er in Frankreich gelandet.

Der Jahrmarkt in Wien mußte die Buden zumachen; der Hausherr konnte nicht mehr den fröhlichen Ballvater spielen; über die Treppen der Hofburg liefen verstaubte Kuriere.

Die hundert Tage

Noch einmal mußten die Völker Europas marschieren, die Fürstenthrone zu schützen; schlechten Schauspielern gleich waren die feigen Bourbonen aus Frankreich hinausgelacht worden: in seinen Tuilerien saß wieder der Kaiser.

Die Herren in Wien hatten ihm Elba gegeben, als ob der Weltbezwinger ein Auszügler wäre; sie hatten um seine Kleider mit gierigen Händen gewürfelt, nun schlug die gewaltige Faust in ihr klägliches Spiel.

Der Wolf war zurückgekehrt, und das Geißengeschlecht schrie nach dem Jäger; sie waren gekrönt an den Häuptern, aber keiner war Herrscher und Fürst wie der gewaltige Mann, der das klagende Kind Europa noch einmal auf seinen Stiernacken nahm.

Die Herzen der Völker erbebten bis in den Grund, weil nun die Macht wiederkam; sie hörten den eisernen Schritt gehen und sahen den Himmel von neuem gerötet.

Aber der eiserne Schritt und die Röte waren nur Untergang; die gewaltige Bahn war vollendet, der korsische Tag im Abendland wollte sein letztes Abendrot leuchten.

Wohl lief die Garde des Kaisers noch einmal dem Ruhm zu, die Fahne von Lodi wurde entrollt, und die Adler von Austerlitz stiegen: aber die Adern, einmal von Glück und glorreichen Taten geschwellt, waren entkräftet.

Um das Genie der korsischen Macht war der Zauber der Freiheit gewesen: der Zauber war fort und Frankreich war leer, wie das Abendland leer war; so konnten die Mächte der Herkunft den Zaubermeister besiegen.

Noch einmal gelang es dem Meister der Schlachten, die Preußen bei Ligny zu schlagen, und Blücher der greise Feldmarschall mußte sein Ungestüm büßen; aber die preußische Landwehr, durch Gneisenau trefflich geführt, vollbrachte das Wunder, am dritten Tag wieder im Feld, auf schlechten, verregneten Wegen bei Waterloo siegreich zu sein.

Von seinen Ministern verraten, verlassen von seinem Volk mußte der Kaiser zum andernmal in die Verbannung; aber nun sollte der Wolf nicht wieder den Geißen das Siegerglück stören.

Eine Insel im Weltmeer, tausend Meilen entfernt von seinen Taten, bewacht von englischen Schiffen, wurde dem letzten Kaiser der abendländischen Welt sein hartes Gefängnis, indessen die Fürsten zum andernmal kamen, den Jahrmarkt der Kronen und Krönchen zu feiern.

Die heilige Allianz

Das Blut der Völker hatte den Tag der Befreiung gebracht; aber die Fürsten, von ihrer Bedrängnis befreit, wußten den Völkern das Morgen- und Abendrot frech zu verstellen.

Nie sollte Deutschland wieder der fürstlichen Willkür verfallen, in freier Gemeinschaft sollten die Stämme ein Volk, die Länder ein Reich sein: so hatte der Reichsfreiherr Stein die Erhebung gewollt, so hatte sie Fichte mit glühenden Worten verkündigt, so hatten die Wachtfeuer von den Bergen geflammt.

Aber die Fürsten in Wien und ihre Minister brauchten das Feuer nicht mehr, sie bliesen es aus und dämpften die glühenden Kohlen; sie flickten das Bundesgebäude der Fürsten zusammen und stellten ihr Kerzenlicht auf, es zu erhellen.

Nur ein Staatenbund sollte das deutsche Vaterland werden; kein Reich, kein Kaiser, kein Kurfürst sollte die Fürstenherrlichkeit stören, kein Wappen und keine Fahne durften Sinnbild der Einigkeit sein.

Daß nicht noch einmal ein Aufruhr die Staaten in Unordnung brächte, schlossen die Träger der Kronen den ewigen Bund, dazu der Zar aller Reußen mit eigener Hand die Worte aufsetzte.

Die heilige Allianz hießen sie selber das Bündnis, als ob die Gestirne des Himmels, durch einen Ausbruch der Hölle gestört, nun wieder, durch Gottes Gnaden mit fürstlicher Würde beschienen, die ewige Bahn fänden.

Da war die Freiheit auch nur ein Übel aus Frankreich; Freiheit, Verfassung und Vaterland, die Aufruhrgedanken der Zeit, hatten den Kampf gegen die heilige Herkunft verloren; und Hüter der heiligen Herkunft hießen die Fürsten.

So waren die Völker um ihre Hoffnung zwiefach betrogen: Staatsbürgerrecht und Verfassung, in fürstlicher Not mit fürstlichen Worten verheißen, folgten dem Korsen in die Verbannung; über dem Flickwerk des deutschen Bundes glänzten die Kronen und Krönchen der Fürsten, von der Gnadensonne der heiligen Allianz eifrig beschienen.

Der Siebenschläfer

Indessen Jerome, der Bruder des Korsen, als König Lustik in Kassel regierte, hatte der Kurfürst von Hessen auf seinen Gütern in Böhmen gewartet; als dann im siebenten Jahr seiner Verbannung das Blut der Völker die Fürsten von ihrem Zwingherrn befreite, kam auch der Kurfürst nach Kassel zurück.

Er war schon ein Greis, als er wiederkam, und er stellte die Uhren zurück auf die Stunde, da ihn der Korse verjagte: über das Reich und über sein Land war das Schicksal mit scharfen Besen gefahren, er hatte in Böhmen nichts als den Ärger gespürt, daß ihm ein frecher Franzose, nicht einmal fürstlich geboren, sein Eigentum nahm.

Denn daß ihm das hessische Land mit allen Feldern und Häusern, Pferden, Bauern und Bürgern als irdisches Erbgut gehörte, das war sein fürstlicher Glaube.

So sah er mit Zorn, daß seine Soldaten ihr Haar neumodisch schnitten und kämmten, ihm aber war ein Soldat ohne Zopf ein Gaul ohne Geschirr: sie mußten ihm wieder mit Zöpfen marschieren.

Gleich dem Zopf der Soldaten gehörte der Frondienst der Bauern seiner fürstlichen Weltordnung an: leibeigen zu sein, war ländliche Pflicht, und Frondienst zu fordern, war göttliches Recht der adligen Herrschaft.

Und wie den Zopf und den Fron sah der Kurfürst von Hessen jegliches Ding; um ein Jahrhundert verirrt, ließ er sein Hessenvolk spüren, daß nicht mehr der König Lustik auf Wilhelmshöhe regierte.

Den Siebenschläfer hieß ihn das hessische Volk: als ob er der Bannerherr der heiligen Allianz wäre, so wurde nach sieben verschlafenen Jahren der Greisenspuk seines Daseins lebendig; der Hochmut und Eigensinn fürstlicher Willkür zeigte noch einmal der Welt seine Fratze.

Der Geheimrat

Es war ein Bücherwurm in Berlin, zu alt für den Krieg, aber in seiner Stube ein streitbarer Herr, seines Zeichens Jurist und Professor.

Der sah mit hämischer Seele den Glanz der Erhebung, und wie das Feuer die Jugend durchglühte; weil ihm das Feuer gut für die Öfen, sonst aber ein höllisches Element war, geriet er in Zorn.

Freiheit und Vaterland hieß er böse Gedanken, gefährlich dem Staat, weil sie den Untertan störrisch, begehrlich und unfreudig machten, der Obrigkeit Demut, Respekt und Gehorsam zu leisten.

So schnitt der Geheimrat Schmaltz in Berlin seinen Gänsekiel scharf und tauchte ihn tief in den Zorn seiner devoten Gesinnung; so schrieb er die Schrift, die seinen Namen unlöschbar mit Schande beschmierte.

Da waren die Männer, die Preußen erhoben und Deutschland befreiten, Stein, Fichte und ihre Gesellen, Verführer des Volkes; da waren Staatsbürgerschaft und Verfassung gefährliches Gift, in die Ohren und Herzen der Jugend geträufelt.

Indessen die Tapferen draußen im Feld standen, saß der Professor daheim, sie zu schmähen; und als sie einrückten, Sträuße des Sieges an ihren Gewehren, empfing sie die schändliche Schrift.

Da schlug ihre Faust auf den Tisch, und ihre Flüche wünschten den Schuft an den Galgen; aber der Schuft saß in der Gunst seiner Obrigkeit vor ihren Flüchen und Fäusten gesichert, und wo sie das eiserne Kreuz ihrer Tapferkeit trugen, hing ihm die goldene Fracht seiner Orden.

Der Geheimrat trat in den preußischen Tag und wurde der Würger der deutschen Erhebung, fremd allen lebendigen Dingen der Welt, verachtet von guten und tapferen Herzen, aber von oben mit Gnaden und Würden gesegnet.

Die deutsche Burschenschaft

Ein Junitag wars, da standen im Gasthof zur Tanne in Kamsdorf bei Jena Studenten und hörten dem Sprecher zu; einhundertdreizehn war ihre Zahl, der Sprecher hieß Horn.

Er war ein Kieler Blut und sprach von anderen Dingen als sonst ein Student; die ihm zuhörten, waren mit hellen Herzen gekommen, von solchen Dingen zu hören.

Der große Krieg war ihre Schule geworden und der doppelte Sieg ihr Examen; sie hatten es tapfer bestanden, doch da sie den Sieg heimbrachten aus endlosen Märschen, heißen Gefechten und brüllenden Schlachten, fanden sie keinen Raum, ihn zu betten.

Sie waren Deutsche gewesen im Feld und sollten nun wieder der Landsmannschaft dienen, die dem Studenten das Flickwerk der Fürsten mit ihren Farben und Feindschaften aufklebte.

Sie waren Männer gewesen im Krieg und sollten nun wieder den Tag mit Narrheiten füllen, saufen und singen mit heiseren Kehlen, mit seichtem Geschwätz und albernen Streichen die Stunden abstechen.

Sie waren Kämpfer gewesen im täglichen Tod und sollten wieder mit Liebesgetändel und lüsterner Buhlschaft dem Leben die trüben Becher leertrinken.

So standen sie tapfer und treu in der Tanne zu Kamsdorf zusammen, selber dem Sieg die Räume zu bauen, die ihnen die Heimat versagte: Burschen wollten sie bleiben, aber die Burse, darin sie wohnten, sollte das ganze Vaterland sein.

Keine landsmännische Feindschaft sollte die Österreicher, Preußen, Bayern, Sachsen, Schwaben, Holsteiner, Schlesier, Westfalen und Rheinländer trennen: deutsch sollte deutsch sein, von Straßburg bis Riga, vom Etsch bis zum Belt; die Farben schwarz, rot und gold, darin sie im Lützowschen Freikorps die Freiheit erhoben, sollten die Farben der deutschen Burschenschaft bleiben.

Das Fest auf der Wartburg

Einhundertdreizehn Studenten hatten den Bund bei Jena geschworen, bald waren es tausend: die deutsche Burschenschaft wurde im deutschen Bund ein Gesang junger Herzen, der immer herzhafter schwoll; ihre Farben, schwarz, rot und gold wurden das Banner der Zukunft.

Ehre, Freiheit und Vaterland bekannte ihr Wahlspruch; alles, was jemals deutsche Herrlichkeit war, hob seinen stürmischen Blick darin auf gegen das Flickwerk der Fürsten.

Als sich die Tage der Völkerschlacht zum viertenmal jährten, klangen die Hammerschläge von Wittenberg mahnend hinein: vor dreihundert Jahren hatte der blasse Magister sein kühnes Blatt an die Schloßkirchentür angeschlagen; der deutschen Burschenschaft sollte das stolze Gedächtnis ein Feiertag werden.

Ein Verbrüderungsfest auf der Wartburg wollten sie feiern, ein sichtbares Zeichen der bänglichen Zeit, daß in den Herzen der Jugend über den Farben und Ländern der Fürsten eine Fahne, ein Vaterland sei.

Ihrer fünfhundert stiegen durch herbstroten Wald den alten Burgweg hinauf und füllten das graue Gemäuer mit ihrer lärmenden Freude; die Fahne wehte schwarz, rot und golden, und aus dem Rittersaal erscholl der brausende Jungmännerschwur, den Schläger blank und den Sinn frei zu halten für das einige Vaterland.

Als dann der Abend sank über die herbstroten Wälder, über das alte Gemäuer und über die lärmende Freude, als ihrer Viele auf mancherlei Wegen heimgingen, stand noch ein Häuflein da oben und wollte den strahlenden Tag in die sinkende Nacht ziehen.

Einen Holzstoß ließen sie brennen als Siegesfeier der Völkerschlacht; aber das lodernde Feuer rief ihnen den Wintertag wach, da Luther am Rand der Welt mit seiner Jüngerschar stand, die Bannbulle zu verbrennen.

So sollten sie alle ins Feuer, die schmählichen Schriften der Schmaltz und Genossen; auch eine Schnürbrust brachten sie her von den Preußenulanen, einen hessischen Zopf und einen Stock der österreichischen Korporale: Schriften und Sinnbilder mußten den Feuertod sterben, und die Wangen der Jugend glühten darüber.

Die heldische Tat des Magisters wurde verkehrt in den Übermut hitziger Knaben; aber die Flammen fraßen mit gleicher Gier, und als die Asche verglüht war, hatte die Burschenschaft übel getan vor dem strengen Blick der Minister.

Der Rauch blieb über der Wartburg hängen und schwälte hinüber nach Jena; böse Gesinnung, so hieß es, habe ihr Angesicht gegen die Ordnung, gegen die Throne und gegen die Fürsten erhoben: der Geheimrat trat auf im Zorn, ihr anders als mit dem Gänsekiel zu begegnen.

Sand

Bei dem Feuerstoß auf der Wartburg stand ein Student namens Sand heller im Feuer als seine Genossen; er hatte dem Tag die Festschrift geschrieben und fühlte sein Leben als Priester der Freiheit geweiht.

Anders als nur mit Worten wollte sein Schwärmersinn wirken: einen Dolch und ein Schwert schliff er scharf, mit einer Opfertat sein Leben dem Vaterlande darzubringen.

Einen der vielen Verräter der Freiheit sollte sein Dolch treffen; und als er zu suchen ausging, fand seine Verachtung keinen, der so erbärmlich wie Kotzebue war.

Mit seinen kläglichen Stücken auf allen Theatern gespielt, mit Orden und Ehren der Fürsten befrachtet, als deutscher Spion von den Russen bezahlt, lebte er recht als die Laus im Pelz der heiligen Allianz sein verächtliches Leben; an ihm die geschmähte Freiheit zu rächen, zog Sand zum Meuchelmord aus.

Von Jena bis Mannheim mußte er manchen Tag wandern, aber kein Pilger war je mit größerer Inbrunst die Wallfahrt gegangen, als er durch den schwellenden Frühling dahin ging.

Mitten ins Herz stieß er dem kläglichen Mann seinen Dolch und lief auf die Straße hinaus, die Tat zu bekennen, kniete noch zum Gebet, und grub das Schwert in die Brust.

Wohl traf er das eigene Herz schlecht und mußte ein langes Jahr leiden, bevor ihn der Henker erlöste; aber die Seele des Jünglings blieb standhaft und lächelte nur, wenn sie ihm drohten, und starb ohne Reue den Scharfrichtertod.

Ein Meuchelmord war in Mannheim geschehen, Herdfrieden mißachtet, Jammer der Kinder stand um den ermordeten Vater: aber den Mörder traf keine Verwünschung.

Männer und Frauen priesen den Jüngling, empfindsame Seelen weinten um sein Geschick, wie sie um Werther weinten; als ob er ein Held und der Stolz des Vaterlandes wäre, hing an den Wänden sein Bild, hing seine Tat in den Herzen.

Keinem Tyrannen, keinem Minister, nur einem kläglichen Söldling hatte der Dolch des Studenten die Rache gebracht; der feilen Gesinnung und allen Verächtern der Freiheit sollte die Tat ein Wahrzeichen sein.

Metternich

Ein Spinnennetz hatte der deutsche Bund über die Länder und Völker gebreitet, Fürsten und ihre Minister samt den geheimen Räten hielten dem Netz die Fäden gespannt, darin die Kreuzspinne Metternich hing, auf die Opfer zu warten.

Er hatte den Wiener Kongreß arglistig geleitet, er war der heiligen Allianz Handlanger und heimlicher Lenker: Fürsten und ihre Minister klug zu verspinnen, galt ihm die Kunst, darin er die eigene Meisterschaft übte.

Denn Metternich blieb der gelehrige Schüler von Frankreich, was Richelieu war und Mazarin wurde, das wollte er ohne ihr Priesterkleid sein: Meister der Macht allein durch die List, damit er die Fürsten und ihre Schwerter, ihre Ruhmsucht, Habgier und Eitelkeit lenkte.

Er sah nicht den Willen der neuen Zeit, er sah nur die Wege der alten; den Aufruhr der Hölle hatten die Mächte der Herkunft gedämpft; und ihre eifrigsten Helfer waren die Schwärmer der Freiheit gewesen: nun aber sollte ihr tolles Geschwärm nicht länger sein Spinnennetz stören.

Den Mord von Mannheim zu rächen, rief er die deutschen Minister nach Karlsbad zur Kur; da saß die Sorge um das bedrohte Leben der Fürsten und ihre Minister zusammen, da wußte der arglistige Mann die Angst und den eifernden Zorn zu erhitzen.

Den gefährlichen Geist der Zeit auszurotten, der heiligen Ordnung des deutschen Bundes die wackelnden Wände zu halten, ihr eigenes Dasein vor Mordgefahren zu schützen, kamen die Hausmeister der Fürstengewalt in Karlsbad zu ihren Beschlüssen.

Wie der Geheimrat Schmaltz in seiner schmählichen Schrift schrieb, so machte es Metternich wahr: nicht länger mehr sollte der Geist der Erhebung, nicht länger mehr sollte die deutsche Gesinnung von Stein, Fichte und ihren Gesellen den Fürstenbund stören.

Als Volksverführer wurden verfolgt, die dem Untertan lockende Bilder der Staatsbürgerschaft zeigten; als ein gefährliches Gift, in die Ohren und Herzen der Jugend geträufelt, wurde die Lehre verboten, daß über der Fürstengewalt das deutsche Vaterland sei.

Ernst Moritz Arndt

Die Farben der Burschenschaft waren die Farben der deutschen Zukunft geworden, schwarz, rot und golden sollten die Fahnen dem Vaterland wehen: aber nun kam der Geheimrat und wollte nicht länger das deutsche Vaterland dulden.

Die Burschenschaft wurde verboten, und ihre Farben, schwarz, rot und golden, wurden verfolgt als Zeichen böser Gesinnung; die Erhebung von gestern war die Empörung von heute geworden, die Heerrufer der Befreiung hießen Verbrecher.

Ein Heerrufer war Ernst Moritz Arndt wie keiner gewesen; dem rügischen Bauernsohn hatte die Luthersche Bibel mit ihren Sprüchen und Psalmen, mit ihrer Einfalt und Bilderkraft den Mund aufgetan.

Von den Franzosen verfolgt als der Freund des Freiherrn von Stein, war er dem mächtigen Mann in Rußland ein treuer Begleiter, bis ihn das brausende Frühjahr über Tauroggen nach Königsberg rief, Herold der Volkserhebung und ihr hell klingender Mund zu heißen.

Er sang die Lieder, die mit der Landwehr nach Frankreich marschierten, er sagte der horchenden Zeit die Merkworte vaterländischer Tugend, er schrieb dem preußischen Volk den Katechismus der freien Staatsbürgergesinnung.

Nun lehrte sein hell klingender Mund in Bonn die rheinische Jugend, aber was einmal sein deutscher Ruhm war, das machte den tapferen Mann in Berlin bei den Schranzen verdächtig.

Sie schämten sich nicht ihrer Schande, sie schickten Ernst Moritz Arndt die Schergen ins Haus, sie sperrten den deutschen Mund ein wie einen Landstreicher und Roßdieb.

Sie klagten den Sänger der deutschen Befreiung des Hochverrats an, und als ihre Niedertracht nichts an der reinen Erscheinung vermochte, als sie den Mann freilassen mußten, versagten sie Ernst Moritz Arndt, dem Professor, dennoch sein Amt.

Im Namen des Königs wurde das Unrecht getan; Undank und Dummheit und Niedertracht waren im Namen des Königs von Preußen verschworen, der deutschen Seele so kläglichen Frevel, dem Gedächtnis der deutschen Erhebung gemeine Schmach anzutun.

Der Turnvater Jahn

Als Deutschland noch in der Fremdherrschaft war, als die Franzosen in Preußen regierten, hatte der Turnvater Jahn die Jugend auf seinen Turnplatz gebracht.

Jedermann sollte — so rief seine begeisterte Lehre — wie es in

Urväterzeit war, wieder geschickt sein, die Glieder zu rühren; die Leibesübungen sollten ein anderes Volk als das der Schuster und Schneider, der Schreiber und Händler erziehen: der Turner sollte wieder der deutsche Jüngling und Mann sein, in der geübten Kraft seines Leibes und in der Zucht seiner Sitten.

Tausende waren dem Ruf des neuen Propheten gefolgt; die Turner brachten dem Heer der Befreiung die tüchtigsten Streiter, und in der deutschen Burschenschaft galt Turnerei das Brot des tüchtigen Lebens.

Aber Turner sein hieß nach dem schwärmenden Wort des Propheten das deutsche Vaterland lieben, und vaterländisch hieß dem Geheimrat ein verdächtiger Untertan sein.

Auch war der Turnvater Jahn ein lärmbegeisterter Mann, er liebte die Trommeln und Pfeifen, er liebte das tönende Wort und war in Gang und Gebärden, auch in der seltsamen Kleidung der Mann, den Geheimrat zu reizen.

So kamen die Schergen nachts über ihn her und schleppten ihn fort auf die Festung; als das gefährliche Haupt der vaterländischen Verschwörung galt er dem frommen Geheimrat, der Mord in Mannheim sollte der erste Befehl seines Hochverrates sein.

Sechs Jahre lang mußte der Turnvater Jahn seinen deutschtümelnden Überschwall büßen, von Festung zu Festung geschleppt, in hundert Verhören geplagt, von gemeinen Anklägern verdächtigt, empfing der treudeutsche Mann den Dank seines Königs.

Gestern noch von der Gunst der Regierung besonnt, wurden die Turnplätze geschlossen; Turner hieß dem Geheimrat Demagog sein, und Demagogie war sein Mirakel, damit er die Fürsten und Höfe in Schrecken, sich aber hoch in der Gunst und die gemeine Gesinnung zur Macht brachte.

Der Kirchhof

Der König von Preußen, einfältig und karg, hatte das Wort seiner Not vergessen, wie eine geringe Seele das heiße Gelöbnis der Wallfahrt vergißt; Stein, das verdrießliche Alter, saß an der Asche all seiner stolzen Gebäude; Kamptz, der neue Geheimrat in Preußen, drehte das knarrende Rad seiner Stunde.

Wer von der deutschen Burschenschaft war, den jagten die Hunde: Wir hatten gebaut ein stattliches Haus! sangen sie scheidend in Jena, dann waren sie Freiwild für schuftige Büttel und Richter.

Daheim und in Herbergen, bei Verwandten und Freunden, wurden sie wie Verbrecher gefangen und wie Verbrecher durch Kälte und schlimmere Leiden zur Hauptstadt gebracht, wo die Hausvogtei war mit ihren gefürchteten Kammern.

Jahrelang harrten sie da auf den Spruch des Gerichts; Verhöre und falsche Gerüchte, leere Tage und lauernde Nächte, törichte Hoffnung und graue Enttäuschung zogen die grausame Zeit hin, bis endlich das Urteil, verlogen und feig wie die Richter, den Tag der Verzweiflung brachte.

Zum Tode verurteilt, zur Festung begnadigt, um ihre Jugend und ihre Mannheit gebracht, mußten die Opfer geheimrätlicher Rachgier den Übermut büßen, daß sie ans deutsche Vaterland glaubten.

Und wie den Burschen geschah es den Männern der Zeit; bis in die Tage der Fremdherrschaft spürten die Richter zurück, längst war die Freiheit der Rede und Schrift verschüttet, Willkür, Verleumdung und Machtwahn regierten den Tag, von Spionen war jedes Dasein umstellt.

So brachen Fürsten ihr Wort, verhöhnten Minister den Glauben der Völker, so blies der deutsche Bund von Metternichs Gnaden der deutschen Verfassung das Lebenslicht aus, so wurde dem Reich der kommende Tag auf den Kirchhof getragen.

Einmal war brausender Frühling gewesen, durch Opfer und Blut, durch Märsche und Siege hatten die Rosen der Hoffnung in tausend Herzen den kurzen Sommer geblüht: nun hatte der Herbst die Fäule gebracht, kahl stand das dürre Geäst, in den gefrorenen Blättern am Weg rauschte Novemberwind über den Kirchhof.

Der Biedermaier

Indessen dem deutschen Geist solches geschah, hatte der Bürger in seiner Stube gesessen; er hatte das seine bescheiden gesichert, und mehr als Bescheidenheit ging ihn nicht an; auch war nach den Jahren des Aufruhrs die Ordnung der alten Zeit wiedergekommen, wie Untertanengesinnung die Ordnung gewohnt war.

Die Stände sauber getrennt, und die Krone glänzte darüber; denn er liebte den Landesherrn und war ihm in Demut gehorsam, auch wenn er am Prügelstock ging; und wie ihm von oben geschah, so ließ er nach unten geschehen.

Er war der Frau und den Kindern, mehr noch dem kleinen und großen Gesinde der Hausherr, wie es der Fürst seinem Land war: er durfte poltern und groß tun wie er, er durfte befehlen wie Einer, und alles, was unter ihm war, mußte gehorchen.

Verfassung und Vaterland schierten ihn wenig: sein Vaterland war, wo es ihm gut ging, und von Verfassung zu reden, hieß ihm, den Teufel des Aufruhrs noch einmal beschwören.

Seine Väter waren Pietisten gewesen, aber er hatte erfahren, daß es nicht gut sei, gegen den Obrigkeitsgott noch einen andern zu haben; denn der Landesherr war auch die oberste Kirchengewalt, und dem Landesherrn hieß es gehorchen.

Auch hatte die Aufklärung bei seiner Taufe Pate gestanden: Himmel und Hölle gönnten dem Erdentag seine schmackhaften Früchte, wenn er nicht unbescheiden oder gar unverschämt war.

Denn auch der Herrgott war ein vernünftiger Mann und ließ den

Biedermann gelten; er konnte wohl kollern mit Donner und Blitz — und es war gut, dann die Hände zu falten — aber nachher war wieder blauer Himmel, wie es beim Landesherrn und auch bei ihm selber, dem Hausherrn war.

So baute der biedere Bürger die Welt auf vier Pfähle, statt in die Wolken; er konnte wohl schmälen, aber nicht unzufrieden sein, weil alles gottgewollt war: der Fürst wie der Bürger, der Junker und der Minister, die geheimen Räte und ihre Polizei; nur, daß die adligen Herren zu wenig Steuern bezahlten, schien ihm nicht richtig.

Schiller in Jena war längst gestorben, und Goethe in Weimar hatte für ihn nie gelebt; wenn seine Tochter ein Buch las, war es von Clauren, und wenn er ein Stück sah mit seiner sonntäglichen Hausfrau, stand Kotzebue auf dem Zettel; nur die gebildete Tante aus Prenzlau schwärmte noch von Jean Paul, aber die hatte auch sonst die altdeutschen Grillen, gar in der Kleidung.

Denn daß ihm die Vaterlandsschwärmer auch noch den altdeutschen Rock vorschreiben wollten, das war von all ihren unnützen Dingen das albernste für den Bürger; er wußte genau, was sich schickte für einen geachteten Mann, der seinen Meisterbrief von der Zunft und als Presbyter seinen Kirchenstuhl hatte.

Goethe stirbt

Dumpfes Gerücht und totes Licht lag über dem Land der neblichten Wälder, als Goethe in Weimar die göttlichen Augen zumachte.

Er hatte den Korsen gesehen und hatte Blücher die rühmende Grabschrift geschrieben; Erhebung der Völker und Undank der Fürsten waren vor seinem Geist wie Wolken am Abend gewesen.

Er sah in die Zeit, wie ein Vogel aus seliger Bläue über die Dächer und Gassen, über die Wiesen und ihre Silbergewässer, über die Bergwälder, tief in die Wolkengebilde blinkender Seespiegel sieht.

Er sah die lastende Schwere und sah den blutroten Glast, aber sein Herz wartete gläubig der Sterne.

Ihm war sein Volk nur ein Blatt im Kranz der Völker auf Erden; er liebte das Blatt als das seine, aber er flocht an dem Kranz mit unermüdlichen Händen.

Ihm hatte Prometheus das Feuer gebracht, und er hielt es dem Menschengeist wach; nicht wie Schiller die Fackel der Freiheit zu tragen, stürmte er hin: dem Herdfeuer der Menschheit diente er treu und geduldig wie der Priester dem Opferaltar.

Als er die göttlichen Augen zumachte, stand seine Flamme steil in der Stille und war nur noch ein fernes Licht für sein Volk.

Sie hatten den Wertherjüngling vergessen, und den greisen Faust kannten sie nicht; so fiel keine Trauer über das Land und keine Furcht in die Herzen.

Nur wo ein Kerzenlicht brannte, wo einer Seele die Kammer weit wurde, weil die Gestalten des Dichters durch ihre Einsamkeit gingen, zuckte die Flamme in den gewaltigen Schatten.

Der Zaubermeister von Weimar war tot, der all dem blühenden Leben, der Weisheit und Schönheit der Worte, der Wahrheit und Hoheit ihrer Gebärden Gottvater war.

Die Schöpfung stand still, die aus dem Sechstagewerk kam mit anderen Bergen und Bäumen, anderen Nächten und anderen Sternen und anderen Menschen, als sie die Täglichkeit kannte.

Der Menschengeist hatte sein Angesicht gläubig und stark gegen die Gärten der Götter erhoben, er hatte sich selber auf die verlassenen Throne gesetzt: nun ging er schlafen, weil seinem übermenschlichen Tun die Müdigkeit kam.

Die Nazarener

Deutsche Jünglinge kamen nach Rom, schwärmenden Sinnes und ihrem Vaterland tief abgewandt; denn mehr als je wirkte Winckelmanns Lehre, daß nur in südlicher Sonne, nicht im Land der neblichten Wälder die Heimat der Kunst sei.

Sie kannten die gotischen Tafeln und die Glasfensterglut ihrer Farben, aber sie mochten das krause Figurenwerk nicht und die Eckigkeit ihrer Gebärden; ihr Sinn war sanft und auf den erhabenen Schwung, auf die Süße und auf die edle Figur der Italiener gerichtet.

Wie Dürer, der Meister von Nürnberg, die welsche Pilgerschaft machte, so kamen auch sie; aber sie liebten die Nachtigall nicht, die jenen aus Wittenberg lockte; sie kehrten, romantisch verzückt, in den Schoß der Kirche zurück.

Ein Barfüßerkloster stand leer in der ewigen Stadt, da fingen sie an, als Brüder zu leben, Nazarener genannt in den römischen Gassen mit ihren Faltengewändern, aber sich selber zur Stärkung.

Wie die Frühmeister malten, bevor das rauschende Gold Tizians kam, bevor die Leiber, einst bläßlich gebildet, mit blühendem Fleisch prahlten, bevor die bräunlichen Tiefen die klaren Gebilde der Fläche verhüllten: so sollten ihre Gestalten die Wände heiliger Räume abschreiten.

Denn nicht mehr prahlende Schilderkunst im goldenen Rahmen mochte ihr Werk sein; wieder wie einst wollten sie fein und geduldig Wände bemalen: die Haltung edler Figuren, der Faltenwurf großer Gewänder, die Einfalt frommer Gebärden allein sollten der Stolz ihrer Kunst sein.

Ihr Sinn war sanft, des wurden die Wandbilder Zeichen; die dunklen Gründe wurden erhellt, die glühenden Farben erblaßten, das brünstige Spiel des Lichts im Schatten verschwand: edle Einfalt und stille Größe, wie Winckelmann lehrte, wurden zärtlich lebendig.

Aber die Zärtlichkeit war wie das Mondlicht am Morgen, sie fror im mühsamen Tag und seufzte zurück in die schwellende Nacht, da noch Gestirne den Himmel umstanden.

Nur einem der Jünglinge stürmte das Blut in den Tag hin; Peter Cornelius war er geheißen, Protestant im Mönchskleid mehr denn sie alle, weil er allein katholisch geboren, aber ein nordischer Mensch war.

Er riß die edlen Gestalten aus ihrer Stille hinein in den Strudel starker Bewegung; er machte die schlafenden Umrisse wach, mit dem Linienwerk aufgescheuchter Gestalten ihr bläßliches Dasein hart zu umreißen.

Da wurde die Farbe den goldenen Rahmen und räumlichen Tiefen der Schilderkunst nachgesandt in die Verdammnis; die schwarze Kohle fing an, die weiße Fläche zu meistern, aus Wänden im Raum wurde der dürre Karton, in der Werkstatt mit Strichen gezeichnet.

So wurde im Barfüßerkloster zu Rom, im brünstigen Glauben der Kirche, dem Protestantismus die Kunst nachgeboren; deutsche Jünglinge wurden in Welschland katholisch, das seltsame Wunder zu wirken.

Der Baukönig

Als sich der König Ludwig von Bayern im vierzigsten Jahr die Krone aufsetzte, sahen die Guten nach ihm, und seine Lobredner sagten, daß nun ein neues Sanssouci käme, nicht von Franzosen bevölkert.

Er hatte als Kronprinz gern mit den Nazarenern in Rom gesessen, hatte gespart und Bilder gekauft, er war den Dichtern und Malern ein Freund und einer freien Verfassung der eifrigste Fürsprecher gewesen, und allem Welschtum feind.

Dichter, Gelehrte und Künstler rief er nach München; auch fing sogleich ein Bauwesen an, wie es die Welt seit Versailles nicht kannte.

Aber nicht Lustschlösser galt es dem König von Bayern; die Stadt an der steinichten Isar sollte mit Straßen und Plätzen, Hallen und Säulen und Bildwerken, reicher und schöner als Wien oder Berlin, die deutsche Kunst- und Königsstadt werden.

So wurde das Füllhorn aller Baukünste über die Stadt an der Isar geschüttet: griechisch und römisch, florentinisch und gotisch wuchsen die steinernen Wünsche der staunenden Bürgerschaft zu.

Eine Glyptothek kam und eine Pinakothek, die Propyläen stellten dem neuen Musenhof prächtige Torwacht, und eine Prunkstraße lief zwischen Palästen hinaus in die Felder von Schwabing.

Napoleon hatte mit all seinen Siegen Paris nicht so geschmückt wie Ludwig, der Baukönig, München; Jahrhunderte staunten aus biederen Giebeln darüber, die backsteinernen Türme der alten Domkirche sahen barhaupt dem gebildeten Quaderwerk zu.

Altdeutsch und florentinisch, romantisch und klassisch galten dem König gleichviel, er hieß sich gern einen Dichter; und als er im höchsten Schwung war, wurde dem deutschen Volk die Walhalla gebaut.

Bei Regensburg stand sie und war eine Halle hoch über der Donau, sie sollte das Heiligtum deutscher Vergangenheit sein; aber das Heiligtum deutscher Vergangenheit war ein Tempel mit griechischen Giebeln, dorischen Säulen und einer ionischen Halle.

Seine Baumeister priesen den Bauherrn, sein Volk pries den Landesherrn nicht; indessen sein Schwärmersinn aus der Vergangenheit lebte, indessen er Tempel und Kirchen, Kunsthallen, Paläste und Prunktore baute mit seinen mühsamen Groschen, regierte die Willkür übler Minister sein Land.

Auf Sanssouci saß ein Despot und er liebte sein Volk nicht, aber er hielt sich selber in Pflicht als obersten Diener des Staates; in München wollte ein Schwärmer der Schatzhalter deutscher Herrlichkeit sein, aber Willkür und Schmeichel banden ihm beide Hände, und Herren im Land waren die Jesuiten.

Der Redekönig

Die Hoffnung der Guten hatte in Bayern getrogen, nun kam sie nach Preußen: Friedrich Wilhelm der Vierte sollte ihr neuer Schildhalter sein; aber die Hoffnung der Guten trug den romantischen Rock in Bayern und Preußen.

Einfältig und stumm war der Vater gewesen, und vaterländisch hieß seiner kärglichen Seele ein Fürstenfeind sein; zwiespaltig und laut war der Sohn, das Vaterland sollte, so rief seine begeisterte Rede, die oberste Fürstenpflicht heißen.

Er redete gern, der neue König in Preußen, die alte Herrlichkeit rauschte im Flügelschlag edler Romantik, wenn das Wort über ihn kam.

Ein deutscher Fürst hieß ihm die Vollmacht großer Vergangenheit sein: was jemals die Ahnen mit heiligem Eifer begehrten, was sie mit Blut und Leiden bezahlten, des sollten die Fürsten von Gottes Gnaden Vollstrecker und Schwurhalter heißen.

So schwoll die Rede des Königs von Preußen, als er in Königsberg stand, den Eid auf die Verfassung zu schwören; Tausende hörten ihm atemlos zu, und Tausende nahmen die Worte für Taten.

So wurde die Rede des Königs von Preußen ein Ruf an sein Volk, als er danach in Berlin aus dem Schloßfenster sprach; Tausende drängten im Lustgarten und spürten den strömenden Regen nicht, weil in den Worten des Königs die neue Zeit nahte.

So legte die Rede des Königs von Preußen den Grundstein, als er beim Domfest in Köln die Fürsten und Völker anrief: Tausende sahen das Reich wie den Dom in Trümmern, und Tausende glaubten, daß mit dem Dom die Herrlichkeit auferstände.

Aber die Reichsherrlichkeit war mehr als ein Domfest gewesen, und eine Rede des Königs von Preußen war noch kein Maifeld: neben dem redenden König stand Metternich taub und der Rührung verwundert; leer war der Kaiserthron; Armut stockte, wo einmal die Fahnen der Hansa dem Welthandel wehten.

Friedrich Wilhelm der Vierte hatte viel Bücher gelesen und war ein Meister der Rede, wie ein Schauspieler Klang und Wirkung der Worte kennt; aber er war seiner Zeit fremd und allen lebendigen Dingen feind, die sein romantisches Herrenglück störten.

Als die Jahre seiner Regierung leer liefen, als er im Land herum fuhr zu unaufhörlichen Empfängen, Girlanden, Böllerschüssen und Reden, mußte die Hoffnung der Guten einsehen, daß er ein Narr seiner Worte, keine Tat und keine Hand, kein Fürst und Herrscher, nur ein Redekönig war.

Die Spötter begannen zu munkeln, er liebe die Flasche, sein Wort sei trunken vom Wein, und seine Tränen der Rührung flössen aus einer befeuchteten Seele.

Das niedere Volk, das die ewige Festlichkeit sah, indessen ihm Mangel und Not an den Leib kam, fing an, den frömmelnden König zu hassen.

Die Auswanderer

Mangel, Not und Bedrückung nahmen einander den deutschen Tag aus den Händen.

Noch immer war Metternich Meister, und wo ein Fürst Hof hielt, hielt der Geheimrat das Schwert und die Wage der Willkür, die sich von Gottes Gnaden Gerechtigkeit nannte.

Kein Vaterland war, nur Länder, den Fürsten erbzugehörig samt Krone, Zepter und Untertan; und wer in den Ländern ans deutsche Vaterland glaubte, war dem Geheimrat böser Gesinnung verdächtig.

Indessen dem Übermut adliger Herren der Tag und die Stunde willfahrten, mußten Bürger und Bauern in Demut verharren, was ihnen der Übermut gönnte.

Mit karger Gemarkung lagen die Dörfer zwischen den reichen

Ritterschaftsgütern, allen Gesetzen zum Trotz mußte das niedere Landvolk der Gutsherrschaft fronen.

Und daß in der Stadt Gleiches geschah, fing die Fabrik ihr Teufelswerk an: Armut und Häßlichkeit gaben einander die Hände und hoben den Haß aus der Tiefe, weil in der Arbeit um Lohn kein Segen mehr war.

Aber — so kam die Kunde — über dem Wasser war Arbeit, Freiheit und Achtung des ehrlichen Mannes, über dem Wasser war Land, unermeßlich, ein neues Leben zu bauen.

Listige Werber wußten mit bunten Bildern der Wohlfahrt zu locken: die neue Welt wurde die Hoffnung der alten; Amerika rief die Not und den Überdruß auf, das Abendland zu verlassen.

So fing in den Dörfern der Pfalz, in Baden und Schwaben, in Bayern, Sachsen und Preußen die Auswanderung an zu rinnen, und ging als ein Strom in das Meer bei Hamburg und Bremen.

Felder und Wiesen, seit Urvätertagen mit Saat und Ernte gesegnet, wurden vergantet; Stall und Garten und Vieh, vertraut wie die Berge und Bäche, das Haus und der Hausrat, ererbt von den Eltern und ihrer Erinnerung voll, alles, was Fleiß, Sorge und Hoffnung der Heimat verband, die Gräber, mit Ehrfurcht gepflegt, wurde verlassen.

Anders als einst, da die Stämme mit ihrer Wagenburg zogen, war nun die Ausfahrt; das Dorf blieb stehen mit seinen Häusern und Nachbarn, nur der Mann mit den Seinen ging fort aus der Sippe; der Einzelne, verdrossen und fremder Lockung verfallen, verließ die Gemeinschaft.

Nicht länger mehr sollte das Schicksal der Väter über ihm sein, dem fremden Landfahrer gleich wollte der einzelne Trotz das eigene Schicksal beschwören, in der neuen Welt die Wohlfahrt zu finden, die ihm die alte versagte.

Einzelne nur verließen so harten Mutes die Heimat, aber Tausende kamen nach Bremen und Hamburg; da standen die Schiffe, für andere Fracht als Ballen und Säcke und Tonnen gerüstet; da saßen die Reeder an ihren Tischen, aus solcher Fracht üblen Lohn zu gewinnen.

Gewinnsucht und Händlersinn sahen nur das Geschäft und ließen die Menschlichkeit leiden: wohl hatten die Schiffe im Oberdeck Säle und reiche Kabinen, unten im Zwischendeck wurde den Armen die Fahrt über das Wasser zur Hölle.

Aber die Höllenfahrt war nur das Tor in die Welt, die mit grellem Schein lockte, weil sie voll Dunkelheit war; Gewinnsucht und Händlergier blieben an ihre Fersen geheftet, und Viele mußten im Elend verderben, bis Einem die Fahrt glückte.

Die schlesischen Weber

Sie webten die Leinwand wie ihre Väter, sie waren fleißig und fluchten dem Webstuhl nicht, darin sie um kargen Verdienst saßen, wie das Eichhorn im Tretrad die flinken Füße vertritt.

Aber dann kam die Fabrik und schnallte den Webstuhl an ihre Maschinen; da schnurrten die Räder und sausten die Spindeln, wie nie ein Weber sein Schiffchen zu werfen vermochte; da wurde die Leinwand wohlfeil und drückte den kargen Verdienst, bis er ein Hungerlohn war.

Sie aber hatten nichts auf der Welt als den Webstuhl, sie lebten vom Lohn ihrer mühseligen Arbeit und sahen ihr ärmliches Dasein verloren: der Mangel wurde zur Not und die Not zur Verwünschung der neuen Fabriken und ihrer wohlhabenden Herren.

Als Mißwachs und Dürre das Brot teuer machten, als der Hunger mit hohlen Backen herum ging, als den Müttern das Kind an den welken Brüsten verdarb: stand fiebernden Auges die Kreatur auf, ihren Jammer zu rächen.

Das Stroh sei wohlfeil und Häcksel zu essen nahrhaft genug für die Weber! höhnte ein satter Fabrikant, aber das Wort war Feuer in Zunder geworfen; sein reiches Haus mußte den frechen Hohn büßen; und wie es in Peterswaldau geschah, so drohte es bald allerorten.

Rache den Reichen, Feuer ihren Fabriken! so raste das schlesische Fieber; aber die hohe Regierung in Breslau zögerte nicht, die Krankheit zu dämpfen.

Soldaten des Königs von Preußen mit blanken Helmspitzen und scharfen Gewehren marschierten auf harten Befehl; sie schossen und halfen der Not, den Kirchhof der Weber zu füllen.

Einen Dom in Berlin zu bauen, reicher und schöner, als ihn die alte Herrlichkeit kannte, plante der König, indessen in Schlesien solches geschah: einen Dom im Namen der Liebe, die unter den Armen und Mühseligen suchte, aber den Tempel zerbrach.

Die Fabrik

Seit urgrauer Zeit liehen Wasser, Feuer und Wind dem Menschenwerk ihre Kräfte; nun kam der Dampf in die Hände der Menschen, das stärkere Kind aus Wasser und Feuer.

Mühlräder pochten und mahlten, die Segel blähten im Wind übers Meer, wenn er nicht schlief: es war ein friedliches Tun der elementarischen Mächte, dem Menschen zu helfen, starkes Behagen gütiger Kraft.

Aber der Dampf diente dem Menschen nicht frei, in eisernen Kesseln, Röhren und Kolben gefangen wurde das lustige Kind aus Wasser und Feuer ein Dämon, Knechtsarbeit zu tun und zu zeugen.

Zischend sprangen die Kolben vor seinen zornigen Stößen, Schwungräder sausten und flackernde Treibriemen brachten die wilde Bewegung auf Spindeln, Spulen, Sägen, Hämmer und Zangen.

Es war ein friedloses Tun und ein Teufelswerk tückischer Kräfte; denn die Natur, listig und grausam bezwungen, sparte der Arbeit wohl Hände, aber sie band den Menschen an die Maschine und machte ihn, der sich ihr Herr dünkte, zu ihrem Knecht.

Sie brachte den Mann in die Fabrik: wo Weide und Ackerfeld war, wo Wiesenluft wehte, starrte ihr düsteres Werk mit rußigen Wänden und rauchenden Schornsteinen; wie eine ewige Brandstätte stand ihre Unnatur da.

Früh, wenn die Sonne den Tag weckte, rief das schrille Getön der Sirene die Männer in ihre Tore; rund aus den Dörfern kamen sie her, wo Frauen und Kinder den Vater nicht sahen, bis er am Abend — schmutzig und schwer von der Arbeit — seinen Schlaf zu tun für kurze Stunden heimkehrte.

Der einmal der Feldarbeit folgte, mühsam und karg, war ein Fabrikler geworden, dem eigenen Dasein entfremdet und seiner Lohnarbeit nicht mehr durch Saat und Ernte verbunden; denn die Maschine, nicht seine Hand, regierte die Arbeit; er war ihr Knecht, wie der Fabrikherr ihr Nutznießer war.

Wohl aber dem, der am Abend noch heimkehrte; andere lockte der Lohn in die Stadt, wo keine Felder mehr waren, keine Bäche und Berge mit Wiesen und Wolkenschatten, nur Häuser und finstere Gassen, dem Elend gebaut.

Heimat und Herkunft gingen verloren um einen Lohn, der den Mann und die Seinen an die Maschine verkaufte; Heimweh und Hunger, hündische Furcht und hündischer Haß hießen die höllischen Herren in seinem entwurzelten Leben.

Wilhelm Weitling

Die aber noch Handwerker hießen, alle die Schneider, Sattler, Schuster, Schreiner, Schlosser und Bäcker, die als Gesellen zu keiner Meisterschaft kamen, Straßen und Herbergen füllten und landfahrend dem Gefängnis nicht unvertraut waren, vermehrten den Troß der Fabrikler.

Einmal der Zunft untertan und dem Zwang harter Gesetze, aber behütet in ihrer Gemeinschaft und ihrer Herkunft anders als um den

Lohn der täglichen Arbeit verpflichtet, waren sie fahrendes Volk und vogelfreie Gesellen der Straße geworden.

Sie hatten frechere Dinge erfahren, als die aus den Dörfern; demütig zu dulden, stand ihnen nicht an; wo ihnen die Suppe nicht schmeckte, saßen sie auf und warfen den Löffel der Meisterin hin.

Sie glaubten den Pfaffen nicht mehr, daß dies die einzige Ordnung der Welt, und glaubten der Obrigkeit nicht, daß sie gottgewollt sei; sie sahen den Reichtum über die Armut regieren, und sahen den Teufel des Goldes als Zwingherrn jeder Abhängigkeit.

Er wußte den goldenen Klumpfuß klug zu verstecken, aber in jedem Besitz, im Land, im Haus, in den Maschinen, überall wo er um Lohn die Menschenhand brauchte, war seine heimliche Hölle.

Er teilte die Menschheit schärfer als Völker und Rassen und Kirchen in Herren und Knechte; die Seinigen konnten die Freuden des Lebens genießen, den andern blieb seine Mühe.

Daß sie nicht murrten, machte die Kirche den Armen das Tor der ewigen Seligkeit auf, das irdische Leid zu bezahlen mit ewiger Freude; aber — so höhnten die Handwerksgesellen — Kirche und Klumpfuß hatten den Pakt miteinander gemacht, den Armen ein besseres Jenseits zu malen, damit sie das schlechtere Diesseits betrogen ertrügen!

Wie zu den Armen im römischen Reich des Augustus das Evangelium kam, so ging die neue Botschaft durchs Abendland hin und war den Armen ein heimliches Licht, aus der Nacht in den Morgen zu leuchten.

Nicht erst im Himmel der Priester dürfe das Reich der Gerechtigkeit kommen, hier auf der Erde müßte es sein: Armut und Reichtum, Herren- und Knechttum würden verschwinden, wenn nicht mehr der goldene Klumpfuß der Hölle die Menschen beherrschte.

Und wie die Apostel im Römerreich gingen die Sendlinge um, mit heimlicher Botschaft die Herzen zu wecken, Flüchtlinge nur vor den Gewalthabern der Zeit, verfemt und verfolgt, aber geliebt von den glühenden Herzen, die ihre Botschaft vernahmen.

Wilhelm Weitling, ein Schneidergesell aus Magdeburg, fand in der Schweiz seine sichere Zuflucht; da schrieb er die Schriften, die heimlich gedruckt und verbreitet, Flugfeuer waren.

Kein Testament, kein Psalter und kein Gesangbuch wurden so glühend gedeutet und wurden so heimlich am Herzen getragen wie seine zerlesenen Blätter, darin die uralte Lehre der Gütergemeinschaft wieder zu Wort kam.

Eigentum haben hieß Hehler und Dieb sein, hieß sträflich Güter der Erde besitzen, die allen gehörten; Eigentum haben hieß Armut und Knechtschaft beschwören; Eigentum haben hieß weder Christ noch Mensch vor der wahren Gerechtigkeit sein.

Es war nur ein Schneidergesell, der so lehrte, und Handwerksgesellen trugen die Lehre ins Land; er rührte tief an die Not der Enterbten und rief dem Reich Gottes uralte Hoffnungen wach.

Das junge Deutschland

Zum andernmal taten die raschen Franzosen zuerst, was die andern Völker zu tun gewillt waren: sie warfen dem letzten Bourbonen den Gottesgnadenthron um und riefen den Orleans her, König von Frankreich im Namen der Bürger zu heißen.

Da riß ein Loch in das Metternichnetz; der Wind blies scharf um die Kronen und Krönchen; aus mancher fürstlichen Hand fiel das Zepter.

Romantik hatte das Reich regiert, seitdem die Fürsten das Volk um die versprochene Freiheit betrogen; Romantik hatte gebaut und geredet, als ob die alte Herrlichkeit wäre; Romantik hatte Junkern und Pfaffen noch einmal das alte Herrenkleid angetan.

Nun aber wollte der Tag nicht länger das Prunkkleid der Vergangenheit tragen; der Menschengeist, müde und matt der ewigen Plage, wollte sich selber genug sein als Bürger der Erde.

Die blaue Blume blieb welk und entzaubert in seiner Wirklichkeit stehen; die Dichter dachten Rufer im Streit, Fechtmeister der Zeit und Führer der grollenden Völker zu werden.

Es waren spöttische Geister, die so aus der alten Zeit gingen, Klopffechter der Wahrheit, Schellenträger des gesunden Menschenverstandes.

Gemeinsamkeit war das Schicksal der Menschheit, war ihre Hoffnung und Inbrunst gewesen: ihnen sollte der einzelne Mensch seine eigene Glückseligkeit sein.

Sie waren witzig und scharf und vermessen; sie hieben und stachen, wo sie die alte Zeit fanden; sie hießen den Staat und die Kirche das Zwiegespann aller Tyrannei; sie haßten Junker und Pfaffen und ihren gehorsamen Diener, den frommen Geheimrat.

Drei Dichter

Drei Dichter sangen der stürmischen Zeit die Gesänge; sie waren der Mund ihrer Not, der Geißelhieb ihrer Enge, der Posaunenton ihrer Hoffnung.

Heinrich Heine, funkelnd von Witz, grollend von Hohn und der süßesten Liedergewalt mächtig, ließ über den Rhein sein Feuerwerk blitzen.

Dem Juden aus Düsseldorf konnte das dumpfe Deutschland der Fürsten und ihrer Minister nicht Lebensluft sein, auch war die rheinische Heimat an Preußen gefallen, und preußisch sein hieß seinem Hohn, hinter vergitterten Stuben gefangen sitzen.

So wär er in Frankreich verbannt und wurde fast ein Franzose, nur seine Feder hielt ihn mit Deutschland verbunden.

Er hatte sie besser brauchen gelernt als seine Genossen; wie seine unstete Seele nicht Heimat und Ruhestatt fand, wie sein buntschillernder Geist die Grenzen der Menschheit abirrte, wie er sein Leben stets in den Augenblick stellte, aber als Kind seiner Stunde der ewigen Unrast bewußt war: das alles konnte die Feder dem Leser in witzigen Worten hinschreiben.

Und weil er in gallischer Lebensluft ging, indessen der Leser im Spinnennetz Metternichs saß, wehte mit seinen Worten die Freiheit über den Rhein, der fremdeste Vogel im Dasein der Deutschen.

So rührte der schmerzlich unselige Dichter die Herzen; seine Lieder wurden gesungen, seine Verse geseufzt, sein Witz sprang wie ein Feuerbrand über, sein Spott warf dem frommen Geheimrat das Tintenfaß um.

Nie schrieb eine Feder so ihrer Zeit die Gefühle, wie Heinrich Heine der Jude aus Düsseldorf tat, der in Paris unselig krank in seiner Matratzengruft lag, seiner Krankheit noch spottend, bis ihn der Tod von seinem Leiden und Leben erlöste.

Anders als Heine war Herwegh ein Sänger der Freiheit; er glaubte an seinen Stern, wie nur ein Schwabe zu glauben versteht, und trotzte dem Schicksal, als es den Stern vor der Zeit sinken ließ, wie nur ein Stiftler aus Tübingen Gott und der Welt Trotz bieten kann.

Gedichte eines Lebendigen hieß er den Band seiner Gesänge, die, eine Botschaft der Freiheit, Deutschland durcheilten; Blumen und Jubel beschütteten seinen Weg, als er, den Sängern der alten Zeit gleich, von Stadt zu Stadt zog, seine Harfe zu schlagen.

Er war noch ein Jüngling, als Herwegh solches geschah, und gern genoß er den Ruhm, Dichter der Freiheit zu heißen; sie war der einzige Ton seiner Harfe: als er ein Mann und ein Greis wurde, waren die Saiten noch zornig gespannt, aber die Freiheit war tot und sein Ruhm lag mit ihr begraben.

Der Dritte aber war wild und vulkanisch und in der Tiefe der großen Gestalten und starken Gedanken gewachsen.

Indessen der Ruhm seiner Genossen von Mund zu Mund ging, indessen Herwegh als fahrender Sänger der Freiheit die Könige schreckte und Heine den funkelnden Witz aus Paris über den Rhein blitzen ließ, war Georg Büchner aus Darmstadt, kaum daß er kam, schon wieder gestorben.

Er hatte in Straßburg studiert und war nach Gießen gekommen, trunken der neuen Zeit und kaum seiner wilden Leidenschaft mächtig, als ihm sein trotziger Wahlspruch: Frieden den Hütten, Krieg den Palästen! die Heimat verwirkte.

Als Flüchtling in Straßburg und Zürich konnte er noch mit fiebernden Händen den ersten Beginn seiner Dichtung erraffen, dann holte der Tod den Feuergeist heim in den Abgrund der ewigen Dinge.

Wie ein Sonnenwendfeuer war dem Jüngling sein Leben verbrannt; er konnte nur Flamme, nicht Mensch und Bürger oder gar Untertan sein; als seine Freunde den Feuerplatz fanden, lagen noch glühend in seiner Asche die wenigen Dinge, die das Erbgut des Jünglings ausmachten.

Ein einziger Band konnte sein ganzes Dichtwerk umfassen, aber es blinkte wie Stahl, im Feuer geglüht.

Metternichs Ende

Zum andernmal hatten die raschen Franzosen den König auf Reisen geschickt, aber nun stürzte der Thron hinterher: Frankreich war Republik, und diesmal wollte der Bürger im Reich nicht länger Fürstenknecht heißen.

Wo ein Fürstenhof war, ein Schloß und eine Wache im Schilderhaus, kam er in Scharen; und wie er sein Vivat gerufen hatte, so rief er nun nach Verfassung.

Die Fürsten samt ihren Schranzen erschraken, daß draußen das Volk stand und schrie; sie hörten die Trommel der Bürgerwehr und hörten den Aufruhr der Glocken: sie waren noch immer gewarnt durch das Fallbeil und gaben dem Volk die Verfassung.

Da wurde das Volk wieder der Untertan, dem ein Glück widerfuhr, wenn sein Fürst am Fenster erschien; da wurden die Kappen und Hüte geschwenkt, da wurde Vivat gerufen; ein mannhafter

Trunk auf die große Zeit brachte den Bürger ins Bett, von der goldenen Zukunft zu träumen.

So war es in Baden und Hessen, Hannover und Sachsen, Bayern und Württemberg, so war es in Schleiz und Greiz und all den Plätzen reichsfürstlicher Erbherrlichkeit; die alten Minister von Metternichs Gnaden wurden ungnädig entlassen und neue berufen, das Volk zu beglücken.

Und wie es dem Netz geschah, geschah es der Spinne: sie war die Vollmacht der Fürsten gewesen und die Allmacht für den Geheimrat, sie hatte ein halbes Jahrhundert gelähmt mit der List und Furcht ihrer Fäden; nun waren die Fäden zerrissen und alle Welt sah, was für ein klägliches Wesen darin saß.

Der auf dem Wiener Kongreß die Völker Europas mit ihren Fürsten betrog, der den deutschen Bund machte und das Ränkespiel der heiligen Allianz, der Liebling der Damen und Stern der Wiener Gesellschaft: war längst ein zittriger Greis und stocktaub.

Sich selber zu retten, warf ihn der Habsburger Hof, undankbar und feig, dem drohenden Volk hin: gleich einem Dieb in der Nacht mußte Metternich fliehen.

Der Kaiser aber fuhr durch die brausenden Straßen von Wien und nickte gnädig der siegreichen Bürgerschaft zu; er schwenkte sein Fähnchen schwarz, rot und golden: die Farben, gestern noch Hochverrat, hielt nun der Habsburger selbst verlogen und feig in den Händen.

Der achtzehnte März

Am selben Tag, da der Habsburger Kaiser mit seinem Fähnchen schwarz, rot und golden durch Wien fuhr, stand in Berlin der König von Preußen auf seinem Balkon, das dankbare Volk zu empfangen.

Er sah die Ernte aus seinen Reden aufgehen, aber das Unkraut verdroß ihn; von Gottes Gnaden hatte sein Schwarmsinn das preußische Volk beglücken gewollt, nun rief es mit Ungeduld nach einer Verfassung.

Anders, als da er zum Lustgarten sprach, drängte die Menge; wohl wurden die Hüte geschwenkt und die Kappen, aber dicht um das Schloß standen Soldaten mit scharfem Gewehr: als die Bürger noch riefen und schwenkten, fielen zwei Schüsse.

Keiner wußte den Schützen, und keiner wurde getroffen, doch das Volk schrie Verrat; die Bürgerschaft floh; die mit den Kappen liefen nach Waffen; Barrikaden sperrten die Straßen rings um das Schloß, und als der Nachmittag kam, hallte die Stadt von den Schüssen.

Der Abend des achtzehnten März sank über Berlin, und der Mond warf sein Licht auf die Dächer, aber der Straßenkampf hörte nicht auf, sein höllisches Feuer zu brennen; Sturmgeläut, Hornruf und Hurra der Truppen und Aufruhrgeschrei gellten hinein und der Feuerschein brennender Häuser.

In der zweiten Stunde der Nacht wurde dem König das Herz schwer; er zog die Soldaten zurück und ließ die Bürgerwehr schalten: so wurde der blutige Aufruhr gestillt, aber die Toten weckte kein Königswort mehr.

Als die Reihe der Särge am dritten Tag gegen das Schloß kam, stand der König zum andernmal auf dem Balkon, barhaupt und schweigend, von vielen gehaßt und von keinem geachtet; sein romantischer Sinn, mit tauben Wünschen und Worten befrachtet, blieb in der Gegenwart stumm.

Er war am Tage zuvor durch die Straßen geritten, Prinzen, Minister, Generäle in seinem Gefolge, schwarz, rot und golden bebändert, als ob der Burschenschaftstraum von der Wartburg, als ob das deutsche Vaterland in Preußen Wirklichkeit wäre.

Nur einer war trotzig beiseite geritten, der Bruder des Königs, Prinz Wilhelm geheißen, von vielen gehaßt und von keinem verachtet, weil er ein Volksfeind, ein schwarzweißer Preuße, aber ein Mann war.

Die Fürsten, um ihre Throne besorgt und erschrocken vor wilden Gerüchten, verhießen den Völkern Verfassung; aber die Väter hatten den Wortbruch der Fürsten zu bitter bezahlt.

Nicht alle Bürger schwenkten die Hüte, und aus den Tiefen des Volkes grollte ein Ton, der andere Dinge als neue Minister, neuen Betrug und neue Verfolgung begehrte.

Noch immer tagte der deutsche Bund, noch immer gab es kein Vaterland, nur Länder der Fürstengewalt; sollte ein deutsches Vaterland werden, mußte das Reich zuvor von der Habsucht, Willkür und Eitelkeit seiner Fürsten befreit sein.

In Baden sollte der Kehraus der Fürsten beginnen, und Hecker, der Fürsprech aus Mannheim, die Feder am Hut, wollte der Herold und eiserne Besen der deutschen Volksherrlichkeit werden.

Über den nächtlichen Rhein kamen die Scharen derer zurück, die in der Schweiz und in Frankreich, der Heimat verdrossen, Flüchtlinge waren; sie wollten ihr Leben einsetzen, daß endlich ein deutsches Vaterland würde.

Auch Herwegh, die feurige Zunge der Freiheit, kam wieder aus der Verbannung; und kühnere Worte hatte der deutsche Bund nicht gehört, als da der Schwabe den Brief an sein Vaterland schrieb.

Von Süden und Westen brachen sie ein und waren zwei Tage lang Wort und Gewalt im badischen Oberland; dann kamen die Truppen des Bundes aus Hessen, Bayern und Schwaben und bliesen das Strohfeuer aus.

Sie trugen die Feder am Hut und die Freiheit im Herzen, die Truppen der Bundesgewalt trugen nur ihr Gewehr: in einer einzigen Stunde bei Kandern schossen sie Feder und Freiheit zu schanden.

Feder und Freiheit ließ Hecker dahinten, sein Leben zu retten; so hitzig sie suchten, sie fingen ihn nicht, so gern sie es wollten, sie konnten den Fürsprech aus Mannheim nicht hängen.

Wie eine Hummel summte das Heckerlied hin über die Straßen und Dörfer, der deutschen Republik dennoch die Herzen zu wecken.

In der Paulskirche

Indessen im Reich solches geschah, indessen sich Groll, Blut und Haß mit Narrheit und Niedertracht mischten im fressenden Brand der Empörung, brach aus den Herzen der Guten die Flamme; die deutsche Seele erwachte und wollte das Land der Väter erneuern in freier Gestaltung.

Aus allen Gauen der deutschen Gemeinde kamen die Männer nach Frankfurt, gewählt durch die Stimme des Volkes, dem Vaterland eine Verfassung, eine Gewalt, ein Gesetz und eine Freiheit zu bringen.

Die Glocken der alten Kaiserstadt schwollen zu mächtigem Klang; Fahnen und Blumen und jubelndes Volk war um die Männer, als sie vom Römer zur Paulskirche gingen, das deutsche Parlament zu beginnen.

Endlich war Wirklichkeit da, wo die Sehnsucht schon nichts mehr erhoffte; grau und gebeugt standen die Männer, die einmal Befreier des Vaterlands hießen von einem Tyrannen, um ihrer mehr zu gewinnen, als Höfe und Landesherren waren: sie sahen den Tag und weinten.

Denn nun war das Wunder des Dichters geschehen: von der Maas bis zum Memel, von der Etsch bis zum Belt waren die Deutschen gekommen, und keine fürstliche Willkür konnte sie hindern; die Bundesgewalt mußte den Spruch der Paulskirche hören.

Daß ihr Spruch selber die Bundesgewalt sei, wählten die Männer Johann von Österreich als ihren Verwalter; sie hießen ihn Reichsverweser und gaben ihm Vollmacht, Minister des Reichs zu ernennen; sie aber wollten im Namen des Volkes das Haupt und Herz der Reichsgewalt bleiben.

Das Reich solle sein wie ein Dom, sprach Uhland, der mannhafte Dichter aus Schwaben: Österreich und Preußen die ragenden Türme über den Türmchen und Wimpergen der kleineren Staaten, alle gegründet im Fundament der starken Domeinheit.

Und als dann wieder ein Domfest war zu Köln am Rhein, trank der König von Preußen den wackeren Bauleuten zu und ihrem Baumeister, dem Erzherzog am Dombau der Deutschen.

Alles schien herrlich gerüstet, aber die Werkleute wußten, daß ein gefährlicher Sprung die ragenden Türme entzweite, daß nur ein Notdach war statt einem Gewölbe, und daß durch die Fenster des Königs von Bayern, mit großer Gebärde gestiftet, das neue Licht allzu bunt in den ehrwürdigen Raum fiel.

Malmö

Schleswig-Holstein meerumschlungen! sangen die Kinder und Greise in Deutschland, da die Landstände in Kiel ihrem Herzog, dem König der Dänen, den Gehorsam absagten.

Ewig ungeteilt sollten Schleswig und Holstein zueinander gehören — so hatte der Spruch der Belehnung vierhundert Jahre gegolten — nun wollte der dänische König und Herzog für Holstein eigene Stände gewähren, Schleswig sollte für immer dem dänischen Staat zugeteilt sein.

Aber das Volk diesseits und jenseits der Eider war deutsch und wollte im neuen Vaterland bleiben, statt einem fremden Herrn zu gehören; so kamen die Boten nach Frankfurt, Hilfe für Schleswig-Holstein zu holen.

Die Männer in Frankfurt hießen die Boten willkommen; als ob noch einmal die große Zeit käme, strömten Freiwillige zu, den deutschen Brüdern gegen die Dänen zu helfen; auch der Bundestag wollte nicht fehlen und gab seine Vollmacht dem König von Preußen.

Da konnte die preußische Garde marschieren, und Wrangel, ihr zorniger Feldherr, konnte nach Herzenslust schießen und schlagen: Aprilwetter war, da die Truppen auszogen; schon am zweiten Mai stand ihre Übermacht siegreich in Jütland.

Aber die Dogge bekämpfte den Seehund; auf ihren Inseln saßen die Dänen geschützt vor den Preußenkanonen; ihre Kriegsschiffe plagten die wehrlosen Küsten, sie fingen die Schiffe und schossen die Städte in Brand; und ob der zornige Wrangel in Jütland den Wallenstein spielte, sie ließen nicht ab und höhnten den täppischen Sieger.

Denn hinter Dänemark standen drohend die Mächte: England und Rußland hielten dem dänischen König die Arme, bis der Waffenstillstand von Malmö der Dogge den Fang nahm.

Die preußische Garde mußte noch einmal durch Schleswig-Holstein marschieren; Wrangel, ihr zorniger Feldmarschall, konnte nicht mehr nach Herzenslust schießen und schlagen: die Sieger vom Mai kamen im Sommer betrogen zurück.

Die Männer in Frankfurt wollten den Pakt von Malmö verwerfen, die Paulskirche dampfte von glühenden Reden, durch das deutsche Volk lief der Zorn seiner Schwäche.

Denn nun sahen alle, daß noch kein Vaterland war: der König von Preußen hatte den Frieden gemacht, als ob kein Parlament wäre; die Männer von Frankfurt mußten sich beugen, weil ihr Beschluß keine Macht, ihre Rede keine Waffe, ihr Verweser kein Kaiser über der Fürstengewalt war.

Der babylonische Turm

Deutschland wollte ein Vaterland werden, weil es ein Volk war, aber die Habsburger Herrschaft hing ihm das Bleigewicht an ihrer undeutschen Völker: Polen, Magyaren, Slowenen, Italiener, Tschechen, Ruthenen waren der Hofburg in Wien untertan.

Wollte das deutsche Volk sich von der Vielheit der Fürsten zur Einheit befreien, so kamen die Völker in Österreich zur Vielheit; aber der Kaiser in Wien bewahrte den Schlüssel.

Großes Schicksal hatte der Kaisergedanke über die Deutschen gebracht, Glück und größeres Unglück; der klägliche Rest Habsburger Weltherrscherträume hing ihrem Dasein ein fremdes Schneckenhaus an.

Die Deutschen allein konnten den stolzen Dombau beginnen; aber der Turm von Österreich war auf das Fundament fremder Völker gebaut; als sich das wirre Mauerwerk löste, geriet sein stolzes Gefüge ins Wanken.

Der Riß fing an der Adria an, klaffte in Böhmen und spaltete Ungarn von Österreich; die Wenzelskrone von Böhmen, die Stephanskrone von Ungarn, uralt und heilig den Völkern, wollten nicht mehr in der Wiener Schatzkammer stehen.

Da half dem Habsburger Hochmut noch einmal das Heer; Radetzky fing seinen lombardischen Siegeszug an, Windischgrätz brannte den böhmischen Stolz leer, und Haynau, die Hyäne genannt, ließ über Ungarn sein Strafgericht walten.

Als sich der März jährte, war Österreich ein Kirchhof, aber der babylonische Turm der Habsburger Macht stand wieder gegründet; sein gewaltiger Schatten fiel drohend über das deutsche Vaterland hin.

Die Kaiserwahl

Die Männer in Frankfurt sahen den Schatten der Habsburger Macht und wie er die deutsche Einheit erdrückte, aber tapfer und treu wollten sie noch das Vaterland retten.

Sie bauten am Dom der deutschen Verfassung, und als die Märztage jährten, war das Gewölbe geschlossen: ein Volks- und ein Staatenhaus sollten den deutschen Reichstag darstellen, ein Erbkaiser sollte der deutschen Einigkeit Schildhalter sein.

Die besten Männer des Volkes hatten das Werk mit dem unbeugsamen Mut ihrer Meinung vollendet, sie hatten gedacht und geglüht und gestritten, und niemals war deutscher Geist so tätig am Vaterland als in der Paulskirche zu Frankfurt.

Als dann die Kaiserwahl war, sprachen die Männer aus allen Gauen und Ständen echter und rechter die Stimme des Volkes, als je die Heerschilde taten; die stürmische Zeit hielt in der Paulskirche zu Frankfurt den Stundenschlag an, als die Gemeinde der Freien, uralte Herkunft erfüllend, sich selber zum Kurfürsten machte.

Sie wählten den König von Preußen als Kaiser; die Glocken begannen zu läuten wie nie, Böller und brausender Ruf in den Gassen verkündeten laut, daß endlich wieder ein Reich, daß über den Stämmen und Ständen, über den Fürsten und Ländern ein Schirmherr des deutschen Vaterlandes wäre.

Der König von Preußen

Aber der König von Preußen war weder ein Mann noch ein Mut, nur eine schweifende Rede; er haßte den Geist seiner Zeit und spielte mit Worten, deren Gedanken ihm mißfällig waren, deren Taten er niemals vermochte.

Als ihm die Männer aus Frankfurt die Gabe des deutschen Volkes darbrachten, schwoll seine romantische Seele im Rittersaal auf, wo er die Sendung mit großem Gefolge empfing.

Statt einem männlichen Ja gab er nur eine Rede, die keine Tür schloß und keinen Weg ging, die alle Herzen verdrießen mußte.

Nur aus den Händen der Fürsten, nicht aus dem Aufruhr der Völker — so ging der feige Sinn seiner Worte — könne der König von Preußen die Krone annehmen; aber er wußte genau, der Habsburger träumte sich selber als Kaiser der Deutschen, die Könige barsten vor Neid auf das preußische Glück.

So kamen die Männer betrogen nach Frankfurt zurück, betrogen um ihre Sendung, betrogen um ihren Glauben, betrogen um Deutschlands Geschick.

Die Völker erkannten, daß ihre Fürsten kein Vaterland wollten: sie hatten Verfassung und Freiheit versprochen, nun war der Schrecken vorüber, und sie schickten die Kammern nach Haus.

Wollten die Fürsten kein Vaterland, so wollte das Volk keine Fürsten! wollte der König von Preußen die Krone nicht haben, so brauchte die deutsche Republik keinen Kaiser!

In Sachsen mußte der König zuerst auf den Königstein flüchten, bald fing es am Rhein, in der Pfalz, in Baden hell an zu brennen: das Heckerlied kam wieder auf, den fürstlichen Abschied zu singen.

Da zeigte der König von Preußen Deutschland sein wahres Gesicht: seine Soldaten marschierten nach Westen und Süden, den Fürsten zu helfen; das preußische Strafgericht kam, in Mannheim, Rastatt und Freiburg der Freiheit zu dienen.

Die Männer in Frankfurt verzagten und gingen nach Haus, nur eine tapfere Schar blieb auf dem sinkenden Schiff; Uhland der Dichter und deutsche Mann stand treu und gelassen am Steuer.

Sie konnten in Frankfurt nicht bleiben und flohen nach Stuttgart, wo ihnen ein Trommelwirbel die letzte Rede erstickte.

Der stolze Plan seines Domes wurde Uhland zerrissen; wohl standen die Türme und Wimperge der Fürsten und ihre Wimpel wehten daran, aber das hohe Gewölbe brach ein, in seinem Schutt lag die Fahne schwarz, rot und golden.

Olmütz

Bis an den Bodensee standen die Bataillone des Königs von Preußen, sie hatten den Fürsten die Throne gerettet und hielten ihr Strafgericht ab über die Völker.

Die Schwäche der Fürsten zu nützen, dachte der König von Preußen aus ihren Händen die Krone zu gewinnen, die er den

Männern aus Frankfurt hochmütig zurückwies: ein Fürstenbund sollte das deutsche Vaterland werden, und Preußen wollte die Kaisermacht sein.

Aber in Frankfurt saß, fast vergessen, noch immer Johann, Erzherzog des Habsburger Hauses und immer noch Reichsverweser geheißen; er mußte der alten Zeit die Türspalte halten, bis die wachsamen Augen in Wien ihre Stunde erkannten.

Nur Bayern und Württemberg zögerten noch, dem preußischen Fürstenbund beizutreten; schon schien das klügliche Spiel des Königs von Preußen gewonnen, als Österreich selbstherrlich die alte Bundesgewalt nach Frankfurt berief.

Zwei Jahre lang hatten die Völker an ihren Ketten gerüttelt, sie hatten den Fürsten geglaubt und gezürnt, sie hatten die Glocken geläutet in Frankfurt, weil wieder ein Reich und ein Kaiser, weil wieder ein Vaterland war.

Nun war das Märzenglück aus; wieder wie einst kamen die hohen Gesandten nach Frankfurt gefahren, wieder wie einst war der deutsche Bund der Minister über den Völkern.

Wohl zuckte dem König von Preußen die Hand nach dem Schwert; noch einmal glaubten die Narren der Hoffnung, dann wurden alle gewahr, was für ein Irrlicht im Hause des Spötters von Sanssouci wohnte.

In Olmütz mußte der König von Preußen den kläglichen Pakt unterschreiben, daß Habsburg noch immer der Hausherr im deutschen Bund war, fremd und verhaßt seinen Völkern, aber geliebt von den Fürsten, die demütig sein Bettelbrot aßen.

Denn über den Fürsten und über dem Kaiser war wieder der fromme Geheimrat; er hatte gesiegt, und als er in Wien sein Siegesfest gab, saß Metternich wieder auf seinem Stuhl, ein stocktauber Greis, und lächelte nur, daß eine neue Seite im Buch der Minister begänne.

Das Buch der Preußen

Das Volk der Denker und Dichter

Von der Maas bis zum Memel, von der Etsch bis zum Belt war ein Kirchhof, Deutschland hieß den verdrossenen Herzen kein Vaterland mehr.

Willkür und Wortbruch der Fürsten hatten das tote Gespenst der Verfassung eingesargt und begraben; der fromme Geheimrat stand mit gefalteten Händen dabei:

Gottlosigkeit hatte — so sagte der fromme Geheimrat — das Fieber der Wünsche gebracht, Rechtgläubigkeit würde das Fieber ausheilen; oberste Staatsbürgerpflicht sollte der Kirchgang sein.

Thron und Altar, als Kaiser und Kirche Schicksalsgewalten, mußten dem Staat die Stützbalken halten, der aller Vergangenheit bar kläglich am Abhang der Gegenwart klebte.

Doch hatte das Blut der Wünsche zu heftig gefiebert, und stärker begann die heimliche Ader zu rinnen, daraus die Kraft des entrechteten Volkes dahin floß.

Goldene Ernten hielten die Reeder in Bremen und Hamburg, indessen die deutschen Landschaften über das Weltmeer mehr Menschen verloren, als Krieg und Seuchen sonst hingerafft hatten.

Goethe und alle Guten hatten gewirkt, daß Größe und Würde den deutschen Namen umklänge, aber das Volk blieb stumm und geschlagen.

Das Volk der Denker und Dichter! so hatte der Hochmut an seine Tore geschrieben: Dichter und Denker waren die Stimme der Freiheit gewesen; die Ohren hatten den Deutschen geklungen, aber lebendig wurden sie nicht.

Die danach der deutschen Seele gläubige Schatzhalter waren, gingen als Pfarrer, Lehrer und Richter treu in die Täglichkeit ein, aber als Dichter und Denker und Hüter des ewigen Lebens saßen sie in der Verbannung.

Säen und ernten im Zwang der Gezeiten und der Natur demütig nah sein in all ihren Launen, war dem Landmann bestimmt.

Plünderndes Kriegsvolk konnte die Frucht auf den Feldern zerstampfen, das Vieh aus den Ställen fortführen, die Scheunen verbrennen: aber der Boden blieb ewig geschäftig, der Wald wuchs Holz, die Wiese wuchs Futter, die Scholle hielt ihre fruchtbaren Schalen dem Segen des Himmels geöffnet.

Prahlende Städte verkamen und Throne wurden gestürzt; der Bauer ging hinter dem Pflug, stand auf der Tenne und füllte die Scheuer: er wußte, daß über den Fürsten der Erde ein himmlischer Herr war, und über allen Gesetzen der Obrigkeit stand der Kalender.

So geschah es, daß Hebel, der geistliche Herr in der badischen Hauptstadt, durch allen Spektakel der Zeit harmlos dahin ging, weil er ein Kalendermann wurde.

Er war der einzige Sohn einer Witwe, und Taglöhnerarbeit hielt seine ärmliche Wiege; aber die Wiege stand droben im Markgräflerland, wo die muntere Wiese dem strengen Schwarzwald entspringt.

Da gingen dem Knaben die Wege in fröhlicher Freiheit, da waren die Wolkenweiten über die grünen Gebreite bis hinter die blauen Fernen gespannt, da sangen die Vögel zur Arbeit, da war ein emsiges Landvolk im Kreislauf des Jahres geborgen.

Den Dank seiner fröhlichen Jugend brachte der Kirchenrat und Prälat als Kalendermann seiner Heimat zurück.

Er konnte darüber die geistliche Würde vergessen und alle Gelehrsamkeit seiner Bücher; auch blieb er ein Schalk und wußte genau, was ein Zirkelschmied war; einen lustigen Diebstahl erfinden, schien seinen schlaflosen Nächten gesunder als Cicero lesen.

Schnurren und Späße, die draußen im Land herum liefen, fing sein Kalenderwort ein, und sparte den Spott nicht, wenn der Müller von Brassenheim allzu fett und selbstgerecht war.

Er konnte auch ernst wie ein Landpfarrer werden, und die Moral hing seinen Geschichten gern einen Zopf an, wie es die Großmutter tat, wenn sie den Enkeln Märchen erzählte; doch waren sie darum nicht weniger trefflich, und jedes Ding stand in der klugen Wahl seiner Worte und blühenden Bilder leibhaftig da.

Die dankbaren Leser merkten die weise Kunst nicht, die der kluge Kalendermann übte; sie lasen sich selber und sahen ihr ländliches Leben gespiegelt, so wie sie es kannten.

Wohl kam auch der Bürger hinein aus den Gassen der Kleinstadt, aber der Rock war gelüftet von seinen muffigen Stuben, und die Wiesenluft blies ihm sein grämliches Angesicht frisch, daß er die ländliche Fröhlichkeit lernte.

Die aber Weltbegebenheit machten, über Schlachtfelder ritten, Städte verbrannten, deren Stiefel in mancherlei Dreck unsauber wurden, mußten auch manchmal beim Huf- oder Wagenschmied warten; der Kalendermann sah sie dann in der Nähe, wo sie nur Menschlichkeit waren mit staubigen Röcken, Schnupfen oder einem Karbunkel.

So mußten sie anders durch seine Geschichten spazieren, als sie sonst taten, und der verborgenen Demut war ein Rößlein geschirrt; indessen der Hochmut zu Fuß ging.

Leben und Sterben war in den Kalender getan, darin die Natur den menschlichen Nucken und Nöten mit Saat und Ernte, Blüte und Frucht, Sonne und Regen, im Wechsel des Mondes und seiner blanken Gestirne die ewigen Sinnbilder hielt.

Die schwäbischen Dichter

Aus schwäbischer Enge war Schiller geflohen, und Hölderlin hatte das Land seiner Seele nicht in der schwäbischen Heimat gesucht; als aber der flammende Braus von Jena ausgelöscht war, fing Tübingen an, bescheiden im Dunkel zu leuchten.

Kein Musenhof stand hinter dem Tübinger Stift, und keine allmächtige Hand hielt ihm die Tage geweitet wie Goethe in Weimar; es war der Garten, die schwäbischen Pfarrer zu züchten, aber die Frucht gedieh zu seltsamen Blüten.

Hölderlin war ein Stiftler gewesen; als sein herrlicher Geist sich in heilige Höhen verstieg, lebte sein Körper die langen Jahrzehnte in Tübingen hin, und noch das leere Gefäß seiner umnachteten Seele war ein Heiligtum unter den Menschen.

Die schwäbischen Jünglinge sahen die Göttergestalt bei Tischlersleuten sanft und geduldig ihr Erdenlos tragen; sie sprachen die großen Gesänge und ahnten die ewige Waltung in seinem Geschick.

Nie wieder kam einer von seiner Art, sie waren alle aus Schwaben gebürtig und blieben der Heimat verbunden; aber sie standen in seiner heiligen Zucht und nahmen das Bild der hohen Erinnerung mit, wenn sie gingen: daß alle Dinge des Tages nur bunter Schein vor dem ewigen Sein, daß alle irdischen Ziele der Seele nur Wegweiser wären.

So wuchs am Tübinger Stift ein neues Geschlecht in Schwaben, das wieder wie einmal die Alten in edler Bildung dahin ging, obwohl es die engen Wege der Heimat nicht überschritt.

Sie hatten alle ein Amt, sie waren Pfarrer und Lehrer, Ärzte und Richter, sie dienten dem Tag bescheiden und treu; aber wie einmal Hans Sachs, der Nürnberger Schuhmacher tat, pflegten sie eifrig den Meistergesang; und einige wurden Dichter geheißen:

Ludwig Uhland, der aufrechte Mann und Meister am Dombau der deutschen Gesinnung, der seine Lieder wie Luther sang, aus reinem Gemüt mit reinem Wort und abhold allen romantischen Künsten, ein deutsches Herz und ein Protestant.

Justinus Kerner, der Doktor in Weinsberg, den Rätseln des Lebens hellsichtig nah und dem Tod wie ein Bruder vertraut; Gustav Schwab, der geistliche Herr in der schwäbischen Hauptstadt, in allen Dingen der Bildung zuhause, plauderfroh sagend und singend; Wilhelm Hauff, der schwärmende Jüngling und frohe Phantast, mit glücklichen Händen vielerlei greifend und manchmal der Meisterschaft nah.

Sie reichten nicht an den Himmel, da Hölderlins Stern im milden Glanz stand, sie blieben Diener der schwäbischen Erde, aber den Sternen ehrfürchtig zugewandt; und allen gelang es, den Liederschatz der deutschen Seele zu mehren.

Mörike

Nur Einem hatten die Nornen die silberne Spindel in seine ärmliche Wiege gelegt, nur Einem wurde die Enge zum Schicksal, das er mit stolzer Bescheidung bezwang.

Vikar an mancherlei Orten, zu Cleversulzbach im Unterland Pfarrer, dann kränkelnd in Mergentheim, fünfzehn Jahre lang als Lehrer in Stuttgart geplagt und dreizehn danach auf seinen Tod wartend: trug Eduard Mörike recht wie ein Stiftler sein irdisches Leben.

Ein zarter Jüngling wurde ein kränklicher Mann und ein Greis, von den Nöten des Alters geplagt; eine gläserne Seele, zart und zerbrechlich, mußte ein langes Leben aushalten, bevor ihr der Tod den dünnen Stengel abbrach.

Aber die gläserne Seele, zart und zerbrechlich, nahm ihre irdische Enge hin, wie eine Blume im Garten den Lärm spielender Kinder, Hundegebell und Hammerschlag aus der Schmiede, Rädergerassel und Glockengeläut still übersteht.

Der säuselnde Wind sang in das Lied ihrer steigenden Säfte, die Sterne der Nacht, ihre ewigen Schwestern, standen im Schlaf ihr zu Häupten, und ihre Mutter, die Sonne, küßte sie wach in den Morgen.

Da war der irdische Tag nur die bunte Verkleidung, darin sie mit ihren Wurzeln und Säften, mit ihrem schwellenden Kelch und der leuchtenden Blüte ein dankbares Kind der ewigen Wiederkunft war.

So machte der kränkliche Pfarrer im schwäbischen Unterland seine Gedichte; eine unsterbliche Seele war ihrer Wirklichkeit froh in der schlichten Verkleidung, ein Sendling der Ewigkeit ging durch den Tag, staunend und stolz seiner Demut.

Da wurden ihm alle Dinge dankbar vertraut, und allen sprach er den zärtlichen Gruß seiner Seele; die Freuden trank er, wie einer den Trunk auf der Wanderschaft nimmt, die Leiden hob er wie Spinngeweb auf und ließ sie im Sonnenschein schimmern.

Nie wieder nahm Einer die kleinen Dinge so innig zur Hand, nie streichelte Einer das Leben so dankbar, dem es im Tiefsten so fremd war.

Nur einmal verriet er die Herkunft, als Weyla, das göttliche Kind seiner Seele, Orplid die Heimat besang, als Könige kamen, seiner Gottheit Wärter zu sein.

Stifter

Dem Pfarrer in Cleversulzbach lebte ein heimlicher Bruder in Österreich, seines Zeichens ein Schulrat in Linz, Adalbert Stifter geheißen.

Der Sohn eines böhmischen Leinewebers war mühsam zur Bildung gekommen; unschlüssig und keiner Zukunft gewiß hatte der Jüngling in Wien studiert; als er kein Ende fand, mußte er Hauslehrer sein, bis er, schon grau, durch vermögende Freunde als Schulrat in Linz ein erträgliches Amt fand.

Fünfzehn Jahre lang hielt er sein Amt aus, dann nahm er den Abschied, sich selber zu leben, aber der Tod erlöste ihn bald aus der Plage.

So lag die Pflicht auf dem Leben Adalbert Stifters, als die Sorge nicht mehr darin war, und peinigte ihn, der einen Libellensinn hatte und eher ein Landfahrer war denn ein Beamter; aber die tägliche Pflicht und alle Verstimmung leer gedroschener Stunden reichten nicht auf den Grund, wo der Dichter unterirdisch im Glück war.

Adalbert Stifter hatte in Wien malen gelernt, und wie ein Maler sein Bild wohl aus der Wirklichkeit nimmt, aber die Bäume und Bäche, die Menschen darin und das Gewölk über den Fernen in seinen Farbengrund senkt, daß alles, was einzeln war, Einheit gewinnt in der Fülle des Ganzen: so malte sein Wort die sanften Gebilde.

Er konnte von einem Schicksal berichten, wie einer den Mittag mit all seiner lodernden Glut im blanken Seespiegel sieht: gestern und heut waren eins; alles, was Gegenwart schien, war schon gewesen, wenn seine Sinne es sahen, und alles Vergangene stand wieder zur Gegenwart auf, wenn seine Gedanken es fanden.

Denn jenseits von Zeit und Raum war die Seele ein Spiegel des ewigen Anblicks; was sie verband, war ewig verbunden, und was ihr Gedächtnis behielt, war ewig getrennt vom Versunkenen.

Darum waren die Bücher des Schulrats in Linz seltsam mit Dingen gefüllt, die, allen bekannt, unsagbar fremd erschienen, wie ihre Einzelerscheinung in seinen Schwarzspiegel versenkt war:

Rot hieß nicht rot, und blau hieß nicht blau, und dennoch stand alles in farbiger Glut; wie ein Kind durch buntes Glas die Welt, unheimlich fremd und dennoch mit all ihren Dingen vertraut, staunend betrachtet.

Hebbel

Goethe war tot, und sein gewaltiges Werk wurde noch nicht lebendig, Heinrich von Kleist war vergessen, Stifter und Mörike blieben dem deutschen Volk unbekannt: da wuchs zum andernmal ein Gewaltiger auf, mit seiner Dichtung das Höchste zu wagen.

Zu Wesselburen im friesischen Land hielt sich der Kirchspielvogt einen Schreiber, Friedrich Hebbel geheißen, das Kind armer Leute; aber dem Knaben, schüchtern und ungelenk, wuchsen die blonden Haare um eine hohe Stirn, die von anderen Dingen als seinem täglichen Schreiberdienst voll war.

Sieben Jahre lang schrieb er tagsüber um kärglichen Lohn bei dem Vogt, sieben Jahre lang aber gehörten die Nächte dem Dichter, der in dem friesischen Maurersohn mit schneidenden Schmerzen zur Welt kam.

Als ihm dann endlich die Tür aufgemacht wurde, als ihm Amalie Schoppe altjüngferlich half, nach Hamburg zu kommen, als er in München und Heidelberg wie ein Kolkrabe unter dem bunten Gevögel der andern Studenten in die Hörsäle ging: hielt die Wohltätigkeit seine Armut am Leben.

Sie verließ ihn auch nicht, als sein Trauerspiel von der biblischen Judith offenbar machte, daß wieder ein großer Dichter in Deutschland war, daß in der Gewalttätigkeit seiner Figuren ein Riesengeist seinen Schritt maß.

Das Schicksal hatte den Dichter um seine Jugend gebracht, er trat als Mann in die Welt: das Jünglingsfeuer konnte an ihm nicht mehr entbrennen, wie es vordem an Schillers Räubern entbrannte, und die Männer der Zeit fand er als dumpfes Geschlecht.

So mußte Hebbel den Weg einsam beginnen, und niemand holte ihn ein, bis er im Felsengebirg seiner Höhe sich abseits der Zeit, abseits der Liebe, abseits der Ehrfurcht trotzig allein fand.

Einmal rief er zurück, als er den Menschen seiner Zeit den Meister Anton hinstellte, als er die Kleinbürgerwelt in sein bitterstes Stück ballte, ihre Enge und seine Herkunft zermalmend.

Aber die seine Stimme vernahmen, wichen erschrocken vor seinem Ingrimm und seiner grausamen Kälte zurück, weil sie die Sehnsucht darin nicht verstanden.

So stürmte er weiter ohne Genossen und schrieb, schon im Geleucht der Firnen, das Hohelied der Keuschheit, als er Gyges und den entweihten Ring vor den Richterstuhl stellte.

Als er zuletzt, seinem Volk in der dumpfen Gegenwart fremd, in die Ferne der Herkunft hinein blickte, ritten am Himmelsrand hin die gewaltigen Recken der Nibelungen zu ihrem Blutfest in Ungarn.

Was keiner zu wagen vermessen sein konnte, er tat es: er rief die Gewaltigen an samt ihrer Riesenfrau Schwester und bannte die Schatten auf seine Bretter.

Seit Goethe den Faust rief, seit Kleist die homerischen Helden beschwor, wurde nicht mehr so großes gewagt: die Zeit kam und staunte in ihre riesige Herkunft, aber sie konnte, durch seine Bretter verwirrt, die Größe nicht mehr ermessen.

Wie ein Kolkrabe unter dem bunten Gevögel der jungdeutschen Dichter stand Hebbel, als er sein Tagebuch schrieb: sein Riesengeist fand sich selber zuletzt als Genossen; es schauerte ihn vor den eigenen Blättern, wie seine Seele allein in der Zeit und seinem Volk war.

Grillparzer

Als Hebbel nach Wien kam, war Grillparzer schon in die Stille gegangen; der Dichter von gestern wollte nicht mehr in der Gegenwart sein.

Schiller und Goethe und die Romantik hatten in seine Jugend geleuchtet, und wie ein Steinboden im Licht der Glasfenster glüht — alle Farben trinkt sein graues Gestein aus den Scheiben und macht ein sanftes Spiel aus der Glut — so war seine Dichtung ein Abglanz.

Aber Grillparzer war ein Österreicher Kind, und die Kaiserstadt legte den Abglanz des Dichters auf köstlichen Marmor, daß keiner die Glasfenster sah, nur noch den sanften Schein auf den Fliesen und seine vielfarbige Kühle.

Medea, Sappho und Hero, all seine Frauengestalten waren wohl Töchter der Iphigenia; aber im Hause Maria Theresias hatten sie irdischer schreiten, lächeln und leiden gelernt als ihre erhabene Mutter in Weimar.

Auch hieß ein Dichter in Wien anders als sonst im Reich ein Schildhalter der alten Herrlichkeit sein; denn Wien war die Habsburger Hofburg: wie einmal der britische Dichter die Dramen der Könige schrieb, wollte Grillparzer den Habsburger Kaisertraum auf die Schaubühne bringen.

Aber den Herren der Hofburg gefiel solcher Bühnenruhm nicht; in Wien ein Österreicher hieß eine Maske Metternichs sein; weil er zu hochmütig war, sich zu verstecken, und zu schwach, sich zu zeigen, ging er beiseite.

Denn weder ein Mann seiner Zeit wie Uhland, der wackere Schwabe, noch seiner ewigen Sendung gewiß in stolzer Bescheidung, wie der Pfarrer in Cleversulzbach, war Grillparzer, der Dichter in Wien.

Vergrollt und von Grillen geplagt, wurde er alt; als die Glut der Fenster verblaßte, schwand auch der Abglanz auf seinen marmornen Fliesen dahin; der einsame Dichter in Wien wurde vergessen, bis ein später Ruhm den Spätling wieder ans Tageslicht brachte.

Schopenhauer

Als Goethe ein Greis und fast schon ein Götterbild war, fand er Gefallen an einem Jüngling, der ihm als der Sohn einer schreibenden Dame in Weimar über den Weg kam: Schopenhauer geheißen und Schüler des großen Immanuel Kant.

Der Jüngling hatte freilich den Weisen von Königsberg nicht mehr gesehen, aber in seinen gewaltigen Schriften die Heimat erkannt, darin er sich einzig als Erbhalter fühlte.

Wohl standen Fichte, Hegel und Schelling im Reichtum der Kantischen Erbschaft geehrt, er aber hieß sie Erbschleicher und Fälscher; wie ein Prinz mündig wird, kam er, im Reich der Wahrheit der rechte Thronfolger zu heißen.

Alle Erscheinung der Dinge — so hatte der Meister gelehrt —

ist nur das Blendwerk der Sinne; in Zeit und Raum eingehängt, vermag die Erfahrung keine Erkenntnis zu bringen über das Ding jenseits der Dinge, über das Wesen der Welt.

Die Welt als Vorstellung nannte der Schüler den Schein, er aber wollte im Schein das Wesen benennen, und er hieß es die Welt als Wille.

Der Wille allein war der Schlüssel zum Wesen, der Wille war frei in der Ursächlichkeit aller Dinge, aus ihm allein kam Erkenntnis, das Rätsel der Sinne zu lösen, weil er der ewige Antrieb, weil er das Leben im Schein, die Seele im Sinnbild der Welt war.

So wollte der Schüler den Schleier der Maja durchleuchten, den der Meister als Blendwerk der Sinne erkannte; so glaubte sein Eifer den Spiegel der Wahrheit zu halten, darin er sein Ich und sein Du in einem erblickte.

Weil ihm ein irdisches Wort den Schlüssel zur Welt gab, dachte er seine Gedanken diesseits und brauchte nicht schwindelnden Pfades im Jenseits zu irren; aber die Zeit war im Jenseits befangen, und die der Jüngling Fälscher und Erbschleicher nannte, regierten trotz seinem Zorn.

Er hatte sein Tagwerk zu früh getan und mußte in Einsamkeit warten; wie Buddha zu den Brahmanen hatte sein Mund die Weisheit der Erde gegen den Himmel der Priester gesprochen, aber ihm fehlten die Jünger.

In seinen Wünschen — dies war seine Lehre — waren dem Menschen die Wurzeln des Guten und Bösen verstrickt, das Leben mit Wirrsal zu füllen: seinen Willen verneinen, hieß auch vom Leiden erlöst sein.

Denn wollen hieß leben, und leben hieß noch im Blendwerk der Wünsche verbannt sein: der Weise ging durch Erkenntnis, das Nichts seiner Wünsche, aber das All seiner Stille zu finden.

Der so im Abendland lehrte, uralte Erkenntnis der Erde gegen den Himmel der Priester, war seiner irdischen Weisheit kein Weiser;

grimmig und germanischer Streitlust stachlig wie ein Igel, schaffend und scheltend saß er ein Leben lang in Frankfurt am Main, den Aufgang seines Werkes zu erwarten.

Als ihm das Alter endlich den Ruhm brachte, war seine Stirn zu müde, den Lorbeer zu tragen; aber die Greisenhände streichelten noch an den wintergrünen Blättern, ehe er bitter lachend dahin fuhr.

Der Schillertag

Um die Lebendigen war eine Leere, und Gras wuchs über das große Gedächtnis; die Zeit der deutschen Bildung begann, aber die Bildung hatte bei Gellert zu Abend gegessen und dreist Goethes Schlafrock angetan.

Glauben und Glück gingen am Sonntag spazieren; die Kunst als Pudel der Bildung spaßhaft geschoren, sprang nebenher.

Das war die Zeit, da Beethoven einsam sein Alterswerk schrieb, indessen der Freischütz dem Bürger das Morgen- und Abendlied wurde.

Das war die Zeit, da fleißige Maler der Bildung Romantik ins Album malten, da die Sehnsucht der Sänger nur noch die Wohlust der häuslichen Herrlichkeit war.

Da Ludwig Richter um die Gestalten der Märchen und Sagen sein liebes Rankenwerk machte, da jeder Malergesell ein Taugenichts war von Eichendorffs Gnaden.

Das war die Malkastenzeit, da die Stadt an der Düssel sich ihrer Gärten und Künstlerschaft rühmte, da der Rhein eitel Mondschein und Becherklang war.

Da die Rafaeliten in Remagen ihre blasse Frömmigkeit malten und Rethels herrliche Hand, die den Totentanz machte, an den Bildern im Aachener Kaisersaal traurig verdorrte.

Da Kaulbach ein neuer Michelangelo wurde, bis endlich Piloty, der deutsche Tizian kam, seinen unsterblichen Ruhm unsterblicher zu verdunkeln.

Das war die Zeit, da Schillers Geburtstag zum hundertsten Mal jährte.

Der Goethetag war eine verborgene Feier gewesen, ein Sternbild über dem stummen Land; der Schillertag wurde das rauschende Fest seines Volkes.

Den Sänger der Freiheit hießen sie ihn, und weil die Freiheit im deutschen Bund eingesargt war, kam die deutsche Bildung mit Kränzen und Fahnen, mit Böllern und Glockengeläut, mit Reden und Männergesängen, das Grab der Freiheit zu feiern.

Um die Lebendigen war eine Leere, und Gras wuchs über das große Gedächtnis; aber am Schillertag blühte im Kornfeld der Bildung das Unkraut der deutschen Begeisterung auf.

Der Geheimrat hörte das Glockengeläut gern; wohl brauste die Jugend hinein und manche Rede klang scharf in den Tag: aber das Wahre, Schöne und Gute hatte gesiegt über die Geister von gestern, und hatte die Völker in seiner Hand fromm und glücklich gemacht.

Friedrich List

Als die Deutschen den Schillertag feierten, war es im dreizehnten Jahr, daß ein anderer Schwabe, verdüstert und müde der deutschen Ermattung, in Kufstein sein rastloses Leben mit einer Kugel beschloß.

Er war kein Dichter, und als er am Tübinger Stift Staatswissenschaft lehrte, hieß ihm Hölderlin wenig; unnütze Träume galten dem praktischen Schwaben Griechenlands Götter, und bläßliche Feiertagsfreude ein Frühlingsgedicht.

Ein fröhlicher Hammerschlag lockte ihn mehr als die Wehmut versunkener Dinge; und weil seinem Gegenwartssinn verschimmelte Weisheit zu lehren nicht mehr behagte, weil zuviel Pastorengeruch in der Tübinger Luft war, ließ er sein Amt, das Stift und die Stadt, in Stuttgart den Stätten der Arbeit näher zu sein.

Das aber war zu der Zeit, da Sand den Kotzebue totstach, da die Karlsbader Beschlüsse den Mord an der deutschen Burschenschaft rächten; sie fanden auch List, der die Regierung in Stuttgart mit zornigen Eingaben plagte, und setzten den lästigen Mahner hinter das eisenbeschlagene Tor auf dem Asperg.

Sich aus der harten Haft zu befreien, versprach er, das schwäbische Land mit der neuen Welt zu vertauschen und über dem Meer dem frommen Geheimrat nicht mehr im Weg zu sein.

So kam der Reutlinger Schwabe zu seiner Weltbürgerschaft, so kam der arme Professor zu Reichtum; denn als er drüben das Glück in einem Kohlenflöz fand, griff seine Schwabenhand zu: solch einen Hans im Glück hatten die Leute im Osten längst nicht mehr gesehen, wie es der Schwabe in Pennsylvanien war.

Aber er wollte ein anderer Glücksritter werden als für den eigenen Beutel; er hatte die Quelle des Reichtums gefunden und wollte sie fließen machen für alle: Deutschland sollte nicht länger das Hungerland seiner Fürsten und ihrer höfischen Bettelschaft sein.

Der Traum einer anderen Wirtschaft blühte ihm auf, als der Zünfte und kleinen Gewerke: der deutsche Boden war schwer an Schätzen; Kohlen und Eisen konnten dem Vaterland Wohlstand und Freiheit bedeuten; denn die Armut allein — so glaubte sein glühender Traum — machte die Menschen unfrei.

Bahnen, quer durch die Grenzen der Fürsten gebaut, sollten den Städten die Nahrung der Bauernschaft bringen; die Städte hingegen sollten die Werkstätten sein für alles Gerät, das die Landwirtschaft brauchte.

Eines sollte dem andern die Wage des Wohlstandes halten, rascher Verkehr und planvoller Handel die Preise bestimmen, Zölle die heimischen Werkstätten schützen, Ausfuhr und Einfuhr die kluge Benützung des Weltverkehrs sein.

Ehe sein glühender Eifer mit solchem Traum in die Wirklichkeit ging, schrieb er ihn auf in dem klugen und heftigen Buch seiner

Volkswirtschaftslehre; dann kam er zurück übers Meer wie der Hans im Glück, mit dem Goldklumpen seiner Pläne das deutsche Volk zu beglücken.

Aber das deutsche Volk saß im Spinnennetz seiner Fürsten, seine Gegenwart war an den Grenzpfahl gebunden und seine Zukunft an den Geheimrat; wo ein Stück grünes Land war, ging die Vergangenheit auf die Weide.

Was in der neuen Welt ein Kinderspiel schien, war ein Herkuleswerk in der alten; jahrelang ringend mußte der schwäbische Hans seinen Goldklumpen tauschen, bis er am Ende von all seinen Täuschen den grauen Wetzstein behielt.

Da wußte er freilich, daß es zuerst die Schärfe der deutschen Sensen und Sinne aus ihrer Stumpfheit zu wetzen galt; und er wetzte, daß aus den Funken der Brand in die faulen Strohdächer sprang.

Bis der Hans im Glück ein verdrossener Mann und seine Volkswirtschaftslehre ein durchlöcherter Regenschirm war, bis eine Kugel die letzte Enttäuschung bezahlte, bis Friedrich List in Kufstein verscharrt wurde.

Aber sein Goldklumpen war unterdessen in rüstige Hände gefallen: was Friedrich List nicht vermochte, das münzten sie aus, ihren Beutel zu füllen; und als sich im Flickwerk der Fürsten Wohlstand und Freiheit zu regen begannen, regte sich sein Vermächtnis.

Die Eisenbahn

Der Menschengeist hatte den Dämon aus Feuer und Wasser gebändigt; im Eisenbauch schwerer Maschinen saß er gefangen, Mühlen und Hämmer, Räder und Spindeln zu treiben: nun wurde er Roß vor dem Wagen.

Von England kam das neue Wunder der Welt; als es zuerst von Nürnberg nach Fürth lief, strömten die Leute weither, die sausende Fahrt mit Feuer und Dampf zu bestaunen.

Der Eisenbauch der Maschine war auf Räder gestellt; die aber liefen, vom zischenden Dampf in den Kolben getrieben, auf eisernen Schienen schneller durchs Land hin, als je ein Roß zu rennen vermochte.

Ein Feuerroß schien die neue Maschine den Menschen, mit dampfenden Nüstern; so stark war das bauchige Ungetüm, daß es gleich einen ganzen Wagenzug hinter sich her zog.

Die Ärzte hatten die Hände gerungen, und der Geheimrat sah grollend dem leichtfertigen Untertan zu; aber die Kaufleute wollten die Eisenbahn haben, und wie eine Hummel fuhr List, ihr Herold, herum.

In Sachsen gelang es dem Schwaben, den ersten Fernweg in Deutschland von Dresden nach Leipzig zu bauen; er muße den Elbe- und Muldefluß überbrücken, er mußte bei Oberau gar durch einen Berg gehen — einen Tunnel hießen sie solch eine Höhle, daraus das Ungetüm brausend hervorkam — aber die Eisenbahn brachte den Passagier, der einen langen gerumpelten Tag mit der Post oder drei Tagesmärsche brauchte, in fünfundeinhalb Stunden von Dresden nach Leipzig.

Zwar rauchte der Schornstein unaufhörlich, und im Feuerschein flogen die Funken über die offenen Wagen; doch brach kein Rad in den Löchern der Straße, und es wurde kein Pferd lahm.

Der Postillon hatte verspielt trotz Mondschein und Horn, und auf der langen Allee von Leipzig nach Dresden blieben die Planwagen aus, bis die Straße leer wurde vom Fremdenverkehr und nur noch das Bauernfuhrwerk seine langsamen Räder hinrollte.

Und wie es in Sachsen geschah, wurden in Preußen, am Rhein und in Bayern die eisernen Schienen quer über die Felder und Wiesen durch Hügeleinschnitte und über haushohe Dämme gelegt; staunende Dörfer und schweigende Wälder sahen das rauchende Ungetüm fahren.

Städte, sonst tagefern voneinander, wurden auf Stunden genähert: wer in der Frühe aus Hamburg wegfuhr, konnte abends schon in Berlin den Freischütz hören.

So wurde ein anderes Netz über Deutschland gespannt, als es das Spinnennetz Metternichs war; noch konnten die Grenzen der Fürsten die Strecken biegen und brechen, aber die Schienen bohrten sich durch und bohrten dem freien Verkehr der Völker die Gasse.

Wo die Eisenbahn hinkam, brachte sie Kohle, und wo die Kohle hinkam, konnten die Schornsteine rauchen; so ging der Traum des Reutlinger Schwaben doch in Erfüllung, Handel und Wandel, aus ihrer Enge befreit, wuchsen ins Weite: an seinen Bahnen wollte das Flickwerk der Fürsten ein Vaterland werden.

Der Zollverein

Die Eisenbahn baute die Wege, die Völker im Reich zu verbinden; aber die Zölle legten landaus, landein die Schranken der Fürsten darüber.

Länder und Landschaften, Städte und Märkte hielten mit Eifersucht ihre Grenzen gesperrt; je rascher die Eisenbahn Waren und Güter herbrachte, je zorniger wurde der Zank um den Zoll, der sie tagelang hinhielt.

Die preußischen Länder, vom Rhein bis zum Memel aus langer Erwerbschaft geflickt und seit dem Wiener Kongreß mit der Schere zerschnitten, mußten den Mangel am meisten erfahren: so kam es, daß Preußen die Unrast der kommenden Einheit im Vaterland wurde.

Habsburg und Brandenburg rangen im Reich um die Macht, seit der Spötter von Sanssouci Maria Theresia Schlesien nahm; als der zähen Preußengeduld der deutsche Zollverein glückte, waren der Habsburger Vormacht die Stränge zerschnitten.

Mit den kleinen Nachbarn fing Preußen sein zähes Geduldspiel an, die größeren wollten sich wehren, und jahrelang rangen die Mächte im deutschen Bund gegen die preußischen Pläne.

Wie ein böses Geschwür sahen die Herren der Hofburg den neumodischen Bund wachsen, darin statt dem Schwert die Wage des Kaufmanns regierte, darin Habsburg, am Rande des Reiches, nicht mehr das Schwungrad im deutschen Räderwerk war.

Preußen hatte den Rhein, und wer den Rhein hatte, konnte den Handel in Deutschland bestimmen; auch war es die Zange, die norddeutschen Länder zu packen, und die preußische Zange scheute sich nicht, wo sie konnte, zu zwicken.

So wurde erstmals im Zollverein wahr, was deutsche Herzen erhofften; wohl blieben die Grenzpfähle stehen, mit den Farben von vielerlei Fürsten zu prahlen und all ihrem bunten Wappengetier: aber von Preußen nach Bayern, von Hamburg zum Bodensee gingen die zollfreien Waren, als ob das Vaterland Wirklichkeit wäre.

Der Kaufmann hatte gesiegt über den frommen Geheimrat; doch Preußen hatte dem Zoll das Ziel und dem Handel die Wege bestimmt; der Fuchs in Berlin wußte genau: der Zollverein war die Vernunft, und die Vernunft war der Vorteil im Zwang der kommenden Macht.

Der preußische Bundesgesandte

Als der preußische Junker Otto von Bismarck nach Frankfurt zum Bundestag kam, war die Paulskirche wieder geschlossen, der deutsche Bund hielt seine Sitzungen ab, als wäre niemals ein März in seinen Winter gefahren.

Der Junker von Bismarck hatte das Handwerk der Diplomatie in keiner Schule gelernt, er konnte reiten, fechten und tanzen, er konnte ein frecher und fröhlicher Kerl sein: weil alle die andern Gesandten auf Schleichwegen gingen, hörten sie bald seine Stiefel knarren.

Die Märztage hatten dem Junker von Bismarck eine Narbe ins Herz gebrannt, die schwarzweiße Fahne war durch die schwarzrotgoldenen Farben in Schande gekommen: er konnte dem Teufel ins Angesicht lachen, aber die Märzfarben ertrug er nicht.

Mehr als ein Deutscher war er ein Preuße, und mehr als ein Preuße ein Junker: der König war Herr, und er war seiner Herrlichkeit Träger; wer ihm hinein sprach, hatte den König gekränkt; und Kränkungen des Königs ertrug ein Junkerblut nicht, weil der König von Gottes Gnaden und der Junker vom König, also gottgewollt war.

So paßte der Todfeind des Liberalismus den schwarzgelben Herren der Hofburg; aber sein dreistes Preußentum verdroß ihren Hochmut.

Sie waren gewohnt, im Bundestag ihre Schlingen zu legen, und der Troß der Gesandten war nur die Meute der Hofburg; aber der Junker von Bismarck war weder Hase noch Fuchs oder sonst ein jagdbares Tier, eher ein Jäger und also bereit, sie selber in ihrer Schlinge zu fangen.

Sie waren Meister der Schule, er lachte zu ihren Ränken und stellte die hohe Diplomatie getrost auf den Kopf, er nannte die Dinge tolldreist beim Namen und war seiner Sache gewiß, daß Klugheit und Mut ohne Verkleidung stärker und sicherer wären.

So machte er, der bei den Schwarzgelben heiter zu Tisch saß, der ihren Damen ein witziger Kavalier und ihren Neunmalgescheiten ein dummdreister Gernegroß schien, die schwarzweißen Farben wieder frisch, die seit Olmütz verstaubt waren.

Nur das Volk sah nichts als den preußischen Junker in seiner Hünengestalt; ihm galt der Preußengesandte in Frankfurt der Todfeind des Vaterlandes und der Klopffechter verschimmelter Fürstengewalt.

Der Regent

Der König von Preußen hatte die schwarzgoldene Schärpe getragen und war nach Olmütz gegangen; er hatte geschwärmt und geredet und Kirchen gebaut, er hatte die Hoffnung, den Groll und die Ohnmacht der Deutschen nacheinander betrogen: als er ins Alter kam, waren nur schwankende Schatten von seinem Umriß geblieben.

Lange bevor ihn ein Schlaganfall hinwarf, seinen Schwarmgeist völlig umnachtend, hatte der festere Schatten von seinem Bruder hinter dem König gestanden, wie ein Pfahl bei dem schwankenden Baum steht.

Er war weder geistreich noch redebegabt, nur ein Soldat; alles, was einen Fürsten bei seinem Volk beliebt machen kann, fehlte dem kargen hochmütigen Mann; doch jedermann wußte, Prinz Wilhelm war, was der König nicht war, ein Charakter.

Niemand sah ihn je schwanken und zagen; als die Märztage kamen, riet er dem König, unbeugsam zu bleiben, und als im badischen Aufstand die preußische Hand gebraucht wurde, gab sie der Kartätschenprinz her.

So stand seine karge Erscheinung recht in der Zeit als ein Stück Fürstengewalt; die Junker hielten ihm zu, weil er ein Stockpreuße wie sie und lieber ein Gutsherr in Brandenburg als ein Fürst nach dem deutschen Volkswillen war.

Nichts an ihm, außer der langen Gestalt, ging über den Zoll; kein Schatten der Größe witterte um seinen Namen, aber hochmütig und unbeugsam hielt er der Krone die Torwacht.

Das preußische Volk sah ihn verdrossen neben dem Thron stehen, der seinem romantischen Bruder Kanzel und Kirchenstuhl und nun ein Krankenbett war; ihm aber sollte er wieder, das ließ er den Untertan merken, ein Königsstuhl sein.

Ein Königsstuhl ohne Schwall und Gepränge, ein Königsstuhl mit dem Schwert und der Wage als Zeichen der höchsten Gewalt.

Fremd seinem Volk und von allen gehaßt, die an die neue Zeit glaubten, hielt er dem kranken Bruder die Krone, und dennoch heimlich begrüßt, weil wieder nach schwankenden Schatten ein fester Umriß am Fenster der Königsgewalt war.

Der Landtag

Der preußische Landtag war nach dem Geldsack gewählt: drei Klassen teilten dem Volk bei der Wahl die Mündigkeit zu; ein Reicher wählte gleich tausend Armen, auch war der Dreiklassenkammer ein Herrenhaus vorgesetzt, das der König ernannte.

So hatten Junkergewalt und ihr Freund, der Geheimrat, den Willen des preußischen Volkes unmündig gemacht; als aber der neue Regent seine Wehrordnung brachte, war selbst der Dreiklassenlandtag noch widerspenstig.

Der Prinzregent war Soldat, er sah die kommenden Dinge nur mit dem Zündnadelgewehr; drei Jahre statt zwei sollte der Mann Soldat sein; die ganze Jungmannschaft, sechzigtausend statt vierzigtausend, sollte im Waffenrock stehen.

Aber der Bürger im Landtag wollte den Staat um anderer Dinge als um der Soldatengewalt willen; auch sollte dem König das Heer nicht länger als Spielzeug gehören: der Bürger im Landtag sagte ihm Nein!

Wie ein Preußenkönig gewohnt war, tat der Prinzregent unbekümmert das seine: als Österreich mit Rußland in Krieg kam, ließ er sich eilig die Mittel zur Kriegsbereitschaft gewähren und führte indessen die Wehrordnung ein, wie er sie wollte.

So sah sich der Landtag verhöhnt und betrogen: das Heer war verstärkt, die neue Wehrordnung war da, nun sollte das Volk sie bezahlen; aber der Landtag, tapfer und treu im Gesetz, sagte zu solcher Rechtsbeugung Nein!

Dreimal versuchte der König den Trotz des Bürgers zu brechen, dreimal wurde der Landtag entlassen, dreimal kamen die Männer im Willen des Volkes zurück, und immer trotziger wurde ihr Nein.

Denn nun war das schärfste geschehen: der König, bedrängt und gehaßt, von vielen Guten verlassen, hatte den Junker von Bismarck gerufen; und nun stand Trotz gegen eisernen Willen, Rechtsbehauptung gegen Gewalt.

Nicht durch Reden und Kammerbeschlüsse, höhnte der Junker den Landtag: durch Eisen und Blut würden die Fragen der Zeit zur Entscheidung gebracht!

Er hatte den Bund mit Rußland geschlossen, das Heer stand bereit; und was seinem Dämon als Schicksal und Größe von Preußen im Sinn lag, das sollte dem Landtag und seinen Wählern zum Trotz mit dem Schwert in der Faust geschehen.

Der dänische Krieg

Der dänische Seehund hatte die preußische Dogge gebissen, die meerumschlungene Nordmark war dänisch geblieben trotz allem Gesang der Kinder und Greise: nun nahm der Junker von Bismarck den Augenblick wahr, dem Seehund die Zähne zu zeigen.

Friedrich, der dänische König, war ohne Kinder gestorben; der Gottorper Christian erbte sein Land, der ein Prinz des schleswig-holsteinschen Hauses und durch den Willen der Stände Thronfolger in Dänemark war.

Sie wollten mit ihm Schleswig für immer an Dänemark binden; aber ein anderer Prinz des schleswig-holsteinschen Hauses bestritt seinem Vetter die Nordmark und hieß sich als Friedrich, der achte, Herzog von Schleswig und Holstein.

Ihm wollte der deutsche Bund helfen, und als die Preußen und Österreicher in Holstein einrückten, riefen ihn Ritterschaft, Städte und Landschaften zu Kiel als Landesherrn aus.

Die Dänen hießen die Stände samt ihrem Herzog Rebellen, sie rückten mit Schiffen und Heeresmacht aus, der deutschen Bundesarmee noch einmal die Zähne des Seehunds zu zeigen.

Aber nun hatte die preußische Dogge packen und beißen gelernt und wollte die Schande von Olmütz auslöschen; Wrangel konnte noch einmal den zornigen Feldmarschall spielen, und diesmal gingen die Sieger nicht wieder nach Haus.

Bei Düppel hatte der Seehund sein festes Lager gegraben, aber die Dogge wühlte sich durch bis an die Wälle, drei Wochen lang lag sie in Regen und Lehm, dann sprang sie dem dänischen Feind an die Kehle.

Zum zweitenmal wollten die Dänen das Spiel der Mächte beginnen, aber nun hatte der Junker von Bismarck die Karten klüger gemischt: sein Bündnis mit Rußland schreckte die andern, besiegt und verlassen von allen Höfen mußte der dänische Hochmut die Demut auskosten.

Die schwarzweißen und schwarzgelben Fahnen blieben im schleswig-holsteinschen Land, und Wrangel der Feldmarschall brauchte nicht wieder fluchend nach Hause zu gehn; die Kinder und Greise konnten getrost das alte Lied singen: das Wunder, kaum noch geglaubt, blieb in der Wirklichkeit gültig.

Aber das Lied, einmal so stark in den Herzen, wollte nicht klingen; ein Dämon, das fühlten sie alle, hatte das Wunder gemacht: die deutsche Seele, blaß und erschrocken, ahnte, daß dies nur ein Anbeginn war, sie wartete stumm auf den Fortgang, weil ihr vor dem Bruderkampf graute.

Gastein

Schleswig-Holstein, meerumschlungen, war dem Seehund entrissen, aber die Dogge duldete nicht, daß Friedrich der achte als Herzog ins Land kam; vor der preußischen Haustür sollte kein neuer Bundesstaat sein.

Seit Friedrich der Große Schlesien nahm, hatte kein Landgewinn so den preußischen Dämon gelockt; wie damals war wieder ein Mut da, kalt und verwegen, um solchen Gewinn den höchsten Einsatz zu wagen.

Die Bundesgesandten in Frankfurt hörten die knarrenden Stiefel des Junkers von Bismarck; sie waren gekränkt, daß er den hitzigen Eifer der schwarzgelben Fahnen nach Schleswig-Holstein gelockt, aber die Bundesarmee kalt abgewehrt hatte.

Und wie die Bundesgesandten, so haßten die Völker den preußischen Junker, daß er so dreist das alte Mächtespiel trieb; sie wollten ein deutsches Vaterland sein und wollten die friesische Nordmark friedlich und frei im deutschen Staatenverband haben.

Indessen der Herzog der schleswig-holsteinschen Stände sein Glück schwinden sah, gingen die Boten von Wien nach Berlin: der neue Zankapfel hatte den alten locker gemacht, Schlesien wurde für Schleswig gewogen, ein Handel sollte den Machtstreit begraben.

Dem schmählichen Handel zu wehren, hoben die Bundesgesandten in Frankfurt den Schild der Gerechtigkeit auf: das neue Bundesland müsse sein Schicksal selber bestimmen, ein Landtag, in Schleswig-Holstein gewählt, könne das einzige Schiedsgericht sein!

Solche Gerechtigkeit konnte der Junker von Bismarck nicht brauchen; Eisen und Blut sollten entscheiden, noch aber war ihm das Spiel zu gewagt: dem Gegner die letzte Falle zu stellen, lockte er ihn nach Gastein.

Kein Bundestag konnte ihn da mit dem Schild der Gerechtigkeit stören; die Habsüchte von Preußen und Österreich waren allein, und als sie einander die feindliche Bruderhand gaben, hatte die Hofburg dem deutschen Bund die preußische Kränkung mit eigener Kränkung vergolten.

Was ewig ungeteilt bleiben wollte, wurde als Beute der Mächte zerrissen: Preußen nahm Schleswig und Österreich Holstein; Lauenburg wurde um dänische Taler an Preußen verhandelt.

Da sahen die Völker im Vaterland, daß über dem Schild der Gerechtigkeit die Schwerter der Macht gekreuzt waren; die Großen allein wollten den Handel begleichen, die Großen in Wien und Berlin, die den deutschen Bund, seine Fürsten und Völker gleichviel mißbrauchten.

Die Zange

Seit Gastein begannen die Klugen das tolldreiste Glücksspiel zu ahnen; der König von Preußen hatte den Junker von Bismarck zum Grafen gemacht, und keine Bedenklichkeit konnte den kühnen Spieler erreichen.

Er trotzte dem preußischen Landtag, er höhnte die Bundesgesandten, und mehr als ein Bruch der Verfassung geschah dem deutschen Gewissen, als er dem schwarzgelben Bruder den welschen Feind auf den Hals hetzte.

Frankreich und Österreich hatten den letzten Gang um die römische Erbschaft der Kaiser gewagt, und Victor Emanuel war, der sardinische König, der Spieler Frankreichs gewesen.

Er hatte in blutigen Kämpfen den Einsatz gewonnen; aus einem Flickwerk von Staaten war endlich ein einiges Volk auferstanden: Italien hieß es sein Land und Victor Emanuel seinen ruhmreichen König.

Noch einmal hatte das uralte Schlachtfeld der Völker den Lärm und die Leiden des Krieges erfahren, und schwer waren die Schläge Radetzkys gefallen, ehe die Lombardei von den schwarzgelben Fahnen befreit war.

Nur noch Venetien blieb in der Habsburger Hand; die reiche Provinz heimzuholen, winkte ein Bündnis mit Preußen: über die Alpen reichte der Sieger von Gastein den Welschen die schwarzweiße Hand, den schwarzgelben Feind in der Zange zu haben.

Das Zündnadelgewehr

Als Preußen den Bruderkrieg anfing, war Österreich immer noch mächtig im Bund, auch brach ein Schrei aus der Tiefe des Volkes gegen den preußischen Frevel: aber der eiserne Graf glaubte an den Soldaten, und der Soldat glaubte ans Zündnadelgewehr.

Der Teufel — hieß es — habe den Preußen die Waffe erfunden, schneller zu schießen als sonst ein redlicher Schütze; indessen er kniete und mit dem Ladestock lud, hatte der Preuße schon zweimal geschossen.

Und wie das Gewehr war sein Gefecht vom Teufel gesegnet; alles ging nach der Uhr: hierhin und dorthin marschierten die Heere, aber zur Stunde der Schlacht waren sie da mit der Zange.

Drei preußische Heere zogen nach Böhmen, wo Benedek langsam gegen die Lausitz vorrückte; drei Muren brachen aus dem Gebirge ins böhmische Land, das österreichische Heer zu erdrücken.

Der ersten bot es die Front, aber die andern waren die Zange; als die schwarzgelben Fahnen bei Königgrätz standen, den Stoß aufzufangen, war die Schlacht schon verloren.

Gleich einer Burg waren die Hügel von Chlum vorgebaut gegen die Sümpfe der Bistritz, und Benedek stand jedem Sturm, seit früh ging die Schlacht und mittags kam sie zu stehen, schon winkte der Sieg den schwarzgelben Fahnen, als rechts im Rücken Kanonendonner begann.

Die zweite Mure war da, und schon kam die dritte von links, die Zange zu schließen; da half den schwarzgelben Fahnen die Burg und die Tapferkeit nichts, und alles Blut des grausamen Tages war ihnen vergeblich geflossen: sie mußten die Hügel von Chlum, sie mußten die Burg, das Feld und den Sieg dem flinkeren Feind lassen.

Die Schlacht war verloren und mit ihr der Krieg; bald standen die Sieger im Marchfeld: da hatte einmal das Glück von Habsburg begonnen, da ging es zu Ende.

Einen dreißigjährigen Krieg hatten die Neunmalklugen verheißen, nun war er in einem Monat vorüber; die hitzigen Sieger wollten nach Wien, aber der eiserne Graf fiel ihrem Roß in die Zügel: zu Nikolsburg machte ein rascher Friede dem raschen Feldzug ein Ende.

Indessen die großen Dinge in Böhmen geschahen, liefen die kleinen emsig in Franken: bei Langensalza hatten die Preußen das Heer von Hannover mit ihrem blinden König gefangen; aber die Kurhessen und Bayern, Schwaben und Badener schlugen sich mit den Preußen auf vielerlei Straßen und Brücken herum.

Die Preußen schossen auch hier mit dem Zündnadelgewehr, die großen Kanonen standen in Böhmen; ehe sie kamen, wehten die weißen Fahnen auch schon in Franken.

Nie hatte ein Frieden den Ölzweig so eilig gebracht, wie der von Nikolsburg tat; kaum wußte der Bauer vom Krieg, kamen die Krieger schon heim, die Ernte zu halten.

Es war nur ein Sommergewitter, sagten die Völker, weil es zu schwül im Vaterland war! und die das Wort hörten, spürten es wohl: das Wetter war aus, und die Luft war gereinigt.

Noch standen die preußischen Heere im Feld, als der Gesandte von Frankreich, Benedetti geheißen, hochmütig in Preußen anklopfte: Mainz oder Krieg! — Dann Krieg! höhnte der Graf, und Deutschland fühlte den Sieg, der in dem stolzen Wort lag.

Der norddeutsche Bund

Zum drittenmal hatte der preußische Dämon die Falle gestellt, aber nun fing er die Fürsten von Hessen, Hannover und Nassau und auch die freie Stadt Frankfurt.

Sie hatten Preußen gehaßt und Habsburg getraut, der Frieden von Nikolsburg machte sie vogelfrei; von Habsburg treulos verlassen, mußten sie Thron und Land an Preußen verlieren.

Noch war der König von Preußen nicht Kaiser, aber sein Kanzler, der eiserne Graf, übte die Kaisergewalt Barbarossas; wie der Staufer sein stolzes Maifeld, berief er den norddeutschen Bund.

Nicht auf den goldenen Feldern bei Mainz, nicht an den fröhlichen Ufern des Rheinstroms, in der kargen Königsstadt an der Spree, glanzlos und nüchtern mußte der neue Reichstag den Bau des Bundes beginnen.

Auch rief kein Herold die sieben Heerschilde auf, von dem stolzen Turmbau der Stände war nur noch die Stimme geblieben, die einmal in Urväterzeiten der Freiemann war und die nun im freien und gleichen Wahlrecht der Männer wieder zu Wort kam.

So hatte es Bismarck den Deutschen versprochen, bevor sie nach Königgrätz gingen, so hielt er nun Wort; die dem Junker mißtraut hatten, mußten erkennen, wie klug und stark der preußische Wille auf die Kaisergewalt zielte.

Denn noch schied der Main Süddeutschland vom Bund; mit Ingrimm und Sorge sahen die Fürsten und Völker nach Norden, was nun der Preuße begänne.

Die Fürsten schonte er nicht, das sahen sie alle, aber die Völker konnte das Zündnadelgewehr nicht gewinnen: wohl aber, wie nun im norddeutschen Bund das Flickwerk der Fürsten zuerst ein Vaterland wurde mit einer freien Verfassung.

Der neue Napoleon

Ein Abendrot brannte am Himmel von Frankreich sein Feuerwerk ab, der gallische Hahn stand in greller Beleuchtung und spreizte sein buntes Gefieder, daß wieder ein Kaiser Napoleon war.

Der den gewaltigen Namen und sein Gedächtnis, den Ruhm des Kaisers und den Rausch des französischen Volkes als seinen Glorienschein trug, hatte nur seine Statur, nicht aber den Schritt des korsischen Oheims überkommen.

Mit Abenteuern und Listen mancherlei Art war ihm der Aufstieg geglückt, aber der Atem wurde ihm eng, als er den Kaiserthron hatte; Großes zu tun vermochte er nicht, so gab er dem Kleinen den Anschein der Größe.

Zwar schien ihm das Kriegsglück gewogen, auf den lombardischen Feldern gewann er die Schlachten gegen den Habsburger Erbfeind: Magenta und Solferino klangen dem fränkischen Ehrgeiz nicht weniger stolz als einmal Arcole und Lodi.

Nie hatte ein Kaiser der alten Zeit die Straßen von Mailand so blumenbestreut gesehen, als da er der stolzen Stadt ihren König Victor Emanuel zeigte; und seit den Tagen des Korsen hatte kein Jubel Paris so erfüllt, als da er Savoyen und Nizza als Siegesbeute heimbrachte.

Da standen die Tore der Tuilerien geöffnet wie einst, Könige kamen, den neuen Herrn der Welt zu begrüßen; die Völker des Abendlands sahen den Kaiser von Frankreich wieder als Schiedsrichter walten.

In seinen Glanz fiel der Schatten, als Preußen der Tag von Königgrätz glückte; wohl riefen die kläglich Besiegten den Kaiser als Schiedsrichter an, und das alte Rheinbundspiel schien zu glücken: als aber Napoleon Mainz und die Pfalz als Siegesbeute heimbringen wollte, wies Bismarck, der eiserne Graf in Berlin, seinem Gesandten die Tür.

Den Tag von Sadowa hießen die Franzosen die böhmische Schlacht, die ihrem Kaiser das Glücksspiel verdarb; den Tag von Sadowa zu rächen, blieb danach ihr Feldgeschrei, bis es dem Kaiser zum Schicksal und seinem ruhmgierigen Volk zur Demütigung wurde.

Die Emser Depesche

Durch Eisen und Blut sollten die Dinge geschehen: Bruderblut war um den norddeutschen Bund in Böhmen und Franken geflossen; um das Reich mußte Krieg sein mit dem Erbfeind im Westen.

Denn immer noch lag der Schatten des Rheinbunds quer vor den kommenden Dingen: bei dem Schiedsrichter der Tuilerien hatten die süddeutschen Fürsten Schutz gesucht gegen Preußen; Österreich war, Sadowa zu rächen, im Bündnis mit Frankreich.

Sollte ein einiges Vaterland werden, so mußte die welsche Hand aus dem Spiel sein; Bismarck, der eiserne Kanzler war tollkühn genug, den Schlag gegen den Kaiser von Frankreich zu wagen.

Als sich der Kaiser danach um Luxemburg mühte, sagten die Spötter in Frankreich: Napoleon habe das Wild von Sadowa gefehlt und wolle nun rasch einen Hasen vom Händler heimbringen; aber der Sieger von Gastein brachte ihn auch um den Hasen.

Alles verdarb der Dämon in Preußen dem grämlichen Kaiser, bis ihm der spanische Handel das rote Tuch war, seinen Zorn unklug zu machen.

Isabella, die spanische Königin, war nach Frankreich geflüchtet; die Großen des Landes boten die Krone dem Eidam des Königs von Portugal an, der selber dem Kaiser verwandt, aber ein Hohenzoller war.

Seitdem der Burggraf von Nürnberg nach Brandenburg kam und die fränkische Sippe der Zollern in Preußen ihr Glück machte, hatte der schwäbische Stamm bescheiden im Dunkel gesessen, bis Napoleon selber den Prinzen Carol auf den rumänischen Thron brachte.

Nun sollte sein Bruder König von Spanien werden; das aber rief den Franzosen die Furcht der spanischen Weltherrschaft wach: was einmal Habsburg vermochte, sollte den Zollern nicht wieder gelingen.

Der Zorn von Sadowa schrie Rache; Kaiser und Kammer in Frankreich, noch eben im Streit, sahen den Tag der Vergeltung und sprangen dem Kanzler hinein in die klug gestellte Verblendung.

Einen Krieg über Deutschland zu bringen, vermochte der Prinz Leopold nicht; als der Sturm in Paris schon Donner und Blitz zuckte, meldete er seinen Verzicht.

Wir haben gewonnen! rief der Minister von Frankreich; aber so billig wollte der gallische Zorn nicht verrauchen: diesmal sollte der König von Preußen das fränkische Siegerrecht fühlen.

Der König von Preußen war schon ein Greis; er machte in Ems seine Kur, als der Gesandte von Frankreich, Benedetti, ihm morgens über den Weg kam: er solle dem Kaiser versprechen, daß niemals mit seinem Willen ein Hohenzoller in Spanien König würde.

Das konnte kein König versprechen; und als der Gesandte den höflichen Greis am selben Tage weiter bedrängte, ließ er ihn wissen: der König von Preußen habe ihm nichts mehr zu sagen!

Durch Eisen und Blut sollten die Dinge geschehen! nun war die Stunde gekommen, da Deutschland dem Kanzler einstehen mußte für sein geharnischtes Wort.

Was keiner zu denken kühn genug war, das vermochte die Emser Depesche; sie war nur ein rascher Bericht nach Berlin; der Kanzler kürzte und klärte den Ton und gab ihn der Zeitung: da las der Deutsche mit Zorn und mit Stolz, wessen sich ein Gesandter von Frankreich vermaß, und wie ein deutscher König die Würde bewahrte.

Sie fühlten in Frankreich den Hieb, und rot brach die Flamme aus ihrem rauchenden Zorn: der Kanzler wollte den Krieg haben, sie wichen ihm nicht zurück und wollten die Antwort bald nach Berlin bringen.

Aber die Völker im Reich verstanden die Stunde: jetzt oder nie mußte das Vaterland sein! und was an den Höfen der Fürsten noch hemmte und zagte, war durch den brausenden Willen gezwungen.

Die Männer

Der König von Preußen kehrte von Ems zurück nach Berlin; das Volk brauste ihm zu als dem kommenden Kaiser; denn nun trennte kein Main mehr das Vaterland in Norden und Süden.

Wo im Norden und Süden ein deutsches Herz war, es spürte die Wende: lange genug hatten die Fürsten das feige Spiel mit Frankreich getrieben, wo eine deutsche Uneinigkeit war, hatte der Franzmann die Finger gerührt; nun aber sollte ein einiges Vaterland sein, und alle Augen sahen nach Preußen.

Da standen die Männer der Stunde und wollten das Tor der deutschen Zukunft aufmachen: da war der König, den sie einmal Kartätschenprinz hießen; aber der Sieger von Königgrätz, besonnen im Ausmaß des Friedens, hatte dem fränkischen Hochmut deutsche Würde gewiesen.

Da war der Kanzler des kommenden Reichs, unbeugsamen Willens und seiner Sache gewiß; wie er die Dinge bei Namen nannte, so nahm er sie auch zur Hand, und was seine Hand nahm, ließ sie nicht fallen.

Da war der Feldherr des Königs, ein Greis wie er und ein Schweiger, kein Marschall zu Roß, aber der heimliche Meister der Zange; wo Moltke den Feldzug führte, war der Soldat nicht verlassen: wo er ihn brauchte, da stand er, und wo er stand, war er getrost, den Feind anzupacken.

Da war der Zeugmeister des preußischen Heeres, Graf Roon, dem alles an seiner Schnur ging, der als getreuer Feldwebel sorgte, daß dem Soldaten das Seine zukam.

Da war der Kronprinz, dessen Kanonen den Sieg nach Königgrätz brachten, blondbärtig und jedermanns Freund und immer bereit, mit jedem zu lachen.

Als er den Oberbefehl nahm über die süddeutschen Heere, vergaßen sie alle den Preußen, weil er ein fröhlicher Mann und für die Bayern, Schwaben wie Hessen bald „Unser Fritz" war.

Nach Frankreich hinein

Wieder wie einmal nach Böhmen ließ Moltke drei Heere nach Frankreich marschieren, und wieder wie damals kam ihre schnelle Bewegung dem Feind in die Flanken.

Über den Rhein nach Baden, Schwaben und Bayern wollte Napoleon ziehen, die süddeutschen Mächte gegen den norddeutschen Bund zu gebrauchen; aber sein Heer kam nicht los von Straßburg und Metz.

Ehe Mac Mahon in Marsch kam mit seiner saumseligen Macht, hatte der Kronprinz den Lauterbach überschritten, den Feind im Elsaß zu packen.

Der Geisberg bei Weißenburg wurde von Preußen und Bayern erstürmt und danach bei Wörth der stolze Mac Mahon geschlagen; ehe sein Heer beisammen war, riß schon der Strudel der schmählich verlorenen Schlacht die fliehenden Massen über den Wasgenwald hin.

Die Steige von Zabern war frei, als Sieger marschierten die Söhne der süddeutschen Länder hinein in das uralte Schlachtfeld der katalaunischen Felder.

Am selben Tag, da Mac Mahon bei Wörth den Ruhm von Magenta verlor, berannten die Preußen der ersten Armee die Spicherer Höhen hinter Saarbrücken; blutige Stürme liefen vom Mittag bis in die Nacht gegen die steilen Waldberge an, Tausende mußten ihr Leben um einen Schritt lassen.

Aber der Schritt machte den Weg nach Lothringen frei, und Lothringen war mit seiner gewaltigen Festung der Schlüssel, den Krieg nach Frankreich zu tragen.

Metz

Auf einer Insel der Mosel, durch waldige Hügel gedeckt, von einem Stachelring starker Vorwerke umschlossen, lag Metz, die mächtigste Festung der Welt, dem Einmarsch nach Frankreich zu wehren.

Hier sollte der Feldzug des Kaisers nach Mainz und Preußen beginnen, aber die Sieger von Spichern und Wörth nahmen ihn gleich in die Zange; auch die stolze Rheinarmee fand den geträumten Siegesweg nicht, und der Marschall Bazaine nahm dem erschrokkenen Kaiser den Oberbefehl ab.

Der Marschall wollte zurück, Mac Mahon zu finden, aber er säumte zu lange; bevor sein Abmarsch begann, standen die Preußen vor Metz, und das blutige Sechstagewerk fing an, sein Heer zu zermalmen.

Sechs Tage lang riefen die großen Kanonen der Festung zum Tanz, sechs Tage lang brüllte die Schlacht ihre Antwort, sechs Tage lang bebte die Erde, sechs Tage lang waren die Hügel um Metz eine Hölle.

Nie hatte die Welt solches Schlachtfeld gesehen, Jena und Austerlitz, Leipzig und Waterloo, Königgrätz: alles versank vor der Wirklichkeit solcher Vernichtung.

Stirn an Stirn standen die Heere am ersten Tag und maßen die Stärke; am zweiten Tag setzten die Preußen im Süden die Zange; am dritten Tag wollte Bazaine den Abmarsch erzwingen, aber der Feind hielt ihn fest in der Flanke; am vierten Tag grub er sich ein, das Antlitz nach Westen; am fünften Tag hielt ihn der eiserne Griff von Süden nach Norden umklammert, bis in die Nacht ging der Kampf; am sechsten Tag saß sein mächtiges Heer in der Festung, und die Festung saß in der Zange.

Mehr Tote als sonst ein Kriegsjahr hatten die Tage gekostet, die Wälder und Wiesen, Brücken und Bäche um Metz lagen voll Leichen, die Dörfer brannten, die Sonne konnte nicht mehr durch den Pulverdampf scheinen.

Da kämpften nicht Feldherrn und Heere um ihren Sieg, da rangen zwei Völker um ihre Stärke: Frankreich und Deutschland trugen den Streit, den Zorn und die Vergeltung aus von einem halben Jahrtausend.

Sedan

Auf den katalaunischen Feldern hatten die Deutschen gedacht, Mac Mahon zu finden; aber er war von Chalons nach Norden gezogen, Bazaine in Metz zu entsetzen; weil aber die deutschen Soldaten zum andernmal schneller marschierten als die Franzosen, gelang es, den Flankenstoß an der Maas abzufangen.

Bei Beaumont geschlagen, mußte Mac Mahon nach Sedan zurück, wo ihn das Schicksal Bazaines schneller und schlimmer erreichte.

Da machte Moltke das letzte Meisterstück seiner Zange; von Osten nach Westen gepackt, wurde das zweite Feldheer des Kaisers nach blutiger Schlacht durch die Tore von Sedan getrieben.

Aber nun war es nicht Metz, die mächtige Festung, mit dem Stachelring ihrer starken Vorwerke, nun war es Sedan mit seinen ärmlichen Wällen, daraus die Feuerschlünde von allen Höhen rundum einen Höllenkessel machten.

Am selben Nachmittag noch mußte die Zitadelle die weiße Fahne aufziehn; und als der Parlamentär aus der Festung zurück kam, war mit dem Heer von Mac Mahon der Kaiser Napoleon selber gefangen.

Der in den Tuilerien als Schiedsrichter über dem Abendland saß, der den Ruhm seines gewaltigen Namens und den Glanz des zweiten Kaiserreichs trug, sandte dem König von Preußen seinen Degen.

Noch in der selben Nacht streckte das Heer Mac Mahons die Waffen; durch den nebligen Morgen des zweiten September ritt Bismarck als Kürassier neben dem Wagen des Kaisers, seinem König, dem Sieger, den kläglich Besiegten zu bringen.

Ein Hurrah lief durch die Reihen und füllte das waldige Tal von Sedan; ein Siegesfest nahm seinen Anfang wie keines der neuen Geschichte.

Vier Wochen lang standen die Heere im Feld, und schon war die Kriegsmacht des Kaisers vernichtet, Napoleon selber gefangen: da mußte der Krieg aus sein und jeder Soldat, fröhlich geschmückt, konnte der Heimat den Frieden mitbringen.

Der Ringkampf der Völker

Die deutschen Siege hatten das letzte Feldheer des Kaisers geschlagen, aber der Kaiser war nicht das Volk der Franzosen; der Ringkampf der Völker fing seine Schrecken erst an, und weit lag der Friede.

Wohl standen die deutschen Heere bald vor Paris, aber das Herz von Frankreich hörte nicht auf zu schlagen; hinter dem Gürtel starker Vorwerke war es gerüstet, auf seine Kinder zu warten.

Der sie rief, war ein anderer Mann als der kränkelnde Kaiser; in einem Luftballon verließ Gambetta die Hauptstadt, und wo sein Feuerwort hinfiel, standen die Söhne des Vaterlands auf, Frankreich zu retten.

Von Norden, Süden und Westen liefen die Sturmwellen an, den dünnen Wall um Paris zu durchbrechen: in Lumpen und Leiden noch einmal Soldaten der großen Armee.

Das Sagenbild der neunköpfigen Schlange wurde den deutschen Soldaten zur bösen Erscheinung; wo ein Mann war, war auch ein Feind, und viele Männer waren in Frankreich.

Der siegreiche Sommer sank längst in den Herbst, und der Winter fing an zu schneien: immer noch warf das tapfere Land neue Heere ins Feld, immer noch sorgten die siegreichen Führer, ob sie des Feindes wohl Herr blieben.

Bis endlich der Hunger die mächtigen Tore von Metz aufmachte, bis endlich die Deutschen im Feld die Übermacht hatten, der Hydra den letzten Kopf abzuhauen.

Bei Orleans an der Loire, bei Amiens und Le Mans, bei Dijon, an der Lisaine, bei St. Quentin: überall hatte das Blut verzweifelter Kämpfe den Schnee gerötet, ehe der Donner der großen Kanonen das Herz und die Hauptstadt von Frankreich bezwang.

Einhundertachtzehn Tage lang war der eiserne Ring um ihre Tore gewesen; Hunger und Schrecken hatten das Herz von Frankreich müde gemacht, bis sein Mut aufhörte zu schlagen.

Tief im Süden, im waldigen Jura fiel noch ein letzter Streich gegen den kühnen Bourbaki; bei Pontarlier wälzte sich der blutige Rumpf der Hydra hinüber zur Schweiz.

Dann endlich war dieser blutige Krieg aus, der ein Ringkampf war zwischen den Völkern, und dem die Welt staunend zusah; denn noch war es Preußen mit seinen süddeutschen Brüdern, das solches gegen das mächtige Frankreich vermochte.

Versailles

Der erste Napoleon hatte das Reich auseinander getreten, weil er der Kaiser im Abendland war; als der dritte Napoleon seine Wiederkunft sah, die er selber erweckte, saß er in Wilhelmshöhe gefangen.

Er hatte um seines Namens willen den Großen gespielt, aber der Große saß in Berlin und war ein preußischer Junker; als der Kaiser seinen Gegner erkannte, war das Spiel schon verloren; als ihm der Krieg an die Gurgel sprang, war Preußen schon Deutschland.

Was die Burschenschaft sang auf der Wartburg, was in der Paulskirche als Wort und Wille des deutschen Volkes aufstand, war in Wirklichkeit da, als Deutschland nach Frankreich marschierte, seinen Zorn an dem Erbfeind zu rächen.

Aus Preußen und Bayern, aus Schwaben und Sachsen, aus Hessen und Baden waren die deutschen Söhne gekommen, weil ihre Fürsten ein Schutz- und Trutzbündnis hatten; aber sie standen im Feld füreinander, weil sie aus einem Vaterland waren.

Niemals konnte der Mann aus dem Heer in eine andere Heimat heimkehren als die seiner deutschen Blutsbrüderschaft vor dem Feind; er hatte den Erbfeind geschlagen, der lange genug der Nutznießer seiner Zwieträchtigkeit war: sollten noch länger Fürsten in Deutschland regieren, durften sie nicht mehr Vögte der Zwietracht, mußten sie Hüter der Eintracht sein.

Durch Eisen und Blut hatte der Kanzler die Eintracht beschworen, aber nun mußte er klug abzuwarten, daß ihr kein Zwang angetan wurde: sollte das Reich kommen, so mußte es sein, wie die Sonne sich selber den Tag weckt.

Erst wurde der Bund der Völker geschlossen, und mancherlei mußte gegeben, gepflegt und geschont sein, ehe die Boten befriedigt heimgingen, ehe Vertrag um Vertrag zum Vaterland wuchs.

Als so das Reich auf der Einigkeit stand, kamen die Fürsten, den Kaiser zu küren; kein anderer konnte es sein als der Greis, der Preußen und Deutschland in diesem siegreichen Kriege führte.

Der König von Bayern mußte ihn nennen; er tat es mit stolzer Gebärde, weil seiner romantischen Seele nichts so verhaßt wie die kleine Erbärmlichkeit war, und weil er kein Neidling sein mochte.

So konnte endlich das Wunder geschehen: im Spiegelsaal zu Versailles standen die Fürsten und Stände der Staaten, Minister, Generäle, Soldaten, dem greisen König von Preußen die deutsche Kaiserkrone zu bringen.

Das Schuldbuch der Menschen

Elsaß-Lothringen

Vor tausend Jahren hatten in Mersen die Söhne Ludwig des Frommen die Erbschaft Lothars geteilt: Ludwig der Deutsche nahm sich den Rhein von der Quelle zum Meer, Karl der Kahle von Frankreich nahm sich Burgund und die südlichen Länder.

Aber das Land Lothars, das seine Brüder sich teilten nach hitzigem Streit, war im karolischen Reich das Herz und die Mitte gewesen, die Wiege und Gruft des großen Bezwingers germanischer Vielheit.

In Aachen stand sein Palast bei dem Münster, darin die Säulen Dietrichs von Bern eingebaut waren, in Ingelheim lag ihm der liebste Landsitz, den Rhein hinauf und hinunter hielten die Pfalzen Wacht an der uralten Straße der Völker.

Die sächsischen, salischen, schwäbischen Kaiser kannten kein Reich, darin nicht der Rhein das Stammland der Kaisermacht war: in Aachen wurden die Kaiser gekrönt, in Mainz war der Kanzler, an den Ufern des Stromes hielten die Heerschilde das Maifeld.

Aber Rudolf von Habsburg, der karge Graf aus der Schweiz, ging in die Ostmark, Böhmen und Österreich als Hausmacht zu gewinnen; deutscher Wahlkönig war er, nicht römischer Kaiser: die Krone sank in den Rhein.

Da wollte das Land Lothars wieder das Herz und die Mitte der Macht werden: Karl der kühne Burgunder begann den Tanz seiner Waffen von Neuß bis Murten; aber die trotzigen Schweizer erschlugen den kommenden König bei Nancy.

Maximilian holte die Braut von Lothringen heim, der Habsburger Erbhalter hieß Hausherr am Rhein; so wurde ein Habsburger Grenzland, was einmal das Stammland der Reichsherrlichkeit war.

Der danach die Kronen der Weltherrschaft trug, Karl, der spanische König, hielt seinen Reichstag in Worms so fremd, wie er in Wien war; als ihm die Kronen hinsanken, war der Bogen zerbrochen, den Habsburg von Osten nach Westen über das Abendland spannte, und Frankreich hieß das Land in der Mitte.

Auch eilte die Schere der Fürsten sich sehr, den Kaisermantel in Stücke zu schneiden; das Kleid der deutschen Uneinigkeit war aus den Fetzen bunt aneinander geflickt: so konnte der König von Frankreich gegen das Reich und den Rhein seine frechen Raubkriege wagen.

Eine Goldkette hatte von Basel bis Utrecht den Prunk der stolzen Reichsstädte gehalten, in Straßburg und Speyer, in Worms, Mainz und Köln ragten die Dome der deutschen Reichsherrlichkeit auf; aber ein deutscher Bischof und Reichsfürst brach den herrlichsten Stein aus der Kette: Karl Egon von Fürstenberg verriet das Münster Erwins von Steinbach an Frankreich.

Und wie der Bischof von Straßburg, so taten die rheinischen Fürsten; im Rheinbund brachen sie Kaiser und Reich die Treue, bis endlich der Tag von Regensburg den verschlissenen Reif von der Stirn des Habsburgers nahm.

Mehr als ein halbes Jahrtausend hatten seitdem die Völker im Reich mit den Fürsten gerungen, daß wieder ein Vaterland würde; nun war es geschehen durch Eisen und Blut: im Spiegelsaal von Versailles brachte der eiserne Kanzler dem greisen König von Preußen die Krone.

Das Reich stand im Glanz neuen Glücks und wollte die Goldkette der alten Reichsherrlichkeit flicken; ein deutscher Strom war der Rhein, keine Grenze; das Münster von Straßburg sah wieder den Reichsadler wehen.

Aber der Sieger wollte dem Schicksal die Tore verbauen; das gewaltige Metz raffte sein Übermut aus den Flanken des Feindes: so wurde dem Recht Gewalt angetan, so wurde dem Stolz der Franzosen die blutende Wunde gerissen.

Zwei Völker hatten gerungen, aber sie machten nicht Frieden; wohl wurde in Frankfurt mit goldener Feder der Pakt unterzeichnet, aber die Schwerter blieben gekreuzt, und der Haß grub seine unheilvollen Rinnen.

Der Reichstag

Tapfere Dinge waren getan, und Großes war ruhmreich gegründet: wie seit den Staufern nicht mehr war das Vaterland mächtig, Deutschland war wieder ein Reich, und ein Kaiser stand über der Vielheit der Fürsten.

Aber es war nicht mehr der alte Kurfürstenbau; weder in Aachen gekrönt noch in Frankfurt gefeiert, blieb der Kaiser von Deutschland König in Preußen; der eiserne Kanzler gebot an der Spree; die Krone im Rhein lag versunken.

Scharf schnitten die Grenzen das neue Reich ab von den feindlichen Völkern; Dänen, Franzosen und Polen sahen mit Haß die Fahnen schwarzweißrot wehen, indessen die Deutschen von Österreich und Tirol, von Salzburg und Steiermark im bunten Staatenverband der Habsburger Erbherrschaft blieben.

So hielt die harte Preußenhand eine kargere Kaisermacht fest als die der Staufen, Franken und Sachsen: aber sie war durch den Willen der Völker, nicht durch die Willkür der Fürsten gehalten.

Zweiundzwanzig Residenzen, Höfe und Fürsten hatten sich aus der Vielheit gerettet, und Thüringen trug noch das alte Narrengewand; ihr Bundesrat saß in Berlin, er konnte dem Reichstag der Deutschen Hemmschuh und Hindernis, aber nicht mehr die alte Herrengewalt sein.

Da saßen die Boten der Deutschen von Schleswig bis Lindau, von Schlesien bis Xanten, von Straßburg bis Memel, dem Vaterland die Hände frei zu halten durch den Willen des Volkes.

Da gab es nicht Stände, nur Stimmen: Arbeiter-, Bürger- und Bauernschaft galten nach ihrer Stärke; Gleichheit, Freiheit und Brüderlichkeit sollten die Hüter und Walter der deutschen Volksrechte sein.

Die alte Zwietracht

Durch Eisen und Blut war Deutschland einig geworden, die Eintracht des Krieges hatte dem Frieden die stolze Frucht eingetragen: nicht länger mehr sollte die Zwietracht das deutsche Verhängnis bedeuten.

So waren die Sieger bekränzt aus Frankreich wiedergekommen, so hatte der Jubel in Deutschland Greise und Kinder, Männer und Frauen erfüllt, so stand der Frühlingstag hell, da in Berlin die Truppen einritten mit ihrem König und Kaiser.

Als aber der Reichstag die Stimmen gezählt hatte, als die Sendlinge ankamen aus allen Gauen, als sie eintraten in den Saal, dahin sie einträchtig zu raten gesandt waren, saßen sie vielfältig nach Parteien.

Zur Rechten die Junker und alle die Alten, die sorgenvoll in die neue Zeit sahen, zur Linken die Neuen und Demokraten: beide Hände wollten dem Reich das Gleichgewicht halten, die Dränger den Siegelbewahrern des Alten.

Doch in der Mitte schob eine schwarze Schar ihren Keil zwischen die streitbaren Hände; sie wollten das Reich nicht von rechts und links der neuen Preußengewalt, sie wollten die alte Herrlichkeit haben, da sich der Bogen der römischen Kirchen- und Reichsgewalt über die Christenheit spannte.

Der Papst und der Kaiser hatten der Kirche den Bogen über die Völker gehalten; der aber nun Kaiser hieß, war ein Ketzer, und der als Kanzler die starke Regierungsgewalt übte, war eine Preuße und Protestant.

Sie aber blieben der römischen Kirche gehorsam und wollten nicht dulden, daß ihrer Geltung im Reich der Preußen und Ketzer Geringes geschähe; darum saßen sie da in der Mitte und ließen sich schelten, daß sie die schwarzen Raben vom Kyffhäuser wären.

So wurde der uralte Streit noch einmal entfacht, was dem Papst und dem Kaiser gehöre; der römische Papst war die Sonne der christlichen Welt — unfehlbar hieß er sich nun — wollte der preußische Mond aus eigenem Licht leuchten, so war es vom Teufel.

Noch einmal wurden die Worte von Worms und Augsburg gesprochen, noch einmal wollte der deutsche Mann dem römischen Übermut wehren: der Schwedenkönig von Lützen ritt um, und die feste Burg Luthers wurde gesungen.

Kein Wallenstein kam, und Magdeburg brauchte die Brandfackel Tillys nicht mehr zu fürchten: die Schwerter hatten gerungen, bis Deutschland ein Leichenfeld war, nun rangen die Stimmen.

Aber die jubelnden Herzen mußten noch einmal den wilden Untergrund spüren, darauf die neue Herrlichkeit stand; indessen die Tore und Türme der Einigkeit noch bekränzt waren, kamen die Raben der Zwietracht über die Berge geflogen.

Wir gehen nicht nach Canossa! trotzte der Kanzler; aber der eiserne Mann, der Habsburg besiegte und den dritten Napoleon fing, der dem Abendland stärker als sonst ein Mann seiner Zeit das Gesicht gab, der Graf von Gastein und Fürst von Versailles mußte das unbedachte Wort büßen.

Die neue Zwietracht

Ein Jahrtausend deutscher Geschichte hob sein Gesicht zur Gegenwart auf, als die schwarzen Männer im Zentrum noch einmal den Streit der Kirche begannen; das Gesicht war von Gram und finsteren Leiden zerrissen.

Aber der Bogen, einmal der Christenheit mächtig, war nicht mehr gespannt; die Augen, glühend vor Haß, waren erloschen; wohl wußte der Mund noch die Worte, aber sie zückten nicht mehr: aus Schicksal war Zank, aus Schuld war Schmähung, aus Haß war hitziger Eifer geworden.

Indessen die alte Zwietracht so an der Gegenwart starb, war die neue Zwietracht gewachsen, aber ihr glühten die Augen, ihr zuckten die Worte, sie kannte Schicksal und Schuld, sie kannte den brennenden Haß.

Aus Menschen hatte der Zwang der Maschine Fabrikler gemacht; in rußigen Hallen und Höfen mußten sie um den Tageslohn dienen, die von der Scholle enterbt waren und die im Handwerk verfilzter Zünfte kein Heil fanden, weil die Maschine der menschlichen Hand die Arbeit wegnahm.

Wohl hatte der Reutlinger Schwabe dem Wohlstand die neuen Wege gewiesen: der deutsche Bürger begann, Bahnen, Fabriken und Lagerhäuser zu bauen, die Schornsteine rauchten, aber dem Arbeiter brachten sie keinen Segen.

Der Lohn hielt sein Dasein in ehernen Klammern; je mehr ihrer kamen, ihn zu verdienen, je billiger wurden die Groschen in seiner entwerteten Hand.

Die Stände hatten das Volk im Zwang ihrer Stufen gehalten, der steigende Wohlstand schied Armut und Reichtum; der Boden der Herkunft barst; um den schnöden Spalt des Besitzes galt nur noch der Lebensgenuß seiner Klassen.

So ging die Saat auf, die Wilhelm Weitling aus Magdeburg säte; der Profit des privaten Erwerbes sollte dem Recht der Gemeinschaft verfallen: der Sozialismus wurde die Zwietracht der kommenden Tage.

Ein Evangelium kam zu den Armen, anders als jenes, das Jesus von Nazareth brachte, und eine andere Lohnlehre, als die der Priester; nicht erst vor Gott, vor den Menschen sollte Gleichheit gelten; statt himmlischer Freuden der Frommen sollte auf Erden Gerechtigkeit wohnen.

Lassalle hatte sein kühnster Verkünder geheißen, der wie ein Irrwisch dem frommen Geheimrat ins Tintenfaß fuhr und ein fressender Feuerbrand war in den Herzen der Armen; vom Zorn der Behörden verfolgt, von Prozeß zu Prozeß hingerissen, jagte sein Leben dahin, bis ihn — um eine Frau — die Kugel hinstreckte.

Aber sein landfremder Name, scharf und schnell wie der hämmernde Hall seiner Worte, blieb in den Herzen der Armen lebendig, bis hinter der heißen Gebärde ein Schatten in mächtiger Ruhe aufkam, sein flackerndes Bild zu verscheuchen.

Die goldene Spinne

Zwei Rheinländer saßen flüchtig in London und waren Freunde, wie Kopf und Herz Freunde sind bei einem tätigen Mann: Karl Marx, der Jude aus Trier, Friedrich Engels, der Protestant und Kaufmann aus Barmen.

Sie stickten der neuen Zwietracht die Fahne; auf blutrotem Grund strahlte mit goldener Schrift der Name des Feindes, den sie in aller Verkleidung des Wohlstandes verfolgten.

Wo ein Zins, eine Grundrente war, wo eine Eisenbahn lief, wo eine Fabrik rauchte, wo die Feuergarbe der Hochöfen lohte und wo der Förderkorb Kohlen zu Tag brachte: überall saß die goldene Spinne und nützte das Netz.

Das Kapital war sie geheißen, und alles Lebendige fing sie mit ihren gleißenden Fäden, um es zu fressen: weil sie der Nutznießer der Zinsen und Renten, aller fleißigen Arbeit der Fluch der Lohnherrschaft war.

Einmal als goldenes Kalb von Israel gläubig umsungen, von Moses mit jähen Worten zerschmettert, war sie die Herrin der Welt, all ihres Wohlstandes und all ihrer Armut geworden.

Fürsten und Könige mußten ihr dienen, Kriege wurden geführt ihr zuliebe und Frieden nach ihrem Vorteil geschlossen: wo irgendein Menschenwerk war, hielt sie dem Hunger die Geißel in ihrer Linken, aber den Mehrwert der Arbeit in ihrer lockenden Rechten.

Gegen die Allmacht des Goldes rief Marx, der Jude aus Trier, die Zwietracht der Gegenwart auf; und dies war seine Lehre vom Mehrwert: aller Gewinn in der Welt bestahl die fleißige Arbeit, denn der Lohn zahlte nicht den Gewinn, er hielt nur die Peitsche, daß Arbeit geschähe.

Um ihren Mehrwert betrogen, gab die Arbeit dem Armen die Notdurft und hielt ihn als Knecht in der Fessel des Lohnes; Sorge und Fleiß und Mühseligkeit der besitzlosen Klasse dienten der goldenen Spinne, daß ihr das Leben fauler Genuß sei.

Wer nicht arbeitet, soll auch nicht essen! höhnte ihr Sprichwort; aber den Goldspinnen war zu fressen die einzige Arbeit; so wild war ihre Gier, daß sie einander auffraßen, die großen die kleinen, bis einmal das Gold aller Welt in einem einzigen Bauch war.

Dann war das Unrecht gesühnt und das Schicksal vollendet; denn dann kam der Staat mit dem Schwert und schlug dem Ungetüm das Freßwerkzeug ab, dann war der Bauch mit dem Gold der Gemeinschaft verfallen, dann hatte der Mehrwert der Arbeit den Kreislauf vollendet.

Denn dann war der Staat nicht wieder das Fangnetz der goldenen Spinne, dann hatten die Arbeiter selber die Macht, dann konnte der Mehrwert den goldenen Segen ausströmen, weil endlich die Menschheit vom Kapital, dem faulen Blutsauger des ehrlichen Fleißes, erlöst war.

Die Botschaft klang anders, als die aus Bethlehem kam: sie wollte den Himmel auf Erden bringen, statt eine Verheißung über den Wolken zu sein.

Zwar hatte Jesus milde gelächelt, daß Einer sorgte um Speise und Trank, um Kleidung und andere Notdurft des Leibes, weil er die ewige Seligkeit lehrte, die jeder Seele als ihre Heimat gewiß war, wenn sie nur glaubte.

Aber der neue Jude aus Trier sah nur die Schliche des alten; alle Lehre der Priester und alle Gläubigkeit galt ihm nur List der Spinne, ihre höllische Herrschaft zu halten: sie wollte des irdischen Goldes gewiß sein, drum gab sie die himmlischen Träume.

Leben hieß auf der Erde beheimatet sein, hieß ihre Früchte als Segen des Fleißes fröhlich genießen: das sollte der Preis seiner Lehre, das sollte der greifbare Segen seines neuen Evangeliums werden.

Die da in Not und Kümmernis lebten, indessen der Reichtum auf leichten Rädern dahinfuhr, denen ein Tag Sorgenfreiheit ein Märchenland hieß: sie hörten die Worte wie einmal die Hirten, da sie in kalter Nacht auf den Feldern die Botschaft der Engel vernahmen.

Sie sahen die Fahne der Zwietracht flattern vor einer schönen Zukunft; tausend mal tausend glaubten mit glühenden Augen, daß der mühselig beladenen Menschheit zum Wohlgefallen endlich Gerechtigkeit käme.

Darwin

In England wurde dem Sozialismus die Fahne gestickt, aus England kam auch die neue Schöpfungsgeschichte, die Bildung des Bürgers vom Bibelbuch abzulösen.

Auf seinem behaglichen Landgut bei London saß Darwin, der Forscher und Freund der Pflanzen und Tiere, und kannte kein schöneres Glück, als ihnen das Lebensgeheimnis besonnen und still abzulauschen.

Er hatte auf mancherlei Reisen den rauschenden Reichtum der tropischen Pflanzen- und Tierwelt gesehen; aber wie bei den Menschen Blutsverwandtschaft war unter Brüdern und hinaus lief in Sippen und Völker, so sah er die Unzahl der Arten verbunden.

Tastenden Schrittes suchte er Strecken des Lebens zu finden;

und immer gewisser wurde dem still besonnenen Mann, daß all der rauschende Reichtum des Lebens aus wenigen Urformen stammte.

Tausendmal älter als alle Berichte wirkte das tiefe Geheimnis der Artenentwicklung; was sich das einzelne Leben im Kampf ums Dasein mühsam erwarb, wurde vererbtes Vorteil der Art; Jahrtausende waren darin wie eine Stunde.

So war die Schöpfungsgeschichte der Bibel ein Märchen der Juden, einfältig und sinnvoll gebildet; das Sechstagewerk Gottes war nur die Tür frommer Betrachtung, dahinter die Wege der Pflanzen- und Tier- und Menschennatur in uralte Vergangenheit wiesen.

Darwin, der Forscher und Freund der Pflanzen und Tiere, hatte nur klarer erkannt und feiner verfolgt, was andere Geister vor ihm ahnten und fanden; als aber der übersehbare Weg seiner Lehre in die Unendlichkeit führte, erschraken die Frommen.

Denn nun wurde offenbar, daß die heilige Schrift der Christen, die jüdische Bibel, auch nur ein Menschenwerk war und also ein Stückwerk: auf ihren Buchstaben war der Glaube verpflichtet, wenn aber der Buchstabe falsch war, wurde dem Glauben die starke Gewißheit genommen.

Eine Wehklage kam aus den gläubigen Herzen, Wutgeschrei strafender Priester rief Zeter und Zorn über den Forscher; der seiner eigenen Frommheit nur eine neue Gewißheit gewann, staunend der göttlichen Tiefe im Wunder des Lebens, wurde als gottlos verdammt von den Priestern.

So mußte der still besonnene Mann seiner Zeit wider Willen das Feldgeschrei leihen; der Menschengeist wollte sich selber genug sein als Herrscher der Erde; hier fand er die Lehre, den Kirchengott abzusetzen.

Alles Ding hing im Gesetz der Natur; wo ihre Kraft Bewegung im Stoff wirkte, kam Leben, in Zeit und Raum der sichtbaren Welt zugehörig.

Alles Jenseits war solcher Lehre verdächtig; menschliche Not und kirchlicher Wahn hatten die Götter und danach den Gott der Priester geschaffen, der ihrer Erkenntnis und Forschung ein Hirngespinst war.

Mit Himmel und Hölle hatte der Priester die Menschheit in Furcht und Hoffnung gehalten, nun war das alte Täuscherspiel aus; der Erde allein sollten die Taten gehören; der Tod sollte ein tapferes Ende des einzelnen Lebens, kein Tor für eine vermessene Ewigkeit sein.

Unendliche Zeugung hatte ihr Ziel im Menschen gefunden; kein Sechstagewerk eines fragwürdigen Gottes, sondern die Artenvermehrung durch Zuchtwahl hatte aus Urzellen endlich den Menschen gemacht, der so in Wahrheit die Krone der Schöpfung vorstellte.

Der Trompeter von Säckingen

Indessen, durch Bildung mündig gemacht, der Menschengeist in der Natur die Mutter des Lebens erkannte, ging in verschlissenen Kleidern noch immer Romantik spazieren.

Als die Geschichte Gottes im Menschen war die Vergangenheit tot, Schicksal und Schuld waren im Schoß der Natur für immer begraben; den Bilderbogen der Menschheit im Geist ihrer Zeit zu bemalen, waren Poeten- und Malerhände geschäftig.

Einen Messias zu singen, hatte die deutsche Dichtung begonnen, der eiserne Götz und die Räuber, Nathan der Weise und Minna von Barnhelm, Don Carlos und Tasso, Iphigenie und Penthesilea, Wallenstein und der Prinz von Homburg waren mit herrlichen Schritten über die Bühne gegangen, Faust hatte mit Himmel und Hölle gerungen: nun kam der Trompeter von Säckingen her, sein blechernes Stück in die Herzen zu blasen.

Hölty und Hölderlin waren vergessen, Stifter und Mörike kaum gekannt, Hebbel und Kleist gingen der Bildung als Schreckgespenst um: dem Trompeterdichter flog ihr Herz zu wie die Braut dem Geliebten.

Allzulang war die Dichtung auf Stelzen gegangen, große Gedanken und hohe Gefühle hatten dem Bürger den Eingang verwehrt: nun lehrte ein Kater die Lieder der Bildung zu singen, und ein Trompeter, die Leiden der schmachtenden Liebe zu seufzen.

Auch Maiengrün gab es für süße Gefühle, für den Durst einen köstlichen Tropfen, für den Trompeter eine holde Maid zu erringen; und wenn das Lied aus war, das die deutsche Bildung entzückte, hatten sich Maid und Maiengrün, Trompeter und Tropfen glücklich gefunden, und jedermann konnte sich träumen, daß ihm ein gleiches Glück blühte.

Zwar in der Wirklichkeit standen die Dinge nicht mehr so rosig vergoldet, und Nüchternheit nahm der Bildung das dürre Maiengrün aus den Händen; desto emsiger mußten die neuen Poeten von der Vergangenheit ihre bunten Bilderbogen abziehen.

Unserer Väter Werke

Als der siegreiche König von Preußen aus Frankreich die Kaiserkrone heimbrachte, als wieder ein Kanzler im Reich und das Reich eine Macht war, weckten die Rufer den schlafenden Kaiser im Kyffhäuserberg.

Die neue Herrlichkeit mußte der alten die Hand reichen, wollte sie mehr sein als dreistes Glück, wollte sie Schicksal und aus den Tiefen der deutschen Vergangenheit Erfüllung bedeuten.

Unserer Väter Werke! stand über dem Tor der Halle, darin begeisterte Männer aus München der staunenden Zeit ein stolzes Schaubild deutscher Vergangenheit gaben.

Die Zeit, da Dürer in Nürnberg Meister der Malerzunft war, da Hans Sachs auf der Diele des Hauses als freundlicher Greis saß, da Peter Vischer die festen Erzgüsse machte, da die Rathäuser wuchsen und in den Stuben der Bürger reiches Kunstgerät war, wurde in köstlichen Kammern vor der Gegenwart ausgebreitet.

Da sah sie, was einmal deutsche Bürgerschaft war, wie sie wohnte und ihr Gerät schmuckreich und edel gefügt aus einem Handwerk bekam, das noch ein Meisterstück kannte.

Es sollte nur eine kurze Schau sein, nur ein Blick in das herrlichste Buch der deutschen Geschichte, ein Vorbild und eine Predigt, desgleichen zu tun.

Aber die Schau konnte den Geist nicht wecken, der solche Dinge brauchte und schuf; sie zeigte der Gegenwart nur sein schönes Gewand; die Gegenwart eilte sich sehr, es zu tragen.

Überall wurden dem alten Handwerk Museen gebaut, überall wollte die Gegenwart mit der Vergangenheit prahlen, überall mußte der Reichtum in alten Prunkkammern wohnen.

Weil aber die Kunst kein Leihgewand hat, weil sie das Kleid ihrer Zeit nicht anders sein kann, als Blätter und Blüten an einem Baum wachsen, seine Krone in eigene Anmut zu hüllen, wurde, was Leben sein wollte, nur ein Theater.

Als ob die Gegenwart keine Wirklichkeit wäre, Schönes zu wachsen, hing sich der Deutsche die Prunkmäntel vergangener Herrlichkeit um, seufzend, daß seine Zeit der eigenen Schönheit entbehre.

Bayreuth

Einer aber ging durch die Gegenwart hin, mit seinem Taktstock der Zeit einen neuen Pulsschlag zu bringen.

Als die Deutschen nach Frankreich marschierten, war er schon grau; in Triebschen am See von Luzern saß er landfremd und verlästert: aber die Lohe brannte um seinen Garten, und die sein Angesicht sahen, erkannten den Dämon darin.

Wie Klingsor der Zauberer war er gekommen, den Singsang braver Musikmeister mit höllischen Künsten zu stören; und als einen Dämon des Königs hatte die Hetze den herrischen Mann aus München vertrieben.

Denn anders als sonst ein Fürst war Ludwig der Zweite von Bayern; ihn hatte der Zauber berührt, der um den Kaiser im Kyffhäuserberg war: König sein hieß ihm der Schönheit gehören, die über der Täglichkeit kalter Geschäfte und lauer Genüsse mit goldenen Fäden am Himmelreich hing.

Schlafwandelnd ließ er die Dinge des Tages geschehen; wo aber ein Mensch aus der Ewigkeit kam, säumte er nicht, mit Fackeln zu leuchten, daß er zur Nacht den Weg in sein Königsschloß fände und seinen Thronsaal der Träume.

Richard Wagner den Zauberer hatte sein Dämon zum Flüchtling gemacht; hingerissene Liebe, Verzückung, Unverstand, Bosheit und Not waren um seinen Lebensweg, bis er im Thronsaal der Träume den Schlafwandler fand.

Der hieß den Kahn bringen, der aus Ebenholz war, und der Bug war von Silber, das Licht ein Rubin, durch blassen Opal wie rinnendes Blut bleich leuchtend auf purpurne Kissen.

So fuhr er hinaus in die Nacht, dem Zauberer und seinen Tönen zu lauschen, die aus der ewigen Melodie des Wassers im Wind, aus der ewigen Unrast der Menschenbrust, aus Werden, Sein und Vergehen der ewigen Wiedergeburt kamen.

Wenn Tristan den Liebestrank nahm von Isolde, wenn er den König verriet und den Verrat büßte mit seinem Leben, um dennoch der tödlichen Liebe selig zu sein: dann konnten nicht Lieder und Arien singen, dann mußte Musik der ewigen Waltung ertönen, ewige Unrast, ewige Sehnsucht, niemals Erfüllung, nur selig gefühltes Erfülltsein.

Ludwig der König horchte den Tönen, als ob es der Weltgruß wäre für seine schlafwandelnde Seele; aber die Münchener haßten den landfremden Zauberer, und wie sie die Tänzerin Lola austrieben, so taten sie ihm.

Sechs Jahre lang saß er in Triebschen, noch einmal ein Flüchtling, aber sein Zauber hielt den König im Bann aus der Ferne; als das deutsche Kaisertum aufstand, als wieder ein Reich und Raum war für große Dinge, rief der König Richard Wagner zurück, sie zu gestalten.

Der in den Meistersingern Unserer Väter Werke auferstehen ließ, Hans Sachs in Johann Sebastian Bach, der aus den Nibelungen das Festspiel der deutschen Herkunft machte, regierte in Bayreuth das Zauberreich seiner Musik.

Einmal war Baukunst die Mutter der Künste gewesen, nun wollte Musik, ihre Schwester, den Zauberdom bauen; alle Künste, kläglich verirrt, sollten ihr dienen, daß der Menschengeist endlich von seiner Zerspaltung genese: in Bayreuth sollte die Gralsburg sein, der Welt zur Erlösung.

Als im Festspielhaus zu Bayreuth die ersten Töne erklangen, als der Kaiser neben dem König saß, den Zauber zu hören, als die Bühnen in Deutschland dem Bann von Bayreuth verfielen, als die Nibelungen allerorten ihr Getön und Gepränge begannen: da schien ein anderer Zauber gelungen, als den der Trompeter weckte.

Der Bürger mußte sich wieder der Größe beugen; der Bann von Bayreuth zwang die Herzen nicht weniger hin als der eiserne Bismarck die Hände.

Der Dämon des Königs von Preußen hatte das Reich durch Eisen und Blut wieder errichtet; der Dämon des Königs von Bayern machte das Tor zur alten Herrlichkeit auf: was starke Hände ergriffen, sollten die Herzen als Heiligtum halten.

Aber das Heiligtum war eine Theater geworden; wie einmal die Glocken des Münsters die Heiligen riefen, so taten nun seine Posaunen; daß sie die letzte Verwandlung vermochten, mußte die Heilsmusik der Erlösung im Parzival tönen.

So war der Zauber von Bayreuth vollendet; aus aller Welt kam die Gläubigkeit her, ihm zu lauschen: der Priestergott hatte die letzte Verwandlung begonnen, das Mirakel der Messe war auf die Bühne gestiegen, das Kreuz von Golgatha stand auf dem Dach des Theaters.

Indessen der Weihrauch in Bayreuth um solchen Zauberspuk dampfte, indessen Tannhäuser und Wolfram, Elsa und Lohengrin, Siegfried, Walküren und Rheintöchter das deutsche Volk und Theater erfüllten, saß der Hofkapellorganist Anton Bruckner in Wien und spielte die Orgel, wie weiland Johann Sebastian Bach.

Wie jener als Protestant war er katholischen Glaubens ein demütiger Diener der Kirche, obwohl er Gewalt hatte über die Bässe und Flöten der Orgel, über die Geigen und Hörner im ganzen Reich der Musik.

Ihm war kein Dämon gegeben, die Großen der Welt zu betören, kein Königsschloß stand in der Nacht, ihm mit Fackeln zu leuchten; wohl aber kamen die Gaffer von Wien, den seltsamen Kautz zu bestaunen, der ihnen den Dank, wenn sie klatschten, mit dem roten Taschentuch winkte.

Sein Taschentuch machte sie lustig, er aber nahm ihren Pöbellärm dankbar als Ehrung für seine Kunst hin; und wenn die Kinder der Gasse den närrischen Mann neckten, stand er gerührt vor dem Ruhm in der Liebe der Kleinen.

So war er im Leben ein wahrer Knecht Gottes; einfältig und ohne Groll nahm er sein Los hin, als Narr vor den Menschen zu gelten, die seine Hände zu küssen versäumten, weil sie die karge Knechtsgestalt sahen, aber den blühenden Geist Gottes in seiner Musik nicht erkannten.

Er war ein Österreicher Kind und ein gläubiger Sohn der katholischen Kirche; wie Johann Sebastian Bach brauchte er nicht mit Himmel und Hölle zu ringen, weil ihm der Himmel gewiß war, einmal und hier schon auf Erden: aber wo jener die Stimmen mit Stärke und Strenge bezwang, ließ er sie schwelgen im Wohllaut.

Auch war er ein Hagestolz, und keine elf Söhne füllten sein Haus mit fröhlichem Lärm wie bei dem Kantor in Leipzig; die Einsamkeit war seine stille Gefährtin, sie konnte ihm in den Überschwall fallen, daß jeder Stimme der Atem stockte.

Dann stand seine stumme Seele vor Gott wie eine Kerze am Hochaltar steht; aber ein Engel kam aus der Stille und führte ihn an der Hand heilig hinein in die neue Anbetung der Stimmen, bis wieder ihr brausender Chor und Wohlklang erschallte.

Die Menschen konnten die Stille nicht hören, sie spürten auch nicht den Engel darin, der ihn vor Gottes Thron führte; sie lachten des Organisten, der selber Musik machen wollte und mit dem roten Taschentuch winkte; sie blieben vor seiner Einsamkeit stumm, bis er im vierundsiebzigsten Jahr seines Lebens still aus der Welt ging.

Als Beethoven starb, an dessen Grab Bruckner oftmals gekniet war, bezeugten ihm Tausende schweigend die Ehrfurcht; als Bruckner sich leise hinwegstahl, wußten nicht hundert, wer dieser Knecht Gottes war.

Neun Sinfonien hatte auch er der Menschheit geschrieben, neun Bücher vom ewigen Leben: Dem lieben Gott! stand auf der letzten, darüber ihm seine Hände hinsanken; der seiner Einsamkeit Freund und Gefährte, der seiner treuen Knechtsdienste Herr war, sollte gnädig hinnehmen, was die Menschen nicht mochten.

Nietzsche

Es war ein Professor in Basel, Sohn eines Pfarrers aus Röcken bei Lützen, Friedrich Nietzsche geheißen; dem war die Einsamkeit nicht von närrischer Einfalt umgütet wie dem Knecht Gottes in Wien.

Sein gläserner Geist litt unter dem dreisten Gelichter, sein heller Mund höhnte, daß ihre Ohren so taub, ihre Herzen so leer, ihre Gefühle so unrein, ihre Gedanken so lendenlahm waren.

Als er es nicht mehr vermochte unter den Menschen, floh er hinauf ins Gebirge, in einer helleren Luft einsam zu sein.

Einmal war Bayreuth dem unerbittlichen Frager noch eine Hoffnung gewesen, aber sein Jasagegeist konnte nicht knien am Kreuz der Verneinung; als der Zauberer seinen Parzival schrieb, hieß er ihn einen Verleugner und Täuscher.

Ein deutscher Christ galt ihm ein zwiefach verzwickter Knecht der Vergangenheit; er aber wollte der Zukunft den hellen Geist zeugen, er wollte der Wahrheit die Wohnung der Stärke bauen, er wollte getrost der Antichrist heißen.

Denn das Christentum war ihm die Feindschaft der Kranken und Verderbten; Knechtstugenden hieß er Mitleid und Demut und Bängnis um Strafe und Lohn.

Herrenmoral war anders gerüstet: sie kannte den Hochmut, den Haß und die Liebe des Blutes, den tapferen Tod vor dem Feind: sie brauchte kein Jenseits für ihre Gewißheit der Dinge, sie war mit Sinnen und Sinn Jasager zum Leben.

So waren die Griechen gläubige Kinder der Erde gewesen, so hatten die Römer das Reich der männlichen Stärke gebaut, bis ihm der tückische Kreuzgott im Aufruhr der Sklaven und Christen den Untergang brachte.

Nun galt es dem Menschengeist, die Schmach auszulöschen, wieder wie einst die Dinge als groß und gering, rar und gemein, biegsam und brüchig, gesund und krank zu werten, wieder der frohe Herr seiner selbst statt der Knecht düsterer Mächte zu sein.

Hündisch hieß er, für einen Himmelsgott gut oder böse zu gelten, herrlich, um seiner selbst willen den Bogen der Stärke zu spannen.

Helläugig, schnellfüßig und hochgemut mußte der Geist im Abendland werden, sollte ihm wieder die Erde gehören; kein gekreuzigter Gott, keine olympischen Götter: der Mensch allein sollte das Ziel seiner Tat und Sinndeutung stellen.

Als so der Professor aus Basel den Übermenschen lehrte, war ihm das Land der neblichten Wälder und kalten Meerküsten unheimlich und fremd geworden, wie einem Zugvogel sein Nestland fremd wird: im sonnigen Süden, am kaltklaren See von Silvaplana ging er die steilen Wege seiner Gedanken.

Da fand er sein Spiegelbild und hieß es den Zarathustra; aber er nahm von dem persischen Weisen nur das Gewand und den Namen, den Menschen sein kühnes Schalksspiel zu bringen; denn nun war er der Einsamkeit satt, wie eine Biene vom Honig schwer ist.

Er sandte ihn aus mit Reden und Sprüchen, Liedern und allerlei Sinnbild und Schicksal, den Übermenschen zu lehren; was der Affe dem Menschen war, das sollte der Mensch für den Übermenschen sein: ein Gelächter und eine schmerzliche Scham.

Er selber wollte bei seinem Werk bleiben, der Moral eine neue Münze zu prägen, die jegliches Ding in der eigenen Geltung bezahlte; denn steiler als je ging der Weg seiner Gedanken, und über ihm schwebte sein heiliger Geist, den er die ewige Wiederkehr nannte.

Aber das Schicksal zerbrach ihm die Antwort, als er die Schärfe der letzten Fragen ansetzte: höher als je eine Kühnheit war seine gestiegen, da riß ihn die Tobsucht hinunter in ihre greulichen Tiefen.

In Weimar, wo Goethe die Grenzen des Daseins sorgfältig umging, wo jeder Weg seine Spur zeigte und jeder Wind sein Wort wehte, verdämmerte langsam der kühnste Geist, den das Abendland zeugte.

Die dritte Zwietracht

Als Friedrich Nietzsche erloschenen Auges ins Abendrot starrte, wie einmal der Spötter in Sanssouci saß, aber der Spott war von ihm genommen; als der gläserne Geist taub war und keinen Mittag mehr schimmerte: machte sein Spiegelbild Glück bei der Jugend.

Der Dichter hatte dem Denker steiler Gedanken das Spiegelbild listig verkleidet, daß die bunten Gewänder vielerlei Augen anlockten, daß um die Sprüche des Zarathustra heißes Gedränge, daß seine Schalksspielbude begehrt im Jahrmarkt der Gegenwart war.

Wohl fraß die Gegenwart sich an der Vergangenheit satt, und der Trompeter blies ihr sein blechernes Stück zur Verdauung; aber der Trotz mißratener Söhne sah das Reich seiner Väter auf Bürgertugend gebaut, die er haßte.

Durch Eisen und Blut waren die Dinge geschehen, nun saß der Bürger zu Tisch, sie zu genießen; emsige Sorge um kleines Behagen, redlicher Fleiß um Wohlergehn, gehorsame Erfüllung der Staatsbürgerpflichten hielten sein Hausväterdasein behütet, darüber der Gott seiner Kirche auch nur ein Hausvater war.

Tapfere Dinge waren getan, und Starkes war durch die eiserne Hand des Kanzlers vollendet: aber das rasche Wunder konnte nichts Großes entzücken, weil es dem Bürger nur fremde Erfüllung, nur der prahlende Schein einer großen Zeit, kein Ende und Anbeginn war.

Die alte Zwietracht ging um als blasses Gespenst, und die neue war erst eine Fahne; zwischen den Zwietrachten stand die Zeit still, Feierabend war mit faltigen Schürzen und vollen Fässern; auch daß der Forscher die Bibel Gott aus der Hand nahm, konnte den Feierabend nicht stören, weil der Bibelgott selber ein blasses Gespenst war.

So konnte auch Zarathustra die Zeit nicht wecken; kein Zorn war um seine Schmähung, kein Glauben um sein Glück, keine Verzückung um seine fressende Flamme.

Nur der Trotz mißratener Söhne, das Racheglück kindlicher Hasser, das Traumgesicht eifriger Dichter nahm das Schalkspiel des Zarathustra hin als ein neues Vergnügen; nur wenigen brannte der Dornbusch seiner Verheißung.

Nur wenige sahen, daß hier eine tollkühne Hand die Tafel der Tugend zerschlug, daß über der falschen Eintracht der Zeit die dritte Zwietracht aufstand, die Schuld der genügsamen Väter zu rächen.

Noch war ihr Herz nicht bereit für das wilde Ereignis; aber sie ahnten den Blitz, dessen Wetterleuchten sie sahen, weil ihre Jugend darin war.

Als die Verneinung der Väter war die Vergangenheit über den

Drang des jungen Blutes gelegt; wo ein Wunsch war, stand eine Sünde; und wo eine Erfahrung lehrte, wurde ein Wille gebrochen.

Das Leichentuch der Entsagung war über die Wünsche gebreitet; Leidenschaft, Lust, Liebe und Haß, Tapferkeit, Hochmut, Stolz und Verachtung: alles, was in den Herzen der Knaben als kommende Mannheit Macht werden wollte, war in den Wurzeln zerschnitten.

Noch war die dritte Zwietracht ein Schalkspiel im Jahrmarkt, davor die Jugend sich drängte, über das Alter zu lachen; einmal sollte die Lehre des Zarathustra das neue Evangelium sein, im Namen der Jugend die Mannheit ehrlich zu sprechen.

Gottfried Keller

Zur selben Zeit, da den Verkünder des Zarathustra die grausame Krankheit zerstörte, siechte in Zürich Gottfried Keller dahin, der kein Verkünder, kein Fragesteller des Übermenschen, nur ein Mensch und gar ein Bürger, dennoch ein Jasager war.

Staatsschreiber in Zürich hieß er in Ehren, als Bismarck das neue Reich machte; aber er hatte die alte Zeit lieber gehabt als die neue, weil er ein Eidgenoß, kein Fürstenfreund war.

Die Paulskirche blieb ihm ein hohes Gedächtnis, und manche Männer von damals hießen ihm Freund; ihr Deutschland war seine Schule gewesen, dem Maler zuerst und danach dem Dichter, und dieser Schule dankte er gern.

Denn der ein deutscher Sprachmeister wurde, hatte ein anderes Handwerk zu lernen getrachtet, und mancherlei Lüste waren dem Schweizer in München, Heidelberg und Berlin durch die Haare geweht, ehe ihn endlich die Heimat als ihren Sohn anerkannte.

Als er Staatsschreiber wurde, sollte das Amt den vielfach gescheiterten Mann retten, es sollte dem Wandervogel das Nest sein, seine Lieder zu singen und seine bunten Träume zu spinnen.

Denn längst hatte der unstete Mann seinen Freunden den Grünen

Heinrich geschrieben, die Beichte der eigenen Jugend, in Goethescher Weise Wahrheit und Dichtung vermischend; aber ihm war die Jugend noch nah mit ihrer grünen unübersehbaren Wildnis.

Auch waren der grünen Wildnis des Malergesellen aus Zürich andere Bäume und Blumen gewachsen als dem Frankfurter Ratsherrenkind; der Maler hatte die Augen gegeben, die unübersehbare Fülle bildhaft zu fangen, der Poet hatte die Gläser mit vielerlei Farben gestellt, die grüne Wildnis nach Knabenart blau und rot und gelb zu betrachten.

Nirgend marschierte das Schicksal mit lauten Kanonen, aber ein leises Gefüge von Schuld und Verpflichtung, Täuschung und Mißgeschick verschob dem Knaben und Jüngling die grünen Kulissen, bis der Malergesell aus der unübersehbaren Wildnis keinen Ausweg mehr fand.

So war die Jugend des Malergesellen; aber der Dichter hatte dem Mann das Lebenstor breit aufgemacht, daß die Landschaft dalag in der Fülle gerundeter Bilder.

Die Leute von Seldwyla hieß er den Band seiner Geschichten, die alle mit Worten gemalt, mit Farben gedichtet, alle homerisch gebildet, aber von einem Schalk ins Wasser getaucht waren, sodaß ihre blinkende Nässe im Sonnenschein wehmütig fast und geneigt, sich zu schämen, und dennoch im Frohgefühl ihres Daseins leise durchlächert dastand.

Klopstock hatte von Ossian her nach deutschem Wesen getrachtet, Lessing hatte der welschen Manier das deutsche Wort abgerungen, Goethe und Schiller waren tief in den Jungbrunnen der Griechen getaucht, die Romantiker hatten sich in den Traum vergangener Größe geflüchtet, Kleist und Hebbel hatten die Kleider der Weltflucht vom Leibe gerissen: nun kam ein Poet aus der Schweiz und vermochte, was keinem gelang, aus deutscher Seele allein die Fülle lebendig zu machen.

Aber die Deutschen saßen zu sehr in der Not ihrer schimpflichen

Jahre, so frohe und freie Entfaltung der eigenen Wesenheit zu erkennen; vermögende Freunde daheim bauten dem Dichter das Nest.

Fünfzehn Jahre lang mußte der Schalk von Seldwyla Staatsschreiber heißen, fünfzehn Jahre lang auf der Höhe seines Lebens der Bürgerschaft dienen, nicht wie Goethe regierend, nur eine Schreibfeder der Großen.

Aber wie jener tat er den Dienst treu und beharrlich; der Dichter goldener Träume konnte dem Alltag dienen, weil keine blasse Romantik ihn lebensfremd machte, weil die volle Hinwendung zum Dasein des Bürgers sein Werk wie sein Wesen erfüllte.

Als er in Ehren Abschied nahm, war er grau; aber das Leben hielt ihm die Treue, die er ihm gab in all seinen Stunden: noch sechzehn Jahre lang konnte der Alt-Staatsschreiber von Zürich das Seine beschließen.

Da kam die Fülle breit an den Tag: der Schalk von Seldwyla wurde der Meister der Zürcher Novellen; das Sinngedicht und die Sieben Legenden legten ihr Gold auf die Wage, bis endlich Martin Salander das stattliche Bürgerhaus mit seinem Reichtum erfüllte.

Der Malergesell in München, der dichtende Wandervogel im Reich, der Freund vieler Männer von Achtundvierzig war wieder der Heimat verwachsen, der deutsche Dichter war Eidgenoß, der Eidgenoß ein Zürcher geworden.

Das neue Reich hatte die Grenzen der Macht karg abgeschnitten; eine Stimme von draußen war der Meister Gottfried den Deutschen, der die Stimme des Blutes trotz Einem im Reich war.

Wilhelm Raabe

Indessen Seldwyla der deutschen Seele ein fröhlicher Sommertag wurde, aber nur wenige sahen die Türme und Wimpel der seltsamen Stadt, grub sie in Braunschweig den Dachsbau all ihrer verzwickten Verstecke.

Der da die Chronik der Sperlingsgasse, den Hungerpastor, den

Schüdderump schrieb und die schier endlose Fracht großer und kleiner Geschichten: Wilhelm Raabe, der Dichter und Sterndeuter deutscher Vergangenheit, liebte die Schlupfwinkel mehr und die heimlichen Gänge als den fröhlichen Tag.

Auch ihm behagte das neue Reich nicht, obwohl es dem Mann mitten ins Leben hinein kam, nicht erst im Alter; der neue Glanz war seinen Augen zu grell, die das alte Lampenlicht liebten, lieber noch in die Dämmerung sahen oder hinauf in die Sterne.

Früh seßhaft geworden und seiner norddeutschen Heimat so innig verbunden, daß er selber ein Stück Norddeutschland war, Kleinstädter von Neigung und Wesen, gern auf dem Wall die gewohnten Gänge spazierend und mit der Pfeife beim Glas unter den Stammgästen sitzend: blieb er der alten Zeit treu, die der neuen nicht nachrennen konnte.

Der alten Zwietracht als Protestant still zugehörig, der neuen fremd wie ihren Fabriken, aber der dritten feind, wie eine verschlossene Haustür den Dieben feind ist, sah er dem Wandel der Welt zu mit schweigender Wehmut und listigem Lächeln.

Er wußte genau, sie liefen am Leben vorüber mit ihren Geschäften, mit ihren Fahnen und Trommeln, mit ihrem Lärm um das Heute, mit ihrem Streit und Geschrei.

Denn leben hieß ihm, daß eine Seele sich selber zusah, wie ihr die Dinge der Erde das Licht und die Luft verstellten, wie irgend ein Zufall sie mitten ins Schicksal hinein wehte, und wie ihr doch nie ein Neues geschah.

Denn Licht und Luft und Schicksal waren der Ewigkeit eingestellt wie eine Herde der Hürde; sie konnten blenden und blasen und blindes Ungestüm tun: einmal war doch wieder Nacht und Stille und das Glück der Sterne.

Auch war die Erde rund und zu klein, ihr zuliebe zu rennen: einer ging fort nach Osten und kam aus Westen zurück, weil Osten und Westen sich drüben die Hand reichten.

Groß und weit allein war die Tiefe der Zeit, war die Tiefe des Raumes; da konnte die Seele den Geist als Sendboten schicken, da konnte er seine Kühnheit auskosten bis an die Grenzen des Nichts, das immer von neuem nur Nichtigkeit war: Nichtigkeit vor den Menschen, aber die Allgegenwart Gottes lebte darin wie der Ton im Gehäuse der Geige!

Alles das dachte und sagte der einsame Mann in seinem Dachsbau zu Braunschweig, und alles das wurde die Fracht seiner großen und kleinen Geschichten; aber die neue Zeit rannte vorbei an der alten, sie sah den Sommertag nicht in Seldwyla, sie beachtete nicht sein Gerümpel.

Die Neuzeit

Der guten alten Zeit wuchsen die Türme der neuen Zeit über die Dächer: alles, was dunkel und dumpf und beschränkt war, wollte sie hell und gelüftet und grenzenlos machen; denn der Menschengeist hatte die Elemente gebändigt.

Dampfzüge brachten auf eisernen Schienen die Güter herbei; die hohen Hallen der Bahnhöfe standen im Lärm und Rauch der Maschinen; rund um die Städte wuchsen Fabriken hinaus in die Felder; Kohle und Eisen, die Schätze der Erde, wurden in Waren und Wohlstand verwandelt.

Der Stadtbürger brauchte nicht mehr die Groschen zu zählen, der Taler rollte, und prahlend wollte die Neuzeit den neuen Reichtum zur Schau stellen.

Nicht mehr das krumme Gewinkel der Gassen und nicht mehr die engen Geschosse altmodischer Häuser sollten die Stadt sein; schnurgerade an breiten Straßen gerichtet wollten die Bauten der Neuzeit dastehen mit Erkern und Türmen an schmuckreichen Fassaden.

Statt dunkler Gewölbe breiteten Schaufenster die bunte Fülle der Waren aus vor der drängenden Menge, statt rauchiger Trinkstuben prahlten die Spiegelwände der Bierhallen.

Überall wurde der Ring der alten Wälle und Schanzen gesprengt, wie es in Wien und Paris war, wollte der Stadtbürgerstolz allerorts seine Ringstraßen haben: breite Alleen mit Rasenbeeten und Blumen, mit Brunnen und Denkmälern reichlich bestanden, sollten dem neuen Bürgerstand Wohnquartier geben, sollten den fremden Besucher erstaunen.

Prahlender Wohlstand baute die Straßen und Brücken, Kirchen und Rathäuser der Neuzeit und sparte nicht mit dem Prunk; aber der Prunk war mit raschen Händen gerafft wie der Wohlstand.

Unserer Väter Werke stand an den Toren und Türmen geschrieben; aber die Väter hatten das ihre mit Würde und weiser Beschränkung getan, die Enkel zogen den Stil aller Vergangenheit an wie Theatergewänder.

Romanisch und gotisch, Renaissance und Barock, Rokoko und Empire: alles konnten sie bauen, als ob die Neuzeit der Maskenball jeder Vergangenheit wäre.

Die Vorstadt

Springbrunnen sprangen in sauber gezirkelten Beeten, und Denkmäler standen auf blankem Granit: aber die Schienen der Straßenbahn schnitten quer über die breite Allee und liefen hinaus in die steinerne Wüste der Vorstadt.

Einförmiger wurden die schmalen Fassaden und enger die Straßen, kleine Geschäfte ahmten den größeren nach mit trüben Schaufenstern und trugreichen Schildern, schmutziges Pflaster löste den blanken Asphalt ab, bis endlich der schwarze Kohlenweg kam zwischen verödeten Fenstern.

Noch ragten die Häuser mit vielen Stockwerken; öde Brandmauern, mit grellen Schriftzeichen bemalt, rissen die Lücken hinein, wo alte Kiesgruben waren und verwaschene Schutthalden.

Da wohnten die Frauen und Kinder all der Fabrikler, die dem prahlenden Reichtum der Stadt der drohende Untergrund waren.

Schmächtige Stiegen und schmale Zimmer, eng ineinander geschachtelt, ärmliche Höfe, kein Gartengrün, grauer Zement, von Ruß und Regen beronnen, als Spielplatz der Kinder das Pflaster der Straße: aber vor all der Dürftigkeit noch das blöde Gesims und Gesockel falscher Fassaden.

So war die Armut der Vorstadt zu Haus, und die Armut hing am Reichtum der Stadt mit dem kärglichen Lohn ihrer Arbeit.

In grauer Frühe gingen die Haustüren auf, und der eilige Schritt auf dem Pflaster strebte der Stadt zu, ihren Kaufhäusern, Büros und Fabriken, wo die Hände der Vorstadt ihr Sechstagewerk taten.

Wo ein Rad rollte, wo ein Schornstein rauchte, wo ein Licht brannte, wo eine Maschine ihr blitzschnelles Werk tat in Spindeln und Pressen, wo gebaut, gehämmert, genietet, gewebt, wo gewogen, gemessen, verladen und eingepackt wurde: überall waren die Hände der Vorstadt geschäftig, den Reichtum zu raffen, der in den Straßen und Stuben der neuen Bürgerschaft prahlte.

Wie durch ein Sieb sickerte der dünne Wochen- und Tagelohn durch, indessen der Mehrgewinn das Gold in den Maschen anschwemmte, die Taschen der Klugen und Harten zu füllen.

Das Sozialistengesetz

Die da in Not und Kümmernis lebten, indessen der Reichtum auf leichten Rädern dahinfuhr, denen ein Tag Sorgenfreiheit ein Märchenland hieß: sie trugen die neue Zwietracht im Herzen, wie einmal die Hirten in kalter Nacht auf dem Feld die Botschaft der Engel vernahmen.

Sie hießen sich Sozialisten und glaubten mit glühenden Augen, daß einmal das Reich der Gerechtigkeit käme; dem Glauben war Hoffnung, doch keine Liebe gesellt: Haß hieß der Quell, daraus sie tranken.

Sie haßten den Reichtum und seine Nutznießer, sie haßten die

Prunkstraßen der Stadt und alle, die darauf spazierten, sie haßten den Bürger, der seinen Tag lebte, und haßten den Staat, der seinen Wohlstand beschützte.

Sie haßten die Kirche, weil sie dem Armen den Himmel versprach für die entgangenen Freuden der Erde; sie haßten den Kaiser dazu, weil Thron und Altar die Stützen der alten Klassengewalt waren.

Der Kaiser war längst ein Greis, und drei Jahrzehnte waren vergangen, seitdem er Kartätschenprinz hieß; drei Jahrzehnte hatten sein greises Haupt ehrwürdig gemacht: wenn seine gebeugte Gestalt im Wagen ausfuhr, freundlich nickend nach allen Seiten, strömten ihm Liebe und Dank, Ehrfurcht und Jubel des Volkes zu.

Aber der Jubel reizte den Haß, und dem Haß sind die Wege zur Hölle gepflastert: Hödel, der Klempnergeselle, fehlte mit seiner Kugel den König, Nobiling schoß ihn mit Rehposten nieder wie der Wilderer ein Wild.

Indessen der schmählich verwundete Greis von seinen Wunden genas, beschloß der Reichstag das Sozialistengesetz, das um den Abgrund der roten Zwietracht den bösen Stacheldraht zog.

Wie einmal den Burschenschaften geschah, geschah nun den Sozialisten: Verfolgung, Gefängnis und Landesverweisung waren das grausame Los aller, die sich bekannten.

Zum andernmal kam dem Geheimrat der Büttel zur Hand, aber der Wille der Mehrheit, nicht Willkür der Fürsten, gab ihm die Macht, im Namen des Rechtes Unrecht zu walten.

Haß löckte wider den Haß: Freiheit, Gleichheit und Brüderlichkeit hatte es einmal geheißen, da der Bürger sein Dasein gegen die Junker und Pfaffen erhob; nun klang der gleiche Ruf gegen ihn, den Feind des Genossen.

Kaiser und Kanzler

Siebzehn Jahre lang trug der greise König von Preußen die Kaiserkrone von Deutschland, wahrhaft geliebt von seinem Volk und geachtet unter den Völkern.

Als er im einundneunzigsten Jahr seines Lebens einging zu den Vätern, war sein Sohn ein todkranker Mann, und jedermann sah, wie der Zeiger der Zeit auf den Enkelsohn übersprang.

Noch aber hielt der Kanzler dem Reich die Gewichte; auch er war ein Greis, und die Jahre der Zwietracht hatten dem Gründer des Reiches manchen Kampf aufgezwungen, der nicht mehr durch Eisen und Blut zum ruhmreichen Sieg führte: aber sein Ankergriff war zu fest und das Gewicht seiner Taten zu schwer, als daß ihm der Streit den Gang seiner Uhr störte.

Auch hatte der König sich redlich gebeugt vor der Größe; er hieß sein Herr und war hochmütig genug, es zu bleiben; aber der Diener regierte und wußte den Hof aus seinen Geschäften zu halten.

Wenn der Kanzler im Reichstag zum deutschen Volk sprach und die Parteien ihn hörten, stand ihm der Feind vorn; kein Dolchstoß fand seinen Rücken, solange sein König ihn deckte.

Treue um Treue: so sah das Volk die Gestalten, und Hagen von Tronje hießen ihn manche, die seinen Junkerstolz kannten, als Lenker der deutschen Geschichte doch nur der oberste Diener des Königs von Preußen zu sein.

Als aber der König zur letzten Ruhestatt fuhr, waren viel Prinzen und Fürsten zwischen dem Sarg und seinem gewaltigen Leibwächter; und als der todkranke Sohn sein König und Herr war, trug eine Prinzessin von England die Krone, die, Preußen und Deutschland gleich fremd, dennoch dem Kanzler den Gang seiner Uhr störte.

Ein kurzes Wetterspiel zuckte: Kanzler und Kaiserin standen im Blitzlicht; aber am neunundneunzigsten Tag seiner Regierung lag

Friedrich der Dritte als Leiche in Potsdam, und Wilhelm der Zweite, der Enkel, war Kaiser von Deutschland.

Zu jung für sein Volk, zu alt für den Kanzler, nahm er das Zepter der Macht; im goldblauen Himmel hatte der Abendstern Wilhelm des Siegreichen stark und tröstlich gestanden: als er gesunken war, gerannen die Lüfte in dichtem Dämmergewölk, indessen das kurze Gewitter hinter den Bergen vergrollte.

Der Alte im Sachsenwald

Der Zeiger der Uhr hatte den Sohn übersprungen; dem Enkel zu dienen, wurde dem eisernen Kanzler als Schicksal ins Alter gelegt.

Er hatte das Reich als Bund der Fürsten gegründet, denen der König von Preußen wohl Kaiser, aber nicht Lehnsherr war.

So führte der Kanzler im Namen des Kaisers die deutschen Geschäfte und stand dem Bundesrat vor, darin die Minister der Fürsten nach ihrer Stärke abstimmten; aber er blieb der Minister des Königs von Preußen.

Seinen gnädigen Herrn mußte der mächtigste Mann im Reich den Enkelsohn heißen; aber nun war keine Weisheit und Würde mehr da, nach seinem Rat zu befehlen: Wilhelm der Zweite wollte sein eigener Ratgeber heißen.

Friedrich den Großen hieß er sein Vorbild; aber er war dem Spötter von Sanssouci fremd, wie der prahlende Schein der schlichten Größe fremd ist.

Alles, was jemals groß war, wollte er scheinen: fromm und von Gottes Gnaden geführt, tapfer und treu, weise und wahr, unermüdlich, gerecht und allen Dingen durch eigenes Urteil gerüstet! Alles wollte er scheinen, weil er ein Spiegel und Widerschein war.

Zwei Jahre lang ließ sich das ungleiche Kräftespiel halten, zwei Jahre lang diente der eiserne Kanzler dem Irrlicht als seinem gnädigen Herrn, dann brach die Gnade in Stücke: der Minister hatte dem König von Preußen getrotzt, der Minister wurde entlassen.

Weltwende war, als solches geschah, und das deutsche Reich bebte; aber das Volk war gewöhnt, blind zu gehorchen; auch war den Parteien der schwarzen und roten Zwietracht der Kanzler verhaßt, ihr Siegerglück sah den Eckpfeiler der Preußenwacht wanken.

Drei Rosen legte der Kanzler dem alten Kaiser aufs Grab, dann fuhr er hinaus in den Sachsenwald, den ihm vordem sein König aus Dankbarkeit schenkte, und der seinem Alter der niemals begehrte Ruhesitz wurde.

Er hatte das Seine getan, wie nur ein Großer das Seine vollendet; er hatte das Reich nach seinem Willen und Wesen gebaut, aber sein Werk war kein Tempel und Sinnbild, auf heiliger Höhe zu stehen; sein Werk war ein Haus und das deutsche Volk sollte drin wohnen.

Er durfte nicht Haushalter bleiben; sorgend sah er zurück, ob alles nach seinem Willen geschehe, und zornig, daß allzuviel anders geschah.

Zwietracht und Haß hatten den Abschied des Starken begleitet; seit er im Sachsenwald war, sank die Vergessenheit über die Tage, da er im Streit der Parteien selber den streitbarsten Mann stellte.

Gleich den Helden der Sage wuchs seine Gestalt grimmig zur Größe, bis er im Helldunkel seines Waldes selber ein Sagenbild wurde.

Der Alte im Sachsenwald war nicht mehr der Graf von Gastein und nicht mehr der Fürst von Versailles, nicht mehr der Kanzler und Kürassier am Bundesratstisch: er war ein Wanderer im Wald mit schwarzem Mantel und Hut.

Zwei Doggen umsprangen den großen Schritt, und wen seine buschigen Augen erblickten, den sprangen sie an; denn niemand durfte in seinen Wald kommen, den er nicht rief.

Der Spötter von Sanssouci starrte ins Abendrot, der Alte im Sachsenwald ging unter uralten Bäumen und hörte dem Wind zu: Heimdall, der Wächter am Welteschenbaum, machte die Runde, indessen Wodan unruhig wehenden Atems im Sachsenwald schlief.

Der deutsche Welthandel

Der Reutlinger Schwabe hatte die deutsche Zukunft verkündigt: Kohle und Eisen waren die Herren der Wohlfahrt geworden, die Eisenbahn war ihr gehorsamer Diener.

Wo einmal die Straßen der alten Zeit mühselig suchten, legten die blanken Schienen ihr Netz über Berge und Täler; gleich Spinnen saßen die Städte darin, sich satt an den Gütern zu fressen; wo ein Kreuzweg der Eisenbahn war, wuchsen Fabriken.

Karg war das Land der neblichten Wälder, und seine Felder konnten das deutsche Volk nicht ernähren; harte Arbeit und billige Löhne schufen die Waren, wohlfeil zu tauschen, wo in der Welt ein Überfluß war: die reichen Kornkammern im Osten und über dem Wasser machte der deutsche Welthandel auf.

So fingen die Röhren des Wohlstandes an, dünne Strahlen zu fließen; aber sie flossen an vielerlei Orten, und als das Jahrhundert zu Ende ging, das so reich im Geist wie arm im Beutel begann, hatte sich Reichtum in manchem Beutel gesammelt.

Der Beutel blieb in der Stadt, die Bauernschaft sah nur den goldenen Schein; sie mußte dem Bürger den Reichtum mit Mühsal und Sorge bezahlen; denn billiges Brot hielt billigen Lohn, und ihr Brot war zu teuer.

Einmal hatten die Kätner das Heim ihrer Armut verkauft, über dem Wasser ein besseres Dasein zu suchen; nun lockte die Stadt, Fabrikler zu werden; einer unheimlichen Krankheit verfallen, schwollen die Vorstädte an, indessen die Dörfer dünn wurden an Menschen und Händen.

Aus einem Bauernland machten Gewinnsucht und Not ein Fabrikland; aber mit jedem rauchenden Schornstein, mit jedem sausenden Schwungrad wurde das Dasein der Deutschen der Fremde verpflichtet.

Wo irgend ein Markt in der Welt war, mußten die Händler

deutsche Waren feilhalten; wo irgend ein Angebot lockte, mußten sie lauern und listen, und wo die Haustür geschlossen war, mußten sie Schlupflöcher suchen.

Nicht lange, so kamen die Schiffe gefahren — schwarzweißrot wehte die Flagge — Waren zu bringen und Güter zu holen; und wo sie den Weg zum erstenmal fanden, blieben sie nicht mehr aus.

So mußte der deutsche Kaufmann der Störenfried werden; denn die Welt war verteilt, wohin er auch kam, und überall sah das alte Geschäft scheel auf das neue.

Die deutsche Flotte

Einmal hatte die Hansa die Meere befahren, und die Kaufleute des Kaisers waren die Herren des Handels gewesen; so weit die kalte Meerküste reichte, galt keine Macht über der ihren: Fürsten und Könige mußten sich beugen vor ihrer gewaltigen Flotte.

Aber die großen Seewege befuhr die Hansa nicht mehr; Spanien, Holland und England wurden die neuen Seemächte, indessen über das Reich der große Krieg kam.

Der letzte Hansetag war in den Tagen Turennes: Hamburg, Bremen und Lübeck, Danzig, Braunschweig und Köln saßen noch einmal zusammen im Schatten vergangener Macht, aber ihr Mut war für immer verdrossen.

Was die Städte nicht mehr vermochten, gedachte der große Kurfürst zu tun; er hatte als Prinz in Holland den Nutzen der Schiffahrt gesehen und ließ seine Flotte das Weltmeer befahren: an der Goldküste Afrikas wehte der rote Adler im weißen Grund über der Festung, die sich der Kriegsherr aus Brandenburg baute.

Aber es war nur der kühne Griff eines Fürsten; sein Volk war zu ärmlich, sein Land zu zerstückt an der kalten Meerküste, so langen Arm zu behalten.

Der rote Adler im weißen Grund verschwand vom Weltmeer,

während das Königreich Preußen im Sand von Brandenburg wuchs; der Sieger von Roßbach und Leuthen machte daraus ein wehrhaftes Land, aber er brauchte das Maß seiner Sorgen nicht aus dem Weltmeer zu füllen.

Mit sandigen Häfen und Küsten blieb Preußen das Land an der Ostsee, dem der dänische Seehund das Weltmeer versperrte.

Romantischer Eifer der Männer in Frankfurt ließ die Wimpel der deutschen Kriegsflotte wehen, bevor noch ein Reich war; aber der englische Seeherr verbot ihr das Weltmeer, und kläglich wurden die Schiffe der deutschen Flotte versteigert.

Erst als der Kyffhäuserberg endlich die Tore auftat, als wieder ein Kaiser im Zankreich der Fürsten und ihrer geplagten Völker regierte, war das Reich mächtig, auch das Hansaglück wieder zu wecken.

Der schwarzrote Adler im schwarzweißen Kreuz erschien auf den Meeren; der englische Seeherr mußte die deutsche Kriegsflagge grüßen.

Unsere Zukunft liegt auf dem Wasser! prahlte der Kaiser; und wie der Großvater das Heer zu rüsten anfing, so der eifrige Enkel die Flotte.

Der Dreibund

Rußland den mächtigen Freund und Nachbarn im Rücken, hatte der Kanzler den Krieg mit Frankreich gewagt und gewonnen; aber die Freundschaft fing an, sich zur Feindschaft zu wandeln, als Rußland den Weg nach Byzanz zugesperrt fand.

Solange ein Zar in Rußland regierte, hatte das goldene Horn gelockt, wie einmal die römische Krone das deutsche Kaisertum lockte.

Da stand die Aja Sophia unter dem Halbmond, die einmal das griechische Kreuz der Gläubigen trug, da war die Herkunft der russischen Kirche in türkischen Händen, da war den Russen das Tor der Dardanellen verriegelt.

Wohl hingen die unermeßlichen Weiten der russischen Länder am Kranz ihrer nordischen Küsten, aber das Eismeer hielt ihre Häfen im Winter geschlossen; das schwarze Meer mit Odessa, der lieblichen Krim und dem Kriegshafen Sebastopol sperrten die Türken mit eisernen Ketten.

Längst war die Türkengefahr für die Christenheit aus; den kranken Mann hießen die Spötter den Sultan, der nur noch ein Schattenbild war: dem kranken Mann wollten die Russen endlich zum Tode verhelfen.

Bis unter die Tore von Konstantinopel führte ein rascher Feldzug den Zaren, aber England und Österreich hemmten sein siegreiches Schwert: als ehrlichen Makler riefen die streitenden Mächte den Kanzler.

So kam der stolze Tag für Berlin, da Bismarck obenan saß unter den Mächtigen, dem Streit die Wage zu halten, wie einmal der Kaiser von Frankreich Schiedsrichter im Abendland war.

Aber die Würde, so klug er sie übte, brachte dem Schiedsrichter keinen Dank und Gewinn; der stolze Tag von Berlin wurde dem Reich die Glückswende des Schicksals.

Die Mächte mit ihrem Gewicht hatten die Russen gehindert, Byzanz zu erreichen; aber der russische Groll fiel auf die Hand, die den Mächten die Wage zu halten gedingt war; Rußland, der mächtige Nachbar im Rücken des Reichs, ging zu dem Todfeind im Westen: das böse Bündnis begann, das Reich zu umfassen.

Der Drohung zu wehren, rief Bismarck Nothelfer an: Österreich, Italien und Deutschland im Dreibund vereinigt, sollten dem Zweibund von Rußland und Frankreich das Gleichgewicht halten.

Als ob noch einmal das römische Reich seinen Bogen über das Abendland spannte, so zog der Dreibund die Grenzen der alten Kaisergewalt: aber die Krone war für zwei Kaiser gespalten und statt dem Papst sollte ein König in Rom Widerpart sein.

Und so war das Schicksal: der Graf von Gastein hatte das

preußische Reich gegen Habsburg gegründet; aber es war nicht das Land von der Maas bis zum Memel, von der Etsch bis zum Belt, wie es die deutsche Hoffnung ersehnte.

Nun kamen die Deutschen von Österreich, Salzburg, Tirol und der Steiermark zwar in den Dreibund, aber sie brachten das Habsburger Schneckenhaus mitsamt den slavischen Völkern und dem bösen Streit um den Balkan.

Feinde ringsum

Der Oheim Wilhelm des Zweiten war König von England geworden; er haßte den Neffen in Potsdam und hing seinem Hochmut das Schellenband an.

Er war schon ins Alter gekommen, als seine Mutter Victoria starb; aber die Welt kannte den Prinzen von Wales, der in Paris und in London gleichviel als Lebemann galt, weil er das Reich der Mode regierte.

Neun Jahre nur blieben ihm noch für den Thron, aber neun Jahre reichten dem König Eduard aus, in den Machthändeln der Welt nicht weniger gut als in der Mode zu führen.

Vielerlei Feinde zählte der britische Stolz auf der Erde; der stärkste war Rußland, aber der nächste war ihm der deutsche Vetter geworden: den stärksten Feind auf den nächsten zu hetzen, sollte das Meisterstück Eduards sein.

Er trug keine schimmernde Wehr wie sein Neffe, er war ein König im Straßenkleid, der besser die Kunst, sanft und höhnisch zu lächeln, als die der schwellenden Rede verstand; er wußte als Weltmann auf Reisen höflich zu sein, nur in Berlin war er es nicht.

Als seine Lebenszeit um war, hatte sich nichts im Abendland sichtbar verändert: der deutsche Welthandel wuchs aus Wohlstand zu Reichtum, Wilhelm der Zweite sprach von der gepanzerten Faust und hieß der Zukunft auf dem Wasser die Schlachtflotte bauen.

Frankreich war trächtig an seinem Traum der Revanche, Rußland sah nach Byzanz, Italien unterschrieb dem Dreibund die Wechsel auf kurze Sicht, Österreich wühlte sich ein in den Balkan.

Alles war wie zuvor, die Waffen starrten im Gleichgewicht und der Frieden hing an der Wage: nur die heimlichen Tiefen der Mächte hatten sich trübe gefüllt.

Ein Vierteljahrhundert war seit den stolzen Tagen vergangen, da Bismarck als ehrlicher Makler am Tisch saß, obenan bei den Mächten; ein Vierteljahrhundert hatte den Haß gegen Deutschland gerüstet, und der ihm der treueste Freund schien, war in der Rechnung der Mächte sein gefährlichster Feind.

Habsburg

Das Habsburger Kaisertum war die Erbschaft vergangener Fürstengewalt über widerstreitende Völker: Ungarn und Tschechen, Polen, Slowaken, Ruthenen, Kroaten und Serben, Rumänen und Italiener waren der deutschen Vorherrschaft feind.

Und keiner Regierung gelang es, den Ausgleich zu finden; was den einen zuliebe geschah, geschah den andern zuleide: ein babylonischer Turm blieb der Reichsrat in Wien mit seiner Völker- und Sprachenverwirrung.

Bunt wie das Völkergemisch war auch das Wechselspiel seiner Minister, der klugen und dummen, der gerechten und schlechten: die Völker im Reichsrat ließen sie kommen und hießen sie gehen; und keiner war mehr als ein flüchtiger Schatten.

Nur der Kaiser Franz Joseph in Wien gab seinen schläfrigen Stundenschlag durch die Verwirrung; seit Metternich ging, war er da, längst mehr als ein halbes Jahrhundert; die Kaiserin wurde erstochen, der Kronprinz, sein einziger Sohn, lag auf der blutigen Bahre: den Kaiser Franz Joseph hatte das Schicksal vergessen.

Ein kahler Baum im Schlinggewächs streitender Völker war

die Habsburger Macht; ein geiler Trieb wollte ihm neues Holz geben: der Thronfolger-Erzherzog wollte noch einmal ein Habsburger Ferdinand sein.

Denn die Kirche allein war die Einheit der streitenden Völker in Österreich, nur ihr gehorsamer Diener konnte noch einmal die Vielheit beherrschen: und Franz Ferdinand war ein gehorsamer Diener der Kirche.

Groß-Österreich wollte er bauen und tief in den Balkan hinein sollte das Fundament seines babylonischen Turms reichen; indessen der Staat Metternichs starb, weil seine Vielheit feindlicher Völker kein Volk war, hörte die Habsburger Habsucht nicht auf, von Ländergewinn und Eroberungskriegen zu träumen.

Als sie das Recht ihrer Krone über Bosnien streckte, war der Krieg angesagt, der Krieg mit den slavischen Völkern im Balkan und ihrem mächtigen Schutzherrn im Osten.

Denn Serbien lag als ein Stein vor der Tür in den Balkan; sollte Groß-Österreich sein, war Belgrad der Schlüssel, und sollte der Schlüssel Habsburg gehören, mußte das serbische Volk samt seinem russischen Schutzherrn gedemütigt sein.

Frechheit und Leichtsinn reichten einander die Hände, da Habsburg solch ein vermessenes Glücksspiel begann; und Habsburg wußte genau, daß es allein nichts vermochte: aber der mächtige Bruder im Norden sollte sein ehrliches Schwert über der blinden Vermessenheit halten.

Serajewo

Franz Ferdinand wollte den bosniakischen Völkern den kommenden Landesherrn zeigen; in der Hauptstadt Serajewo traf ihn die Kugel eines Studenten; die zweite Kugel sollte den Statthalter treffen und fand die Thronfolger-Fürstin.

Die Tat geschah am hellichten Tage, und der Mörder wurde ergriffen samt seinen Genossen; aber der Mord schrie nach größerer Rache, und Serbien sollte der Hofburg das Schuldopfer sein.

In Belgrad sei — so sagte der Vorwand — der Mord von Serajewo geplant und beschworen; ihn zu sühnen wurde das serbische Volk vor eine kurze Frist und eine harte Entscheidung gestellt.

Es sollte ein trotziges Nein sagen und sagte demütig Ja, und wollte nur seine Ehre wahren; aber der Krieg war in Habsburg beschlossen, der lästige Stein vor der Tür sollte weggewälzt werden.

Sie wußten genau in der Hofburg, Serbien treffen hieß Rußland entfachen; das sollte die Sorge des stärkeren Bruders im Dreibund, das sollte die Sühne für Königgrätz sein.

Der stärkere Bruder im Dreibund hatte für einen Glücksspieler gebürgt; als er die Karten aufgedeckt sah, war es zu spät, die Bürgschaft zu lösen: er hatte in schimmernder Wehr mit seiner Treue geprahlt, nun brannte der Saal und der Nibelungenkampf begann auf Leben und Sterben.

Der Weltkrieg

Deutschland erklärte Rußland den Krieg, und die Welt verfluchte den Friedensstörer; Deutschland marschierte in Belgien ein, und die Welt schrie nach Rache; Deutschland stand auf, wie ein Volk um sein Dasein aufsteht, und die Welt war bereit, sein Dasein zu löschen.

So war es schon einmal, als Friedrich in Sachsen einbrach, als Österreich, Rußland und Frankreich, samt seinen Trabanten im Rheinbund, mit ihrer Unschuld dastanden und engelrein kamen, den Bösewicht zu bestrafen.

Frankreich hatte nicht Jahr für Jahr um seine Revanche gefiebert; Rußland hatte nicht Bahnen gebaut und zum Krieg gerüstet mit dem Geld der Franzosen; England hatte nur friedliche Freundschaft gesät in Frankreich und Rußland.

Nie sah die Welt so ehrlich entrüstete Mienen, als da der Tag kam, den sie alle gewollt hatten; nie ging ein Volk so blind in die Falle, als da die Deutschen Habsburg zuliebe in das geschliffene Schwert rannten, nie hatte ein Volk seinen Führern so töricht getraut und so leichtfertig gehen lassen; nie war eine Schuld so schief und ein Schicksal so aus der Schulter gerissen.

Der Krieg stand vor der Tür, und Wilhelm der Zweite ging auf die Reise; sein Kanzler sah weisheitsvoll zu, wie das Reich eingespannt wurde vor den Habsburger Wagen; die Bundesfürsten und all ihre klugen Minister ließen die Dinge geschehen, als ob der kommende Tag ein Manöver und das heiligste Ding in der Welt eine mißbrauchte Bundespflicht wäre.

Aber tief in den Gründen des Volkes gerannen die Säfte der Zeit; die alte und neue Zwietracht fühlten die Stunde gekommen für ihre Ernte, die dritte stand todesbereit.

Aller Wohlstand der Städte und all die neue Reichsherrlichkeit war nur der Tanz um das goldene Kalb, all die prahlende Pracht nur die Jagd nach dem Glück und all die fiebernde Hast nur die tiefe Enttäuschung gewesen.

Die goldene Spinne hatte in allen Herzen gesessen, sie hatte den Armen geplagt und den Reichen gehetzt und hatte den Menschen die Seele gefressen: Glück war Genuß, Genuß war Gier, Freiheit war Willkür, Schönheit war Schein und Würde war falsche Währung geworden.

So stieg der Groll aus den Tiefen und sah ein anderes Glück auf die Spitze des Degens gestellt, als das in all den Geschäften, Büros und Fabriken, Straßen und Bierhallen der prahlenden Städte zuhaus war.

Aber der Groll war nur Schaum in den Wogen; die Wogen gingen um Macht, wie sie in England, Frankreich und Rußland um Macht gingen; und Macht hieß vom Reichtum der Erde mehr als die andern besitzen.

Die Schuld

Willst du den Frieden, so rüste für den Krieg! stand über den Türen der Staaten, aber das doppelzüngige Wort hatte das Abendland in die Hölle geführt; denn wer den Krieg rüstet, der züchtet ihn groß, und wer ihn züchtet, den will er fressen.

Eisen und Blut hatte Bismarck verkündigt, aber Eisen und Blut heißt die Gewalt; Gewalt heißt mißbrauchte Macht; Widergewalt oder Knechtschaft, anderes kann sie nicht züchten: Widergewalt gaben einander die Staaten im Abendland, Knechtschaft war über den wehrlosen Völkern der Erde.

Sie hießen sich christliche Völker und lebten im Haß; sie sangen Frieden auf Erden und starrten auf Krieg; sie rühmten sich ihrer Kultur und maßen sich mit Kanonen.

Raubtieren gleich saßen sie hinter den Gittern, Raubtieren gleich streiften sie über die fernsten Felder der Erde, ihren Raub unter den wehrlosen Völkern zu finden.

Und all ihr Begehren, ihr Streit und die tödliche Feindschaft ging um den Fraß: Kolonien hießen sie ihren Futterplatz, Kriegsflotten ihre Krallen, und abendländische Kultur die Verderbnis und Sklaverei, die sie in alle Erdteile brachten.

Willst du Gewalt, so rüste den Krieg! willst du den Mißbrauch der Macht, so mache dich mächtig, Gewalt zu gebrauchen! und willst du Frieden, so bist du ein Schaf unter Wölfen!

Rußland mußte das Meer haben, aber das Meer stand ihm offen für alle seine Schiffe, solange nicht Krieg war; England mußte den Seeweg nach Indien schützen, aber im Frieden konnte ein Hochzeitspaar mit der Schaluppe nach Indien fahren; Deutschland mußte die englische Seeherrschaft brechen, aber die Häfen der Welt waren der schwarzweißroten Flagge geöffnet, bis sie der Krieg zumachte.

Das Abendland wollte den Krieg, weil sein Dasein Gewalt war; als es ihn vierzig Jahre lang gezüchtet hatte, konnten die Gitterstäbe des Friedens das Tier nicht mehr halten.

Die Marneschlacht

Als die Deutschen wieder nach Frankreich marschierten, sollte noch einmal die Zange den raschen Feldzug gewinnen; indessen von Metz bis Mülhausen nur eine Scheinmacht anrannte, sollte der weitaus gewaltigere Flügel von Norden einschwenkend das feindliche Heer in seinen eigenen Festungswall pressen.

Aber der Einmarsch durch Belgien führte ins Unrecht; Not kennt kein Gebot! sagte der Kanzler im Reichstag: nur wollte das belgische Volk dem deutschen Kriegsplan kein Nothelfer sein.

Wohl konnte das übergewaltige Kriegsvolk der Deutschen das belgische Heer überrennen, aber von Lüttich bis Charleroi floß viel Blut in die Spur; und jedes Dorf, das an der Maas brannte, war der Welt eine lodernde Fackel, das deutsche Unrecht grell zu beleuchten.

Auch hielten die harten Kämpfe den Einmarsch tagelang hin; als die Deutschen nach Charleroi kamen, fanden sie schon die Franzosen.

Von Verdun bis Lille stand ihre Front kampfbereit und mußte in schweren Stürmen berannt sein, indessen aus Flandern das englische Heer die deutsche Flanke bedrohte.

Aber dem Ungetüm schien der gewaltige Schlag doch zu gelingen: in breiter Flucht wankte die Mauer der stolzen Franzosen, über die katalaunischen Felder rollten die Trümmer hin.

Schon schwärmten die deutschen Ulanen gegen die Seine, der Donner naher Kanonen schreckte Paris, der Präsident samt den Ministern floh nach Bordeaux, als sich die Absicht der Zange enthüllte.

Einem gewaltigen Torflügel gleich drehte die deutsche Front sich nach Osten, die Riegel streiften Paris und gingen bei Meaux über die Marne hinüber, die katalaunischen Felder von Westen umfassend.

Zu riesenhaft waren die Massen der Männer, Rosse, Kanonen und Wagen, die tagelang vorgestürmt waren; als sich die Heerhaufen zu kreuzen begannen, als der Befehl sich verwirrte, mußten die Deutschen zurück: die Schwenkung war über die eigenen Füße gestolpert; die Führung hatte den Griff der Zange verloren.

Wohl konnten die Heere sich sammeln und über dem weißen Staub der Champagne eine festere Mauer aufstellen, als vordem die der Franzosen: aber die Marneschlacht war verspielt, der große Schlag war mißglückt, ein anderer Feldzug mußte beginnen.

Nur noch am äußersten Flügel im Westen fraß sich der Feuerbrand hin; die Heere wollten einander umfassen und rissen die Schlacht nach Norden, bis sie nach blutigen Wochen in Flandern erstickte, bis die Mauer der Deutschen von Basel bis Ypern kampfbereit stand.

Die rasende Fahrt der Kanonen über die Straßen und Felder, das rasche Reitergefecht, der nächtliche Marsch zur Umfassung, der Sturmangriff der Bajonette: was sonst den fröhlichen Feldzug machte, kam nun zur Ruhe, der Schützengraben wühlte den Krieg in die Erde.

Hindenburg

Indessen der Krieg mit seinen Schrecken und Leiden über Belgien hinfuhr, indessen die Schlacht an der Marne den deutschen Siegeszug hemmte, daß der fressende Feuerbrand aus Frankreich nach Flandern hinüber flammte; kam er von Osten gegen Deutschland gezogen.

Österreich wollte der Russenmacht wehren, aber sein Holzschwert zerbrach ihm; unwiderstehlich drängten die russischen Heere nach

Westen: das Abendland hatte gerufen und Asien kam, den Ruf zu erfüllen.

Wie ein Land unter Wasser gerät — ein Damm ist gebrochen, und überall quellen die Ströme — so kam die Russengefahr über Preußen: Tilsit, Gumbinnen und Insterburg waren von ihren Scharen erfüllt, Königsberg wurde bedroht von den raschen Kosaken, der Schrecken schäumte die Flüchtlinge gegen Berlin.

Aber die Tage von Tannenburg setzten der Furcht und der Flucht ein fröhliches Ende: Hindenburg kam, den sie danach den Russenschreck nannten, und wurde der Retter des preußischen Landes.

Er war schon ein Greis und niemand hatte den Mann gekannt, der über allen Männern des Krieges fortab gerühmt war: ein Vater Blücher zum andernmal und wie der Held an der Katzbach geliebt von seinen Soldaten.

Er lockte das russische Heer in die masurischen Sümpfe und stellte die Falle so listig, daß nach der verlorenen Schlacht nur noch der Nachhut der Russen die eilige Flucht glückte.

Seit Sedan sah kein Schlachtfeld solch einen Sieg, wie der bei Tannenburg wurde; die Welt horchte auf, daß wieder ein Feldherr am Werk war; den Deutschen wurde der Name Hindenburg teuer, als ob der Name allein ein Siegespfand wäre.

Die Blockade

So hatte der Krieg mit gewaltigen Schlägen begonnen, froh wehten die Fahnen in Deutschland: sie wehten Sieg, aber sie wehten kein Ende; denn der Feind war nicht Frankreich und Rußland, der Feind war England, und England saß hinter dem Wasser.

Wohl lagen die großen Schlachtschiffe gerüstet zum Kampf im Troß ihrer Kreuzer; sie konnten die Küsten beschützen, den Kampf in Feindesland tragen konnten sie nicht: sie mußten lauern und warten, was England, dem Seeherrn, beliebte.

England, der Seeherr, brauchte sich nicht zu beeilen; ihm saß der Feind in der Falle, ihm konnte er siegen gegen die Russen und festhalten in Frankreich, und war doch verloren.

Denn England sperrte die Nordsee; und Deutschland mit all seinen Soldaten und ihrer Todesbereitschaft, mit seinen Fabriken und volkreichen Städten im kargen Land, Deutschland mit all seinen flatternden Fahnen und allen Wimpeln der Flotte war nur eine belagerte Festung; und eine belagerte Festung besiegte der Hunger.

Englische List und Gewalt mußten der Festung den letzten Weg in die Welt verriegeln; daß aber List und Gewalt gerecht und geehrt unter den Völkern daständen, mußte der Deutsche das Recht und die Achtung des ehrlichen Mannes verlieren.

So wurden auf allen Straßen der Welt die deutschen Greuel verkündigt; so wurde ein ehrliches Volk unehrlich gesprochen; so wurden Groll und Geschäftsneid der Völker zum Haß aufgestachelt.

Alle die Völker der Erde, die weißen, schwarzen und gelben: alle wurden gerufen, als Kläger, Richter und Büttel der englischen Feindschaft Gericht über Deutschland zu halten.

Alle hatten den Nächsten geliebt und seine Rechte geachtet, keiner hatte je einem Gewalt angetan, wie der Burenbezwinger, der Schutzherr Ägyptens und gütige Pfleger der indischen Völker mit ehrlicher Miene bezeugte: nur Deutschland allein hatte zuerst das Geschäft und danach den Frieden gestört.

List und Gewalt der Blockade sperrten der Festung die letzte Hintertür zu; mochten die deutschen Soldaten in Frankreich und Flandern, in Polen und Rußland ihr hartes Männerwerk tun, an ihren Frauen und Kindern mußten sie dennoch verlieren; England stand vor der Welt im Glorienschein seiner Gerechtigkeit da.

Der Schützengraben

Die Feldheere hatten in Frankreich vergeblich gerungen; als die Russengefahr Hindenburg rief, lag im Westen der Krieg an der Kette, die Ring um Ring ineinander geschmiedet von Flandern zum Elsaß die feindlichen Heere verband.

Ein stummes Gewühl war gewesen durch Tage und Nächte, Spaten und Hacken hatten die Löcher gegraben, darin die Männer nun saßen, vor Kugeln gesichert, darin sie Rast und Unterstand hatten nach wilden Märschen und blutigen Schlachten.

Aber der Unterstand wurde die Wohnung für Wochen, und Wochen liefen in Monaten hin; da waren die Gräben und Löcher nichts nütze, da wurde die Front vom Elsaß nach Flandern als Festung gebaut.

Schützengräben, künstlich gewinkelt, waren die Brustwehr, wenn irgend ein Angriff die Männer aus ihren Höhlen heraus rief; sonst saßen sie sicher geschützt in den Kammern, dahin die Treppen tief in die Erde hinunter gingen.

Nur die Horchposten standen im Stahlhelm; wie einmal die Torwächter spähten sie aus nach dem Feind, der drüben gleichso verbaut saß.

Hüben und drüben der Graben mit seiner Brustwehr, kaum sichtbar erhöht, manchmal am Himmel das dralle Gewölk der Schrapnelle oder der bräunliche Rauch großer Kanonen, selten ein Schuß in der Nähe, nur unaufhörlich das ferne Gegroll: so war der Krieg in die Stille gesunken.

Aber die Stille war Tücke: tief in der Erde wurden die heimlichen Gänge gebohrt, eine Mine sprang gegen den Unterstand auf, alles mit Feuer und Eisen und Hölle vernichtend; oder ein Schuß schnitt seinen Blitz zu spät in die Nacht, Siegergeheul und Todesröcheln erfüllten die Gräben.

Aber die Raubtiere, einander belauernd vom Elsaß bis Flandern, konnten auch friedlicher sein: ein sonniger Wintertag rief sie heraus aus den Löchern; da saßen sie da in den Gräben, rauchten und lachten und riefen einander mit fremdem Mund spöttische Worte hinüber.

Auch konnte die Neugier sie packen, einander mit Augen zu messen; dann trauten sie ihren Zeichen, kamen herauf auf die Brustwehr und sahen die fremde Lehmgestalt an mit seltsamen Augen, daß solches geschähe: Mensch gegen Mensch entfesselt durch Wochen und Monde, gestern noch blutrünstige Tiere und heute harmlose und fröhliche Knaben.

Alle hatten daheim eine Mutter, eine Braut oder gar eine Frau mit ihren Kindern, den Stall und das Feld, den Schraubstock oder den Schreibtisch treu zu besorgen, indessen sie hier in der Fremde dem Tod und der Trübsal verkauft waren.

Es konnte schon morgen geschehen, daß die grollende Ferne über sie fiel mit Granaten, daß die Kanonen hüben und drüben den Feuerkampf um den Graben begannen.

Dann kam das Unheil heulend geflogen, Zentner von Eisen bohrten sich in den Grund und zersprangen im Feuer; brüllender Donner, Blitz und Schlag unaufhörlich; ein feuriger Krater, tief aus der Erde gerissen, verschüttete Männer, Graben und Unterstand.

Trommelfeuer hießen sie das, wenn sie in ihren Höhlen dasaßen, stumm und geduckt, und die Hölle raste über sie hin, Stunden um Stunden, manchesmal Tage erbarmungslos füllend.

Da wurde die letzte Fröhlichkeit still, da bebte die tapferste Seele, da war der Mensch nur noch Kreatur, aus Raum und Zeit zurück in den Abgrund der Schöpfung gerissen.

Und wenn die Hölle ausgerast hatte, wenn das Donnergebrüll schwieg und die gepeinigte Erde zu zittern aufhörte, fing die Vernichtung ihr letztes Mörderwerk an: Hyänen kamen gesprungen, die Opfermahlzeit zu halten; Handgranaten und Messer mußten dem letzten Verzweiflungskampf dienen.

Und einmal war alles vorüber, die Verwundeten waren verbunden, die Verschütteten ausgescharrt, die Toten begraben, Brustwehr und Graben von Blut und Gedärm, vom Unrat des Todes gereinigt: Stille stand über dem Graben, nur das dumpfe Gegroll in der Ferne, am Himmel das dralle Gewölk der Schrapnelle.

Bis wieder nach Stunden, nach Tagen, nach Wochen die Hölle anfing, wie es der Heerbefehl wollte, dem alle diese Männer hüben und drüben in ihren Höhlen, als ihrem Schicksal blind untertan waren.

Die belagerte Festung

Eine belagerte Festung war Deutschland im Weltkrieg, und alle Tapferkeit konnte dem Hunger kein Tor öffnen.

Hindenburg hatte im Osten den russischen Sturm abgeschlagen und Polen zum Bollwerk der Festung gemacht; im Westen hielt eine Mauer aus Stahl und Treue der Heimat den Feind fern: aber das Außenwerk hier wie dort konnte den Frauen und Kindern kein Brot bringen.

Als Mackensen dann in Galizien siegte und die russische Front weit in die Sümpfe zurück warf, waren unendliche Weiten und Wüsten erobert, die russische Kornkammer war es nicht.

So mußte die Tapferkeit weiteren Weg suchen; über den Balkan brauste sie hin zu den Türken; Serbiens kurzes Siegerglück sank vor der deutschen Übermacht nieder: aber der Weg nach Bagdad führte nur in die Wüste.

Auch der heilige Krieg des Propheten half der Festung nicht aus dem Hunger; der Halbmond war in den türkischen Angeln verrostet, der kranke Mann in Byzanz konnte kein Wunder im Morgenland wirken.

Die deutsche Tapferkeit hatte — das mußte sie bitter erfahren — nichts als ihr Schwert; nie hatte sein Schlag so harte Taten getan, als da es vor seinem Untergang stand.

Wie einmal die Goten ihr kurzes Schwertherrenglück hatten, wie Alarich über Rom siegte und doch nur ein Straßenkönig war, wie der Ruhm des tapferen Todes um Totilas blühte: so wurde das deutsche Schicksal noch einmal erfüllt.

Völkerwanderung war wieder wie damals; die Straßen des Abendlandes hallten von ihren Schritten; von Ypern über die Dardanellen, vom Idsteiner Klotz bis Riga donnerten ihre Kanonen, und wie zu Kreuzritterzeiten flatterten deutsche Fahnen im heiligen Land.

Seit dem Kriegsherrn aus Korsika sah der Dämon des Krieges nicht solche Taten; und wo seine große Armee im russischen Winter verdarb, standen die Deutschen getrost und rasteten nicht, bis sie die Zarenherrschaft zerschlugen.

So grausamen Hohn hatte das Schicksal dem deutschen Schwert aufgespart, daß es der englischen Weltherrschaft diente, indem sein tödlicher Schlag das Russenreich traf.

Unter den Feinden Englands war Deutschland der nächste, Rußland der stärkste; als der nächste den stärksten bezwang, hatte das deutsche Schwert den Krieg für den englischen Seeherrn gewonnen.

Denn nun stand Deutschland als Todfeind Englands allein; die belagerte Festung hatte sich selber das letzte Bollwerk zerstört: England konnte getrost auf den Tag warten, da der Hunger der deutschen Tapferkeit das Schwert aus der Hand nahm.

Das Unterseeboot

Wohl streckten die norddeutschen Länder sich an der kalten Meerküste hin, aber die Ostsee war nur ein Schlauch, und die Nordsee hießen die Seeleute spöttisch den nassen Sack.

Die englischen Schlachtschiffe brauchten sich nicht aus den sicheren Häfen zu rühren; die schnellen Kreuzer allein hielten Wacht, sie zu rufen, wenn irgend ein Feind in den nassen Sack kam.

So lag die Flotte des Kaisers wie ein Hund an der Kette; die noch draußen im Weltmeer schwammen, als der Krieg kam, die großen und kleinen Kreuzer konnten die Heimfahrt nicht finden und mußten tollkühn den eigenen Straßenkrieg wagen.

Goeben und Breslau, die Kreuzer im Mittelmeer, schlugen sich durch zu den Türken; das kleine Geschwader des Grafen Spee mehrte vor Chile den deutschen Sieg und fand am Kap Horn seinen grausamen Untergang.

Die Königsberg kreuzte bei Sansibar und die Emden bei Singapure; sie führten den Kaperkrieg, und wie ein Wolf unter den Schafen störte die Emden die englische Schiffahrt, bis eine ganze Flotte auslief, den frechen Kreuzer zu fangen.

Tapfer und tollkühn waren die Taten, und die Welt hörte erstaunt, was der deutsche Seemann vermochte; und als die versprengte Mannschaft der Emden auf einem Kutter die Argonautenfahrt machte und aus der Südsee über Arabien glücklich heimfand, sang der Ruhm um die Männer.

Aber der tollkühne Mut und der Ruhm, das Seefahrerglück und der tapfere Untergang halfen der deutschen Schlachtflotte nicht aus dem nassen Sack und der darbenden Heimat nicht aus der Blockade.

Das Unterseeboot allein konnte ihr trotzen, konnte den hungernden Frauen und Kindern ein Rächer, den Brüdern in Frankreich ein Nothelfer sein.

Einem Seehund gleich schwamm es hinaus, kaum sichtbar über den Wellen; wenn Gefahr kam, konnte es tauchen, und wenn es den Feind suchte, ragte sein Sehrohr allein aus dem Wasser.

Ehe die feindlichen Augen sein tückisches Dasein erspäht hatten, riß sein Torpedo den Schaumstreifen auf; zu spät erblickten sie ihn, schon kam der krachende Stoß und warf das Schiff auseinander.

Im eisernen Bauch des Seehunds saßen die Männer, eng aneinander gedrängt neben dem stampfenden Raum der Maschinen, die tagelang so durch die Meerwüste schwammen, immer des Todes gewärtig und immer bereit, ihn zu senden.

Noch waren der tückischen Boote zu wenig, dem Seeherrn Sorge zu machen; als aber ein einziges Boot im Kanal in einer Stunde drei große Kreuzer trotz ihren Kanonen und ihrem gepanzerten Bauch auf den Meeresgrund schickte, ging das Gespenst der Furcht um die Küsten von England und wurde nicht nur von den Kindern gesehen.

Auf den Werften der kalten Meerküste lagen die eisernen Bäuche der Unterseeboote dicht bei einander, Tag und Nacht wurde daran mit hundert Händen gehämmert, und wo ein grauer Bauch in das schäumende Wasser abrollte, lag ein neues Gerüst schon bereit.

So war der nasse Sack nicht mehr zu; die schnellen Kreuzer konnten nicht mehr die großen Schlachtschiffe rufen, sie konnten nur warnen vor dem gefährlichen Feind und mußten in jeder Minute bereit sein, am eigenen Leib den Stachel zu fühlen.

Die englische Insel kam in Gefahr, selber belagerte Festung zu werden, selber an Frauen und Kindern die Grausamkeit ihrer Blokkade zu spüren; und Deutschland fieberte auf, doch noch den Sieg heim zu bringen.

Immer größere Boote wurden gebaut und immer grausamer rasten die Dieselmotore, die eisernen Bäuche durchs Wasser zu peitschen, immer mehr stolze Schiffsleiber sanken durch ihre Torpedos, immer mehr Augen in England sahen das graue Gespenst an den Küsten.

Aber das Weltmeer war groß, zu stark waren die englischen Häfen, der Schiffe zuviel und mehr noch der Werften, neue zu bauen; auch war der Kanal durch Netze und Minen gesperrt und der Weg um die schottische Felsküste ging weit und gefährlich.

Als die Ziffer der Riesenverluste langsam zu sinken begann, hatte der Seeherr den Krieg doch wieder gewonnen; ihm den sicheren Sieg zu entreißen, mußte die Mauer aus Stahl und Treue im Westen noch einmal die Marneschlacht wagen.

Ludendorff

Als die deutschen Soldaten nach Frankreich marschierten, trug der Mann sein Gewehr, wie einmal der Landsknecht die Lanze; marschieren und stürmen, die Kugel senden und empfangen, sollte sein Kriegshandwerk sein.

So aber wurde der Krieg in den Jahren, da ihn der Schützengraben verschluckte, da die feldgrauen Männer Monde und Jahre in ihren Erdlöchern hausten, da die Mauer aus Stahl und Treue dem Trommelfeuer standhalten mußte:

Das Gewehr hing am Nagel, aber die Handgranate am Gürtel; denn das Handgemenge im Graben war nun das Gefecht: Mann gegen Mann, Messer gegen Messer, Mord gegen Mord.

Und auch das Grabengefecht war nur noch das Blutgerinnsel des Krieges; denn der Krieg war die Menschenvernichtung der elementarischen Mächte.

Feuer, Wasser und Luft: alles hatte der Menschengeist auf seiner Erde gebändigt; wie ein Zauberer die Geister in seinen Zirkel zwingt, mußten die Mächte ihm dienen zur Arbeit; als er sie aufrief zum Streit, war der Zirkel gesprengt, und über ihn selber kamen die Mächte mit ihrer Vernichtung.

Denn ein Krieg der Fabriken, nicht mehr der tapferen Männer war dies, daß eiserne Särge voll Feuer und Gift und Vernichtung meilenweit durch die Luft kamen, daß ihr Niederschlag die Krater der Erde aufriß.

Daß giftige Gasschwaden über die Erde hinkrochen, in alle Spalten, Gräben und Erdlöcher dringend und alles Dasein bis in die Gründe vernichtend.

Daß die Soldaten, hüben und drüben gleiches erduldend, mit ihren Gasmasken unter dem Stahlhelm gleich unheimlichen Tieren am Rande des Todes hausten.

Daß Fliegergeschwader — über den Vögeln zu fliegen wie unter den Fischen zu schwimmen hatte der Mensch die Maschine gelehrt — die eiserne Fracht ihrer Bomben abwarfen, hoch aus den Lüften, weit hinter der Schlacht die Städte zerstörend.

Aber der Krieg der Fabriken wurde genährt durch die Schätze der Erde; wollte sich die belagerte Festung solcher Übermacht wehren, mußte sie gegen die Länder der Feinde die stärkste Fabrik sein.

Der Dämon des Krieges raste zur letzten Vernichtung, und Ludendorff wollte sein harter Zuchtmeister werden; der lange im Schatten Hindenburgs stand und der eiserne Wille der deutschen Feldsiege war, trat grell in den Tag, den Sieg und den Frieden unbeugsam zu zwingen.

Den Krieg gewann die stärkste Fabrik, und Ludendorff hieß der Fabrikherr: alles, was nicht an der Front war, Männer, Frauen und Kinder, alles, was noch einen Arm hatte, mußte dem Vaterland dienen; denn das Vaterland war der Krieg, und der Krieg war die Fabrik.

So wurde der Krieg ehrlicher Heere zum Haßkampf der Völker; aber der Haßkampf der Völker wurde zur Menschenvernichtung der elementarischen Mächte.

Der sich hochmütig den Herrn der Natur hieß, der Menschengeist hatte vergessen, daß er selber nur ihr Geschöpf, zwischen den höll- und himmlischen Mächten der Knecht ihrer und seiner Leidenschaft war.

Die vierzehn Punkte

Götterdämmerung war über die Menschheit gefallen, im Aufruhr der Mächte brannte das Abendland hin; da kam eine Stimme von Westen und mahnte den Menschen an seine Vernunft.

Millionen Männer waren gefallen, Millionen verkrüppelt, Städte und Dörfer verbrannt, und blühende Landschaften lagen verödet: die Völker waren der Greuel von Herzen müde, aber der Krieg raste weiter, weil der Aufruhr der Mächte über dem Menschengeist war.

Wilson war die Stimme geheißen und die Stelle, wo sie erklang — das Weiße Haus der Vereinigten Staaten — war die stärkste Stelle der Welt: so mußte die Menschheit die Botschaft anhören.

Frieden und Völkerbund waren die Worte der Botschaft: ein Frieden, gerecht und gegen die Raubgier der Staaten gerichtet; ein Völkerbund, stark und streng, dem Frieden auf Erden das Schild der Gerechtigkeit vorzuhalten.

Vierzehn Punkte, in klaren Sätzen eindeutig gesprochen, sollten den Frieden erzwingen: wer sie verwarf, verwarf die Vernunft und war vor der Menschheit verworfen; wer sie annahm, erklärte sich an die Vernunft des Völkerbundes gebunden.

So sprach die Stimme von Westen, und ihre Stelle war stärker als eine auf Erden; die neue Welt wollte der alten Schiedsrichter sein, aber sie konnte die Zeit nicht erwarten: sie wurde Kläger, Richter und Büttel.

Amerika kam in den Krieg, als Kläger, Richter und Büttel für England den Sieg zu erzwingen; England war die Gerechtigkeit, und Deutschland war der Verbrecher.

Aber die vierzehn Punkte waren geblieben; die selben Sätze sollten den Frieden bereiten und wurden das böseste Mittel des Krieges:

Granaten schütteten Feuer über die Front und Flieger Brand auf die Städte, aber sie konnten die Mauer aus Stahl und Treue und die Stärke der Heimat nicht brechen; die vierzehn Sätze trafen die Herzen und höhlten sie aus.

Denn so war der raunende Klang ihrer Stimme: der Frieden steht längst vor der Tür, nur die den Krieg führten, halten die Tür zu; Macht ringt mit Macht und will die Vernunft nicht hören; Macht mordet die Männer umsonst, und die Vernunft könnte ihr Leben erhalten!

Eine schleichende Krankheit fiel auf den Krieg, das Blut in den Adern zu schwächen; und mählich begann das deutsche Gewissen, sein gläubiges Recht mit der Sorge des Unrechts zu mischen.

Der letzte Ausfall

Das Ende kam, wie es mußte; aber als wollte es aller Tapferkeit höhnen, ließ es den deutschen Stern steigen, bis es den Glanz und das Glück der Macht in einem begrub.

Unbesiegt standen die Deutschen in Frankreich; das mächtige Zarenreich hatte der deutsche Hammer zerschlagen und den rumänischen Dünkel dazu; Italien mußte zuletzt seinen Schlag spüren.

Der Bundesbruder im Dreibund hatte den Wechsel gefälscht, weil ihm der Lohn winkte; Trient und Triest heimzuholen, ließ er die Fahnen flattern, als Habsburg in Not war.

Aber die Männer der Steiermark, von Tirol und Kärnten trugen kein Holzschwert; sie kannten die Welschen und wußten die Heimat vor ihrem Todfeind zu schützen.

Elfmal liefen die Welschen Sturm am Isonzo und konnten den Weg nach Triest doch nicht erzwingen; die Grenzwacht der alten Grafschaft Tirol stand in den Bergen, als ob Andreas Hofer noch einmal bei ihrer Jungmannschaft wäre.

Zwei Jahre lang hielten sie tapfer die Südmark, dann hatte der Bruder im Norden das Schwert frei, den welschen Bedränger zu strafen: was er in Monden und Jahren mühsam ernagt hatte, mußte er lassen in Tagen; statt am Isonzo stand nun die Front am Piave.

So war der Feind vor den Toren der Festung im Süden und Osten geschlagen, aber im Westen drohte seine gewaltigste Macht; sollte das Ende der langen Belagerung kommen, mußte das Tor gegen Westen befreit sein.

Der vierte Frühling des Krieges fing an, in den Knospen zu drängen, die Leiden des vierten Winters hatten die Frauen und Kinder ertragen, als die belagerte Festung den letzten Ausfall zu wagen bereit war.

Hindenburg hieß noch immer der Feldherr, aber nun wußten das

Heer und die Heimat, wie es der Feind wußte, daß Ludendorff hinter ihm stand, wie die Hand des Lenkers hinter dem Pflug geht.

Er hatte den Krieg in seinen schwersten Stunden getan und hatte ihm seine letzten Waffen gerüstet; nun sollte, was an der Marne im ersten Ansturm mißlang, im letzten Ansturm gelingen.

Wieder wie einmal fuhren die Züge nach Westen, das flandrische Land füllte sich mit den Siegern von Osten, der Mauer aus Stahl und Treue die letzte Entsatzung zu bringen.

Sie sangen die alten Lieder nicht mehr und waren nicht mehr mit Blumen geschmückt; sie hatten den Krieg unsäglich erfahren und wollten das Ende der Mühsal Tod und Teufel zum Trotz einmal erzwingen.

Der letzte Ausfall geschah, wo der Wall am weitesten vorsprang; so stark war der Stoß, daß er das feindliche Lager erreichte: Soissons, der starke Eckpunkt der Feinde wurde genommen; zum andernmal sahen die deutschen Soldaten das graue Gewässer der Marne.

Wie ein gewaltiger Keil schob sich der Ausfall nach Westen und wollte das englische Heer nach Norden abdrängen; aber so dünn sich das Band der Einschließung spannte, es hielt den Stoß aus: der Keil wurde stumpf an der Spitze, und als er stand, war der Feldzug im Westen, der Krieg mit seinen Siegen und unsäglichen Leiden verloren.

Der Zusammenbruch

Sieg oder Untergang! stand auf den Fahnen der Festung: als dem Sieg im Westen die Spitze abbrach, als der Keil stumpf wurde, fing der Untergang an; denn nun ging der Glaube verloren, daß Waffengewalt jemals den Ring der Feinde zu sprengen vermöchte.

Vier Jahre lang hatte die Festung der Welt standgehalten; aus Lumpen und Leiden hatten die Männer im Westen den letzten Ausfall gewagt: nun war die Not groß und die Kraft leer.

Was je und überall war, wenn eine Festung dem Hunger nicht mehr zu wehren vermochte, das mußte Deutschland erfahren: die Klage, so lange gewaltsam versteckt, fing an auf den Gassen zu gehen.

Draußen am Wall standen die Männer und Knaben, müde der Leiden, aber noch trotzig und treu ihrer Pflicht; die drinnen der Pflicht die Parole ausgaben, glaubten nicht mehr; die Sorge fraß den Befehl aus der leeren Hand.

Die Saat der vierzehn Punkte ging auf und war ein Unkraut, in allen verzagten Herzen zu wuchern: Der Frieden steht längst vor der Tür, nur die den Krieg führen und die er ernährt, wollen ihn nicht.

Denn dies war aus dem Volk der Deutschen geworden, das im Ausbruch ein Heer, ein Mut und ein Glaube war: die Zwietracht der Klassen hatte die Eintracht gefressen, der rote Haß war zwischen Führer und Mannschaft gestellt.

Die einen befahlen, die andern gehorchten; und die da befahlen, standen nicht auf den Wällen: zwischen den Wällen und zwischen der Festung war der Sumpf der Etappe, da ging die Pflicht vielfach auf schmutzigen Wegen.

Feigheit und Faulheit, Genuß- und Gewinnsucht suhlten sich in den Sümpfen; indessen die Tapferen drinnen und draußen den kargen Weg ihrer Pflicht gingen, rafften die Schurken sich Reichtum.

Der Wohlstand der Städte sank hin, und der Staat stieg in schwindelnde Schulden; die Teuerung legte die knochigen Hände des Hungers über das tägliche Leben: aber die goldene Spinne hatte sich nie so übersatt vollgefressen.

Durchhalten! riefen die Herolde aus auf den Gassen; wozu? sagten die mutlos Verzagten; für wen? die Bedrückten und die aus dem roten Klassenhaß tranken.

Als der Krieg in sein fünftes Jahr ging, wehten die Fahnen nicht mehr und kein Helm trug den Blumenstrauß; ausgehöhlt war der Glaube, der Mut, die Treue, die Pflicht; dumpf hinstarrend stand der Mann auf den Wällen, in den Gassen ballten Unmut und Haß die Empörung.

Dann half der roten Zwietracht der schwarze Verrat: Habsburg hatte die Nibelungen zur Hochzeit gelockt, nun brannte der Saal um die Treue; indessen die Mauer im Westen noch stand hielt, waren im Süden die Tore erbrochen.

So kam der Tag, wo die eiserne Hand die Pflugschar losließ: der besiegte Sieger des Krieges streckte die Waffen.

Der Aufruhr

Der dritte Napoleon wurde bei Sedan mit seinen Soldaten gefangen; Wilhelm der Zweite floh vor dem eigenen Volk in sein Heer und aus dem eigenen Heer hilflos nach Holland.

All seine falsche Herrlichkeit war im Krieg abgefallen; er hatte sein Volk in die Hölle geführt, als es darin war, saß er und weinte: er habe es nicht so gewollt!

Der sich so stolz im Spiegelbild sah, war nur der Narr seiner Geltung! Wohlstand und Macht hatten sich üppig entfaltet, und er war das prahlende Sinnbild solcher Entfaltung gewesen; nun der Zusammenbruch kam, zerbrach ihm sein Spiegel: sein Deutschland war hin, und er lief davon.

Als aber der deutsche Kaiser und König von Preußen so schmählich verschwand, konnten die Bundesfürsten nicht bleiben; sie wurden aus ihren Schlössern verjagt wie schlechte Hausmeister.

Die Liebe der Völker hatte um ihre Throne gesungen, Fahnen und Blumen waren um all ihre Wege gewesen; Liebe, Fahnen und Blumen hingen die Köpfe, als der böse Novemberwind ging.

Die rote Zwietracht nutzte die Stunde, da der alten Gewalt das Gewehr aus der Hand fiel; die Vorstadt kam in die Prunkstraßen der Bürger, die dumpf und bänglich um ihre Groschen besorgt den Umsturz erlebten.

Frieden, Arbeit und Brot! verhieß die neue Gewalt; denn so hatte die Stimme Wilsons gesprochen: wir kämpfen nicht gegen das Volk, nur gegen den Kaiser! war also der Kaiser fort mit seinen Fürsten, so kamen die goldenen Tage der Völkerversöhnung.

Es war ein schuftiges Spiel und eine klägliche Täuschung; irgendwie wollte die ewige Hand der Gerechtigkeit walten, was aber sichtbar im bösen November geschah, war Aufruhr der Gasse.

Versailles

Weh den Besiegten! sagte der gallische Fürst und warf sein Schwert auf die Wage, als sich die Römer beschwerten über sein falsches Gewicht; denn tausend Pfund mußten sie Brennus als Lösegeld zahlen.

Weh den Besiegten! stand über dem Tor von Versailles, als die Sieger den Frieden diktierten; der mächtige Feind war wehrlos gemacht, so konnte ihr Übermut schalten.

Frieden und Völkerbund! hatte die Stimme über das Weltmeer gerufen, und die Herzen der Hoffenden hatten sie gläubig gehört; nun saß die Stimme im Rat zu Versailles, da war der Prophet der Völkerversöhnung nur ein Professor.

Sie drehten den vierzehn Punkten sanft das Genick ab und wickelten jeden Satz ein in den Stacheldraht ihrer Paragraphen; sie höhnten den weisen Professor und sagten: dies sei nur die abendländische Art der Verpackung.

Sie hielten im Namen der Völkerversöhnung ihr Strafgericht ab als Kläger, Richter und Büttel; sie teilten den Raub im Namen des Rechtes und rächten sich an dem wehrlosen Feind, der ihnen so lange ein Alpdruck war.

Sie sprachen den Willen der Völker frei und legten den ewigen Bann zwischen die Deutschen im Reich und ihren Brüdern in Österreich.

Sie trennten das deutsche Elsaß vom Reich und ließen den gallischen Hahn sein altes Rheinbundlied krähen.

Sie gaben den Welschen vom deutschen Tirol, soviel sie für ihren Wechsel verlangten; aber sie wogen mit zweierlei Wagen, daß sie den slavischen Völkern nichts nähmen.

Sie raubten den Deutschen die Kolonien und ihre Schiffe dazu, sie legten die Schuld und die Schulden des Krieges auf sie und kränkten ihre Ehre.

Sie machten alles genau, wie der englische Seeherr es wollte: der nächste Feind Englands hatte den stärksten erschlagen, nun legte er ihn an die Kette; aber die Kette gab er klug in die Hand der Franzosen, weil sie nun unter den Feinden Englands die nächsten waren.

Allen den Völkern und Völkchen im Abendland wurde ihr Dasein entfaltet; nur der Deutsche war vogelfrei, weil er ein Hunne, ein Boche, ein Barbar, ein Feind der Menschheit und unter den Tugendvölkern der Erde des Teufels Nothelfer war.

So wurden dem falschen Propheten der Völkerversöhnung die vierzehn Punkte des Friedens erfüllt; und daß er sein Steckenpferd habe, wurde der Völkerbund auch in den Stacheldraht ihrer Paragraphen gewickelt.

Die vierzehn Punkte hatten das ihre getan, nun konnte die Stimme der Vernunft wieder schweigen; aus dem Schiedsrichter der Welt war in Paris ein Stockmeister Englands geworden; als er die Spottgeburt seines Völkerbunds heimbrachte, lachte sein eigenes Volk ihn aus.

Moskau

Die rote Zwietracht hatte gesiegt, wie ein Strandräuber siegt, wenn der Sturm das Schiff auf den Sand wirft; Frieden, Arbeit und Brot hatte sie prahlend verheißen, aber das Schiff war leer und in den Fugen gebrochen.

Ein halbes Jahrhundert lang hatte sie auf die Stunde der Herrschaft gefiebert; als sie nun kam über Nacht, als die rote Fahne sich blähte auf allen Dächern, konnte sie auch nur im Wind wehen; aber der Wind wehte seit gestern aus Osten.

Wo einmal der Zar als Herr aller Reußen despotisch regierte, hatte die rote Zwietracht am ersten gesiegt; und was in Deutschland nur ein Novemberwind war, hatte im russischen Frühjahr den Winter gebrochen.

Die Räteregierung des russischen Volkes in Moskau kannte den Bürger nicht mehr und war der Bauernschaft Herr durch die rote Armee der Fabrikler: sie hatte der goldenen Spinne den Kopf abgeschlagen und saß im Blut wartend, daß nun das Wunder geschähe.

Weh den Besiegten! stand über dem Tor von Versailles; aber die Sieger im Westen wollten dem Schicksal die Türen zuhalten, durch die nun der Osten herein brach, die Fragen der Menschheit zu stellen:

War eine Menschheit, die solchen Massenmord um die Macht rüsten und ausführen konnte, war eine Menschheit wie diese noch wert, so zu heißen?

War es ein Unglück, das über sie kam, oder war es ein Schicksal, verdient und notwendig, weil Raub- und Gewinngier des Abendlands einmal sich selber auffressen mußten?

Die in den Erdhöhlen des Krieges wie in den Fabriken des Friedens um kärglichen Lohn den gemeinen Mann spielten, sollten sie länger ertragen, daß in Versailles die goldene Spinne dasaß, das alte Beutespiel neu zu beginnen?

Hatte die goldene Spinne nicht ihren Leib noch im Krieg vollgefressen, wie sie mit blutigen Zangen auf Massengräbern dasaß, der Armut das Blut auszusaugen? und war es nicht Zeit, ihr den Kopf abzuschlagen?

Sollte die Masse all der Enterbten nicht aufstehen gegen den Bürger, wenn seine Gewinn- und Genußsucht keine andere Ordnung zu schaffen vermochte? sollte der Sozialismus nicht endlich die Weltordnung werden?

So kamen die Fragen von Osten, wo die rote Zwietracht am Ziel war; denn die rote Armee der Fabrikler saß in den Prunkstraßen der Bürger, das russische Riesenland zu regieren.

Sie wollte das Schwert nicht eher hinlegen, als bis die Vorstadt in allen Ländern der Erde am gleichen Ziel war, bis die Diktatur des Proletariats die Menschheit von der goldenen Spinne des Kapitalismus erlöste.

Der Krieg der Staaten mit allem Haß ihrer Völker hatte den Krieg der Klassen entzündet: dem Krieg der Staaten und Völker konnten die Sieger noch einmal den Frieden diktieren, dem Krieg der Klassen mußte ihr letztes Diktat die Blutbahn aufreißen.

Versailles oder Moskau: so stand nun der Feind! im Völkerbund zu Versailles wollte der Kapitalismus die Erde für immer beschatten; im Bolschewismus zu Moskau war seinem Hochmut die Axt an die Wurzeln gelegt.

Menschendämmerung

Vier Winter wurden der Welt nicht zum Frühling; in die Blüte fiel Schnee, und Hagel über den Mißwachs; auf den zerstörten Feldern der Erde war Krieg; Krankheit, Hunger und Furcht fraßen die Welt leer.

Da kam die Wolfsbrut der dritten Zwietracht ans Ziel; denn nun waren die Herzen bereit für das wilde Ereignis, das dem Bürger die Tafeln der Tugend zerbrach.

Durch Eisen und Blut war die Wohlfahrt gekommen, in Blut und Eisen sank sie dahin; und als die Wohlfahrt dahin war, war von der Tugend des Bürgers nur noch der Hohn seiner zerbrochenen Tafeln geblieben.

Mit vergoldeten Buchstaben hatte die Neuzeit geprahlt, daß sie die glückreiche Erbin aller Vergangenheit wäre, daß die Zukunft des Menschengeistes nicht mehr den Irrlichtern der Seele, sondern dem Tageslicht seiner Werkstätten überantwortet sei.

Nun fiel die Schrift von den Wänden, und der Menschengeist mußte erkennen, daß ihm allein der Hochmut gehörte, daran das falsche Gold aufgeklebt war.

Der Hochmut zerbrach mit den Tafeln der Wände: alle Dämonen der Tiefe sandte der Abgrund über ihn her; und die schlimmsten Unholde krochen — das mußte er schaudernd erkennen — aus seiner eigenen Brust.

Der Staat und sein starkes Gesetz war dem Bürger der Stockmeister all seiner Ordnung gewesen; nun ihm der Stock aus der Hand fiel, war der Tugend die Strafe der eigenen Torheit gesetzt, aber dem Laster der blinkende Lohn seiner List.

Alles, was schlecht und schlau, gemein, zwiezüngig und selbstsüchtig war, sah sich gesegnet; alles was treu und einfältig, großmütig, gerecht und uneigennützig war, sah sich verlassen.

Menschendämmerung war; aber kein Surtur aus Süden kam mit dem weißglühenden Schwert, keine Flamme zückte aus Muspilheim, das Gezücht zu verbrennen.

Nur in den Brunnen der Seele wurde die Tiefe lebendig, und die Frage schwoll an: warum der gekreuzigte Gott noch immer auf Golgatha hinge?

Denn auch die Kirche mit all ihrer Himmels- und Höllenverheißung, mit ihrem Mirakel und Sakrament, mit ihrer Erlösung der erbsündigen Seele war nur der andere Stockmeister gewesen, dem Bürger die Ordnung zu halten.

Der sich den Menschensohn nannte, hatte Gott in den Herzen der Menschen erweckt, daß er stark würde in jedem, des irdischen Daseins zu lächeln; aber mit Strafe und Lohn seiner Weltgerichtslehre hatte der Priester die Freiheit der unsterblichen Seele wieder in Furcht und Hoffnung der Knechtschaft gebunden.

Nun brach aus den Brunnen der Tiefe die Sintflut, alles Dasein ersäufend, das in der Furcht und Hoffnung solcher Knechtschaft verharrte, statt seiner unsterblichen Seele gläubig zu sein.

Die Kirche hatte gelogen: sie hatte der Selbstsucht Trugbilder ewiger Freudenverheißung gemalt, sie hatte Gott als Priestergötzen verkleidet und hatte den Menschengeist ungläubig gemacht.

Weil ihm der Himmel verschlossen war, hatte der Menschengeist selber getrachtet, sich die Erde zu retten; er hatte der Menschenvernunft Werkstätten gebaut, die seine Tempel sein sollten: nun kam die Sintflut über den Wahn und den Hochmut.

Aber die Männer der dritten Zwietracht bauten die Arche, der Flut zu entrinnen; sie lachten des Gottes, der Himmel und Hölle bedurfte, auf Erden mächtig zu sein; sie wollten das dritte Reich finden, da weder Engel noch Teufel Gottes Allgegenwart störten.

Sie wollten des ewigen Grundes in allen Untiefen gewiß sein: wo eine Seele erwachte, war Gott ins Dasein getreten, in ihrer Unsterblichkeit war seine Stärke, in ihrer Liebe war seine Gnade, in ihrer Vollendung war seine Entfaltung.

So bauten die Männer der dritten Zwietracht die Arche, so fuhren sie gläubig hinein in die Nacht und Brandung der Zeit, den Berg der Eintracht zu finden, indessen die Sintflut dem Hochmut und Wahn den schäumenden Untergang brachte.

Wiederkunft

Das Land der Mitte zu heißen, ist Deutschlands Geschick: zwischen Versailles und Moskau liegen die Gräber seiner gefallenen Söhne, zwischen Versailles und Moskau liegt seine kommende Not.

Die rote Zwietracht reißt seine Hoffnung nach Osten, die goldene Spinne im Westen saugt ihm sein Blut; was es der einen läßt, muß es der andern nehmen: so ist es noch einmal das Schlachtfeld der Welt.

Denn nun kann nicht Frieden auf Erden gesungen sein, als bis das dritte Reich kam; aber das dritte Reich wird keinem der Völker gehören, die Menschheit wird sein Herrscher und Untertan heißen.

Die Menschheit will werden, aber sie kommt nicht mit Lorbeer und Psalmen: Gewalt muß Gewalten bezwingen, ein Meer von Blut muß den Abgrund ersäufen, daraus sie geboren sein will.

Versöhnung und Friedensschalmeien müssen verstummen, wenn der Abgrund zu kreißen beginnt; denn alles was dumm und gemein, was selbstsüchtig und eitel, was schlecht und schlau und zwiezüngig ist, will die Geburt stören.

Die rote Zwietracht im Osten wird einmal die goldene Spinne im Westen erschlagen; aber das rote Elend wird nach dem goldenen schreien, bis die erste Eintracht beginnt.

Daß aber das Reich der Eintracht uns widerfahre auf Erden, wird es der Herzen bedürfen, die das Kreuz der Zwietracht tapfer und treu nach Golgatha tragen; der deutschen Seele wird seine bitterste Botschaft gehören.

Zu töricht, im Rat von Versailles zu sitzen, zu töricht, im Haß von Moskau zu sein, niemandens Freund und aller Welt Feind, wird sie in langer Einsamkeit bleiben.

Die Einsamkeit wird ihre schwarzen Unholde gebären und ihre Lichtalben; wenn der Morgen der Menschendämmerung anbricht, wird sie nicht mehr auf Allerweltsstraßen gehen.

Alle Kämpfe der Menschheit werden der deutschen Seele auferlegt sein, bis sie, Besiegter und Sieger in Einem, der kommenden Eintracht Christophorus wird; bis einmal Wiederkunft ist, bis endlich den Kindern Gottes auf Erden die grüne Wiese, das blanke Meer und der blaue Himmel gehören.

Ausgang

Deutscher, der du die bittere Gegenwart leidest, der du geschlagen, bedrückt und verachtet bist unter den Völkern, der du die wehrlosen Hände rachsüchtigen Feinden hinhalten mußt; Deutscher, dem Wohlstand und Wohlfahrt zerbrachen, dem aus Gewinn und Genuß hoffärtiger Tage Armut und Ärgernis, Not und Verzweiflung kamen;

Deutscher, den mehr als die Rachsucht der Feinde und mehr als die Not die Leichtfertigkeit schreckte, darin er sein Volk am Rand der Verkommenheit tanzen und Niedertracht über die Guten Gewalt haben sah;

Deutscher, bedenke die Herkunft! Bedenke, daß deine Gegenwart gefüllt mit dem Schicksal all deiner Vergangenheit ist!

Deutscher, laß ab von der Klage! Denn siehe, was dir geschah, geschieht deinen Vätern: deine Väter sind gegenwärtig in dir, weil dein Schicksal die Wage des Guten und Bösen aus ihrer Vergangenheit ist.

Deutscher, sei ehrfürchtig deinen Großen; ob sie ihr Werk nur mühsam vermochten gegen dein träges, törichtes Herz, ob sie hinrauschten wie Adler oder mit gläubiger Einfalt durch deine taube Genügsamkeit gingen: alle sind deine Väter, und alle sind gegenwärtig in dir!

Deutscher, sei deiner Vergangenheit trächtig, wie der Mittag von seinem Morgen gefüllt ist; Tracht und Trotz all ihrer Männer, Tat und Gedanken all ihres Schicksals bist du!

Deutscher, sei deiner Gegenwart tapfer, weil du der Erbhalter bist größerer Dinge, als die an dem Tag hängen: Gutes und Böses will werden, wie Unkraut und Saat wird, und der Acker bist du!

Deutscher, sei gläubig der Zukunft, der du die bittere Gegenwart leidest: Kinder und Kindeskinder, und alles, was über sie kommt, Stärke und Schwäche, Demut und Stolz, Hoffart und Kleinmut: alles, was einmal deutscher Lebenstag wird, alles bist du!

Inhalt

CPSIA information can be obtained
at www.ICGtesting.com
Printed in the USA
BVHW031442301120
594476BV00005B/39